公認会計士
霞 晴久

弁護士・
公認不正検査士
中西 和幸

税理士・
公認不正検査士
米澤 勝

著

新版
架空循環取引

法務・会計・税務
の実務対応

TOKYO TRIPPING

清文社

推薦の言葉

本書（旧版）が世に出たのは2011年、ちょうど東日本大震災による東京電力福島第一原発の事故が発生したころである。多くの国民に信じられていた「原発安全神話」が脆くも崩れ、また「内部統制の優等生」と誰もが信じていた東京電力の危機管理への信頼も崩れた。どんなに誠実にみえる企業でも、不祥事は避けられない、どんなにリスク管理に万全を期したとしても、「100％の安全」を実現することはできない、ということを国民が認識したころであった。

その後、オリンパス、東芝で発生した会計不正事件、電通で発生した労働事件、スルガ銀行で発生した不適切融資事件、そして数々の名門企業で発生した品質偽装事件など、いわゆる実業企業における不祥事が相次ぎ、日本企業全体の信用に疑問符がつくような事態に至っている。

これら実業企業の不祥事を鳥瞰すると、一つの共通点が見えてくる。それは「不祥事は、経営を取り巻く環境変化の中で生まれ、自社の不正要素だけでは完結しない」ということである。業績不振からの脱却を支援するコンサルタント会社や海外企業の存在、クライアントとの取引の変遷（紙媒体からデジタルベースの広告へ）、不正に融資を引き出す不動産会社の存在、製品出荷先からの納品プレッシャーや厳しいペナルティの存在など、不祥事は取引の経済的合理性に、なんらかの問題点が見え隠れするなかで発生するのである。そして、本書が取り上げる「架空循環取引」も、企業をとりまくステイクホルダーとの取引関係に法律、会計、税務の実務上の破たんが生じる点では同様である。

今でこそ、世間で知られるようになった「架空循環取引」であるが、本テーマを真正面から取り上げ、実務的課題に取り組む書籍は稀少である。おそらく日本における長年の取引慣行からみて「何が架空循環取引にあたるのか」その概念があいまいであり、また会計、法務、税務にまたがる極めて難解なテーマでもあり、さらに取引先を含め、その不正には多数の関係者が関与することで、早期発見も極めて難しいからである。本改訂版では、法律、会計、税務に精通

した3名の著者が、旧版以来発覚した会計不正事件を丁寧に調査し、分析し、実務に役立つようブラッシュアップを図っている。とりわけ、日本企業の信用回復に向けて、ここ数年、企業に対する行政規制は大きく変化しており、実務指針を提供する本書の趣旨からみれば、旧版はやや陳腐化しているきらいがあった。そこで、改訂にあたっては、法務面、会計面、税務面での変化に対する手当が十分になされている。

　一読すればおわかりのとおり、これまで新聞やニュースを賑わせてきた会計不正事件に関して公表されている調査報告書などを基に、解説を試みているのが特徴的である。単に法務、会計、税務等、その専門家が執筆を分担した書物ではなく、それぞれの専門的知識を有機的につなげて、議論の末に著されたものである。とりわけルール改正のスピードが速い分野であるだけに、たとえば役員に対するリーガルリスクなどを最新の裁判例などを参考に考察し、また会計基準の改訂が架空循環取引防止に及ぼす影響等を解説する点は、実務上きわめて有意義である。また、会計不正事件が社内で発覚した場合、社内調査、あるいは社外第三者に委ねる調査が必要となるが、情報開示に多数の利害関係者が関与するため、その時間的余裕に乏しいのが現実である。本書は架空循環取引の概要を把握し、原因を分析し、再発防止に向けての具体策を検討するなど、適切な調査活動を進めるうえでも有益である。

　会計不正を予防するためには、まずは不正が起こりやすい組織、風土なのかどうか、じっくりと自社をみつめる必要がある。そのためには実例を学び、自社ではどのような対策をとるべきなのか具体的に研究すべきである。本書はそのような企業実務家の方々の研究対象としてもまことに参考になるものと確信する。架空循環取引は、すべてのビジネスに共通する不正とまでは言えないものの、その研究を通じて得られる知見は、会計不正事件の予防、早期発見、事後対応に有用なものである。ゆえに架空循環取引のリスクが希薄な業界の方々にも、自信をもってお勧めできる一冊である。

　　平成30年12月

　　　　　　　　　　　　　　　　　　　　弁護士　山口　利昭

改 訂 に あ た っ て

　初版が刷り上がったばかりの「架空循環取引——法務・会計・税務の実務対応」を手にしたのは、2011年3月、東日本大震災発生の少し前のことであった。それから7年以上の歳月が過ぎ、この度、改訂版を発刊できることとなった。

　初版が出てから、現在までの会計不正事件を軽く振り返っておきたい。

　やはり、最も大きな衝撃を与えたのは、2015年4月に発覚した東芝の粉飾決算であろう。日本を代表する企業において、長期間、売上と利益がかさ上げされ、日本で最も大きな監査法人がそれを発見できなかった。私たち会計不正に興味を持つ者だけでなく、一般のサラリーマンの耳目も集めた第三者委員会による調査報告書は、多くの識者から酷評された。この事件をきっかけに、第三者委員会の在り方そのものが問われることが多くなった。

　そして、第三者委員会といえば、日本弁護士連合会が「企業不祥事における第三者委員会ガイドライン」を公表したのが2010年7月だから、初版の執筆にとりかかっていたころは、まだ「第三者委員会を設置して調査する」という手法は一般的ではなく、調査報告書が公表されることも多くなかったと記憶している。東芝事件の影響もあってか、現在では、会計不正だけでなく、品質偽装やセクシャルハラスメントといった企業不祥事から、いじめによる自殺、スポーツ界におけるパワーハラスメント疑惑まで、第三者委員会による調査がきわめて当たり前のように行われるようになった。テレビでは、ワイドショーのコメンテーターが「第三者委員会の調査結果を確認しないとコメントできない」と発言しているらしい。そんなことでは、コメンテーターの存在意義はないのではないかという突込みはともかく、不祥事を起こした企業が、調査委員会の報告書を適時開示し、再発防止策の提言を受けて、信頼回復に取り組んでいくというプロセスは、実務では一般化している。

　2017年夏には、改訂版でも取り上げることとなったATT社による中国企業を隠れ蓑にして大規模な架空循環取引が発覚して、本来、与信管理には厳しい

はずの複数の商社が巻き込まれるという事件が発生した。ATT事件に関する報告書を読んでいると、東芝事件の陰であまり目立たなかったが、同じ2015年上期には「チャイナリスク倒産」という言葉が一部の調査会社のレポートで使われるようになっていて、その被害に遭った日本企業の報告書などを読むと、これもまた実は中国企業を舞台にした架空循環取引ではないかと思わせる内容であった。

　こうした新しい架空循環取引の事例も、改訂版にはできる限り、反映させるようにしている。

　また、会計不正事件を防止し、会計不正により利益を得たり、虚偽の報告を行ったりした場合に制裁を与える側である証券取引所などの対応も様変わりしていることから、架空循環取引をめぐる法務の問題についても、稿を改めている。

　会計不正のみならず、企業不祥事の再発防止策という観点に目を向けると、やはり「内部通報制度」が一般化したことが大きいのではないだろうか。日本人にはなじまないといわれていた「告げ口窓口」を社内だけでなく社外にも設置し、内部通報を奨励する企業が増えてきている。ほかにも、不祥事防止のための会計監査人のローテーション制度、内部監査部門の位置づけなど、新しい論点についても、大幅に加筆している。

　共著者３人の思いは「会計不正を許してはならない」という言葉に尽きる。そうは言っても、会計不正を完全に防止することは困難であり、コスト面からも業務の効率性からも、完全に不正を防止するための方策を講じるよりも、「会計不正をいかに早く発見するか」に力点を置くべきであるという点で一致している。

　初版と同じく、私見にわたる部分については、必ずしも共著者の意見が一致しているわけではないが、あえて、調整することはしていない。むしろ、会計、法務及び税務と拠って立つバックボーンの異なる共著者の考えの相違点にこそ、会計不正問題の難しさがあり、奥深さがある気がしている。

職業的会計人である公認会計士や税理士、様々な事件を受任する弁護士といえども、会計不正事件の当事者となることは決して多くない。ましてや、企業の中で経理部門や内部監査部門に勤務されている方はなおさらであろう。実際に経験することの少ない――もちろん、経験せずにすむのであればそれにこしたことはないのだが――「架空循環取引」という会計不正事件の事例について、具体的なイメージをお摑みいただき、会計不正の端緒はないか、端緒を発見するためにはどうすればいいか、会計不正を防止するためには何をすればいいかについて、本書が、読者のみなさんがそれぞれの立場から考えるきっかけになれば、こんな嬉しいことはない。

　改訂版でも、初版に引き続き、弁護士の山口利昭先生に推薦の言葉をお寄せいただいた。お忙しい業務の合間を縫ってご執筆いただいたことに、この場を借りてお礼を申し上げたい。
　また、改訂版の編集作業では清文社の對馬大介さんにお世話になった。3人の共著者のバラバラな文体を整理して、1冊の書籍にまとめ上げるのは大変なご苦労だったのではないかと思料する。あらためて感謝を申し上げる次第である。

　平成30年12月

　　　　　　　　　　　執筆者を代表して
　　　　　　　　　　　税理士 / 公認不正検査士　米澤　勝

は じ め に

　——ウソの通訳、実在の会社名で入金。

　平成22年5月12日朝のTVニュースは、神奈川県相模原市にある㈱エフオーアイ（以下「FOI」）本社に一斉に強制捜査に入る証券取引等監視委員会調査官の姿を映し出した。いわゆるFOIの巨額粉飾事件である。同社の社長逮捕が報じられた日本経済新聞記事（平成22年9月15日）によれば、同社は平成21年3月期の実際の売上高は3億円弱しかなかったのに、上場を翌月に控えた平成21年9月に関東財務局に提出した有価証券届出書では約118億円と過大に記載していたという。

　冒頭の一文は、上記で引用した日本経済新聞記事の小見出しであり、同社の粉飾の手口を端的に表している。すなわちFOIの粉飾は組織ぐるみの徹底的なもので、伝票上だけで売買を装う売上取引を仮装し、伝票類も実在する企業の書類を手本に偽造していた。また、売上金の入金には簿外口座を利用してFOIの口座から国外の簿外口座へ出金し、そこから海外に実在する会社名義でFOIに入金していたという。

　実は筆者はこの記事が出たとき簡単に読み飛ばしてしまったが、知人からの指摘を受けて改めて記事を読み返したところ、自分の読解力の無さに愕然とした。なぜなら、上記の売上金回収のフローは循環取引そのものだからである。循環取引の事例では架空売上の回収資金を自らが捻出し、外部の第三者を経由して自己に還流させることをきっかけとしていることが多い。すなわち、FOI事件の実態は架空循環取引による粉飾事件だったのである。循環取引には外部の協力者が不可欠であり、引用した記事にも、海外企業との架空取引を信用させるため会計監査人である公認会計士を海外に連れて行き、偽りの取引先を紹介し、あらかじめ手配しておいた通訳にウソの内容を説明させていたという記載がある。冒頭の一文はこのことを表している。

　筆者は監査法人に勤務し様々な不正調査に携わってきた。その中で複数の大

型架空循環取引事例に遭遇し、調査を遂行する過程で、なぜこのような架空循環取引が企業内で長期間発覚しなかったのかを深く考えるようになった。また、複数の事例を見ていくうち、業種業態は異なるものの、そこには共通する企業風土や組織環境があることを強く認識するようになった。さらに、（循環取引に限らないが）不正発覚後に組成される社外（第三者）委員会の委員として、様々なケースを体験する中で、不正発覚後の会社の対応に関する明確なガイダンスを示す必要性を痛感した。特に会計不祥事の発覚は、その会社にとって初めての経験であることが多く、冷静かつ適切に対応しないと、二次的な損害の発生も想起されるからである。

このような積年の思いから生まれたのが本書である。ただし一口に架空循環取引への対応といっても様々な分野への広がりがあるため、当然筆者1人の手に負えるものではない。そこで筆者が主催者の1人である公認不正検査士（CFE）の「不正早期発見手法研究会」のメンバーから、法務面については弁護士の中西和幸氏、税務面については税理士の米澤勝氏に執筆をお願いし、残る会計面を筆者の執筆とし、3名の共著とした次第である。ちなみに我々3名が在籍する不正早期発見手法研究会は平成21年10月に発足。現在12名のCFEが在籍し、毎月1回集まってその時々に公表される不正事例を取り上げ、活発な意見交換を行っており、その成果は本書にも活かされている。

そもそも我々の「不正早期発見手法研究会」立ち上げの経緯は、関西地区在住のCFEの研究会である「関西不正検査研究会」に触発されてのことである。「関西不正検査研究会」は、ブロガーとしても著名な山口利昭弁護士に率いられ、同地区のCFEが集い、熱気あふれた議論を展開しておられるとのことであるが、同研究会の第2期のテーマである不正の早期発見手法の研究を東京でもやろうということで始めたのが我々の研究会である。

以上のような経緯から、本書刊行にあたり、山口弁護士には本書の巻頭の推薦の言葉をお願いした。大変有難いことであるが、講演や執筆、あるいはブログの更新等で超多忙な中、貴重な時間を割いていただいたとのことで、全く頭の下がる思いである。紙面をもってお礼申し上げる次第である。

本書は、架空循環取引という事象の発生について様々な実例を用いながら多面的に分析するとともに、その抑止のための方策、あるいは発覚後のあるべき実務対応について会計面、法務面及び税務面から検討することを目的としている。そのため、第1編では架空循環取引の発生を業界特性の観点から解明し、会計上の収益認識基準の問題を取り上げ、具体的な実例から同取引開始のきっかけ、首謀者の人物像、長期間発覚しなかった理由、循環取引発生の兆候及び同取引発覚の経緯について分析した上、発覚時の企業のとるべき対応策について検討している。第2編では、循環取引発覚後の、特に法律上の様々な論点について整理し、会社に対する制裁、取締役の責任、循環取引を巡る訴訟上の論点を取り上げている。第3編では、循環取引の結果生じる過年度の財務報告の遡及調整について、設例を交えながら、会社法上、金商法上及び税法上の論点について整理している。最後に第4編では、循環取引の早期発見の観点から必要な社内環境の構築、内部統制の整備・運用及び会計監査上の留意点をまとめている。以上の構成にて、本書は、架空循環取引という、ある種わが国特有ともいえる不正スキームについて総合的に分析・検討している。

　現在、金融庁、東京証券取引所並びに日本公認会計士協会は、FOI事件を受け、再発防止に積極的に取り組んでいる。閉塞感の漂うわが国経済にとって新興市場の活性化は喫緊の課題であり、その潮流に水を差すようなFOI事件を2度と起こしてはならないのである。新興市場は、同事件を教訓とし、適切な仕組み・運用体制を構築しなければならない。その意味で本書が資本市場の関係者に有益な情報となれば幸いである。さらに、企業の管理担当者（特に経理、法務、内部監査等）あるいは公認会計士、税理士、弁護士等の専門家にとって、少しでも実務の役に立てば望外の喜びである。

　最後に、本書発刊にあたり、株式会社清文社の橋詰守氏には大変お世話になった。執筆者を代表して心より感謝申し上げたい。

平成23年2月

執筆者を代表して

公認会計士／公認内部監査人／公認不正検査士　霞　晴久

目　　次

推薦の言葉

改訂にあたって

はじめに

第1編
循環取引の理論的考察

第1章
循環取引発生のメカニズムと会計上の論点 ･････････････････ 2

第1節　循環取引の定義 ･･････････････････････････････ 2

第2節　循環取引のパターン ･････････････････････････ 6

1. 古くて新しい循環取引（繊維業界における循環取引）　6

2. 石油業界における業者間転売取引　8

3. IT バブル時代の架空循環取引　10

4. 広義の循環取引　11

　(1) リース・スキーム　11

　(2) 部材等の有償支給取引　14

5. 循環取引を引き起こしやすい業態及び対象物品・役務　16

6. 架空循環取引の開始のキッカケ　17

第3節　収益認識基準と循環取引 ･･････････････････････ 19

1. 「出荷基準」の功罪　19

2. 収益認識基準の軽視ないし無視　21

3. IT 業界における「介入取引」に対する
　日本公認会計士協会の対応　26

第4節　「収益認識に関する会計基準」と循環取引 ･･･････ 29

1. 企業会計基準第 29 号の公表　29

2. 新会計基準の基本となる原則　30

(1) 収益認識のための5つのステップ　30

(2) 特定の状況または取引における取扱い　31

(3) 重要性等に関する代替的な取扱い　34

(4) 新会計基準と循環取引　37

第2章
循環取引の典型事例と動機分析　39

第1節　典型的な循環取引の事例　39

第2節　典型的な循環取引の分析　44

1. 循環取引の動機分析　44

(1) 不正のトライアングルの構成要素　44

(2) 仮想事例における不正の動機分析　47

2. 循環取引に出口はあるか？　49

3. 循環取引発見の可能性（仮想事例のケース）　50

4. 循環取引の破綻　51

第3章
実際の事例における分析　53

第1節　架空循環取引開始のきっかけ　53

1. 過度の売上達成圧力があるケース　54

2. 失敗取引穴埋めのケース　55

3. 過去の成功体験の継続に対する欲求のケース　57

4. 長年の業界慣行による感覚の麻痺のケース　57

第2節　循環取引の首謀者　59

1. 新規設立事業・ノンコア事業　59

2. 絶大なる社内影響力　61

第3節　循環取引の隠蔽工作　63

1. 形式要件の具備　63

2. 形式的・定型的な統制活動・モニタリング　64

3. 隠蔽のための取引の分割・分散　65

第4節　循環取引の兆候 ……………………………………………… 66

1. 与信枠の抵触　66

2. 異常な収益の拡大　68

3. 乱高下する月次損益　71

4. 在庫の急激な拡大　72

第5節　循環取引発覚の経緯 ………………………………………… 75

1. 循環相手先からの取引内容の照会　75

2. 循環相手先からの（簿外）債務の支払い要求　76

3. 循環相手先から第三者への通報　77

4. 後任経営者による前任経営者の行為の調査　77

5. 税務調査による指摘　78

第6節　架空循環取引の新潮流 ……………………………………… 79

1. 中国企業との取引を偽装した架空循環取引　79

2. 江守グループホールディングス突然の破綻　80

　（1）順調に伸長していた中国子会社の業績　80

　（2）突然の債務超過　80

　（3）会計監査人の意見　81

　（4）経営破たんの責任所在　82

　（5）インサイダー取引　83

3. 2015年上半期における中国進出に伴う損失の公表事例　84

4. ATT事件に巻き込まれた企業　86

　（1）発覚の経緯　87

　（2）KISCO報告書　88

　（3）藤倉化成報告書　89

　（4）商社はなぜ取引に巻き込まれてしまうのか　90

　（5）「中国企業が相手だから」という言い訳　92

5. 昭光通商——2度目の調査委員会設置　92

　（1）昭光通商と昭光上海が貸倒引当金を設定するに至った理由と再発防止策　94

　（2）取引の実在性の検証は十分だったのか　94

　（3）ビー社による資金循環取引に係る調査報告書　95

(4) 昭光通商による改善報告書にみる「2度目の資金循環取引」を防げなかった理由　96

第2編
循環取引発覚後の対応と法律上の論点

第1章
循環取引発覚時の会社の対応 ……………………………………………… 100

第1節　初動対応 ……………………………………………………………… 100
1. 不正実行者の取扱いと情報の管理　100
2. 社内対応及び対外的な対応　104
(1) インサイダー取引の未然防止　104
(2) 情報漏えいによる信用・レピュテーションの悪化　105
(3) 社内の情報統制の方法　105
3. 適時情報開示　106
(1) 証券取引所への事前説明と適時開示　107
(2) 調査の進捗と適時開示の相関関係　108
(3) 不正会計等における適時開示の例　111

第2節　社内調査委員会の設置と社内調査 ………………………………… 113
1. 社内調査委員会の設置　113
2. 調査方針の決定　114
3. 調査範囲－類似行為の可能性　115
4. 調査期間　117
5. 社内調査手続　117
(1) 面接調査（インタビュー）　117
(2) 文書証拠の収集・分析　122
(3) デジタル・フォレンジック　126

第3節　社外調査委員会の設置・社内調査委員会の監視 ………… 128
1. 社外（第三者）調査委員会の設置・運営による問題解決　128
2. 社内・社外（第三者）委員会の類型　130
3. 社外（第三者）調査委員会委員適格者は誰か？　132

目　次

4. 社外（第三者）調査委員会運営上の問題点　135

第4節　再発防止策の策定（実際の事例の分析）……………… 138

1. ガバナンスの強化　138

2. 人事政策　139

3. 統制活動の強化　141

4. 会計基準の見直し　143

5. 情報と伝達　145

6. モニタリング　147

7. 再発防止策の項目一覧　151

第5節　過年度決算の訂正と上場維持 ……………………… 152

1. 過年度決算の訂正　152

（1）訂正報告書の提出　152

（2）継続開示書類の提出遅延　152

（3）過年度決算訂正と上場廃止基準　153

（4）特設注意市場銘柄　154

2. 上場維持のための上場会社の義務　155

（1）改善報告書　155

（2）改善状況報告書　157

第2章
会社に対する制裁等 ……………………………………… 160

第1節　虚偽記載を行った会社に対する制裁等の概要 ………… 160

第2節　刑事罰 ………………………………………………… 162

1. 刑事罰の概要　162

（1）金融商品取引法上の刑罰　162

（2）刑法その他の法律の刑事罰　162

2. 刑事処分の謙抑性　163

3. 刑事処分の実例　163

第3節　課徴金 ………………………………………………… 165

1. 課徴金制度　165

（1）立法経緯　165

（2）課徴金制度の概要　166

（3）課徴金の算定方法　167

（4）課徴金の加算・減算制度　168

（5）課徴金を賦課する手続　172

（6）刑事罰（罰金・没収・追徴）との調整　174

2. 課徴金の執行機関（証券取引等監視委員会と金融庁）　175

3. 課徴金賦課の実例　176

（1）虚偽記載が 1 回の事例　176

（2）複数の虚偽記載に対する課徴金　176

（3）過去最高額　178

（4）罰金と課徴金の金額の調整　180

第 4 節　証券取引所による制裁　181

1. 証券取引所規則の概要　181

（1）証券取引所規則の法的根拠　181

（2）主な構成　182

2. 上場廃止　183

（1）上場廃止事由を定める趣旨　183

（2）上場廃止基準と虚偽記載　183

（3）上場廃止手続　186

（4）上場廃止となった実例　187

3. 上場廃止以外の制裁（実効性確保措置）　191

（1）特設注意市場銘柄への指定（有価証券上場規程 501 条）　192

（2）改善報告書（有価証券上場規程 502 条以下）　193

（3）公表措置　194

（4）上場契約違約金　194

第 5 節　会社の民事責任　196

1. 投資家に対する責任　196

（1）金融商品取引法上の責任　196

（2）民法上の責任　198

2. 取引先に対する責任　199

(1) 循環取引の対象商品を自ら抱え込んだ場合　199

(2) 循環取引の対象商品を取引先が抱え込んだ場合　199

(3) 関与した当事者の一部が倒産した場合　199

第6節　信用喪失と経営破綻　……………………………………… 200

1. 循環取引と信用喪失　200

2. 経営破綻　208

(1) 信用の喪失と経営破綻　208

(2) 循環取引の誘惑と経営破綻リスク　208

(3) 循環取引後の経営再建の困難性　210

3. 独立性の喪失　211

(1) 信用喪失の対策　211

(2) 循環取引後の M&A　212

(3) M&A による独立性の喪失　213

第3章
役員に対する制裁等　……………………………………………… 216

第1節　虚偽記載を行った役員その他の個人に対する制裁等の概要 … 216

第2節　刑事罰　……………………………………………………… 218

1. 役員等に対する刑事罰の概要　218

(1) 金融商品取引法上の刑罰　218

(2) 刑法その他の法律の刑事罰　218

2. 刑事処分の謙抑性　219

3. 刑事処分の実例　220

第3節　行政罰　……………………………………………………… 222

1. 課徴金の概要　222

2. 課徴金が課される要件　223

(1) 概要　223

(2) 主観的要件　223

3. 個人に対して課徴金の賦課が勧告された事例　224

(1) 特に争われなかった事例　224

(2) 審判手続において争われた結果、課徴金が課されなかった事例　224

第4節　民事的制裁①第三者に対する責任 ……………………………… 226

1. 会社法上の責任　226

(1) 法的性質　226

(2) 循環取引に関わった取引先　226

(3) 当該会社の倒産により損害を被った取引先　227

(4) 虚偽記載がなされた決算書等に基づき融資をした金融機関等　227

(5) 従業員　228

(6) 株主　229

(7) その他　229

2. 金融商品取引法上の責任　230

(1) 立証責任の転換等　230

(2) 会社に対する訴訟との相違等　230

3. 役員と会社の間の最終負担額の調整　231

第5節　民事的制裁②会社に対する責任 ……………………………… 232

1. 役員の会社に対する義務と責任　232

2. 会社に発生する損害と役員の責任　232

(1) 罰金刑の場合　232

(2) 課徴金の場合　233

(3) 金融商品取引法上の株主等に対する損害賠償　234

(4) 上場契約違約金について　235

(5) 循環取引に基づく民法上の責任　235

(6) その他の会社法上の責任　235

3. 役員の関与度合いと故意・過失　236

4. 役員賠償責任保険　237

(1) 被保険者　237

(2) 補償項目　237

(3) 請求者　238

(4) 留意点　238

5. 責任追及の主体 239

   (1) 監査役 239

   (2) 株主 239

第6節　役員個人の経営責任 …………………………………………… 241

1. 株価の下落 241

2. 株主総会における厳しい質問の続発 242

3. IR説明会・記者会見 242

4. 自主的な報酬返上や辞任等 243

第7節　上場企業の内部統制システムはどうあるべきか

——日本システム技術事件最高裁判決の考察—— …… 244

1. 事案の概要と争点 244

   (1) 事案の概要 244

   (2) 経緯 244

   (3) 争点 245

   (4) 原告の主張 245

   (5) 被告の主張 245

2. 第一審判決 246

3. 第一審判決の影響 248

4. 最高裁判所の判断 249

5. 最高裁判決の影響 250

6. 財務部門として果たすべき統制 251

第4章
判決から見た会計不正関与者の損害賠償責任 ……………………………… 254

1. 事案の概要 254

2. 監査役の損害賠償責任 260

   (1) エフオーアイ事件 ⇒ 損害賠償責任あり 260

   (2) セイクレスト事件 ⇒ 損害賠償責任あり（重大な過失なし） 262

   (3) ニイウスコー事件 ⇒ 損害賠償責任なし 263

   (4) それぞれの事件における社外監査役の責任 266

3. 虚偽記載に関与していない取締役の損害賠償責任　267

(1) 事業執行を担務していない代表取締役の損害賠償責任 ──ニイウスコー事件　267

(2) 取締役会に出席していなかった取締役・監査役の損害賠償責任
　──アーバンコーポレイション事件　268

(3) 両判決の検討　271

4. 会計監査人の損害賠償責任　272

(1) ニイウスコー事件第 1 審判決（東京地方裁判所平成 26 年 12 月 25 日）　272

(2) IXI 事件第 1 審判決（大阪地方裁判所平成 24 年 3 月 23 日）　274

(3) 両判決の検討　276

第 3 編
循環取引の会計と税務

第 1 章
会計上の過年度損益修正 ……………………………………………………………… 280

第 1 節　過年度決算の修正に対する考え方 ……………………………………… 280

1. 企業会計原則の考え方　280

2. 会社法の考え方及び留意点　281

(1) 重要性の有無　281

(2) 何年遡及すべきか？　282

(3) 株主総会の招集・開催は必要か？　282

(4) 承認機関は適格か？　283

(5) 実務上最も多く採用される会社法上の一括処理方式　283

(6) 違法配当の問題　284

3. 金商法上の考え方及び留意点　284

(1) 修正再表示に関する会計基準　284

(2) 企業内容開示制度　285

4. 国際財務報告基準の考え方　287

第 2 節　循環取引の訂正方法 ……………………………………………………… 289

1.【説例 X】遡及処理方式に基づく修正　289

目　次

(1) N 年度の修正処理　289

(2) N+1 年度の修正処理　292

(3) N+2 年度の修正処理　294

(4) N+3 年度の修正処理　296

(5) 循環取引のまとめ　298

2. 【説例 X】一括処理方式に基づく修正　299

3. 循環取引の意味するもの　300

第2章
循環取引発覚後の税務 ……………………………………… 302

第1節　決算の修正と更正の請求 ………………………………… 302

第2節　仮装経理に基づく過大申告の更正に伴う法人税額の控除… 305

1. 税務署長による更正の制限　305

2. 還付の期間制限　305

3. 仮装経理に基づく過大申告の更正に伴う法人税額の控除の規定に係る問題点　306

(1) 問題点 1：「仮装経理」とは何か　307

(2) 問題点 2：確定した決算における「修正の経理」の意義　307

(3) 問題点 3：企業再生支援のための特例　309

(4) 問題点 4：更正の請求の期間を徒過した場合の救済措置　310

4. 【設例】　310

第3節　損害賠償請求権と税務 ……………………………………… 315

1. 一般的な損害賠償請求権の収益計上時期　315

2. 損害賠償請求権と貸倒引当金　316

第4編
企業内における不正の防止・早期発見のために

第1章
社内環境の整備 ………………………………………………………… 320

第1節　取締役及び執行役員の意識 ………………………………… 320

第2節　従業員教育の手法 …………………………………………… 321

(1) まずは架空循環取引を理解させる　321

(2) 自社の取引に即して考えさせる　322

第3節　実効性のある内部通報制度の構築と運用 ………………… 324

(1) 日本企業における「内部通報」の件数　325

(2) 実効性のある内部通報制度　326

(3) 内部告発をさせないための内部通報制度　329

第4節　営業幹部社員による統制 …………………………………… 330

(1) まずは印章（職制印）の管理から　330

(2) 顧客情報をつかむ　331

(3) 商談情報をつかむ　331

(4) 部下が入手した書類を検証する　332

(5) 物品受領書、検収書の入手を確認する　332

(6) 請求書の発行を依頼する　333

(7) 売掛金の回収が終わるまで、営業の仕事は終わらない　333

(8) 管理部門からの問い合わせには真摯に対応する　333

第5節　管理部門による統制 ………………………………………… 335

1. 与信管理部門の役割　335

(1) 新規顧客についての信用調査　335

(2) 与信限度額の設定・限度額の変更　336

(3) 商談内容の把握　336

(4) 与信管理委員会の設置　337

2. 財務（債権管理）部門の役割　337

目　　次

（1）売上計上の適正性確認　338

（2）日ごろの取引との整合性に注意　338

（3）財務部門の体制　339

（4）入金内容の確認　340

（5）売掛金残高確認　341

3. 経理部門（連結決算担当）の役割　341

（1）子会社のキャッシュ・フロー計算書は作成されていない？　342

（2）キャッシュ・フロー計算書を見れば、架空売上などの不正の兆候は把握できる　342

（3）異常値が現れた場合の手続　345

4. 購買部門の役割　345

5. 内部監査部門の役割と位置づけ　346

（1）日本独自のガバナンスは監査機能に限界がある　346

（2）日本独自ガバナンスの特徴・問題点　347

（3）誤った3線モデル、正しい3線モデル　348

（4）内部監査部門の位置づけの変化　350

6. 会計監査人のローテーション制度　352

（1）会計監査の在り方に関する懇談会による提言　352

（2）監査法人のローテーション制度に関する第一次調査報告　353

（3）進む4大監査法人による寡占化　355

（4）2016年中における会計監査人の交代企業　356

（5）会計監査人のローテーション制度の導入は可能か　359

第2章
循環取引の発見 ……………………………………………………… 361

第1節　循環取引発見のための監査人のアプローチ ………………… 362

1. 会計監査の固有の限界と監査人の責任　362

2. 職業的懐疑心　363

3. 監査チーム内の検討　363

第2節　循環取引発生リスク ……………………………………… 365

1．監査対象会社に対する理解の向上　　365

　　2．不正リスク要因の検討　　365

第3節　不正リスクの識別・評価 ……………………………………………… 369

　　1．リスク評価の単位及び主体　　369

　　2．内部統制評価制度における評価範囲決定の留意点　　370

　　　　(1) 全社的な内部統制 / 決算・財務報告プロセスの評価範囲　　370

　　　　(2) その他の業務プロセスの評価範囲　　370

　　3．不正リスク要因の有無　　372

　　4．不正リスクの優先順付け　　373

　　5．不正リスクへの対応戦略　　374

　　　　(1) リスク回避・移転戦略　　375

　　　　(2) リスク軽減戦略　　375

　　　　(3) リスク共有・分散戦略　　375

　　　　(4) リスク許容戦略　　376

　　6．不正に関するモニタリング　　376

　　　　(1) モニタリングの主体　　376

　　　　(2) 循環取引に関するモニタリング項目　　376

第4節　循環取引に見るリスク対応手続 ………………………………… 382

　　1．全般的な対応　　382

　　2．経営者による内部統制無視のリスクと対応監査手続　　384

第5節　循環取引の兆候とその対応 ………………………………………… 385

　　1．与信枠への抵触　　385

　　　　(1) 与信枠の無視　　385

　　　　(2) 取引の分割　　386

　　2．異常な収益の拡大　　386

　　3．在庫の急激な拡大　　387

第6節　財務諸表項目の監査手続と事例分析 ……………………………… 388

　　1．売上高の監査手続　　388

　　　　(1) 売上高の傾向（トレンド）分析　　389

　　　　(2) 個別サンプル取引の監査手続　　389

目　　次

2. 売掛金の監査手続とその限界　390

（1）残高確認手続の有用性　390

（2）相手先と共謀している場合の確認手続の無効　392

3. 棚卸資産の監査手続とその限界　394

（1）メディア・リンクスの事例　394

（2）架空在庫の実地棚卸の回避の事例　396

第7節　経営者及び監査役とのコミュニケーション …………………… 401

1. 経営者による確認書　401

2. 経営者・監査役への報告　402

参考文献一覧　405

索引　408

第1編

循環取引の
理論的考察

第1章
循環取引発生のメカニズムと
会計上の論点

第1節
循環取引の定義

　日本公認会計士協会は平成23年9月15日、会長通牒という形で「循環取引等不適切な会計処理への監査上の対応等について」を公表した。同日は、本書の初版本が発行されてから約半年後であり、公認会計士監査の対象となる会社で多くの架空循環取引事例が発覚、その監査対応の在り方が問題視されていた時期に当たる。そこで、社会からの批判に危機感を覚えた日本公認会計士協会が、会員である監査法人や公認会計士向けに、監査上の対応方法を示し、注意喚起を促したのが上記文書である。当該文書の内容については後述するとして、本書ではまず初めに循環取引を定義してみよう。

　ここで売上目標達成が至上命題であるA社があると仮定する。A社は自社の売上目標を達成するため、同じく売上目標達成が至上命題であるB社を探し出してこれと共謀し、A社の保有在庫を物品等の移動なしでB社に販売する。同様にB社は同じく売上の数字が欲しいC社を見つけ出しこれと共謀し、A社から仕入れた（ただし物品等の受渡しを受けていない）物品を伝票上の操作だけでC社に販売する。その後、C社はB社からの仕入品を元のA社に転売する。ここで販売取引は一巡し、取引の連鎖に加わったA社B社C社ではすべて売上が計上されそれぞれの売上目標が達成されることになる。もちろん

2　―第1編　循環取引の理論的考察

A社は形の上で戻ってきた物品等が在庫として残っては意味がないため、再度B社に販売する。さらにB社はC社へ、C社は再びA社へという順序で際限なく売上の循環が繰り返されていくことになる。以下、【図表１－１－１】ではA社を起点に取引が開始され、各社にて10万円ずつマージンが落とされて循環していく様子を表している。

【図表１－１－１】架空循環取引のパターン

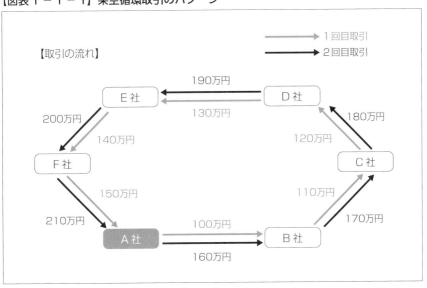

循環取引の販売対象物は物品の場合もあれば役務の場合もあり、実在する物品等もあれば、全くの架空の場合もありうる。循環取引に参加する各社では、仕入と売上がほぼ同時に計上されるが、当該取引による粗利がゼロでは意味がないため、シンボリックな非常に薄いマージンが計上されるよう価格設定されるのが一般的である。上記の例では、A社B社C社それぞれが共謀しているという前提であったが、実際の循環取引の例では、循環の輪の中に参加する会社が必ずしも循環取引の全貌を知らされておらず、循環取引の「胴元」会社から仕入先及び販売先、並びに仕入価格及び販売価格を指示されるだけの場合もある。いずれにせよ、循環取引の参加企業は、極めて容易に伝票操作だけで売

上目標達成が可能となるのである。ここで循環取引の特徴・問題点をまとめてみよう。

① 伝票上のみの取引ゆえ、循環の輪に加担することが容易で、売上目標達成の安易な手段として利用される。

② 業界によっては、循環取引が慣習化しており、担当者に不正の意識がない（実物が存在する場合）

③ 典型的な商社取引で、若干のマージンを上乗せするも合理的根拠がない場合がほとんど。相手先への実質的な金融支援の手段としても利用される。

④ 同業者間で物品等の売り買いが行われ、循環の流れは常に一定ではなく、仕入先と得意先が入れ替わることもある。

⑤ 循環速度が速ければ早いほど、売上が嵩上げされる。

⑥ 循環の環の中に著名企業や、金融機関が参加していることもある。

⑦ 循環の出口（エンドユーザー）が存在しない場合、循環取引はいつかは破綻する。マージンは薄いながらも循環が繰り返されれば取引金額は雪だるま式に膨らむため、取引が破綻した場合の金額的損害は大きい。

最近発覚した事例では、循環取引は社内で問題視されず、かなりの長期間繰り返されている。詳細は、後の章で検討するが、その主な原因は以下の通りである。

① 通常現金による決済があり、債権債務が滞留化せず、問題となりにくい。

② 注文書、検収書、請求書等の基本的な証憑は適切に整備保管されている場合がほとんど。

以上から、本書では、架空循環取引を以下のように定義する。

複数の企業が共謀し、販売取引を当該企業間で連続させ、半永久的に循環させるよう仮装した取引であり、通常現金による債権債務の決済があり、証憑書類等も整備されているため、発覚が困難なものをいう。

なお、循環取引の諸類型として、【図表１-１-１】のような出口のないルー

4 ―第1編 循環取引の理論的考察

プ・ホールのような取引が典型であるが、自社が起点及び終点となってその間に商社的な取引が行われ、最終的に自社が販売した製品等が複数の企業を経由して自社に戻ってくる、いわゆるUターン取引や、複数の企業が互いに製品等を売買し合い、その後在庫として保有しあう取引、いわゆるクロス取引あるいはバーター取引と呼ばれるものも循環取引に含められることがある。後述するが、平成27年に発覚した東芝事件において、パソコン事業における部品取引（有償取引）もここでいう循環取引に含めることができる。

第2節
循環取引のパターン

1. 古くて新しい循環取引
（繊維業界における循環取引）

　経済ジャーナリストの高橋篤史氏著『粉飾の論理』（2006年　東洋経済新報社）によれば、繊維業界においては、循環取引はかなり以前から行われていたことが分かる。同書によれば、1970年代、毛布の製造業者（メーカー）が総合商社との間で製造と販売の季節的なギャップを埋めるために始めた「備蓄取引」が、循環取引の発端であったとのことである。すなわち、毛布が売れるのは冬場に限られるが、工場は年間を通じて操業しなければ効率が悪いため、商社が需要のない時期に毛布をいったん買い上げ（備蓄）、冬場になって市場に供給するという事業モデルである。これはメーカーにとっては商社に販売した時点で出荷基準（『出荷基準』の問題については後述）を基に売上を計上でき、さらに商社からは売上代金が回収できるので、工場の操業維持のための資金が確保できるため極めて都合が良い方法であるといえる。一方これを受ける商社は、毛布の需要がない時期には、在庫を抱え、メーカーに代金を支払うことで一定の資金負担を余儀なくされるが、冬場になって毛布の需要がピークに達したとき市場に投入することで一気に資金を回収し、利益を稼ぐということになる。したがって、この取引における商社の役割は、メーカーに対する信用の供与であることが明らかである。

　この取引で、商社に備蓄した毛布がすべて売れれば問題はないが、たとえば暖冬などの影響で売れ残りが生じれば明らかに商社にとって不利となってしまう。そこで、需要期が終わった春先にメーカーが売れ残り在庫を買い戻し、それを次の需要期に向けそっくりそのまま商社向けの再備蓄とする契約となっていたようである。すなわち、実態として見れば、在庫リスクの一部は明らかにメーカーも負担していたということになる。さらに問題の所在は、メーカーと

6　―第1編　循環取引の理論的考察

商社の決算期が異なっていたことである。すなわち商社は3月決算で、売れ残り在庫を3月末までにメーカーに返品し、不良在庫の問題を回避する。他方メーカーは4月決算で、3月末までにいったん引き取った売れ残り在庫を4月末までに商社へ再度販売し、こちらも不良在庫の問題を回避するといった具合である。

　しかしながら、このような措置は問題の先送りに過ぎず、この売れ残り在庫が翌年に売れれば良いが、さらに翌年度も売れ残り在庫となってしまう可能性もある。本来、毛布の商流は川上のメーカーから川中の商社・問屋を経て、川下の小売店へと一直線に流れるのが通常であるが、いずれかの段階で売れ残った在庫が、上述したような川上企業に買い戻されるようになると、川の水が海に流れ着かないで、あたかも川の中をぐるぐる回っているような状態が生まれてくる。高橋氏の著作ではこれを、「無重力状態」と呼び、「（メーカー、商社、小売の）備蓄取引の環の中を在庫毛布がぐるぐると行ったり来たりするようになった」と表現し、「これが繊維業界でよく知られた『宇宙遊泳』と呼ばれる現象だ」と述べている。

　もちろん、無重力の空間で宇宙遊泳するにも、資金が必要となる。ここで登場するのが、「手形操作」である。話を単純にするために、ここでは登場人物をメーカーと商社に限定する。この2社間でお互いが抱える在庫毛布を同時にお互いに販売するが、現金も在庫も実際に動くことはなく、お互いに約束手形を振り出すことになる。メーカーは手形を受け取ると銀行に持ち込んで割引き、原材料や人件費に充当する。他方商社も同様に手形を割り引くか、自らの与信枠内で、手形を満期日まで保有することもできる。このように実質的ないわゆる融通手形を振り出すことで、一見順調に資金の決済も行われているような状況を生み出すことも可能である。高橋氏の著作でも、これを「まるで無重力空間で毛布が通貨のかわりを果たしているような光景である。」と表現している。

　繊維業界でこのような宇宙遊泳が繰り返されていた時代、在庫毛布の実際の移動はなく、現品確認もされておらず、預り証のやり取りをするだけだったようである。物品販売の基本的な売上計上基準である「出荷基準」が求める物品の出荷という事実もなく、伝票の上だけで実体のない売上が計上されていたこ

とになる。「出荷基準」の問題については、第3節で検討する。

2. 石油業界における業者間転売取引

　石油製品は、原油を精製すると他の油種まで自動的に生産される連産品であり、特定の油種だけを必要なだけ生産するとは不可能という特徴を持っている。このような背景の下、わが国のガソリンを含めた石油製品については、歴史的・構造的に供給過剰の状態であった。したがって、石油の元売が生産したガソリンを自社の系列特約店等に対し販売しきれない場合があり、他方、特定の系列特約店にとっては、地域の需給関係により短期的な品不足に悩むというような事態に常に直面していた。ここで、このような需給ギャップを調整することを目的に、商社が取引に介在し、元売の系列を超えた取引が行われるようになった。これが石油業界における業者間転売取引（略して「業転」と呼ばれる）であり、需給の調整弁として用いられる一般的な取引慣行である。かつては、価格が正規流通品より大幅に安いため、市況を乱すものとして問題視されてきたが、石油流通市場の自由化で正規取引として認められたという歴史がある。

　【図表1－1－2】は、販売対象物が、元売業者から最終需要者に直送される一方、その間の業者間転売ルートの中では、売買対象物が船積みされる前に、納品書・物品受領書・代金決済のための請求書を交わしながらA→B→C→Dと流通する様子を示している。

【図表1－1－2】通常の業者間転売取引

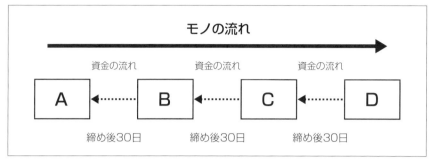

したがって、実需に裏付けされた取引実体があり、かつ石油製品が元売からエンドユーザーまで一直線に流れていく取引である以上、業者間転売取引は問題とならない。しかしながら、過去において、業者間転売取引の名の下に取引に事後介入し、金融支援を主目的として取引を循環させた事例【図表1－1－3】が報告されている。

【図表1－1－3】業者間転売取引を仮装した過大な金融支援目的取引事例

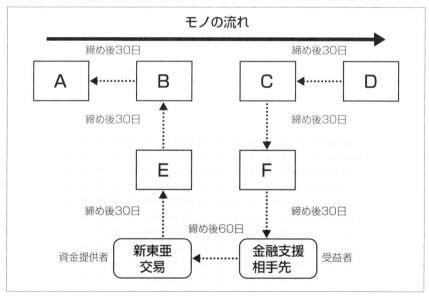

第1章 循環取引発生のメカニズムと会計上の論点― 9

ここで取り上げるのは、兼松㈱の事例で、同社の子会社新東亜交易㈱のある担当者が、同社に無断で、通常の業者間取引に事後介入（【図表１－１－３】の網掛け部分）し、売りと買いとの間に差のある業者間取引の決済サイトの差（本件では金融支援相手先の締め後 60 日と自社の締め後 30 日との差）を負担することで、特定の相手先（金融支援の「受益者」）に対し金融支援目的取引を行った事例である。しかしながら、本件首謀者は、取引を業者間で循環[1]させることで金融支援額を異常に膨らませ、結果的に債権が回収不能となり、「資金提供者」たる新東亜交易㈱に多額の損失を生じせしめた事件であった。なお本件は新東亜交易㈱の石油事業部長自らが直接的に関与した事件とされているが、同部長が受益者に、会社に損害を与えてまでなぜ金融支援をしたのか、という真の動機については、兼松㈱の独立調査委員会報告書（平成 19 年 9 月 25 日付）では一切触れてられていない。

3. IT バブル時代の架空循環取引

　平成 14 年（2002）頃の IT バブル華やかなりし頃、大阪の情報処理システム販売会社メディア・リンクス社がナスダック・ジャパンに上場した。本項でも高橋篤史氏の『粉飾の論理』から引用すると、同社の上場目論見書によれば、その営業政策の特徴として「パートナー営業」という独自の用語が出てくるとのことである。同目論見書の解説では、パートナー営業について、「（メディア・リンクス社が）エンドユーザーに直接販売するのではなく、強力な販売ネットワークを有する IT 系の企業（パートナー企業という）に対し営業活動を行い、同パートナー企業を通じてエンドユーザーに販売すること」と定義している。すなわち、メディア・リンクス社の仕入先や販売先は同業他社ばかりということである。

　一方、商社業界では既に出来上がっている取引に後から入るのは珍しくなく、

1　兼松㈱の独立調査委員会報告書（平成 19 年 9 月 25 日）では「円環構造」と呼んでいる。

いわゆる「介入取引」[2] として、買い手・売り手の中間に介入するのが一般的であった。なぜなら、売り手と買い手との間の資金の決済に時間がかかる場合、一時的に商社が取引に介入することで信用リスクを負担するというもので、商社が本来備えている機能を発揮するに過ぎない。しかしながら、信用供与を生業とする商社以外の会社において、単に営業マンが収益を嵩上げするためだけに取引に介入するような行為が頻発したのが、2000 年頃の IT 業界であった。それが IT バブル崩壊と共に一気に表に噴出したのがメディア・リンクス事件であった。

そもそも循環取引は、循環の環に参加する企業が存在しないと成り立たない。メディア・リンクス事件では、IT 業界の主要企業をほとんど網羅する形で、最終的に約 20 社が架空取引に参加していたと言われている。問題の本質は、これら循環取引の参加企業の営業マンが、さして疑問も持たず架空取引に参加している点である。そこには本来競合関係にあるような同一業種の営業マンが談合し、架空取引を計上してまで自らの営業成績を良く見せようとする、いわゆる倫理上の問題に止まらず、「出荷基準」を中心とした日本の会計慣行の脆弱性と、商社取引だからという問題の正当化が背景にあったのではないかと考えられる。

4. 広義の循環取引

(1) リース・スキーム

これまで述べてきた循環取引は、取引の連鎖が A 社→B 社→C 社→D 社→A 社→B 社→C 社→D 社→A 社→B 社→C 社→D 社と際限なく続くのもであった。ところが、リース会社を媒介として、リース物件を一巡させるよう

---

2 「介入取引」について判例は「すでに成立した売買契約の売主と買主との間に、主に売主の要請で一流商社が介入し、商品は当初の契約どおり売主から直接買主に引き渡されるが、取引の形態としては、商社が売主から売買の目的となった商品をいったん買い上げてこれを売主に転売する形式をとるもの」（大阪地判昭 47.3.27 判タ 282 号 351 頁）と定義している。

な取引、いわゆる転リースとか「セール・アンド・リースバック」に類似する取引についても循環取引に含める場合がある。取引実態からすれば、上述したUターン取引と類似の取引であるが、本稿ではこれを広義の循環取引に分類し、かつての繊維業界等で行われた際限なく循環する不正取引を狭義の循環取引と呼び、両者を区別する。実際の広義のリース会社を利用した循環取引とはどんなものか、以下の事例から検討する。

●ニイウス　コー㈱
調査委員会の調査結果概要と再発防止策（平成20年4月30日）

---

3) リース契約（会社）を利用した不適切な循環取引

　売上利益の獲得、または損失計上の回避を目的として、滞留在庫、他のプロジェクトで経費計上していなかったSE作業コスト、自社における設備投資物件に関わる製品等を売上原価として、<u>いったん売上計上し、売却先または転売先経由で、会社がリース会社からリース資産または買取資産として計上するスキーム</u>（下線筆者）である。

　また、会社の代わりに、<u>取引先がリース会社とリース契約を締結し、会社と取引先は別途サービス契約を締結して、リース料に見合うサービス料を支払うというスキームも見受けられる</u>（下線筆者）。これらの循環取引は通常の営業取引ではなく、販売に伴う入金とリース料の支払いは資金取引と考えるのが妥当である。(以下略)

●トラスティックスホールディングス㈱
調査報告書（平成 20 年 11 月 20 日）

当社は、売上を増加させ予算計画を達成するために、（略）、貨物軽自動車を直接又は自動車販売会社を通じてリース会社に販売した上、当該リース会社から当社子会社である XX 社に対しリースを行い、さらに複数の他社に転リースを行うという「経済合理性のない貨物軽自動車の転リース・スキームを利用した売上計上（下線筆者）」を行っていました。この転リース・スキームにより、一度にまとまった台数の貨物軽自動車をリース会社に販売することで、その売上を計上できました。（略）なお、転リース・スキームにおいては、他社に転リースを受け入れてもらうために、当社が運送業務委託料の最低保証料等の名目で各転リース会社に対し金銭を支払うことで、当社が実質的にリース料を負担していました（下線筆者）。

　この 2 つの事例は全く別の会社で行われたものであるが、スキームの中身はほぼ同一であることが非常に興味深い。仮にリース会社に売却した物件について、リース会社から直接間接にリースバックを受けた場合、最初のリース会社への売上（売買損益）については全額計上せず、リースバックを受けた対象資産のリース期間にわたり分割計上するという会計実務がわが国において既に確立していた[3]。上記で引用した部分の後段に記載されているように、いずれのケースも当初の売上を計上した本体にはリースバックさせていないのである。すなわち循環の環は途切れているため、セール・アンド・リースバックとはいえず、したがって、当初の売買損益のリース期間における繰り延べ計上処理を困難にしている。しかしながら、両ケースでも、リース料見合いの費用については別の名目の支出によって本体が実質的に負担しているのである。これは明らかにセール・アンド・リースバックの会計処理を回避し、当初の物品等の売

3　企業会計基準適用指針第 16 号「リース取引に関する会計基準の適用指針」平成 6 年 1 月 18 日日本公認会計士協会

第 1 章　循環取引発生のメカニズムと会計上の論点— 13

上を全額計上することを目論んだ不正スキームである。このスキームを図示すると以下の【図1－1－4】のようになる。

【図1－1－4】循環取引－リース・スキーム

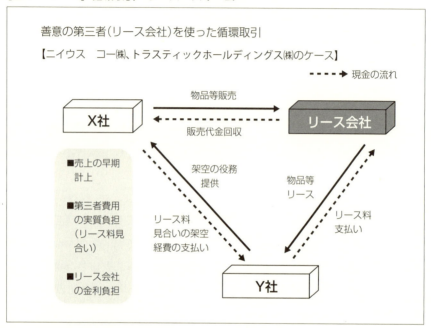

(2) 部材等の有償支給取引

　平成27年2月に発覚した㈱東芝(以下「東芝」)の不正会計事件では、「チャレンジ」という言葉に代表される形振り構わぬ様々な不正会計スキームが公にされたが、今では、問題の本質は、同社によるウエスチングハウス社買収の際に計上したのれんの減損問題だったことが明らかにされている。減損問題については本書の扱うところでないため論を避けるが、ここでは、形振り構わぬ不正会計スキームのうち、パソコン事業における部品取引等が、広義の循環取引に当たる点を指摘しておきたい。東芝が過年度の決算修正ということで平成

27年9月7日に公表したプレスリリース[4]では、過年度決算の要修正額合計2,248億円のうち、最も多額であったのは、発覚当初話題になった工事進行基準ではなく、このパソコン事業における部品取引等で576億円、次が工事進行基準で479億円であった。

　一般に製造業では、部材を加工業者や下請け業者に有償で支給することは伝統的に行われている。すなわち、支給元となるメーカーが、まず部材を加工会社等に一定の価格で供給し、その後加工会社等で当該部材を加工した上、当該（半）製品を再び支給元であるメーカーに、当初の部材の価格に自らの加工賃を上乗せして納入するという取引である。この場合、部材の供給時に加工業者等に無償で支給し、再び納入されるときに（半）製品の加工賃のみ請求させるいわゆる無償加工の方法もあるが、東芝の場合は、有償で支給し、社内でその価格のことをマスキング価格と呼んでいた。驚くべきは、そのマスキング価格を、部材の調達価格の4倍から8倍で価格設定していたというもので、その結果東芝のパソコン事業の四半期決算を見ると、四半期の末月に、未達予算の穴埋めをするため、大量の部材を支給することにより多額の営業利益を計上するとともに、翌四半期期首月以降において前四半期の多額のマスキング価格を含んだ（半）製品を買取ることで仕入原価が膨張し、営業損益が悪化するということを繰り返していた[5]。すなわち、四半期の初めの月は多額の営業損失、四半期の終わりの月は多額の営業利益というように月次損益が乱高下していたのである。

　このように、高額のマスキング価格で加工会社等に部材を引き取らせることで一時的な利益を稼ぐことができても、それはいずれ高額の（半）製品となって自社に戻ってくるので、単なる一時しのぎに過ぎず、不正取引としては単純でお粗末ともいえる代物であるが、東芝はそれを何年も繰り返していたのであ

---

4 「過年度決算の修正、2014年度決算の概要及び第176期有価証券報告書の提出並びに再発防止策の骨子についてのお知らせ」（2015年9月7日）https://www.toshiba.co.jp/about/ir/jp/news/20150907_1.pdf
5 平成27年7月20日に公表された㈱東芝・第三者委員会報告書（要約版）では、別紙3でパソコン事業の月別売上高と営業利益の推移が数値とグラフで示されており、その損益の乱高下の様子が分かりやすく示されている。

る。さらに東芝の場合は、部材の支給先に連結対象会社が含まれていた。部材の供給先が連結対象会社の場合、部材を有償支給すればそれは東芝グループの連結財務諸表では未実現利益となるため、当該未実現利益は消去しなければならない。ところが東芝は、それを取り消していなかったという[6]。このことは東芝の会計処理があるべき会計基準[7]に明確に違反していたことを物語っている。

　なお、新たに導入されようとしている収益認識基準において、有償支給取引をどのように取り扱うかについては後述する。

5. 循環取引を引き起こしやすい業態及び対象物品・役務

　上述したように、歴史的に見て、繊維業界、石油業界、また最近では IT 業界において循環取引が発生している。循環取引は一般に、メーカーと小売の間に、商社や卸売業者が介在する取引形態を採用する業界において発生しやすいといわれている。

　それでは、上記以外ではどのような物品が対象となりやすいのだろうか？基本的に循環取引に馴染む（？）のは、上記流通経路の複雑さに加え、そもそも保存性が高く・陳腐化しない物品が利用されやすいといえる。生鮮食料品のように賞味期限や消費期限があるものが循環経路の途中で腐ってしまっては元も子もないからである。その意味で、飼料、鉄鋼原料、化学品、建設資材、機械装置、照明器具等が循環取引の対象とされてきた。食品の中でも冷凍されて保存性が高くなると循環取引の対象となるのである。特に最近、後述するように、水産業界で複数の循環取引事例が報告されている。

　なお、循環取引は対象物が有形の物品販売のみならず、IT 業界に代表されるように、システム開発等無形物まで対象が広がっているのも事実である。さ

6　上記㈱東芝・第三者委員会報告書では、部材の供給先に連結対象会社が含まれていたかどうか、その場合の未実現利益の取扱いがどうだったかは明確にされていなかったが、同年 11 月 9 日に公表された役員責任調査委員会の報告書では、これらの点が明らかにされた。その意味で前者の報告書は明らかに調整が不十分であると言わざるをえない。

7　東芝は従前より米国会計基準により財務諸表を作成していたので、ここでいう会計基準は米国基準を指すが、わが国の基準においても不当な処理であることは言うまでもない。

16　—第1編　循環取引の理論的考察

らに、上記「4. 広義の循環取引」で検討したようなリース取引や、請負契約、保守・メンテナンスサービス等、幅広い業界において発生しているのである。

6. 架空循環取引の開始のキッカケ

架空循環取引がどのようなキッカケで開始されたかについては、第3章の事例で詳しく検討するが、全くの架空の状態からスタートすることは実は非常に困難が伴う。例えば、得意先と共謀して当該得意先より架空の注文書を発行してもらい、納入期日に納品したことにして当該共謀得意先より（検品済みを仮装した）検収書を入手すると共に請求書を発行すれば、売上自体は簡単に計上されてしまう。循環取引首謀者としては、売上が計上できたので「メデタシメデタシ」ということで後は共謀得意先より売上代金の入金を待つばかりか、といえば事はそう単純ではない。なぜなら、通常、売上に対応する原価の計上が求められるからである。特に売上と原価のひも付きが強い製品については、架空売上に対応する原価の計上が不可欠になるのである。仮に架空売上だけ計上して原価未計上のままとすれば売上総利益率（粗利率）が異常に膨らみ、社内で異常値が目立ちやすい[8]。

そこで循環取引首謀者は、自社在庫からの払出しを仮装するか、別途架空売上の計上前にその架空の調達先を探さなければならなくなるのである。前者のように自社在庫から払出しすればその分帳簿在庫の数量・金額が減少するので実際在庫との乖離が生じてしまい、これも管理部門からの追及を受ける可能性がある。また、後者の場合でも、調達先でも厳密に言えば同様の原価計上問題が提起されることになるので、結果、堂々巡りとなってしまう。

このように見ていくと、架空循環取引といえども最初は実体のある取引から開始されたのではないかと考えられる。このように実体のある取引を嚆矢とし、その後架空の付帯サービス等を付加しながら、架空取引が拡大していったのが

---

8 もっとも、販売取引全体の中に占める架空売上の割合が小さければ当該架空取引は埋没してしまうので、原価未計上でも、売上総利益率自体には異常が表れないかもしれない。

循環取引開始一つの方法ではなかったか？　あるいは、最初から実体のない循環取引を企図した場合、在庫管理について継続記録法を採用していない中小の共謀先を関与させ、当該中小会社に架空発注することで、循環取引を開始した可能性も想定される。そのような会社では、期末の実地棚卸において初めて当該会計期間の売上原価が確定するので、売上と原価のひも付きが厳密に意識されていないため、社内で原価未計上問題に焦点が当たることもない[9]可能性があるからである。とりわけサービス業は、製造業と異なり、役務の提供とそれに対応する原価のひも付き関係の緊密さが物品の場合に比べ劣るため、架空循環取引を開始するに当たり、製造業、物品販売業より障害は少ないといえる。

9　このような会社は当然、会計監査人設置会社ではないだろうし、税務調査においても、そもそも売上と原価のひも付きが明らかでないため、指摘されない可能性が高い。

第3節
収益認識基準と循環取引

1.「出荷基準」の功罪

　そもそも企業にとって最も重要な財務指標が何かといえば、第一に売上高となるのは特に異論がないであろう。確かに利益も重要だが、利益はあくまで売上その他収益からそれに対応する費用や一定期間の損失を控除した差額概念であるため、ここでは企業の市場占有率や成長性を表す売上高を第1の財務指標と考える。そこで問題となるのがどうやって売上高が計上されるか、いわゆる収益の認識基準についてである。

　わが国においては、企業会計原則で、「売上高は、実現主義の原則に従い、商品の販売によって実現したものに限る。」とされているものの、収益認識に関する包括的[10]な会計基準は開発されていなかった。このことは、例えば製造業ないし物品販売業を営む上場会社の有価証券報告書において、その第5【経理の状況】の中の「連結財務諸表作成のための基本となる重要な事項」や、単体財務諸表の「重要な会計方針」をいくら詳細に眺めても収益の認識基準に関する記載はないことに端的に表れている[11]。

　それでは、これまでわが国企業は何をもって収益を認識してきたのであろうか。ここで最も単純な製品の販売を想定してみよう。一般的な物品販売業の経理担当者に自社の収益認識基準は何かと問えば、「出荷基準」という声が返ってくるはずである。ここでいう「出荷基準」とは、「顧客への引渡前の商品発送時点で収益を認識する」方法（『収益認識に関する論点整理　172項』平成

10　ここでいう「包括的」とは、すべての業種・取引を横断的に規制するという意味で、これまで例えば、建設業やリース業などの特定の取引については個別の収益認識基準が開発・公表されてきた。
11　一般の製造業や物品販売業では、有価証券報告書に収益認識基準の記載がないが、割賦販売およびファイナンス・リース取引、あるいは工事契約に係る収益の計上基準等については収益認識基準の記載を要する（財務諸表等規則ガイドライン8の2－7など）。

第1章　循環取引発生のメカニズムと会計上の論点— 19

21年9月8日　企業会計基準委員会）であり、その論拠として通常挙げられるのが法人税法基本通達2－1－1及び2－1－2の規定である。以下、同通達を見てみよう。

（棚卸資産の販売による収益の帰属の時期）

2－1－1　棚卸資産の販売による収益の額は、その引き渡しがあった日の属する事業年度の益金に額に算入する。

本通達は、企業会計原則のいう販売基準（商品の販売によって実現したもの）と同趣旨のものと解されている。そこで問題となるのが、販売となる「引渡し」の具体的基準であるが、それについては後続する以下の通達がある。

（棚卸資産の引渡しの日の判定）

2－1－2　2－1－1（棚卸資産の販売の場合による収益の帰属の時期）の場合において、棚卸資産の引渡しの日がいつであるかについては、例えば出荷した日（傍点筆者）、相手方が検収した日、相手方において使用収益ができることとなった日、検針等により販売数量を確認した日等当該棚卸資産の種類及び性質、その販売に係る契約の内容等に応じその引渡しの日として合理的であると認められる日のうち法人が継続してその収益計上を行うこととしている日によるものとする。（以下略）

すなわち本通達は、棚卸資産を出荷した日を同資産の引渡しの日とみなすことが合理的である限り収益計上を認めるというもので、出荷日を引渡日とすることが実務的にも簡便であるところから、わが国では会計慣行として広く同基準が採用されてきた。収益認識に限らずわが国では税法基準が会計実務の一翼を担ってきた歴史があり、その意味で企業会計の番人たる会計基準設定主体や職業専門家としての公認会計士からも、「出荷基準」の是非を問う声は特に聞かれなかった。しかしながら、「出荷基準」というのは、極論すれば、販売対象物品が、当該販売会社の倉庫ないし敷地内から一歩外に出ればその時点で収

20　―第1編　循環取引の理論的考察

益が計上されるという基準であるため、過去においてはこの基準を逆手に取り、例えば倉庫を２つ借り、その間を商品が行き来する度に売上が計上されるというような会計不正も行われていた。

2. 収益認識基準の軽視ないし無視

　そもそも架空循環取引がなぜ繰り返されるのか、そこには本来厳格であるべき収益（売上）認識基準の軽視ないし無視が現実としてあったのではないか？

　循環取引においては物理的なモノの移動（あるいは真正な役務の提供）すら実際にはないことが多いのであるから、「出荷基準」さえ本来適用できないのは論を待たない。多くの不正事例において架空取引が誘発されたのは、わが国の商慣行において「出荷基準」が採用されてきたことで、物品の相手方への到着、あるいは相手方での検収という事実の確認作業を怠ってきた、あるいは不要の手続としてきた点に遠因が求められるのである。

　さらに、多くの循環取引では、当該取引を、社内で「商社取引」とか「介入取引」と説明していたようである。しかしながら、商社の本来の役割とは、企業間取引の中で、情報提供、事務代行、決済代行及び信用補完などの様々な機能を発揮し、契約上、取引の当事者（本人）として行われる取引もあれば、代理人として行われる取引もあるはずである。ここで問題となるのは、架空循環取引の輪の中に介入する各社は、果たして、取引の当事者（本人）なのか代理人に過ぎないのか、契約上明らかでなく、各社間でも意図的に曖昧にしていた点である。もちろん、ほとんどのケースでは単純に取引に介入しているだけなので、本来商社として果たすべき情報提供、事務代行、決済代行及び信用補完などを履行していないのである。一連の取引について何ら機能を果たさないのであれば、そのマージンに合理的な根拠がないのも当然といえる。

　このように、相手方の検収の有無を確認しなくてもよい売上計上基準、あるいは販売対象物品等を実際に維持管理することなく取引に介入するだけの商社取引の存在が、売上計上担当者あるいは財務経理担当者をしてある種の思考停止に陥らせ、結果的に本来厳格であるべき、収益認識基準の軽視ないし無視と

いうような状態を生み出してしまったのではないかと思われる。実際に過去に引き起こされた架空循環取引事例を見ると、その間の事情が具体的に明らかにされている。以下、循環取引として公表された様々な社内・社外調査報告書の中から、収益認識に関する各社の対応状況の記述を見てみよう。

●ニイウス　コー㈱
調査委員会の調査結果概要と再発防止策（要約）（平成 20 年 4 月 30 日）

> （旧経営陣は、実際には）売上の計上基準を満たしておらず、実際には販売先が「預かって」いる状態にも係らず先行して売上を計上した（下線筆者）が、結果として販売先との成約に至らなかった場合、会社は売上の取消を回避するため、別の転売先を見つけ、最終的には製品名称を変更するなどして、この転売先及び複数の転売先を経由した後会社が買戻した。

　本件では、経営陣による明らかな収益計上基準の軽視ないし無視が指摘されている。一端計上した売上を取消す必要が生じたことから、循環取引が開始されたことが分かる。

●㈱ジーエス・ユアサ　コーポレーション
外部調査委員会調査報告書（平成 20 年 10 月 28 日）

> (e) 売上計上時期
> 　架空循環取引の温床となったスルー取引（筆者注：次項参照）の売上認識は、仕入計上と同時期（納入先の検収書が調達管理グループに返却された時）であるが、本件取引では、現物の現場への納品の事実又は工事施工の事実の不存在にもかかわらず（下線筆者）、納入先押印済み検収書による仕入検収が行われ、それに伴う売上が計上されていた。

　㈱ジーエス・ユアサ　コーポレーション（以下「GYC」）の連結子会社㈱ジーエス・ユアサライティング（以下「GYL」）は、一般道路等に設置される街灯のポールその他照明設備用資材を、当該街灯の設置工事を行うゼネコン等に納

22 —第 1 編　循環取引の理論的考察

入する事業を行っていた。しかしながら、報告書によれば、GYL 社は、工事を行うはずのゼネコン等ではなく、仕入先が準備した GYL の直接の納入先（工事業者でない）の検収印を拠所として、売上を計上していたということである。そもそも、物品等が一切社内を経由しない「スルー取引」ゆえに社内の誰の目にも触れることないため、実際の現場へ物品が納入されたか否かについては社内の誰も関心がなく、結果として、社内の誰も架空と気付かないまま売上が計上され続けていたということになる。そもそも、わが国収益認識基準は何だったか？　わが国の収益認識の基本は「実現主義」であり、「実現」とは、相手への物品等の引渡しの事実及び対価の確定をその要件とする。本件のように、「スルー取引」だから相手への引渡しの事実の確認が不要というのは、誤った認識といわざるをえない。むしろ「スルー取引」故に、より厳格な物品等の相手先（ここでいう相手先とは、物品等の最終消費者ないしエンドユーザー、あるいは当該物品を加工する等して何らかの付加価値を付与する者をいう）への引渡しの事実の確認を求める姿勢が必要となるはずである。

●鹿島建設㈱
社内調査委員会報告書（平成 20 年 10 月 15 日）

> 　M 氏（筆者注：循環取引を行った鹿島建設㈱の連結子会社大興物産㈱の首謀者）が架空循環取引の回数を重ねるうちに、（中略）取引金額は増加しました。
> 　（中略）この間、ソフトウェア等循環取引の事例が広く知られるようになってから（筆者注：メディア・リンクス事件を指すと思われる）、大興物産与信委員会においても、1 社あたりの与信枠（最大 5 億円）の大きさが問題とされ、またエンドユーザーの確認を求める意見もあり、取引先への照会も行いましたが、契約書類等は整っており、また守秘義務がありエンドユーザーは明らかにできないのが業界慣行である等の M 氏の巧妙な説明もあって、本件架空循環取引を認識するには至りませんでした。

　大興物産㈱は建設業である鹿島建設㈱の資材等を調達する商社であるため、介入取引は日常的に行われていたと推察される。それにしても M 氏とのエン

ドユーザーをめぐるやり取りは興味深い。メディア・リンクス事件への反省からか、商社においてもエンドユーザーへの確認を重視するようになってきた当事の状況が伺える。しかしながら本件は、結果的に見てエンドユーザーは存在しなかったし、その存在を明らかにできないというのは詭弁であろうから、M氏にうまく丸め込まれてしまったということであり、折角の循環取引早期発見の目を摘んでしまった事例であるといえよう。

●広島ガス㈱
外部調査委員会調査報告書（平成 21 年 4 月 23 日）

> （筆者注：循環取引を行った広島ガス㈱の連結子会社の首謀者）x は、当時の取締役営業部長の a に口頭で（循環の）商流取引の説明を行い、取引を始めることについて了解を得た。
>
> 当時、a は、取引について x から上記の説明を受けた際、建築資材の販売に中間業者がペーパーマージンを稼ぐ目的で入ることは良くある（下線筆者）ことで、販売先が知名度の高い優良会社であったことから、この取引に加わることを承認した。

広島ガス㈱の事例では、「ペーパーマージン」という言葉が象徴しているように、この取締役営業部長は、ある取引（本件では建築資材の販売）において、何ら特定の機能を果たすことなく、あるいはリスクを負担することなく、取引に中間業者として介入できると認識（確信？）していたことが分かる。もちろん金融支援であるという「言い訳」は成り立つが、おそらく本件で計上されたマージンと合理的な金利水準との因果関係は証明できないであろう。このような「馴れ合い」的な第三者介入の商慣習と、厳格な収益認識基準の軽視ないし無視が循環取引を蔓延らせた遠因といえよう。

なお、水産業では、「介入取引」を「帳合取引[12]」と呼び、以下のような取引

12　公正取引委員会の「流通・取引慣行に関する独占禁止法上の指針」（平成 29 年 6 月 16 日改正）では、（一般に）メーカーが卸売業者に対して、その販売先である小売業者を特定させ、小売業者が特定の卸売業者としか取引できないようにすることを「帳合取引の義務付け」と呼び、これによって当

24　—第 1 編　循環取引の理論的考察

の実態が指摘されている。

● ㈱加ト吉
改善報告書（平成 19 年 7 月 11 日）

1. 帳合取引について

（略）問題となった不適切取引の多くは、帳合取引の形態で行われていました。ここで、帳合取引とは、以下の取引をいいます。

（1） 定義

取引の確定している二業者間に、第三者（例えば当社）がその信用力を背景に一定の手数料を得る目的で介入する取引で、水産業界においては通常かつ頻繁に行われていると認識しています。

（2） 基本的な構図

帳合取引の基本的な構図は以下の通りです。

・介入する第三者にとって、取引の目的物である商品の仕入先と販売先が確定している。

・三社間の取引は原則として同一日に行われること。

・取引の目的物である商品については保管倉庫に保管されたままの状態で順次、極めて短期間に、所有名義のみが名義変更通知の方法により書面上のみ変更処理される。従って、介入する第三者に対象商品の残高が残ることはない（下線筆者）。

（3） （略）

（4） 社内手続

明確な取引区分に関する取扱規定等はありません。通常の商取引の形態として他の取引と同様の手続を行っております（下線筆者）。

すなわち水産業界では「帳合取引」の名の下、日常的に循環取引が発生する

該商品の価格が維持される恐れがある場合には、不公平な取引方法に該当し、違法となるとしている。したがって、水産業等で用いられる「帳合取引」の用語は、本来の意味から考えると正確性を欠く恐れがあるが、本稿ではあえてそのまま使用する。

土壌があったといえる。㈱加ト吉の同業者である㈱大水の調査報告書要旨にも以下の記述がある。

●㈱大水
不適切な取引に関する調査概要報告について（平成21年2月17日）

> 本件取引の発端は、金融支援を目的としたいわゆる帳合取引であった。帳合取引は少なくともこの業界においては、与信や在庫調整などの目的で古くから行われていた。そのため、<u>本件取引に関与した本件取引関係業者の多くも、大水の信用を背景にした取引あるいは在庫調整のためのいわゆる帳合取引を行なっているとの認識を持っていた。</u>（筆者注：すなわち循環の認識を持っている業者はなかったということ）（下線筆者）

このように、業界で慣行的に行われてきたという理由に基づき、「帳合取引」の美名の下、水産業界では連綿とこのような取引が繰り返されてきた感がある。しかしながら、「帳合取引」と「循環取引」は紙一重であり、エンドユーザーがない場合は実質的に同一である。しかも取引対象物が物理的に移動しないので、いつでもそこには架空在庫の入り込む余地が生じてしまう。㈱加ト吉も㈱大水も実際に架空取引があったことが報告されており、業界全体として、（明確に意識していなかったにせよ）収益認識基準を軽視ないし無視していた実態は明らかである。上記で取り上げた㈱加ト吉の改善報告書によれば、同社は平成19年4月1日より、帳合取引の売上計上基準を変更し、従来の「売上」と「仕入」を相殺した後の「売上総利益」の額を「純売上高」として計上することとし、これによる表面上の業績を取繕うためにリスクの大きな取引に手を染めることを防止するとしている。

3. IT業界における「介入取引」に対する 日本公認会計士協会の対応

既に述べたように、「出荷基準」によれば、極端に言えば自社の倉庫から物品を発送さえすれば売上が計上され、当該物品が相手に引き渡されたかどうか

は重要視されないし、さらに「商社取引」ともなれば必ずしも販売対象物を自らの管理下に置く必要もない。このような取引慣行・会計慣行を悪用したのが既述したメディア・リンクス事件であり、同事件の発覚を受け、日本公認会計士協会は、平成17年3月、IT業界における特殊な取引検討プロジェクトチーム報告として、「情報サービス産業における監査上の諸問題について」を公表している。同報告公表の背景として、「1. はじめに」で、「平成16年は、情報サービス産業に絡んだ不適切な会計処理の事例が、いくつか明るみに出たことから、日本公認会計士協会としてもこの問題を放置できないと判断」したという記載がある。平成16年といえば、メディア・リンクス社の上場廃止が同年5月1日で、当時世間の耳目を相当集めたため、主としてこの事件が同報告公表のきっかけとなったのは明らかである。

　同報告では、情報サービス産業の事業の対象物が「無形」の資産であり、それに起因する会計環境の特質について、いわゆる分割検収の問題や、受注金額の不確実性、複合的な取引形態の問題を指摘しているが、特に本稿で取り上げたいのは、「商社的な会計慣行の存在」である。そもそも情報サービス産業には多段階の請負構造があり、また、ソフトウエア開発の一部として、ハードウエアや既にパッケージ化されたソフトウエアの流通もあり、同業者間で商社的な取引が日常的に行われていた。既に述べたように、商社的な取引の中には、物理的にも機能的にも取引に付加価値を付与せず、取引当事者の帳簿上通過するだけの仲介取引が存在していたのである。同報告では、この仲介取引を3つのパターンに分けて説明している。

①　複数の企業間で売上金額の増額を目的として行われる仲介取引等のケース（スルー取引）

②　自社が起点及び終点となってその間に商社的な取引が行われ、最終的に自社が販売した商品・製本等が複数の企業を経由して自社にUターンして戻り、在庫または償却資産として保有されるケース（Uターン取引）

③　複数の企業が互いに商品・製品等をクロスしていったん販売し合い、その後在庫を保有しあうケース（クロス取引）

この3つのパターンのうち、②のUターン取引でかつ起点と終点が繋がっ

たものが、これまで検討してきた「循環取引」に他ならない。

　また、本来契約上、取引の当事者ではなく、代理人として行われる取引については、収益を総額で表示するのではなく、手数料のみを収益として表示することが適切と考えられる。以下、第4節で述べる新たな収益認識の会計基準案では、代理人取引について検討している。

第4節
「収益認識に関する会計基準」と循環取引

1. 企業会計基準第 29 号の公表

　企業会計基準委員会（ASBJ）は、平成 30 年 3 月 30 日、企業会計基準第 29 号「収益認識に関する会計基準」（以下、「会計基準」という）及び企業会計基準適用指針第 30 号「収益認識に関する会計基準の適用指針」（以下、「適用指針」といい、会計基準と併せて「新会計基準」という）を公表した。第 3 節で述べた通り、わが国企業会計原則において実現主義の原則は規定されているものの、収益認識に関する包括的な会計基準はこれまで開発されてこなかった。

　一方、国際会計基準審議会（IASB）及び米国財務会計基準審議会（FASB）は、共同して収益認識に関する包括的な会計基準の開発を行い、平成 26 年（2014 年）5 月に「顧客との契約から生じる収益」（IASB においては IFRS 第 15 号、FASB においては Topic606）を公表しており、IFRS 第 15 号は平成 30 年（2018 年）1 月 1 日以後開始する事業年度から、Topic606 は平成 29 年（2017 年）12 月 15 日より後に開始する事業年度から適用される。両基準は、文言レベルでおおむね同一の基準となっており、当該基準の適用後、IFRS と米国会計基準により作成される財務諸表における収益の額は当該基準により報告されることになる。

　第 3 節で述べたように、収益は、企業の経営成績を表示する上で最も重要な財務情報であるため、ASBJ は上記の国際情勢を踏まえ、わが国における収益認識に関する包括的な会計基準の開発に向けた検討に着手し、公開草案を公表した後、適用上の課題等に対する幅広い意見を一般に求めた。その結果寄せられた意見等を基に、ASBJ は最終基準の開発に着手、平成 30 年 3 月 26 日の同委員会において新会計基準等が承認され、その公表に至ったものである。

　なお、新会計基準は、2021 年 4 月 1 日以後開始する連結会計年度及び事業

年度の期首から適用される。また、その早期適用として、IFRS または米国会計基準に基づき連結財務諸表を作成している企業が、IFRS 第 15 号ないし Topic606 を適用する場合、平成 30 年（2018 年）4 月 1 日以降開始する事業年度の期首から、当該企業の個別財務諸表に適用することができる。さらに、12 月末を決算期末とする IFRS または米国会計基準適用企業のため、平成 30 年 12 月 31 日に終了する連結会計年度及び事業年度から、平成 31 年 3 月 30 日に終了する連結会計年度及び事業年度までの間における年度末に係る連結財務諸表及び個別財務諸表から、新会計基準を適用することができる。

2. 新会計基準の基本となる原則

（1）収益認識のための 5 つのステップ

新会計基準の基本となる原則は、約束した財またはサービスの顧客への移転を、当該財またはサービスと交換に企業が権利を得ると見込む対価の額で描写するように、収益の認識を行うことである。企業は、次の 5 つのステップを適用することにより、この基本となる原則に従って収益を認識する。

ステップ 1：顧客との契約を識別する。

ステップ 2：契約における履行義務を識別する。

ステップ 3：取引価格を算定する。

ステップ 4：契約における履行義務に取引価格を配分する。

ステップ 5：履行義務を充足した時にまたは充足するにつれて収益を認識する。

ここでいう「契約」とは、法的な強制力のある権利及び義務を生じさせる複数の当事者間における取り決めをいい（会計基準第 5 項）、「履行義務」とは、顧客との約束において（i）別個の財またはサービス（あるいは別個の財またはサービスの束）、または（ii）一連の別個の財またはサービス（特性が実質的に同じであり、顧客への移転のパターンが同じである複数の財またはサービス）のいずれかを顧客に移転する約束をいう（会計基準第 7 項）。

30 —第 1 編　循環取引の理論的考察

上記ステップの中で最も重要なのは、ステップ5であることは論を待たないが、企業は契約により約束した財またはサービス（以下、この文脈で「資産」という）を顧客に移転することによって履行義務を充足した時、または充足するにつれて収益を認識することになる。資産が移転するのは、顧客が当該資産に対する支配を獲得した時、または獲得するにつれてである。ここでいう「資産に対する支配」とは、当該資産の使用を指図し、当該資産から残りの便益のほとんどすべてを享受する能力をいう。これには他の企業が当該資産の使用を指図して当該資産から便益を享受することを妨げる能力が含まれる。具体的に、資産に対する支配を顧客に移転した時点を決定するにあたり、次の5つの指標を考慮しなければならない。

① 　企業が、顧客に提供した資産に対する対価を収受する現在の権利を有していること
② 　顧客が資産に対する法的所有権を有していること
③ 　企業が資産の物理的占有を移転したこと
④ 　顧客が資産の所有に伴う重大なリスクを負い、経済価値を享受していること
⑤ 　顧客が資産を検収したこと

　前節まで見てきた過去の架空循環取引の事例では、多くの場合、上記の指標を満たしていなかっただけでなく、そのような観点から取引を管理していなかったことが分かる。したがって、新会計基準導入により、それが厳格に適用されれば、循環取引の発生はかなりの確率で抑えられることが期待される。

(2) 特定の状況または取引における取扱い

　新会計基準では、特定の状況及び取引として11項目（適用指針第34項から第89項）をリストアップし、それらに対して適用される指針を定めている。以下では、当該11項目のうち、循環取引の発生と深くかかわる2つの項目について検討する。

① 本人と代理人の区分（適用指針第39項から第47項）

　上述した収益認識のステップ2（契約における履行義務を識別する）において、

顧客への財またはサービスの提供に他の当事者が関与する場合、新会計基準は、顧客との約束が、当該財またはサービスを企業自らが提供する履行義務であるのか、あるいは他の当事者によって提供されるように手配する履行義務であるのかのいずれであるかを判定するように求めている。前者の場合は、当該企業は、財またはサービスを自ら提供する本人に該当し、当該財またはサービスの提供と交換に企業が権利を得ると見込む対価の総額を収益として認識する。後者の場合は、当該企業は、財またはサービスを提供する代理人に該当し、他の当事者によって提供されるように手配することと交換に企業が権利を得ると見込む報酬または手数料（あるいは他の当事者が提供する財またはサービスと交換に受け取る額から当該他の当事者に支払う額を控除した純額）を収益として認識する。

　顧客への財またはサービスの提供に複数の当事者が関与する場合、自らが取引の本人となるか、あるいは代理人となるかを判断するポイントは、財またはサービスのそれぞれが顧客に提供される前に、当該財またはサービスを企業が支配しているかどうかである（適用指針第 43 − 44 項）。ここでいう「支配」は、上記 **(1)** で見たような法的所有権を含む幅広い概念であるが、財に対する法的所有権が顧客に移転される前に、企業が単に一時的にのみこの法的所有権を有している場合には、必ずしも当該財を支配していることにはならない（適用指針第 45 項）。

　さらに適用指針は、企業が財またはサービスを顧客に提供する前に支配しているかどうかを判定するにあたり、次の指標を充足することを要求している（適用指針第 47 項）。

(a)　企業が当該財またはサービスを提供するという約束の履行に対して主たる責任を有していること。

(b)　当該財またはサービスが顧客に提供される前、あるいは当該財またはサービスに対する支配が顧客に移転した後（例えば、顧客が返品権を有している場合）において企業が在庫リスクを有していること

(c)　当該財またはサービスの価格の設定において企業が裁量権を有していること。

第1節や第2節で見たように、循環取引の場合、関与した企業が「商社取引」や「介入取引」と称して安易に取引の輪の中に参加していった事実が窺われるが、本会計基準が適用されると、顧客に対する財またはサービスの提供において複数の当事者が関与する場合、果たして誰が本人で誰が代理人かを厳しく問われるため、簡単には取引の輪の中に入れなくなる。また取引の輪の中で、本人となり、財またはサービスの対価の総額を収益として計上しようとする場合、上記（a）ないし（c）の厳格な指標を充足しなければならない。第2節で見たような過去の循環取引の事例では、いずれにおいてもかかる3つの指標を満たしていたかどうかは極めて曖昧であった。

　したがって、本会計基準が導入され、厳格に適用されれば、循環取引の発生防止に極めて有効であるといえる。さらに言えば、仮に代理人と判定される場合に収益として認識されるのが、純額としてのいわゆるコミッション部分に限定されるので、元々薄いマージンしか想定されない循環取引にあっては、収益計上額のうまみも小さく、敢えて循環取引の輪の中に参加するというインセンティブも薄れてくるはずである。

② 　請求済未出荷契約（適用指針第77項から第79項)

　請求済未出荷契約とは、企業が商品または製品について顧客に対価を請求したが、将来において顧客に移転するまで企業が当該商品または製品の物理的占有を保持する契約である（適用指針第77項）。上記 **(1)** で見たように、企業が収益を認識するためには、資産に対する支配を顧客に移転しなければならず、上記 **(1)** の①ないし⑤の指標を考慮しなければならないが、出荷済未出荷契約の場合、さらに以下の要件を満たす必要がある（適用指針第79項）。

（a）　請求済未出荷契約をした合理的な理由があること（例えば、顧客からの要望による当該契約の締結）

（b）　当該商品または製品が、顧客に属するものとして区分して識別されていること

（c）　当該商品または製品について、顧客に対して物理的に移転する準備が整っていること

（d）　当該商品または製品を使用する能力あるいは他の顧客に振り向ける

能力を企業が有していないこと

　第2節で見たような過去の循環取引の事例で、実際に現物が存在し、モノが物理的に全く移動せず、伝票処理だけで取引が成立するケースがあったが、それはまさに請求済未出荷契約に該当するものの、上記（a）ないし（d）のような厳格な要件を満たししてないものがほとんどであった。

　したがって、この点からも、新会計基準導入後は、循環取引の発生が相当制限されると期待することができる。

(3) 重要性等に関する代替的な取扱い

① 一時点で充足される履行義務（出荷基準の取扱い）

　ASBJ は、基本的な方針として、財務諸表間の比較可能性の観点から、IFRS第15号と整合的であることを出発点とし、基準開発をしてきた。しかしながら、これまでわが国で行われてきた実務等への配慮が必要な場合には、比較可能性を損なわせない範囲で代替的な取扱いを追加しており、その中の一つに「出荷基準」がある。

　上述したように、新会計基準では、一時点で充足される履行義務については、資産に対する支配を顧客に移転することで当該履行義務が充足されるときに収益を認識する（会計基準第39－40項）。そこで問題となるのが、わが国のこれまでの実務で幅広く用いられてきた出荷基準の取扱いである。出荷基準の功罪については、第3節で検討したところであるが、少なくとも、商品または製品を出荷した段階では当該商品または製品の支配が顧客に移転したとはいえないため、そのタイミングでは、企業は収益を認識することができない。

　しかしながら、このまま新会計基準が導入されたとしたら、従来出荷基準で収益認識してきた（非上場企業も含めた）わが国企業への影響が甚大であるため、ASBJ は、商品または製品の出荷時から当該商品または製品の支配が顧客に移転するまでの期間が通常の期間である場合には、例外的に、出荷時における収益認識を認める代替的な取扱いを認めることとした（適用指針第98項および171項）。ここでいう、商品または製品の出荷時から当該商品または製品の支配が顧客に移転するまでの期間が通常の期間である場合とは、国内におけ

る出荷及び配送に要する日数に照らして取引慣行ごとに合理的と考えられる日数をいうが、わが国国内における配送では数日程度の取引が多いものと考えられる。

　確かに、日々商品または製品を出荷するとして、出荷した商品または製品が顧客に到着し、顧客側で検収をし、当該商品または製品の支配が顧客に移転したと考えられる何らかの確証を得たうえで収益を認識する、いわゆる検収基準と、商品または製品が顧客に出荷された都度収益を認識する出荷基準の2つの基準の差は、前期末と当期末における数日間のことに過ぎないかもしれない。さらに、この数日間の間に認識された収益の額にそれほど重要な金額的な差がないとしたら、両基準により認識される当該事業年度の収益の額の違いは、全く重要性の乏しい誤差の範囲内でしかない。

　しかしながら、第3節で指摘したように、「出荷基準」は、極論すれば、商品または製品が顧客に実際に到着したか否かを別段意識しなくてよい基準であって、そこに最大の弱点がある脆弱な基準である。

　日本公認会計士協会会計制度委員会が、平成21年（2009）年7月に公表した「『我が国の収益認識に関する研究報告（中間報告）－IAS第18号「収益」に照らした考察－』（以下「中間報告」）では、企業会計原則がいう実現主義の要件を考慮した場合、「財貨の移転」は、通常、物品を買手の指定する場所に納入し、買手による検査が終了した時点と考えられることから、買手による物品の検査が終了するまでは実現主義要件の1つである「財貨の移転の完了」は満たさないという立場を採っている。さらに「対価の成立」要件についても、買手による物品の検査が終了するまでは通常満たさないので、あくまで実現主義を厳密に解釈する以上、買手による物品の検査終了時点で初めて収益を認識することができると結論付け、売手の出荷の日をもって財貨が買手に移転することが取引当事者間で明らかでない限り、出荷基準による収益認識は適切でないという見解を示している。

　中間報告は、実務で一般的に用いられてきた出荷基準について、現行の制度

会計の枠組みの中でもその適用は限定的であるべき[13]と述べ、出荷基準の適用に一定の制限を加えたことで極めて画期的であったが、今回の新会計基準で、これまでわが国で行われてきた実務等に配慮するということで出荷基準を認めたことは、非上場企業も含めたあらゆる企業も包含するという基準の持つ包括性ゆえの配慮とはいえ、循環取引を予防するという観点からは一歩後退の感を否めない。

② その他の個別事項（有償支給取引）

第2節で取り上げた東芝のケースで見た有償支給取引について新会計基準は、支給先によって加工された製品の全量を買い戻す義務を負っている場合とそうでない場合に分け、それぞれの会計処理を定めている（適用指針第104項、177項〜第181項）[14]。

a. 製品の買戻し義務を負っていない場合（適用指針第179項）

有償支給取引において、企業が支給品を買い戻す義務を負っていない場合には、企業が当該支給品の消滅を認識することになるが、支給品の譲渡に係る収益と最終製品の販売に係る収益が二重に計上されることを避けるために、当該支給品の譲渡に係る収益は認識しない。

b. 製品の買戻し義務を負っている場合（適用指針第180項〜第181項）

一方、有償支給取引において、企業が支給品を買い戻す義務を負っている場合には、支給先は当該支給品に対する支配を獲得していないため、支給品を支給する企業は、支給品の譲渡に係る収益を認識せず、かつ当該支給本の消滅も認識しない。しかしながら、譲渡された支給品は、物理的には支給先において在庫管理が行われているため、支給元企業における在庫管理に関して実務上の困難さが伴うことから、個別財務諸表に限って支給品の譲渡時に当該支給品の

13　それでもなお、わが国で出荷基準が認められてきた背景として、「中間報告」は以下の2点を挙げ、引渡要件の重要性や費用対効果なども踏まえ総合的に判断してきたと述べている。
● 顧客にとって当該物品の検収作業が重要なものではない（顧客の指定場所に当該物品を納品後、短期間に自動的に検収が行われ、所有権が移転することが明らかである）。
● 出荷日と顧客への引渡日の差異がほとんどない。
14　ある企業が商品または製品を買い戻す義務あるいは権利を有している場合、一方の顧客は当該商品または製品に対する支配を獲得していないことになる（適用指針第69項）

36 —第1編　循環取引の理論的考察

消滅を認識することができるとした。

　以上から、新会計基準の施行後は、有償支給取引において、支給品が支給先に支給され、それが製品として戻って来、さらに当該製品が売却されるまでは、支給元では一切収益が認識されないこととなった。これは、支給先が支給元のグループ企業であるか否かは問われない。ゆえに今後、有償支給取引における未実現利益の問題は一切起きないし、東芝のような問題が繰り返されることもない。

　なお、この有償支給取引の具体的取扱いは、平成29年7月20日に公表された「収益認識に関する会計基準の適用指針（案）」では、その本文中では示されておらず、同日に公表された、同適用指針（案）の設例として、「Ⅲ. 我が国に特有な取引等についての設例」の［設例33］として示されていたが、今般、新会計基準として承認されるにあたり、適用指針の本文中に、「重要性等に関する代替的な取扱い」（「我が国に特有な取引等」という区分でなく）の中の「その他の個別事項」として追加された。

(4) 新会計基準と循環取引

　以上見てきたように、新会計基準が導入されれば、本人と代理人の区分の問題を始めとして、厳格な収益認識の基準の充足が求められるため、循環取引の防止には相当程度有効であることが分かる。唯一の懸念は、引き続き出荷基準が認められたことで、今後は特に、新会計基準の遵守が直截的に要求されない非上場企業や、上場企業であってもその監視の目が届きにくい海外子会社での循環取引の発生である。

【本章のまとめ】

① わが国の一般的な収益認識基準として、税務上認められる「出荷基準」が広く普及していたこと。

② 「出荷基準」の要件を満たすことは比較的容易であり、そのことが、営業部門等の現場において、本来厳格であるべき収益計上基準の軽視ないし無視につながった可能性があること。

③ 一部の業界においては、信用供与等の目的で、商取引の当事者の間に介在することが慣習化していたが、そのような機能を何ら果たすことなく、単に売上目標達成のため（収益計上基準を軽視して）取引に介入する例や、全くの架空取引を実態があるように仮装するため、共謀する数社間で売上取引を循環させているような不正が行われていたこと。

④ 企業会計基準第 29 号「収益認識に関する会計基準」では、収益認識において「資産に対する支配」の概念が重視されるため、同基準導入後は循環取引に発生に対し一定の抑止力が期待されること。

38 —第 1 編 循環取引の理論的考察

第2章
循環取引の典型事例と動機分析

第1節
典型的な循環取引の事例

本章では、以下のような典型的な循環取引を想定する。

仮想事例

　㈱麹町ソフトウエア（以下Ｋ社。3月31日決算）は東証1部上場の総合電機メーカーの連結子会社として、主として親会社向けのソフトウエアの開発事業者である。Ｋ社所属のＸ氏は40歳台の営業部長であり、当初システムエンジニアとして入社し現在20年目であるが、3年前にＫ社の新規事業部門（ハードウエア部門）立ち上げとともに同部門の責任者に就任した。

【循環取引開始の経緯】
◆　Ｘ氏は、周りからの期待の中でＫ社の悲願であった新規事業部門であるハードウエア部門（HW部）の責任者に抜擢され、大いに張り切っていたところ、グループ外の製造業者への品質管理システム納入の話があった。このシステムは検査機器とソフトウエアで構成されるもので

第2章　循環取引の典型事例と動機分析— 39

あったが、K社にはそもそも製造部門がないため、システムエンジニア時代に知り合った㈱八丁堀エンジニアリング（以下H社）のY氏に相談し、当該検査機器製造についてはH社に外注することで、この案件を獲得しようと考えた。この案件を受注することで、当初設定した新規事業部門の年間予算の十分な達成が見込まれた。

◆　同製造業者の発注には数社の競合先があったが、先方の担当者からK社に有利な発言があったため引き合いが強いと考え、正規の発注書のないまま、見込みで3億円の売上を計上した。同時にH社に対する仕入2億円を計上し、資金援助の目的もあり早期にH社に支払った。

◆　ところが翌期になり最終的な納入は土壇場で競合他社にさらわれてしまった。その結果、不良債権を発生させたことに対するK社内の厳しい評価を恐れ、X氏は問題の大きさに途方に暮れたが、H社のY氏から、「自分の会社（H社）は既に（K社から）入金しているので過入金の状態である。本来ならば返金すべきであろうが如何せんもったいない。K社も何も売上を取り消す必要はない。別の受注に充当し、そこから入金すればよいのではないか。何なら（自社の過入金解消のため、K社の）新規受注先からいくらか購入しても良い」と説得された。

◆　そこで以前からの知り合いであるソフトウエア商社㈱荒川商事（以下A社）のZ氏に頼み込み、3億円の注文書を発行するよう依頼した。見返りは3.05億円のH社への売上である。Z氏は、自社で3.05億円の売上が達成され、伝票操作だけで5百万円の粗利が計上できることで、当該架空取引に関与することを同意した。H社のY氏も3.05億円の仕入計上を既に了承している。なぜならH社はさらに2億円の架空売上をK社に計上することがK社X氏と約束されていたからである（H社は合計4億円の入金があり、赤字とはならない）。H氏はさらにこの2億円に若干のマージンを乗せ、A社に販売することを予定している。3社間でこれらの合意が成立後、X氏は当初の検査機器販売先をA社に変更し、当該売掛金3億円は期日に回収され、社内で事なきを得た。このように当初は実需があったものの、失注による穴埋めのため始まった架

空循環取引は、参加企業の決算期をまたいで際限なく繰り返されていくこととなる。

◆　架空循環取引の仕切りはX氏が主体的に行い、Z氏Y氏に具体的に指示（取引対象物の仕様、取引金額、相手先、各社のマージン等）を出すという形で行われた。このようにして年に数十回、架空取引を繰り返す（案件名はそのつど別の名目とする）ことで循環の環に参加する各会社では売上予算は容易であるし、しかも売掛金・買掛金も滞留しないため、管理上問題にされず、皆うまい方法であると感心していた。その後、当該架空循環取引に参加する会社（H社およびA社の間）はH社A社に止まらず、10社を超すような規模まで増えていった。

◆　以後2年超、同一スキームを繰り返し、書類上の処理だけで売上・仕入が計上され、K社の新規事業部門の売上も年率最低でも50％超の増収となった。架空処理に使う案件の単位も一本だけであれば雪だるまのように金額が膨らんで不自然になるため、架空案件の単位は数本に分割され、計上時期も期中に分散されるようになった。X氏は架空循環取引のお陰で、K社新規事業部門の売上急拡大を成し遂げ、辣腕営業部長として会社から絶大の信頼を得るようになった。

【K社での循環取引の実態】

◆　架空循環売上及び仕入に関する証憑書類（注文書、納品書、請求書、その控え等）及び会計伝票類は承認関係も含めすべて整備されている。

◆　架空取引の案件名については、架空のエンドユーザー名が記載されている。A社から入手した検収書には、A社Z氏の受領印が押されているが、エンドユーザーから入手した書類は一切ない。社内的にはA社の検収書を売上の確証としている。繰り返すがA社はソフトウエアの商社である。

◆　架空取引の利益率が他部門に比べ極端に低い理由は、納入するシステムのほとんどが機器部分に相当する価値を有するものであり、ソフトウエアの開発について工数のかかるものは少ない、また、ソフトウエアのイ

ンストールや機器の設置あるいはメンテナンスも H 社の技術者が担当しており、K 社の貢献は少ないと社内で説明している。

【K 社の主要な財務数値の例】

(単位：百万円)

	N 年 HW 部門	N 年 他部門	N+1 年 HW 部門	N+1 年 他部門	N+2 年 HW 部門	N+2 年 他部門	N+3 年 HW 部門	N+3 年 他部門
売上高	2,000	8,000	9,000	8,500	18,000	9,000	27,000	10,000
粗利率	2%	30%	1.95%	28%	1.87%	32%	1.85%	29%
仕掛品	0	60	0	70	0	90	500	100

HW（ハードウエア）部門：X 氏が責任者であり N 年に新規事業部門として立ち上がった
他部門：K 社の本業であるソフトウエア開発事業部門

【内部監査・外部監査への対応】

◆　N+2 年に K 社の内部監査を受けた時、得意先 A 社への与信枠の大きさが問題とされた。しかしながら売上が急拡大しており（N+2 年度は対前年比 2 倍）、管理業務の対応が追いつかないこと、既に他部門の売上の 2 倍を達成しており、今や K 社の屋台骨を支えている大口得意先なので問題ないと説明した。さらに、販売された検査機器等のエンドユーザーの確認を取る必要があるのでは、と指摘されたが、相手先との取引の約定で、エンドユーザーには直接コンタクトできないことになっている旨説明し、事なきを得た。

◆　N 年から N+2 年までの会計監査人による期末監査では、いずれの期末日においても、売掛金・買掛金・仕掛品残高は存在せず、なんら問題は指摘されなかった。

【発覚の経緯】

◆　K 社が N+3 年の決算を迎えるにあたり、それまで順調に回収されていた A 社に対する売掛金が回収期日を 2 か月過ぎても支払われなくなった。A 社の Z 氏に連絡しても常に不在であり、埒が明かない。K 社経

42　—第 1 編　循環取引の理論的考察

理部も独自にA社にコンタクトしたようだが、A社には同額の債務の認識はないとの回答を得たとのことである。経理課長は一緒にA社を訪問し内容を照会しようと提案してきた。

◆　さらに悪いことに、事務手続の遅延から、H社からの仕入に対しA社への請求が翌期回しとなってしまうものが5億円ある。このままでは、期末の仕掛品が計上されてしまうが、もちろん現物は存在しない。期末の決算日には全社的に実地棚卸が行われる。K社はもともとソフトウエアの開発業者であり、実地棚卸の対象となるような棚卸資産は少なく、5億円の仕掛品というだけでも相当目立ってしまう。現にK社の購買担当からは、実地棚卸に備え、5億円の在庫の保管場所を照会してきた。

◆　X氏は、最終的に観念し、新規事業担当取締役に一切を自白した。同取締役は驚愕し、まさか社内で最も有能な営業部長と思われていたX氏がそのようなことに手を染めていたことに絶句。その後社内騒然となった。

第2章　循環取引の典型事例と動機分析—　43

第2節
典型的な循環取引の分析

1. 循環取引の動機分析

　循環取引に限らず、不正の動機分析には、ドナルド・クレッシー[15]が提唱した仮説に基づく、いわゆる「不正のトライアングル」による分析が有効である。クレッシーは、組織内で信頼された人間がその信頼を裏切るのは、①他人に打ち明けられない、例えば経済的な問題を抱え（「プレッシャー／他人と共有できない問題」）、②この問題は、組織内で信頼されている自分の立場を利用すれば秘密裏に解決できることを認識し（「機会の認識」）、③自分が受けている信頼を、自分が委ねられている資金もしくは資産を利用してもよいという考え方に転化（「正当化」）する場合であると分析する。クレッシーは、組織における不正問題ではこの3つの要素が必ず存在すると主張し、そもそも悪意を持って組織に入ってきた人間には当てはまらないと述べている。以下、個々の要素について解説する。

(1) 不正のトライアングルの構成要素

① プレッシャー／共有できない問題

　不正を引き起こす者は、他人と共有できない、例えば金銭上の問題を抱え、この問題を合法的なやり方では解決できない状況に相当のプレッシャーを感じている。このプレッシャーが引き金となり、金銭の窃盗や財務諸表の改ざん等の不正に手を染めることになる。他人と共有できない問題について、クレッシーは6つのカテゴリー[16]に分けて説明しているが、本稿ではより単純に以下の2

15　Donald R Cressey 1919-1987
16　クレッシーによる6つのカテゴリーは、(i) 割り当てられた責務への違反、(ii) 個人的な失敗による問題、(iii) 経済情勢の悪化、(iv) 孤立、(v) 地位向上への欲望、(vi) 雇用者と被雇用者の関係、である。

つの要素に分け、それぞれの典型例を示す。

a. 金銭への希求
- 資金ショート、支払い期日到来、借金地獄
- 華美な消費、ステイタスシンボル
- 薬物・ギャンブル中毒

b. 期待に応える
- 異性に貢ぐ
- 高い売上目標達成
- 高い生産性向上目標の達成

　なお、ここでいうプレッシャーとは本人が自覚するものであり、仮に会社がある営業マンに高い売上達成目標を課したとしても、それをプレッシャーと感じるかどうかは、本人の性格、あるいは本人が置かれた状況によっても異なるはずである。例えば、会社（経営者）がそれ程プレッシャーをかけたつもりでなくても本人はプレッシャーを感じることもあるし、またその逆もありうる。クレッシーの仮説は、問題を抱えている個人がその問題を他人と共有できない点に着目しているのであり、仮に問題が他人と共有できていれば、過去に問題を抱え不正に手を染めた多くの個人も不正を思い止まった可能性があるということである。ここに不正防止対策のヒントがある。

② 機会の認識

　不正行為者は、社内における自分への信頼を悪用することで、「秘密裏に」①の典型例で示したような他人と共有できない問題が解決できると考える。例えば、内部統制の弱点を熟知している者は、発覚の恐れのない、不正実行の機会を認識する。俗にいう「誰もチェックしていない」「やってもバレない」状況であり、①の様なプレッシャーを感じている者は、容易に不正に手を染めてしまう。

(2005年　不正検査士マニュアル)

③　正当化

　上述したように、クレッシーの仮説は、もともと善良な組織人がなぜ不正に関与してしまうかを解明するための理論であり、当初から不正行為を働こうと思って入社してきた人間にこの仮説は当てはまらない。したがって、不正は良くないことだと十分認識している人間がなぜ不正行為を実行してしまうのかを解明しなければならない。それが自己「正当化」である。すなわち、悪いことだとは分かっていながらそれを心理的に超えてしまうような何らかの「きっかけ」である。正当化の具体例は、多くの場合、以下のような不正発覚後の不正行為者による不正実行の「言い訳」の中に潜んでいる。

　＜不正の「言い訳」＞

　a. 盗んだのではない、借りただけ

　b. 自分だけではない、組織の皆がやっている。

　c. 病気の家族を養うためには仕方がない。

　d. 給与が不当に低い。会社は給料を誤魔化している。

　e. 会社は不誠実であり、（不正による損害は）当然の報いだ。

　正当化の要素は、最初に不正行為に踏み切る場合必要となるケースが多いが、一度不正に手を染めた後はそれ程必要なくなる。通常、不正行為は一度限りで終わらず、何度も繰り返される。たいていは小規模な窃盗や虚偽の報告等からスタートし、その後規模と頻度がだんだんエスカレートしていく。不正行為を重ねるにつれ、不正行為者は自己の行為を容易に正当化できるようになり、最後には正当化する必要など全くなくなってしまうのである。これを「正当化」の希薄化と呼ぶことにする。

　このような「正当化」の希薄化は、不正発見において極めて重要である。時間が経てば経つほど、不正行為者の行動は大胆になっていく傾向があるため、不正による損害は拡大していく。その意味で、不正の発見はできる限り初期段階で芽を摘むのが望ましいといえる。そうでなければ、不正による損害額は、雪達磨式に膨らんでいくことになる。

なお、上記不正の言い訳のd、eに見られるように、不正行為者が会社ないし組織に対し何らかの不満や個人的な恨みがあり、それに対する報復として不正を自己正当化することがある。「会社は自分を正当に評価していないのだから、これくらいの不利益（例えば窃盗などによる損失）は当然である」といった正当化である。これについては本人の誤解や自意識過剰といった要素もあるが、人事政策や人事評価の局面において、決して無視できない不正防止対策上のヒントがあるといえよう。

(2) 仮想事例における不正の動機分析

仮想事例におけるK社のX氏は、なぜ循環取引に手を染めたのであろうか？以下、クレッシーの「不正のトライアングル」に従い、X氏の動機を分析する。

① X氏にとっての「プレッシャー」

X氏にとってのプレッシャーは、新規事業部門立ち上げという周りの期待に応えられなかったことにある。

そもそも新規事業部門の立ち上げを任されたということは、X氏は当人の過去の実績が評価され、社内の信頼が厚く、それだけ同氏に対する会社の期待が大きいということでもある。特に専任で任された場合など、本人は、新しい事業で会社の期待に応えなければならない。新部門を立ち上げてすぐに実績が挙がれば良いが、そうでなければあせりを覚え、会社の期待がプレッシャーとなって本人に大きく圧し掛かるのである。ここで、不正をしてでも会社の期待に応えようとする動機が働く。

仮想事例でX氏は、特に最初の大型案件を失注してしまった責任を痛感し、何とか取り戻そうという強い思いから循環取引に飛びついてしまったと考えられる。特にX氏にとっては、当該新規大型案件が正式受注に到る前に売上に計上してしまったこと、その結果不良債権が発生してしたこと、さらに、当該受注を見込んで予定外注先であるH社に仕入れ代金を支払ってしまったこと等が相当のプレッシャーとなって同氏に襲い掛かってきたものと思われる。

② X氏にとっての「機会の認識」

新規事業であれば当然業務プロセスも異なり、管理手法も異なるはずである。

しかしながら仮想事例のように、新規事業部門に適切な管理体制・内部統制を有効かつ十分に設置していないことが多い。例えば、純粋な製造業者が商社部門を立ち上げたり、ソフトウエア開発業者が物品の製造販売に着手したりするような場合、相応のコストと時間を掛けて新たな内部管理体制を構築すべきであるが、経営者や部門管理者は、発想の転換や頭の切り替えが出来ず、旧来型の管理体制で済ませようとする傾向がある（もちろん、社内の人的物的なリソースの限界という要素も多分にある）。当然そこには統制のブラックボックスや真空地帯が生じ易い。①のようなプレッシャーを感じている新規事業部門の責任者Ｘ氏は、このような統制上の欠陥や脆弱性に容易に気づき、これを悪用しようとする。会社の管理が十分でなく、不正行為が露呈しないと分かれば、不正行為者の不適切な行為はますます大胆になっていくのである。

　仮想事例では、Ｋ社は、受注が確定していなくても売上が計上できてしまう、あるいは簡単に売上の相手先が変更できてしまう、さらにはエンドユーザーの受領の確証を要求しないといった点から、同社の統制環境には相当の弱点があるものと認められる。もちろん、仮想事例にあるように、Ｋ社は直接の販売先であるＡ社の検収書を入手し売上の確証としていたようである。しかしながら、Ａ社はソフトウエアの商社であり利用者ではない。単に取引を取り次ぐだけの商社の検収書とは何を意味するかの検証はＫ社内では一切なかったと思われる。ここに収益認識基準の軽視ないし無視がある。

　Ｘ氏はさらに循環取引では、取引の直接の相手先との間の証憑書類等はきちんと整備されるし、債権債務も期日にきちんと決済されるので、債権債務および在庫の残高が一切滞留せず、絶対に発覚しないという確信があったようである。とはいうものの、より発覚しづらくするため、Ｘ氏は以下の隠蔽工作も行っていた。

- 架空売上は放置すると雪達磨式に膨張していくため、与信枠との関係から、循環の過程で取引をいくつかに分割し、案件名も連続性の連想を排除するためその都度変更。
- それでもなお与信枠の問題を内部監査で指摘されたが、適当に言い繕い、エンドユーザーの確認要求に対しては、その場限りの言い逃れで切り抜けた。

48 —第1編　循環取引の理論的考察

③ X氏にとっての「正当化」

X氏にとっての自己「正当化」は何か？これはある意味不正実行者の「心の動き」「心理状態」であり、正確には窺い知れないかもしれないが、ある程度想像することは可能である。すなわち考えられるのは、失注のまま財務的に大きな穴を開けるよりも、架空でも何でも売上を計上することにより、存立基盤の比較的弱い新規事業部門の存続を図る方が会社にとって有意義である、という正当化である。自部門の確立のため、取り敢えず架空の売上を計上しておいて、後で正規の引き合いが来たときそれに充当すれば良いという正当化でもある。つまり、ちょっとした出来心で始めたが、後でいくらでも取り返すことができるという、やや身勝手ともいえる考え方である。さらに、循環取引がうまくいってK社の主な収益源となったとき、「財務的は逆に自分たちがK社の屋台骨を支えている」、「循環取引がなければK社は非常に困難な状態に陥っていたのではないか」、という様な正当化に陥っていたものと思われる。

このように自己本位でやや身勝手な理屈で自己を「正当化」し、循環取引を始めてしまったものと思われるが、余りにも容易に事が進んだことから、2回目以降は強いて自己「正当化」を図る必要がなくなったのではないかと推察される。最初は架空取引であることに若干の後ろめたさがあったと思われるが、そのうち感覚が麻痺し、正当化は必要なくなり、架空であることの問題性は全く認識しなくなっていたのかもしれない。

2. 循環取引に出口はあるか？

循環取引が未来永劫続くものでないことは、常識的に考えて自明である。それではなぜK社X氏は循環取引を続けたのであろうか？　循環取引といっても実態がある場合は、エンドユーザーさえ見つかり、同ユーザーが対象物を購入してくれれば（循環取引の結果高い買い物をさせられるという問題は別にして）循環取引の問題性は一挙に解決することになる。水産業で起きた循環取引（第3章参照）の場合、業界内の「帳合取引」という特有の慣行であることから、担当者に不正の意識がなかったという記述があったが、取引の実態があればそ

第2章　循環取引の典型事例と動機分析—　49

の通りであろう。しかしながら、架空循環取引の場合、絶対にエンドユーザー
は存在しないのであり、取引に終わりはないのである。

　それでは循環取引の首謀者は、この点どのように考えていたのだろうか？
筆者が複数の循環取引首謀者にインタビューしたときの彼らの反応は非常に鈍
いものがあった。すなわち売上が計上され続けることで収益が急拡大し、社内
で高く評価され、当該部門が聖域化し、治外法権化されていく中で、本人の感
覚が麻痺し、思考停止状態に陥っていたのではないかとしか考えられない。驚
くべきことに、彼らは循環取引がいずれ破綻することを考えていなかったか、
あるいは考えることから逃避していたとしか思えないのである。

3. 循環取引発見の可能性（仮想事例のケース）

　仮想事例では、循環取引の顛末に恐れをなした A 社の Z 氏は、循環取引の
環から離脱しようと考えたと思われるが、責任の追及を恐れてか、失踪してし
まった可能性がある。以後 K 社の X 氏が A 社に送付した請求書について、A
社では仕入計上していなかった。A 社から見れば、そもそも仕入計上してい
ないし当然 K 社に支払い義務はないと主張するであろう。仮想事例では、A
社に対する不良債権発生によって循環取引が発覚したが、仮に A 社が循環の
環からの離脱を画策しなかったとして、他に循環取引発覚の可能性はなかった
だろうか？

　仮想事例では、期末日に架空仕掛品 5 億円が残高として計上された。これを
実地棚卸の対象とすれば、確実に架空在庫の存在がクローズアップされたはず
である。循環取引の首謀者は架空取引の「足跡」を残さないよう、期末日には
循環取引による売上債権、仕入債務及び棚卸資産をゼロにするはずである。仮
想事例のように、何らかの手違いで在庫として残ってしまった場合、架空取引
が発覚する可能性は高い。この場合循環取引首謀者は何とかして当該架空在庫
を実地棚卸の対象から除外しようとあらゆる口実を設けるであろうが、それに
誤魔化されてはならないのである。

50　—第 1 編　循環取引の理論的考察

4. 循環取引の破綻

　循環取引が繰り返されると、循環の環の中に参加する会社のマージンが徐々にではあるが上乗せされるため、取引価格は雪達磨式に膨らんでいく。したがって、循環取引を継続するためには、ある程度の資金力のある会社が参加することが必須といえる。特定の事例では、循環の環の中に金融機関が含まれていた事例も報告されている。信用力の高い会社や有力な金融機関がマッチポンプとなり資金を供給し続けることができれば、あるいは循環取引は未来永劫続くことになるかもしれない。財務分析においても、循環取引では、通常の取引に用いられる支払条件や回収条件を適用することにより、売上債権や仕入債務の回転期間を正常値に維持することができるし、利益の水増しによる在庫金額の膨張も、対象在庫の循環速度を速めることにより、棚卸資産回転期間をむしろ低下させることができる。すなわち財務上は、なんら異常点が見出されることなく循環取引が継続するので、公認会計士の井端和男氏はこれを「粉飾の完全犯罪」[17]と呼んでおられる。

　しかしながら、上記 **2.** で指摘したように、永久に資金供給し続けることができる会社ないし金融機関は実際には存在せず、循環取引は資金が尽きていずれ破綻するのが自然の摂理である。循環取引が未来永劫続くものでないことに気が付き始めた会社は循環の環から離脱することを画策し始める。特に資金供給源となっていた会社が離脱すると、代金の支払いは途端に滞ることになり、一気に循環取引は破綻に向かっていく。

　仮想事例では、循環取引の顛末に恐れをなした A 社の Z 氏が失踪し、A 社は仕入計上していない債務の支払いは当然拒否することになろう。このように、循環の環の中で共謀している担当者間の意識にズレが生じれば、あっという間に循環取引は崩壊するのである。

　循環の環からいち早く離脱に成功した会社は、結果的に見て利ざや部分だけ

17　井端和雄『黒字倒産と循環取引』(税務経理協会　平成 21 年)

貰い得の状態となる。このような貰い得の会社が後で循環取引が崩壊した場合、どのような責任を負うかについては、第2編第3章以下で検討する。

【本章のまとめ】

① 循環取引の環の中に資金力のある会社が含まれ、取引が順調に決済され続ける状況下では、何ら異常性が識別されず、粉飾の完全犯罪が成立する可能性がある。

② 循環取引は一種の麻薬であり、いったん開始すると、感覚が麻痺し止めることが困難となる。

③ しかしながら、循環の環の中の他の会社が離脱を始めると、金詰りとなり、短期間の間に循環取引は破綻する。

第3章
実際の事例における
分析

　以下では最近の複数の循環取引の実例について、社内・社外調査委員会がまとめた調査報告書や管轄の証券取引所に提出した改善報告書等を基に、（1）循環取引開始のきっかけは何だったか、（2）循環取引首謀者の人物像及び事業環境はどうだったか、（3）循環取引が長期間発覚しなかった理由は何か、（4）循環取引の存在を示す兆候はなかったのか、（5）循環取引発覚の経緯、について分析する。なお、ここでの実際事例の考察を基に、第4編では、企業内における循環取引による不正の防止・早期発見のための提言を行う。

第1節
架空循環取引開始のきっかけ

　循環取引の首謀者（主体関与者）がなぜこのような取引を開始したかについては、①過度の売上達成圧力があるケース、②失敗取引の穴埋めのケース、③過去の成功体験継続に対する欲求のケース、④長年の業界慣行による感覚の麻痺のケース等に分類される。以下、それぞれに該当する事例を分析する。

1. 過度の売上達成圧力があるケース

●ニイウス　コー㈱
調査委員会の調査結果概要と再発防止策（要約）（平成20年4月30日）

> 　旧経営陣は、上場直後から、売上と利益成長を経営の第一目標に掲げ、東証一部上場を目標とし、営業部門へは達成不可能とも思われる高い社内予算を課す代わりに、<u>その達成率に応じて高額な給与またはボーナスの支給を保証した。その結果営業担当者らは、不適切な取引によるか否かは別として、目標達成と高額なインセンティブの取得へと邁進していった</u>（下線筆者）。（中略）
>
> 　旧経営陣のみならず、一部の社員の間で、売上および利益増加を重視するあまり、先行発注や、仕入先に対する営業協力（貸しを作る）という形で立替払いすることが会社の損害を与えるリスクを伴った取引であるという意識が欠如していた。

　わが国の収益に関する会計不正の一般的動機として、経営者・担当者による高額なインセンティブ獲得への希求はむしろまれである。不正の実行者のほとんどが、売上目標未達へのプレッシャーから、収益の架空計上や早期計上等の不正に関与するのであり、それは決して自らの懐を温めようとする目的ではない。しかしながら本件は、上述したように、高額な給与及びボーナス獲得のために循環取引等の不正に関与した、ある意味わが国では特異な事例である。

●㈱アイ・ビー・イーホールディングス
外部調査委員会調査報告書（平成21年2月12日）

> 　株式上場に必要であるとし、会社の実力を上回る過大な売上の設定を行い、上場後についても毎年20%という過大な成長率の設定をしたため、親会社からの強制的な要請により<u>実需に基づかないスルー取引を日常的に行うようになり、さらに親会社による強制ばかりでなく、自ら循環取引を企画して特別案件</u>

とし、会社の売り上げや利益を仮装（下線筆者）していくようになった。

●ジャパン・デジタル・コンテンツ信託㈱
外部調査委員会調査報告書（平成21年3月23日）

> 新規上場会社（平成12年12月）として、売上成長と株価上昇を過度に意識した経営に傾斜し、会社全体として、予算達成のプレッシャーを感じていた。また、平成16年12月に信託業法が改正され、著作権に関する信託業務が可能となり、新規ビジネスによる事業展開を模索し、信託事業の免許取得のため収益基盤の安定性を対外的に示す必要性があった。

2. 失敗取引穴埋めのケース

第2章の仮想事例では、大型案件の失注の穴埋めのため、架空循環取引が行われた。実際の事例で類似のものには以下がある。

●フクビ化学工業㈱
調査委員会報告書（平成18年7月13日）

> 今回の架空取引は、搬送用機器の生産に必要な金型開発の立上げに失敗し、肥大した費用を連結子会社が中心となり架空商品の循環取引で隠蔽しようとした（下線筆者）のが端緒（略）。

●㈱ネットマークス
改善報告書（要約）（平成19年10月2日）

> 本件は、Sプロジェクトのために、あるソフトウエア開発業者に先行発注したソフト資産が、相手側で予算化が見送られたことで販売見込みが当面なくなったため、相手側への売却まで時間を稼ごうとしたことに端を発している（下線筆者）。当初Sプロジェクト相手先に販売できると見込んでいたため、仲介取引の形で一旦他社に販売したが、その後Sプロジェクトの予算化がさらに数

年先になることが分り、当面販売できなくなったため当社で買い戻した。本件
関与者は、このソフト資産の管理を上長や経理部長に相談することなく、循環
取引を始めた。さらに別の案件で売掛金の回収遅延を避ける目的で、これをS
プロジェクト案件に上乗せし、転売を重ね循環取引を行った。

●鹿島建設㈱
社内調査委員会報告書（平成20年10月15日）

　平成10年、当時新規事業開発本部SI[注]部長であったM氏は、A社から、ソ
フト開発案件において資金繰りが苦しいので、仲介取引に参画して3ヵ月から
4ヵ月間一時的に立替をして欲しい旨の要請を受けました。

　M氏は、これを受け本件取引に参画しましたが、ソフト開発が予想より遅れ
たため、回収が遅延しました。

　不良債権を発生させたことに対するT社内の厳しい評価を恐れ（下線筆者）、
M氏は別の案件を前倒しで受注に計上し、新たに計上した案件に対する支出
の名目で支払いを行い、この資金を循環させて遅延債権の回収に充当しました。
（中略）

　M氏は、新事業開発本部SI部長としてコンピュータ関連業務で赤字は出せ
ないと思い込み（下線筆者）、確実に一定の利益を見込め収益を安定させるこ
とができる架空循環取引を拡大・継続しました。

（注）System Integrate の略

●メルシャン㈱
社内調査報告書（平成22年8月12日）

　（筆者注：得意先である）D養殖及びE養殖に対する売掛金（筆者注：販売
後得意先からクレームがあり滞留していたもの）（架空売掛金を含む。）を回収
する目的から、2008年1月以降、実際にはA製造が飼料を製造していないに
もかかわらず、A製造から当社が飼料を購入したことにし、当社からA製造へ
資金を回し、その資金がD養殖及びE養殖に回されることになった（下線筆者）。
その後、A製造から購入した、実在しないものの帳簿上存在することになって

56 —第1編　循環取引の理論的考察

いた架空飼料はD養殖へ帳簿上販売したことにされ、後にはF運送及びC卸売に対しても帳簿上の販売がなされるようになった（下線筆者）。以上に加えて、架空飼料の帳簿上の販売によって生じた架空売掛金を回収する目的からもA製造において飼料の架空製造が行われるようになり、当社の資金がA製造を通じてD養殖等へ回されることが繰り返し行われてきた（下線筆者）。

3. 過去の成功体験の継続に対する欲求のケース

架空循環取引の首謀者が、過去の成功体験を有し、その成功の継続を目論んで行う場合も多い。以下はその実際の例である。

●㈱ジーエス・ユアサ　コーポレーション
外部調査委員会調査報告書（平成20年10月28日）

照明事業部は厳しい市況の中で毎期業績に苦しんでいたが、千葉営業所は幕張の工事案件等を受注することができ好調であったため、毎期事業部長や営業部長から売上増を求められていた。ところが、平成9年ころ、マンションブームが一段落したことなどから、千葉営業所の売上に落ち込みが生じたため、その空白を埋めるために、本件取引（筆者注：当該循環取引を指す）を開始した（下線筆者）。いったん本件取引のような循環取引を開始したあとは、返品処理をして取引を解消しない限り、架空の取引であることが発覚してしまうので、循環取引を継続させることになった。

4. 長年の業界慣行による感覚の麻痺のケース

既に本編第1章で指摘したように、特定の業界では、業界慣行としていわゆるスルー取引が行われていた。以下はいずれも水産業の場合であるが、水産業で取り扱う冷凍食品は特定の冷蔵設備に保管されたままの状態で、伝票上だけ

第3章　実際の事例における分析— 57

で売買が成立していたのである。業界的に架空循環取引に移行しやすい素地があったのである。

● ㈱加ト吉
改善報告書（要約）（平成 19 年 7 月 11 日）

> 水産業界では通常かつ頻繁に行われている帳合取引は事実上金融支援取引であるが、循環相手先よりこの要請があり、実質上無管理状態で行われていただけでなく、見せかけの売上高拡大のため利用された。

● ㈱大水
不適切な取引に関する調査概要報告について（要約）（同社平成 21 年 2 月 17 日）

> 本件取引の発端は、金融支援を目的としたいわゆる帳合取引であり、帳合取引はこの業界においては、与信や在庫調整などの目的で古くから行われていた。平成 10 年から帳合取引を行ったことが始まりで、その数ヶ月後には循環取引が行われた。本件取引の動機は、主に自らの売上高の増大、在庫の処理が目的であり、さらに発覚を恐れて取引が破綻しないように決済期日を早め、（筆者注：循環取引の共謀先である）A 社へと次々に資金を提供した。

● メルシャン㈱
社内調査報告書（平成 22 年 8 月 12 日）

> 　（筆者注：得意先である）D 養殖の d 氏と前営業部長丁は、事の是非は別として、水産飼料業界において取引を継続するために生じ易い様々な「貸し借り」をしながら取引関係を維持（下線筆者）しており、前営業部長丁は、かねてより D 養殖に飼料を正規の値段よりも高い値段で販売したり、E 養殖から売掛金が回収されない場合に D 養殖から資金を回してもらう便宜を受ける一方で、正規の売上による飼料の引渡しに加え、経理処理せずに飼料をサンプル品として提供するなどしていた。

第2節
循環取引の首謀者

　本節で特に注目したいのは、ある意味上記の不正が長期間発覚しない理由にも関連するが、循環取引が引き起こされた部門の会社全体（あるいは連結グループ全体）における位置づけである。循環取引を実行する部門は、会社あるいは連結グループから見て、いわゆる本業でなく、新規事業部門であったり、本業とは全く毛色の異なるノンコアの事業部門である場合が少なくない。すなわち主たる事業部門であれば、皆（全社）がその動向を注目しているだろうし、管理体制も人・組織共に十分であろう。ところが新規事業部門や本業とかけ離れた部門では、そもそも管理に不慣れで、社内の目が十分に届きにくい環境にある。このようなニッチな部門で循環取引は発生しやすいのである。

1. 新規設立事業・ノンコア事業

　これは明らかに内部監査部門の守備範囲であろう。多くの事例では、循環取引は新規事業部門で起きている。新規事業であるが故に、管理者・内部監査人が当該事業に精通していないという事実を悪用し、不正を働くのである。すなわち、新規事業部門は、管理・監督のブラックボックスとなりやすく、反対に、組織の屋台骨を背負う本業を営む部門は、歴史的にも既に社内における十分な管理体制が確立しており、循環取引などの不正は起きにくいのである。

●㈱ネットマークス
改善報告書（要約）（平成19年10月2日）

> 　本件関与者が所属した<u>当時の地域情報システム部自体が設立初期段階であり</u>（下線筆者）、事業規模拡大のため、（相手先への）営業協力といういわゆる「貸しを作る」ことで大手企業の知名度と信用を当該部のビジネスに利用することを部長および本件関与者が期待していた。

第3章　実際の事例における分析— 59

さらに、このようなニッチな部門を率いている部門長は、社内での地位向上を意識してか、上昇志向が強く、かなり強烈な個性の持ち主が多い。他方会社側も、このようなノンコアでニッチな部門及び事業に対する理解度の低さから、及び同部門長の当該事業部門の知見の高さゆえ、同部門の運営については全面的に同部門長に「お任せ」の状態となりやすい。ここに管理の真空地帯が生じてしまうのである。

●鹿島建設㈱
社内調査委員会報告書（平成20年10月15日）

M氏は、平成8年4月営業本部新事業部コンピュータ事業課課長、平成10年4月新事業開発本部SI事業部長就任以来、大興物産のIT関連事業を一貫して担当し、担当部署長として業務を統括していました。建設関連商品の取引を主な事業とする大興物産ではIT関連事業の商品は特殊性があり、事業内容・取引価格の妥当性等が本社管理部門等の他部署からは理解しにくい状況にありました。

M氏の後継人材は育っておらず、今回問題となっている取引については、相手先の選定、取引業者との交渉は全てM氏が一人で行い、見積書等の関連資料の作成のみ事務担当者に指示していました。（下線筆者）

商品事業部では村田氏のワンマン体制が敷かれ、同事業部管理部長ほか部下の意見が取り入れられず、事業部内の牽制が機能していませんでした。全社の管理体制の問題とあわせ、誰もM氏に口出しできなかったため（下線筆者）、隠蔽工作を見抜けませんでした。

●メルシャン㈱
第三者委員会報告書（平成22年8月26日）

水産飼料事業がメルシャンの各事業の中でもいわば傍流であって、社長のほか担当外役員の関心も相当程度希薄だった（中略）同事業は、その出発点から現在に至るまで、メルシャン社内において、酒類事業との対比において、傍流の事業として認識され、位置づけられてきたもようである。

メルシャンの場合、当該水産飼料事業部を率いてきたのが元事業部長甲である。第三者委員会報告書によれば、甲は有力商品を開発し、功労があった上、2001年から長く事業部長の職に就いてきた。

2. 絶大なる社内影響力

●メルシャン㈱
社内調査報告書（平成22年8月12日）

> 　元事業部長甲は水産飼料事業部長として、絶大なる影響力を有しており、その影響力は、同部長を退いた後も本質的に変化することはなかった。
> （中略）
> 　前事業部長丙においては、水産飼料事業部内で絶大なる影響力を有していた元事業部長甲が行っていることに異議を申し立てることができず、また、前製造部長乙においては、上記養殖魚がD養殖によって販売されることにより得られる代金をもって、D養殖が帳簿上の架空の飼料在庫を購入すれば、将来的に（筆者注：メルシャン社の）架空の飼料在庫が解消されるであろうと考えていたこともあり、両名ともに、特段、架空製造等を行うことについて反対意見を述べることはなかった。

　上述したようなニッチでノンコアな事業部門では、当該事業部門に対する充分な知見を持った人材が限られるところから、社内から新しい血が入ることはなく、通常人事ローテーションがない。なぜなら「何人を持っても代え難い」有能な人材（と信じられている者）が陣頭指揮しているからである。人事の停滞の結果、特定の人物が特定の地位に長期間居座ることにより、不正が長期に発見できなかった例は枚挙に暇がないほどである。何も循環取引に限った話ではないが、人事の固定化が不正の温床となるのは一般的傾向である。

第3章　実際の事例における分析―　61

●三井物産㈱

「弊社九州支社における不適切な取引」の調査報告及び再発防止策について（平成 20 年 9 月 3 日）

（主体関与者である）本件担当者は、九州において農業資材関係の仕事に長年従事してきており、同地域における業界に精通していました。その知見を活用し弊社の同地域における農業資材商内（ママ）を拡大するべく、弊社は1995 年から 7 年半に互り弊社子会社からの出向嘱託社員として本件担当者を受け入れておりました。

（中略）

本取引は、2000 年 9 月の開始当初の 3 年程度は、取扱高も小額で件数も少なかったことが判明しておりますが、その後取扱高が大きくなる過程においても、本件担当者の農業資材分野での知見を信頼し、<u>本件担当者に対して属人的に本取引に係る業務を長期間に互って任せきりにしていた</u>（下線筆者）結果、<u>本件担当者に対する業務の依存度が極めて高くなり、上長からの管理・監督が及び難い環境が醸成されてしまいました。</u>

●㈱大水

不適切な取引に関する調査概要報告について（平成 21 年 2 月 17 日）

当該社員は、<u>長期にわたり同じ部署に勤務し、その結果、本件取引でも担当する商品に関する圧倒的な情報を有し</u>（下線筆者）、取引関係業者や外部冷蔵庫業者などの外部の協力者を得ることができたものと考えられます。

第3節
循環取引の隠蔽工作

　循環取引の粉飾の完全犯罪性により、そもそも発覚しづらい性質に加え、循環取引首謀者による巧妙な隠蔽工作が挙げられる。

1. 形式要件の具備

●フクビ化学工業㈱
調査委員会報告書（平成18年7月13日）

> 　架空の商品に用いられた搬送用機器部材は、実在する搬送用機器と密接な関係のある物流資材であり、弊社グループとも別の商材で取引のある日本を代表する超優良企業がユーザーとされたこと、（首謀者である）元所長が積極的な偽装工作を続けたこと、売掛金が正常に決済されていたことなどから、違法・不適切な取引であると感知するキッカケが得られませんでした。
>
> 　（中略）比較的新しい事業に関する業務管理体制並びに内部監査体制が不備で脆弱であった（以下略）。

●㈱ネットマークス
改善報告書（要約）（平成19年10月2日）

> 　（循環取引の対象となったものは）売掛金・買掛金・未払金・前渡金の残高が無く、一部に確証の不備、承認漏れなどの不備はあったものの、売上・仕入に係わる確証類はすべて整備されており、かつ取引はすべて完了していたため、各案件が循環または連鎖していることは全く気が付かなかった。

第3章　実際の事例における分析— 63

●三井物産㈱
「弊社九州支社における不適切な取引」の調査報告及び再発防止策について（平成 20 年 9 月 3 日）

> 本件担当者は本取引の仕入先及び取引先の販売先などと共謀の上、注文書や貨物受領書を偽造するなどの行為を通じて、架空取引を含む不適切な循環取引を更に増加させていく結果となりましたが、本取引においては本件担当者に対する長期且つ過度の依存状態が継続していたことから、社内での管理・監督機能が十分に働きませんでした。又、証憑類は形式上問題なく作成されていたこと、本取引に係る決済（入金・出金）は本年 6 月（筆者注：本件発覚を指す）まで問題なくなされていたことから、本年 6 月に取引先から相談があるまで本取引の問題を把握できませんでした。

2. 形式的・定型的な統制活動・モニタリング

●㈱加ト吉
改善報告書（要約）（平成 19 年 7 月 11 日）

> （循環）取引に伴う債権管理や在庫増減についても表面的な管理に終始し、定期的な事後チェック機能が働かなかった。すなわち、売掛債権は決済されており回収遅延債権として抽出されておらず、在庫は同一商品が循環していても仕入計上日が新しくなるため、在庫の年齢表の対象から漏れており循環取引を発見することができなかった。

●㈱ジーエス・ユアサ　コーポレーション
外部調査委員会調査報告書（平成 20 年 10 月 28 日）

> （親会社）においては連結子会社約 70 社の業務を監査する部署として監査室が設けられており、当該監査室が子会社に対して毎年内部監査を実施していたものの、内部監査の方法は形式的な書類の有無にとどまり、調査（例えば、現

地における現物確認等の取引の実在性の調査等）が実施されていなかった。

3. 隠蔽のための取引の分割・分散

●㈱ジーエス・ユアサ　コーポレーション
外部調査委員会調査報告書（平成 20 年 10 月 28 日）

　（本件首謀者である）元所長は、本件取引の販売金額が 1000 万円を超えるようになった場合には、内部監査による精査（略）を回避するために、1000 万円以下の取引に細分化し、それらをさらに循環させたため、本件取引の件数及び金額が年を経るごとに飛躍的に増加していく要因となった。

●㈱大水
不適切な取引に関する調査概要報告について（平成 21 年 2 月 17 日）

　当社が本件取引を長期間にわたって発見できず、本件取引のような行為を防止できなかった主な理由は以下のとおりであると考えます。（中略）
② 　（略）循環取引が成立するには、取引が循環取引であることを認識した協力者が必要ですが、本件取引ではそのような協力者として A 社が存在し、A 社がすべての取引に関与していたことにより件取引関係業者の循環取引に係る資金繰り管理が容易になっていたものと思われます。
　とりわけ、A 社が損失をすべて引き受ける（下線筆者）という特異な存在であったことは、本件取引の発覚を遅らせた重要なポイントでありました。
③ 　さらに、本件取引では外部冷蔵倉庫業者が当該社員の依頼に応じて架空の名義変更通知書や入庫通知書を発行していたため、架空在庫の存在に気付くことができませんでした。
④ 　当社においては買付金額に応じて最終決裁者が部長、営業担当役員、社長と異なっており、当該社員がその点を巧妙に利用して取引を分散させていたことも本件取引の発見を困難にしておりました。

第4節
循環取引の兆候

　上記で見たように、循環取引は、その完全犯罪性ゆえ、長期間発覚しない場合が多い。しかしながら、それでもなお、後から見れば何らかの兆候あるいは異常性が現われていた場合がある。

1. 与信枠の抵触

●鹿島建設㈱
社内調査委員会調査報告書（平成 20 年 10 月 15 日）

> 　ソフトウェア等循環取引の事例が広く知られるようになってから、（社内の）与信委員会においても、1 社当たりの与信枠（最大 5 億円）の大きさが問題（下線筆者）とされ、またエンドユーザーの確認を求める意見もあり、取引先への照会も行いましたが、契約書類等は整っており、また守秘義務がありエンドユーザーは明らかにできないのが業界慣行である等の M 氏の巧妙な説明もあっ（略）た。（中略）
>
> 　本件架空循環取引に加わっていた D 社において、パッケージソフト等の仲介・介入取引が同社の社内監査で問題になり（略）ました（下線筆者）。

　与信枠の問題は、同時に回収サイトの問題でもある。以下の事例は典型的な社内規定逸脱の事例である。

●メルシャン㈱
第三者委員会報告書（平成 22 年 8 月 26 日）

> 　内部監査報告書（05 年 1 月付）の要旨は
> 「（主たる指摘等）

① E養殖に対する売掛金の回収サイトについては、03年12月に社長決裁により「上期売上は9か月、下期売上は3か月」と決められていたにもかかわらず、本事業部（筆者注：メルシャン水産飼料事業部をいう）の独断により、「上期は10か月、下期は6か月」とされている。

② K商社の未収入金2.16億円は売掛金とするべきものを未収入金として計上しているものであり、また、<u>差益もなく、実質的には資金援助・資金供与であるにもかかわらず（下線筆者）</u>、カンパニー長への報告・決裁や稟議手続をせず、水産飼料事業部長の独断で当該取引を行っている。

③ F運送への売掛金をD養殖に移管するについて、社内手順を踏まずに27百万円の売掛金のサイトを10ヶ月伸延している。

　メルシャンの循環取引事例は2010年に発覚したが、実はそれを遡る5年前の2005年の社内の内部監査報告書で上記の指摘がなされているのである。すなわち、事業部が独断で本来社長決裁の必要な売掛金の回収サイトを延長しているのであり、社内規定の逸脱という異常な兆候が現れているだけでなく、上記②指摘のように、内部監査はK商社との取引が「スルー取引」であり、かつ当該取引の実態が相手先への単なる信用供与に過ぎないことを見抜いているのである。報告書によればこの時点で既に循環取引は開始されているとのことであり、折角その端緒を見つけていながら、実に5年間も放置してしまったことになる。さらに、メルシャンの当時の水産飼料事業部に関し、この2005年1月付の内部監査報告書は続けて、以下のように述べている。

（総括）
① 本事業部においては必要な社内手順が取られておらず、現場の独断が多すぎる。<u>事業内容が他の事業部と大きく異なるため、事情が分かっている自分たちで即決してやっていこうとする風土が底辺にあるように感じられた</u>（下線筆者）。

② 本事業部内でチェック機能が働かず、事業部・カンパニーの現場把握も不十分であるなど社内統制が機能していない」

第3章 実際の事例における分析― 67

というものである。

　上記「総括」で述べているのは、第2節の循環取引首謀者の事業環境と類似する内容であり、ここでもノンコアのニッチ部門が循環取引の主体となった点が指摘されている。

2. 異常な収益の拡大

●㈱ジーエス・ユアサ　コーポレーション
外部調査委員会調査報告書（平成20年10月28日）

> 　本件においては、元所長を含め従業員が実質2名に過ぎない千葉営業所が、（同社の連結子会社である）㈱ジーエス・ユアサライティングの年間売り上げの約半分を売り上げ、毎年事業計画の目標値の約2倍の額を達成し続けている。

　特にこのケースは、大なり小なり循環取引が存在する場合に当てはまる傾向である。一般に、企業収益は世間の景気動向に大きく左右されるはずであるが、市場動向に関係なく収益が拡大し続けるというのは、常識的に見て不自然であり、内部監査人等は、職業的な懐疑心と覚めた目を持って対応しなければならないのである。

　また、第1章第2節で取り上げたメディア・リンクス事件も循環取引による異常な収益の拡大を示した例である。以下の表は、同社の上場前から破綻までの売上の拡大と売上総利益率の推移を示している。

68 ―第1編　循環取引の理論的考察

【図表1－3－1】循環取引の兆候—メディア・リンクスの事例

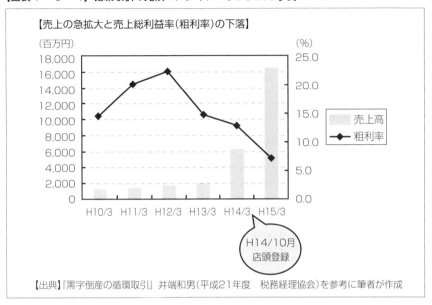

メディア・リンクスの例では、売上の急拡大にもかかわらず、売上総利益率がどんどん悪化している。これは循環取引によって取引価格がどんどん上昇していったにもかかわらず、循環取引によって計上した債権債務決済のための資金の手当てが間に合わず、循環取引によるマージンを徐々に引き下げていった結果と推定される。同社が経営破たんに至るプロセス及び問題点は、第4編でも取り上げる。

一方、メディア・リンクスと同じIT業界にて、時期は異なるが同じように循環取引によって破綻したのが㈱アイ・エックス・アイ（以下「IXI」）である。以下の表も上記同様に、IXI社の上場前から破綻までの売上の拡大と売上総利益率の推移を示している。

【図表1-3-2】循環取引の兆候—IXIの事例

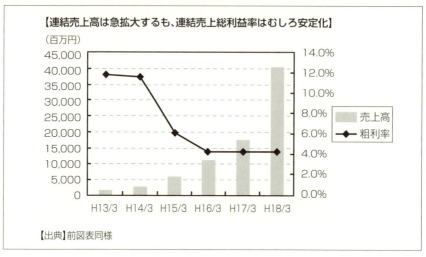

【出典】前図表同様

　メディア・リンクス社の事例とIXI社はどこが異なるのであろうか？　いずれも収益が極端に拡大しているのは一致しているが、後者は株式上場後（同社の株式公開は平成14年3月）売上総利益率は約4％超で安定化しているし、その他の財務指標も順調に推移していた。公認会計士の井端和男氏はその著書「黒字倒産と循環取引」の中で、「（IXI）は、売上高の増加に対して、利益率や財務の諸数値はバランスよく推移していて、財務の比率などは、成長企業の中でも、極めて模範的だった」とし、「（メディア・リンクスなどの）各社の例を見本にして、全体的な財務の整合性にも留意した粉飾を実行していた」と分析しておられる。さらに、別の指摘では、IXI社の循環取引の環の中には、超有名企業も名を連ねていたこと、また金融機関も関与していたことが判明している。IXI社事件ではこのような信用力のある企業が協力していたことで、破綻することなく順調に循環取継続していたということになるだろうか？　このような場合の循環取引の発覚は、他の財務数値が健全性を示しているだけに、より困難である。

3. 乱高下する月次損益

●㈱東芝
役員責任調査委員会「調査報告書」（平成 27 年 11 月 7 日）

> 東芝は、このような Buy － Sell 取引（筆者注：同報告書では有償支給取引をこのように呼んでいた）における利益計上の会計処理を利用し、各四半期の末日において、調達価格を大幅に上回る水準のマスキング価格で販売すること、更には通常に生産に必要な数量を超えた部品を販売することによって、当該四半期決算の営業利益をかさ上げしていた。特に東芝は、2012 年 9 月から 2013 年 3 月までの間、（中略）、調達価格の 4 倍から 8 倍ものマスキング価格により部品を販売することにより多額の利益を計上し、大幅な利益かさ上げを行っていたものである。
>
> 上記のような Buy － Sell 取引における会計処理の結果、PC 事業の営業利益の推移は、毎四半期末の前後で極端な増減を繰り返すようになった。すなわち、四半期の末日に大量の部品を支給することにより、多額のマスキング値差相当額を利益として計上した四半期決算が組まれる。しかし、翌四半期の期首月以降には、当該マスキング値差相当額が上乗せされた価格で完成品を買い取ることになるため、前四半期末月に計上された利益とほぼ同額の損失が発生する。さらに、以降も同様に、四半期末月に大量に部品を支給し、翌四半期の期首月以降に完成品として買い戻すという取引を繰り返した結果として、PC 事業の営業利益は、毎四半期の前後で乱高下が繰り返されるようになったものである。

　以下の表は、東芝の PC 事業の 2012 年度第 1 四半期から 2014 年度第 4 四半期までの月次損益の推移を示したものである[18]。2012 年度第 2 四半期の末月（9

---

18 【出典】㈱東芝第三者委員会調査報告書要約版（平成 27 年 7 月 20 日）

月度）から 2014 年第 3 四半期の末月まで、売上高を営業利益が上回っていることが分かる。東芝では、外注先に部品を有償支給する際に、上述のマスキング価格を売上原価のマイナス処理としていたので、そのような異常な損益計算書となったものと思われる。

2012年度	上期	4月	5月	6月	1Q	7月	8月	9月	2Q	半期	平均
	売上高	502	582	673	1,757	495	547	624	1,666	3,423	571
	営業利益	(463)	(165)	663	35	(500)	(110)	651	41	76	13
	推定原価	965	747	10	1,722	995	657	(27)	1,625	3,347	558
	下期	10月	11月	12月	3Q	1月	2月	3月	4Q	年間	平均
	売上高	520	631	637	1,788	456	616	767	1,839	7,050	588
	営業利益	(573)	(215)	806	18	(597)	(266)	850	(13)	81	7
	推定原価	1,093	846	(169)	1,770	1,053	882	(83)	1,852	6,969	581

2013年度	上期	4月	5月	6月	1Q	7月	8月	9月	2Q	半期	平均
	売上高	362	479	714	1,555	461	595	712	1,768	3,323	554
	営業利益	(515)	(401)	827	(89)	(742)	(153)	859	(36)	(125)	(21)
	推定原価	877	880	(113)	1,644	1,203	748	(147)	1,804	3,448	575
	下期	10月	11月	12月	3Q	1月	2月	3月	4Q	年間	平均
	売上高	637	650	733	2,020	535	591	869	1,995	7,338	612
	営業利益	(835)	(243)	1,031	(47)	(824)	(276)	1,072	(28)	(200)	(17)
	推定原価	1,472	893	(298)	2,067	1,359	867	(203)	2,023	7,538	628

2014年度	上期	4月	5月	6月	1Q	7月	8月	9月	2Q	半期	平均
	売上高	412	599	665	1,676	482	526	639	1,647	3,323	554
	営業利益	(515)	(377)	895	3	(642)	(247)	690	(199)	(196)	(33)
	推定原価	927	976	(230)	1,673	1,124	773	(51)	1,846	3,519	587
	下期	10月	11月	12月	3Q	1月	2月	3月	4Q	年間	平均
	売上高	492	547	649	1,688	380	529	737	1,646	6,657	555
	営業利益	(577)	(365)	689	(253)	(553)	(97)	585	(65)	(514)	(43)
	推定原価	1,069	912	(40)	1,941	933	626	152	1,711	7,171	598

4. 在庫の急激な拡大

　循環取引では、架空仕入した在庫を次々と転売していかなければならない。そうでないと在庫がどんどん膨らみ社内で問題となりやすいし、実地棚卸の時期と重なってしまった場合、架空在庫の存在が白日の下に晒されてしまう。し

たがって循環取引首謀者は循環対象物が社内で滞留しないようできる限り注意を払いことになそうが、必ずしもうまく行かず、異常な在庫増となって現れることがある。

●メルシャン㈱
第三者委員会報告書（平成 22 年 8 月 26 日）

内部監査報告書（08 年 7 月 14 日付）の要旨は
「（主たる指摘等）
 (1)　在庫関連
　①　棚卸資産が急増し、その回転率が 07 年は 138 日であったものが 08 年 5 月末には 244 日となっている。
　②　原料在庫については、07 年末が 7,855 トンであったものが、08 年 5 月末には 9,843 トンにまで増加（25% 以上の増加）し、金額にして 20 億円弱にまでなっている。
　　その上、各原料の過去 1 年間の動きを確認したところ、ほとんど払い出しされていない長期滞留在庫が多数存在（略）する。
　③　製品在庫についても大幅に増加しており、過去 1 年間以上もほとんど出荷のない長期滞留在庫となっている品目のものが多数存在する。
 (2)　内部統制関連
　①　他に委託保管されている原料在庫については、バラによる山積みとなっていて、自社分の確認ができない状況であり、かつ、それら在庫の委託保管数量の確認は入庫時と出荷時の数量差引計上のみで行われており、実地棚卸による確認がされていない。
　②　Ａ工場の原料在庫に受払については、「先入れ先出し」と説明されたが、確認したところ、在庫表は存在するも受払表がなく、仕入・払出の時期を確認できなかった。
（中略）」
とういうものである。

報告書によれば、結果的に、上記「(1) 在庫関連②」の長期滞留在庫は循環取引による架空在庫であり、「(2) 内部統制関連①」の委託在庫も架空だったことが判明している。このように、循環取引が停滞すると、必ず在庫増の問題となって現れるのである。

　上述したメディア・リンクス事件においても、通常数千万円程度の棚卸資産しか保有していないのに、上場直前期の平成14年（2002）3月期に初めて未着品の残高が10億円発生し、経営破綻した平成15年（2003）3月期には同未着品残高が51億円に膨れ上がっている。同じ平成15年3月期の仕入債務が32億円しかなく、この残高には未着品以外の仕入債務残高も含まれていると考えられるのが相当であるところ、極めて異常な取引が行われていたことがわかる[19]。そもそも「未着品」とは、会社が引き取る前の輸送途上の物品をいうのであるから、循環取引の結果、メディア・リンクス社が引取りを義務付けられた架空の物品等があり、当該物品等の買取代金については既にキャッシュアウト済みであったと解される。循環取引の首謀者として自ら仕組んだ架空在庫の引取りを余儀なくされ、その転売が適わず、結果的に破綻したのがこの事件の顛末といえるのではないだろうか（第4編第3章参照）。

19　井端和男『黒字倒産と循環取引』（税務経理協会　平成21年）80頁

74　—第1編　循環取引の理論的考察

第5節
循環取引発覚の経緯

　循環取引の発覚のパターンとして、①循環相手先からの取引内容の照会、②循環相手先からの（簿外）債務の支払い要求、③循環相手先から第三者への通報、④後任経営者による前任経営者の行為の調査、⑤税務調査による指摘等がある。

1. 循環相手先からの取引内容の照会

　循環取引の参加企業は、不正の意図及び取引の実態の有無について善意か悪意かで2パターンに分けられる。すなわち、始めから（あるいは循環取引を何度か繰り返すうちに）循環取引の首謀者の不正の意図及び取引が架空であることを知覚し、それに積極的に加担するケースと、不正の意図及び架空であることを十分認識しないまま何となく「お付き合い」で循環取引に参加しているケースの2つである。後者のケースで取引に対し何らかの疑念が生じたとき、取引相手先へ取引内容を照会することになる。そこで架空取引であることが発覚する。

●フクビ化学工業㈱
調査委員会報告書（平成18年7月13日）

> 　平成18年2月、循環取引の一環であった商社の一社が、取引内容に疑問を抱き、元所長（筆者注：循環取引の首謀者）から納品書、貨物受領書など商品の証拠書類を徴求しました。<u>元所長は納品書や貨物受領書を偽造して提出しましたが、当該商社における検討の結果、市販の汎用的な帳票書類が使われていること、プラスチック製品としては単価が高すぎるものが有ること、商品の物量が膨大になることなど不自然な点を検出し連結子会社に説明を求めました</u>（下線筆者）。

当社の担当事業部長が元所長に説明を求めている最中に失踪したため、異常な事態が発生していると認識するに至りました。

失踪後ただちに取引に関連する商品の存否確認のため、メーカーに擬せられていた成型業者ならびに、納入先に擬せられていた物流業者を訪問した結果、取引の目的物とされていた商品は全くの架空であることが判明致しました。

2. 循環相手先からの（簿外）債務の支払い要求

循環取引参加企業の鉄則は、架空売上の現金回収があってから回収資金の一部を架空仕入の支払いに充当するというもので、この順番が崩れると、短期的に資金的な負担が生じてしまい、社内で問題になりやすい。したがって循環取引の実行者は、できる限り架空売上の回収の目処が立つまで、仕入・売上の計上を遅らせようと画策するはずである。ところが得意先でかつ循環取引参加企業が何らかの理由で循環の環から離脱してしまった場合、当然架空請求について仕入計上しないため、いつまで経っても架空売上は回収されないことになる。そうこうする内に、仕入先より簿外のままとなっている債務の支払い要求を受けることになる。会社の経理・財務部は未計上債務の支払い要求があれば当然担当者に理由を照会する。ここで循環取引が発覚する。

●㈱ネットマークス
改善報告書より要約（平成19年10月2日）

本件不適切な取引は、XX事業部において、本件担当者（マネージャー）によって実行され、平成19年2月3日に取引先からの支払請求等により簿外債務の存在が明らかとなり、当社が取引先に対し（中略）合計XX百万円を支払った債務に係わる過去4期に遡った一連の循環取引をいう。

●㈱大水

不適切な取引に関する調査概要報告について（平成 21 年 2 月 17 日）

> 取引関係業者から当社経理部に支払予定にない支払いの確認および支払要求があったことから、当該社員に問い質したところ、当該社員が不適切な取引の事実関係を認めたことにより、本件取引が発覚いたしました。

3. 循環相手先から第三者への通報

　循環取引は極めて巧妙な不正であり、一度開始すると感覚が麻痺し、麻薬中毒のようになって簡単には止められなくなる。その中でも比較的健全な者は第三者の力を借りてでも循環取引を止めようとする者も出てくるかもしれない。これが第三者への通報となって現れる。

●㈱加ト吉

改善報告書（要約）（平成 19 年 7 月 11 日）

> 循環相手先の代表取締役が当社の会計監査人事務所を訪問し、他の循環相手先 2 社と当社との取引は違法であると通報。

4. 後任経営者による前任経営者の行為の調査

　新興企業が株式市場に新規上場したが、その後経営不振に陥りファンド等からの追加出資を仰いで事業を立て直すことがある。この場合旧経営陣は退陣し、ファンド等の意を汲んだ新規経営陣が乗り込んでくることとなる。当該新経営陣は過去の膿を徹底的に出そうとして改めて社内調査に着手することになるが、旧経営陣時代のなりふり構わない姿勢が炙り出され、循環取引を始めとする様々な不正経理が明らかになることがある。

第 3 章　実際の事例における分析—　77

●ニイウス　コー㈱
調査委員会の調査結果概要と再発防止策（要約）（平成 20 年 4 月 30 日）

> 当社は昨年 11 月の増資後、経営陣を刷新し、新経営陣の下で従前の事業内容の精査や資産の再評価を行ってまいりました。その過程で、過去において不適切な疑いのある取引が行われていた可能性があるのではないかと考えられる状況に至ったことから（略）。

5.　税務調査による指摘

　税務調査はもとより反面調査権を有しているため、自らの権限を行使して取引の真実に迫ることができる。その結果、架空取引を発見することがある。

●広島ガス㈱
当社子会社における不適切な取引について（平成 21 年 3 月 19 日）

> （連結子会社である）広島ガス開発㈱に対する<u>税務調査の中で、循環取引の疑いがある取引が存在する旨の指摘を受けた</u>（下線筆者）ことに伴い、同社内において調査を開始いたしました。（中略）同社において複数の取引先との間で実体を伴わない本件取引が行われ、売上および仕入として計上されていたことが確認されました。

第6節
架空循環取引の新潮流

1. 中国企業との取引を偽装した架空循環取引

　「チャイナリスク」という言葉が広く認識された契機は 2015 年 8 月における上海総合指数の暴落であった。同年 10 月に公表された東京商工リサーチによる「『チャイナリスク』関連倒産調査（9 月、2015 年上半期)」[20] では、チャイナリスク関連の経営破綻を次の要因によるものと定義している。

> 　「チャイナリスク」関連の経営破綻は、破綻の原因が次の 6 項目のどれかに該当するものを集計している。
> 1. コスト高（人件費、製造コストの上昇、為替変動など）
> 2. 品質問題（不良品、歩留まりが悪い、模倣品、中国生産に対する不信など）
> 3. 労使問題（ストライキ、工場閉鎖、設備毀損・破棄など）
> 4. 売掛金回収難（サイト延長含む）
> 5. 中国景気減速（株価低迷、中国国内の消費鈍化、インバウンドの落ち込みなど）
> 6. 反日問題（不買、取引の縮小、暴動など）

　本節でとりあげる事例は、こうしたチャイナリスクのうち、「売掛金の回収難」という現象として明るみに出ることの多い、中国企業との取引を偽装した架空循環取引である。

　東京商工リサーチの記事では、2015 年上半期には、チャイナリスク関連の倒産として 2 社の上場会社が含まれていることが説明されているが、そのうち

20　http://www.tsr-net.co.jp/news/analysis/20151008_07.html

の1社、江守グループホールディングス㈱の突然の破綻は、衝撃的だった。

2. 江守グループホールディングス突然の破綻

(1) 順調に伸長していた中国子会社の業績

　江守グループホールディングス㈱（以下「江守GHD」と略称する）は、福井県福井市に本店を置く、1958（昭和33）年5月設立の化学製品の販売を主たる事業とする商社であった。旧社名は江守商事㈱。

　江守GHDが最初に中国進出を果たしたのは1994（平成6）年11月。その後、5社の中国子会社を設立して、積極的に販路を拡大し、業績を伸ばしていく。破綻直近の有価証券報告書の記載によれば、中国向け売上高は、グループ全体の売上高の7割を占めていたことがわかっている【図表1－3－3】。

【図表1－3－3】江守GHD中国主要子会社の売上高（単位：百万円）と占有率

会社名称	平成26年3月期		平成27年3月期	
江守GHD連結売上高	208,936	－	224,618	－
江守商事（中国）貿易有限公司	120,099	57%	127,687	57%
EAH（上海）国際貿易有限公司	36,398	17%	34,476	15%

(2) 突然の債務超過

　ところが、期日より1か月遅れて、2015年3月16日に公表した2015年（平成27）年3月期第3四半期決算において、江守GHDは、234億2,400万円の大幅な債務超過に転落したことが明らかになる。原因は、中国子会社の取引先の信用リスク増加等を受けて、大口得意先の債務者区分及び引当率を見直すとともに、担保価値の取引信用保険の付保状況についても精査することによって、貸倒引当金462億500万円を特別損失に計上して、439億7,600万円の四半期純損失を計上したためであると説明された。

　その後、江守GHDは、2015年4月30日には、東京地方裁判所に民事再生

法の適用を申請して、経営破綻する。民事再生手続自体は、主力行から特別融資枠が得られたこと、興和紡㈱などのスポンサー企業の選定がスムースに行えたことなどから、持株会社である江守GHDこそ破綻処理がされ、中国事業からは撤退したものの、日本国内の事業子会社はすべて無傷のままスポンサー会社の傘下に入って事業を継続している。

　ここで、江守GHDの有価証券報告書から決算書データを整理してみると、架空循環取引を行っている企業の顕著な特徴が窺える。

【図表1-3-4】江守GHD決算書データ　　　　　　　　　　（単位：百万円）

	2012年3月期	2013年3月期	2014年3月期	2015年3月期
売上高	116,700	144,675	219,187	224,619
経常利益	2,532	3,005	5,410	3,103
当期純利益	1,689	1,919	3,323	▲53,620

	2012年3月期	2013年3月期	2014年3月期	2015年3月期
営業キャッシュ・フロー	▲6,915	▲2,670	▲5,197	▲21,624
投資キャッシュ・フロー	▲631	▲975	▲330	▲572
フリーキャッシュ・フロー	▲7,546	▲3,645	▲5,527	▲22,196
財務キャッシュ・フロー	8,875	3,511	12,038	15,226

　中国企業との取引を偽装した架空循環取引の結果、売上高は毎期連続して大幅に増加し、利益も、貸倒当金の設定を余儀なくされた2015（平成27）年3月期を除いては黒字計上が続く。一方、キャッシュフローに注目すると、営業キャッシュフローの大幅な赤字が続く。これは、架空循環取引を世に知らしめたメディア・リンクス事件以来、繰り返し指摘されている「架空売上の計上＝売掛金の回収困難」に伴う財務諸表の歪み以外の何物でもない。

(3) 会計監査人の意見

　江守GHDの会計監査人である有限責任法人あずさ監査法人（以下「あずさ監査法人」）は、経営破綻後の2015年3月期の監査報告書こそ「意見不表明」

としているが、それ以前については、「適正意見」を附していた。

　経営破綻後に提出された 2014（平成 26）年 3 月期訂正有価証券報告書に記載された「訂正報告書の提出理由」を引用しておく（一部、子会社名称、括弧書き等を省略している）。

　当社は、中国子会社における事業及びそれに関する取引に関し、売上の実在性と重大な内部規則違反が存在したとの疑義が生じたと判断したため、売上の実在性については平成 27 年 2 月より、重大な内部規則違反については平成 26 年 9 月頃より調査を行い、この度、調査結果を取りまとめました。

　その結果、売上の実在性については形式的には仕入先と販売先が異なる通常の取引だが、実際には最終販売先が仕入先になっている売戻し取引が存在すること、重大な内部規則違反については主要な中国子会社の元総経理が会社の承認を得ずにその親族会社との取引を行っていたことが判明しました。また、親族会社との取引においては役務提供手数料のみを純額として計上すべきところ、商品売買の様に売上、仕入総額を計上している取引が存在することが判明しました。

　こうした事実が判明したため、循環取引については、これを金融取引として捉えて、売上と仕入の計上額を取り消すとともに、売掛金を未収入金勘定に振り替え、粗利益相当額を営業外収益とする修正を行うとともに、純額表示すべき取引についても修正を行った旨、説明がなされている。

　あずさ監査法人はこうした修正処理の結果、作成された財務諸表について、無限定適正意見を表明している。つまり、貸倒引当金を設定する事象が生じたのは、あくまで 2015（平成 27）年 3 月期であり、その前事業年度である 2014（平成 26）年 3 月期には、その必要性は認められない、という判断である。

(4) 経営破たんの責任所在

　江守 GHD の大株主の状況によると、江守家の資産管理会社とみられる江守総業㈱は 28.77％ の株式を保有して筆頭株主の地位にあり、代表取締役社長である江守博隆氏（以下「江守社長」）は個人で 4.14％ の株式を保有して第 2 位

となっている。2014（平成26）年3月期における江守GHDの剰余金の配当は、中間配当が1株当たり20円、期末配当が38円となっており、創業家の得た配当は、235百万円を超える計算になる。

　もし、2014（平成26）年3月期決算において貸倒引当金の設定が必要であると判断され、決算修正を余儀なくされた場合には、こうした多額の配当が違法となる可能性があった。あずさ監査法人が訂正有価証券報告書の適正意見を附したため、こうした懸念はなくなったものの、江守社長は江守商事（中国）貿易有限公司の董事長を、常務取締役でグループ管理部門を担当する揚原安麿氏（以下「揚原常務」）はEAH（上海）国際貿易有限公司の董事長を、それぞれ兼務しており、中国商社事業担当の取締役である謝飛紅氏ともども、中国ビジネスにおける責任者であり、経営破たんの責任を負うことは言うまでもない。

　ところが、江守GHDは民事再生法の適用を受けて、破綻したため、こうした経営責任は問われることはなかった。民事再生法の適用を申請したときの取締役会は8名で構成され、そのうち、実質ナンバー2の揚原常務は、江守社長の義弟であるとともに、唯一の社外取締役である林宏樹氏の義弟でもあり、外部からの監視が十分ではないことが推察できる状況にあったことから考えると、江守GHDを破綻させることによって責任追及から免れるという動機が働いたのではないかとの疑義が払拭できない。

(5) インサイダー取引

　2016（平成28）年2月16日、証券取引等監視委員会（SESC）は、「江守グループホールディングス株式会社役員からの情報受領者による内部者取引に対する課徴金納付命令の勧告について」[21]を公表し、江守GHDの連結子会社社員2人が、インサイダー取引を行っていたとして、内閣総理大臣及び金融庁長官に対し、課徴金納付命令を発出するよう勧告を行ったことを明らかにした。

　SESCが公表した事実関係の概要は以下の通りである。

21　https://www.fsa.go.jp/sesc/news/c_2016/2016/20160216-1.htm

課徴金納付命令対象者（1）は、江守 GHD の役員から、中華人民共和国に設立された連結子会社の主要得意先のほとんどについて売掛債権の回収可能性に疑義が生じたことなどに伴い、平成 27 年 3 月期第 3 四半期連結累計期間において貸倒引当金繰入額約 462 億円を特別損失に計上することが確実になった旨の重要事実の伝達を受けながら、公表前に、株式 1700 株を売付価額合計 162 万 6000 円で売り付けた。

課徴金納付命令対象者（2）は、課徴金納付命令対象者（1）から、上記の重要事実をその職務に関し知り、公表前に、株式 1 万 2400 株を売付価額合計 1154 万 4400 円で売り付けた。

江守 GHD の株価は、公表前には 900 円台推移していたが、公表後は連日ストップ安の下落を繰り返して 323 円となっていた。重要事実を伝達した役員がインサイダー取引に関して注意喚起を行ったかどうかはわからないが、こうした事態を見越して高値で売り抜ける社員がいたという事実を、江守 GHD の旧経営陣はどのように受け止めているのだろうか。

3. 2015 年上半期における中国進出に伴う損失の 公表事例

江守 GHD が大幅な債務超過に陥ったことを表明してから 9 日後、2015（平成 27）年 3 月 25 日、KDDI㈱（以下「KDDI」）は、「当社海外連結子会社の不適切な会計処理について」[22] というリリースにおいて、KDDI が約 51.3% の持株を有し、シンガポール証券取引所に上場する子会社 DMX Technologies Group Ltd.（以下「DMX」）で不適切な会計処理があったことを公表した。DMX は、中国、香港を中心にアジアでシステムインテグレーション事業、デジタル・メディア事業を展開。KDDI は、2009（平成 21）年 12 月 1 日、第三者割当増資により DMX 株式の約 51.7% を取得し、シンガポールでの上場を維持したまま、連結子会社としていた。KDDI は、将来発生が見込まれる損失総

22　http://news.kddi.com/kddi/corporate/ir-news/2015/03/25/pdf/kddi_150325_j.pdf

額として約338億円を特別損失に計上した。

　同年5月8日、昭光通商㈱（以下「昭光通商」）は、「貸倒引当金繰入額（特別損失）の計上、平成27年12月期連結業績予想の修正および配当予想の修正に関するお知らせ」[23]というリリースを出して、昭光通商の連結子会社である昭光通商（上海）有限公司（以下「昭光上海」）において、売掛債権の回収不能が発覚し、貸倒引当金繰入額128億円を特別損失として計上することとなったことを公表した。

　同じく5月21日には、㈱LIXILグループ（以下「LIXILグループ」）が、「海外子会社における破産手続開始申立の検討に関するお知らせ」[24]というリリースにおいて、中国子会社でハンブルグ証券取引所に上場するJoyou AG（以下「Joyou」）の執行役会が、破産手続開始申立を検討していることを公表し、その後、6月3日において、Joyouの破産手続開始に伴う損失の見込額が約332億円に達することを明らかにした[25]。

　このようにほぼ同じ時期に、複数の企業が中国市場進出に関連して巨額の損失を計上することになった背景には、（1）中国企業を隠れ蓑にした架空循環取引による売上・利益の過大計上（江守GHD、昭光通商）、（2）中国進出手段としての現地企業M&Aにおけるデューデリジェンスの失敗（KDDI、LIXILグループ）と、直接の原因にこそ相違はあるものの、どちらも、中国市場における不透明な流通プロセスや商慣行が、その背景にあることは間違いない。

　そうした背景が2017年になっても変わっていなかったことを明らかにしたのが、2017（平成29）年9月に破綻したATT㈱が仕組んだ架空循環取引であり、それに乗せられた複数の商社であった。

23　http://v4.eir-parts.net/v4Contents/View.aspx?cat=tdnet&sid=1238767
24　http://v4.eir-parts.net/v4Contents/View.aspx?cat=tdnet&sid=1249668
25　http://v4.eir-parts.net/v4Contents/View.aspx?cat=tdnet&sid=1254923

4. ATT 事件に巻き込まれた企業

　大阪市に本店を置く老舗の化学品・合成樹脂の製造販売業者である KISCO ㈱（旧商号は岸本産業㈱。以下「KISCO」）は、2017（平成 29）年 6 月 29 日、「平成 29 年 3 月期有価証券報告書の提出期限延長に係る承認申請書提出に関するお知らせ」[26] で、海外取引の一部で対象となる物品の実在性に疑義があるとして、特別調査委員会を設置して調査を行っていることから、有価証券報告書の提出期限延長を申請したことを公表した。

　8 月 3 日になって、東京商工リサーチは、「被害額 100 億円以上？ TSR 独自取材で循環取引の実態に迫る」[27] と題する記事を公開し、東京都墨田区に本店を置く ATT ㈱（以下「ATT」）が大規模な架空循環取引を行っていたことを報じた。記事の中には、「循環取引に巻き込まれた商社の関係者」のコメントが引用されているが、この時点では、商社の具体的な名前は報じられていない。

　同月 9 日、東京都板橋区に本店を置く、東京証券取引所 1 部上場の藤倉化成 ㈱（以下「藤倉化成」）は、同社が 51% を出資する連結子会社の藤光樹脂㈱（以下「藤光樹脂」）が、ATT との取引において製品が実在しない架空取引であることが判明したとして、貸倒引当金繰入額 428 百万円を計上することを公表した。

　ついで、同月 14 日、KISCO は特別調査委員会による報告書を公開する。調査報告書上では、中国における循環取引を仕組んだのは「A 社」とされており、この時点では、KISCO と ATT とのつながりは、表面上は、わからないままだった。ところが、同月に発売された FACTA2017 年 9 月号が、「老舗素材商社 KISCO が循環取引で大穴」と題して、KISCO が ATT 関連の循環取引詐欺により、最大で 70 億 7,700 万円の焦げ付きが出たことを報じ、KISCO 特別調査委員会報告書記載の「A 社」が ATT を意味していたことが明らかになった。

　事件が大きく動いた 8 月の締めくくりは 28 日だった。ATT は、同日、東

26　http://www.kisco-net.co.jp/news/pdf/release20170629.pdf
27　http://www.tsr-net.co.jp/news/analysis/20170803_01.html

京地方裁判所から破産開始の決定を受けた。負債総額約 90 億円の大型倒産で幕を下ろした架空循環取引の実態を、KISCO と藤倉化成が公表している調査報告書から明らかにしたい。

なお、前述の東京商工リサーチの記事及び公表されている調査報告書から、ATT 関連の取引概要図をまとめておく。

【図表 1 - 3 - 5】ATT 関連取引の概要

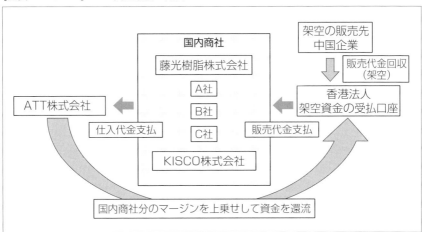

(1) 発覚の経緯

KISCO 特別調査委員会調査報告書（以下「KISCO 報告書」）、藤倉化成「藤光樹脂株式会社と ATT 株式会社の架空取引に関する調査報告書（以下「藤倉化成報告書」）」ともに、架空取引が発覚したのは、6 月 22 日、ATT 代表取締役社長柴野恒雄氏から、概要、以下のような電子メールが届いたことによるとしている。

> 本件取引は架空取引に基づく資金循環であって、実際には対象物品は中国販売先に納入されておらず、資金のみが循環しており、中国販売先は取引に関わっていない

KISCO担当者は、メールの真偽を中国販売先に確認したところ、いずれもKISCOの売掛債権の存在を否定し、契約書等の押印が虚偽のものであるという主張され、調査を開始するに至った。

　一方、同じくメールを受け取った藤光樹脂は、翌23日に、親会社である藤倉化成にその内容を伝達し、架空取引で多額の被害が発生した蓋然性が強いことから、藤倉化成は社内に特別調査委員会を設置し、調査を開始した。

(2) KISCO報告書

　KISCOでは、ATTとの取引に関して、二つの商流が存在していたことが明らかになっている。それぞれの取引について、製品の流れと資金決済の流れを図で示すとともに、KISCO社内でのATTとの取引に対する経緯を報告書から引用する。

【図表1－3－6】KISCOにおける取引A

　2015（平成27）年2月頃、KISCO監査役は、取引Aに関し、急に取引量が増大していることから、「A社とB社との間には資本関係があり、結託して架空取引を行う可能性がある」と指摘したため、担当者らは、B社に対して、最終需要家からの注文書や入金明細等の提出を求めるとともに、面談を行った。その結果、以下の理由から、取引Aは架空取引ではないと判断した。

①　B社からの注文書と最終需要家の注文書の内容が一致していること
②　架空取引による資金循環であれば、取引金額の大きさから、銀行に指摘されているはずであること
③　決済条件における支払いサイトが短すぎること

④ 一部の最終需要家について開示を受けていること
⑤ 取引Aに関する生産販売体制及び計画について、A社社長から開示を受けたこと
⑥ A社が中国に自社工場設立を計画していることを、A社社長から説明を受けたこと
⑦ B社代表取締役社長は自社に自分の息子を入社させていることから、不正な取引を行っている会社に息子を入社させることはないと思われること
⑧ A社社長は、急なアポイントメントにもかかわらず、面談に応じるなど、対応に誠意が感じられること

【図表1－3－7】KISCOにおける取引B

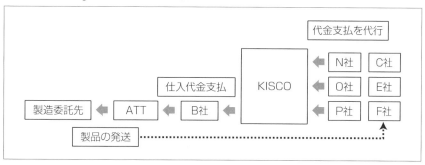

(3) 藤倉化成報告書

　藤倉化成が、2017（平成27）年11月10日に公表した「藤光樹脂株式会社とATT株式会社の架空取引に関する調査報告書」[28]では、ATTが実名で記載されており、報告書自体は本文10ページと決して詳細なものではないが、KISCO報告書と合わせて読むことにより、より詳細な架空循環取引の実態が判明する。

　藤倉化成報告書によれば、藤光樹脂とATTとの取引関係は、2008年に始まり、2009年3月には関係強化のため藤光樹脂がATTに対して1,500万円を

28　http://v4.eir-parts.net/v4Contents/View.aspx?cat=tdnet&sid=1530860

出資し、調査時点での出資比率は 15% であった。2011 年頃、取引はいったん消滅し、藤光樹脂は ATT に対する出資金の減損処理を行う。取引が再開したのは、2013 年で、「ATT からフィルムを仕入れ、Y 社・Z 社に販売する取引」で、「2016 年 11 月頃まで継続し、取引自体は順調に決済された」ということである。

その後、2016 年 12 月になって、ATT 柴野社長から、次のような取引を持ちかけられる。

　ATT の中国向け輸出の急拡大により代理店を取りまとめまとめたい。藤光樹脂には、ATT から製品を購入して、中国のユーザーに販売してほしい。販売する先として指定されたのは、X 社である。

こうした取引の総額がどの程度の規模であったのかは報告書では触れられていないが、2017 年 6 月 10 日に X 社から支払われるべき代金の入金がないという事態が発生する。ATT の中国の事務所から入金遅れにより支払いが遅れるとの連絡があったものの、藤光樹脂は同年 6 月 15 日に ATT に支払うべき代金の支払いを留保して調査を始めた。

調査報告書作成時点における藤光樹脂の損害額は約 4 億 3 千万円に達した。

(4) 商社はなぜ取引に巻き込まれてしまうのか

ATT による架空循環取引に巻き込まれたことが判明している 2 社はいずれも商社であり、こうした架空のものを含む循環取引に対するリスク管理は、他の業種の会社よりも厳しく行われていたのではないかと考えられる。なぜ、この 2 社は ATT の誘いに乗ってしまったのか。

藤倉化成報告書に、ひとつの答えが記されている。特別調査委員会は、次の 3 点の不備があったことを指摘している。

---

① 　ATT 柴野社長の説明を鵜呑みにして裏付け確認を全くしていないこと

② 　売上先の信用は調査しても、仕入先の信用は問題ないとの考え方

③ 　株主権の不行使

---

90 ―第 1 編　循環取引の理論的考察

株主権の不行使については、ATT は一度も株主総会の招集通知を藤光樹脂に送付していないし、計算書類等も提供していないにもかかわらず、藤光樹脂からは改善の要望をした形跡がないということである。

　そのうえで、藤光樹脂が置かれていた状況として、2017 年 3 月期には、前期まであった大型商談が大幅縮小または終了し、売上の大幅な減少が想定されており、2016 年 4 月から「新たな取引の拡大が至上命題」となっていたことから、「疑問点を抱かず、慎重なる調査を怠ることにつながっていた」ということであった。

　一方の KISCO 報告書では、詳細な原因分析を行っているため、こちらを引用しておきたい。

Ⅰ．短期的な取引額の拡大に伴うリスクに対する評価の歪み及びリスクコントロールのための施策の不十分性
　　① 架空取引に基づく資金循環に関する知識の不足
　　② 関係取引先の信用性と本件取引の信用性の取り違え
　　③ 対象商品に係るビジネスの動きと整合性の検討不足
　　④ 中国の商取引の特殊性に関する誤った理解と対応及びコンプライアンス意識の不足
　　⑤ 売上偏重の意識
　　⑥ リスクコントロールのための施策の不十分性
Ⅱ．取引の実在性に関する確認・調査の不十分性
　　1．取引開始時の審査不足
　　2．取引 A についての架空取引に基づく資金循環の懸念が生じた時の調査不足
　　3．商流変更に際しての調査不足
　　4．取引 B の継続に関しての調査不足
Ⅲ．監査部門及び管理部門の機能不足・機能不全
　　1．与信管理の不徹底
　　2．取引開始時の決裁及び決裁条件の変更に応じた事後のモニタリングの不十分性

3. 監査部門及び管理部門の役割の不明確性

4. 社内教育の不徹底

(5)「中国企業が相手だから」という言い訳

KISCO 報告書では、ATT が守秘義務条項を縦に取引先（最終消費者）の開示に応じなかったこと、取引の相手とされた中国企業各社が国営企業であるため貸し倒れリスクが低いと説明されていたことなどが明らかになっている。しかし、KISCO は、こうした説明の裏付けを取らないまま、取引を拡大させていた。日本企業と違って、こうした情報の裏付けをとろうにも、なかなか上手くいかないのが中国企業であり、売上拡大を狙うあまり、確認が少しでも疎かになってしまうと、架空循環取引に巻き込まれてしまうリスクがあるということを認識できなかったのか。

営業部門担当者が、売上偏重で取引拡大のために多少のことに目をつぶるのは仕方ないこととはいえ、KISCO では、経営陣、監査部門及び管理部門もまた、不十分な調査について問題視することはなった。

5. 昭光通商——2度目の調査委員会設置

上述した通り、2015（平成27）年5月8日、昭光通商は昭光通商及びその連結子会社である昭光通商（上海）有限公司（以下「昭光上海」）において、売掛債権の回収不能が発覚し、貸倒引当金繰入額128億円を特別損失として計上することとなったことを公表した。設置された特別調査委員会（調査委員に昭光通商の常勤監査役が加わっているため、第三者委員会ではない）の調査結果概要として、同年7月30日に公表された「特別調査委員会の調査結果について」[29] と題されたリリースは、A4版でわずか6ページというものであり、取引の全容を説明するものとは言えなかった。

---

29 http://v4.eir-parts.net/v4Contents/View.aspx?cat=tdnet&sid=1272234

92 —第1編 循環取引の理論的考察

2017（平成29）年2月13日、昭光通商は、「平成28年12月期決算発表の延期に関するお知らせ」[30] というリリースを出し、「連結子会社の特定の顧客との取引に関する売上計上について精査が必要となることが判明」したことから、約60億円分の取引を金融取引として会計処理を行うことを検討していることを公表した。決算発表の再延期、有価証券報告書の提出期限の延長など、複数のリリースを経て、4月17日に公表した「特別調査委員会の報告書受領に関するお知らせ」の中で、調査の対象となった連結子会社が㈱ビー・インターナショナル（以下「ビー社」）であり、中国メーカーから仕入れた人工ダイヤモンドなどの化学製品を、中国国内の最終需要家などに販売した取引が、「対象物品が存在しない資金循環取引である」ことが判明したことが公表された。

昭光通商と昭光上海の貸倒引当金の設定では、過年度損益の修正を行わなかった昭光通商であったが、ビー社の資金循環取引については、過年度の有価証券報告書等の訂正を行わざるを得ず、6月12日には、東京証券取引所（以下「東証」）から、「公表措置」が実施されるとともに、「改善報告書」の提出が求められたことを公表した[31]。その中で、昭光通商は、「この事象（引用者注：昭光上海の貸倒引当金設定）を契機に設置した調査委員会から再発防止策として国内外の商流の再確認等の提言を受けていたにもかかわらず、これを十分に策定及び実行しなかったことも、本件資金循環取引を早期に発見できなかった一因である」としている。

なぜ、昭光通商は、中国における取引で、2度にわたって、架空（資金）循環取引に巻き込まれて損失を計上することになったのか、公表されている調査結果及び東証に提出した改善報告書の内容を検証することによって、解明を図りたい。

30　http://v4.eir-parts.net/v4Contents/View.aspx?cat=tdnet&sid=1442704
31　http://v4.eir-parts.net/v4Contents/View.aspx?cat=tdnet&sid=1485896

(1) 昭光通商と昭光上海が貸倒引当金を設定するに至った理由と再発防止策

2017（平成27）年7月30日に公表された調査結果では、昭光通商が中国国内の鉄鋼関連メーカーに販売した「鉄鉱石」取引に係る売掛金残高約61億円、昭光上海が同じ中国企業に販売した「鉄鋼製品」取引に係る売掛金残高54億円については、「取引の実在性については、特段の疑義を差し挟む根拠は、確認されませんでした」とする一方、昭光上海が別の中国国内の貿易商社に販売した「鉄鋼製品」取引に係る売掛金残高26億円については、「2014年6月以降の取引において製品の出荷がなされていないことが判明した」として、仕入及び販売を取消したうえで、仕入先に支払済みであった代金を長期未収入金に計上したことを説明している。

そのうえで、昭光通商は、特別調査委員会の提言を受けた再発防止策として、次の6項目について、着実に実行していくとした。

---

① 相互監視機能の強化

② 与信管理規程の見直し

③ 与信決裁過程の整備

④ 海外法人に対する与信審査の厳格化

⑤ リスク管理意識の向上

⑥ 債権審議委員会の機動的な運営

---

(2) 取引の実在性の検証は十分だったのか

調査結果の概要には、特別調査委員会の調査では、取引の実在性に特段の疑義を差し挟む根拠は確認されなかったとの記述があるが、どのような調査を行って実在性を確認したのか、その手法に関する説明はなく、ただ、結論が示されているだけである。

昭光通商としては、128億円の貸倒引当金の大部分は本節冒頭で引用した「チャイナリスク」に起因するものであり、経営者の責任を問う種類のもので

94 —第1編　循環取引の理論的考察

はないことを説明するために、「実在性に問題はない」という記述につながったものであろうかと思料するが、そうであるならば、「実在性に問題はないと判断した根拠」「中国企業に対する支払いの督促状況（たとえば訴訟の提起等）」を開示すべきであったと思われる。

(3) ビー社による資金循環取引に係る調査報告書

貸倒引当金の設定に揺れた平成27年3月期決算の翌々期にあたる平成28年10月、昭光通商は、平成28年第3四半期の決算概況説明会以降、会計監査人である有限責任あずさ監査法人から、連結子会社であるビー社の取引について、仕入先及び販売先になっているA社及びB社の代表取締役が同一人物であることから、商流の適正性・合理性等について、注意喚起及び調査依頼を受けた。

2度目となる特別調査委員会を設置して調査した結果、ビー社においては、資金循環取引が行われていたことが判明する。調査結果の概要は以下の通りである。

ビー社が行った資金循環取引には、B社を仕入先とし、A社を販売先とする「取引A」と、A社を仕入先としてB社を販売先とする「取引B」との二つの類型があった。

【図表1－3－8】取引Aの商流

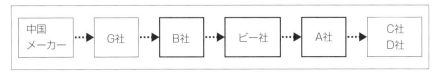

取引Aでは、中国メーカーが製造した工業品を上海所在のG社が輸入し、最終顧客であるC社工場などに直接納品されることとなっていたため、ビー社においては、納品確認等は行っていなかった。

なお、取引開始当初は、ビー社とA社の間にE社が介在していたが、2013年7月頃から、E社は取引から外れ、昭光通商がビー社を子会社化したときには、上記【図表1－3－8】の商流による取引となっていた。

【図表1－3－9】取引Bの商流

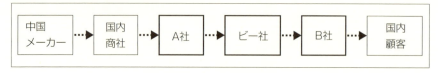

　取引Bでは、ビー社の販売先・仕入先が真逆になっているだけで、A社とB社の間にビー社が入るという商流自体は変わらない。また、取引Aとは異なり、輸入を担当する商社名や最終顧客名などは、ビー社に明らかにされていなかった。

　こうした資金循環取引は、昭光通商がビー社を子会社化した2014年12月期から一気に増加して、2016年12月期においては、ビー社の売上高8,478百万円のうち6,016百万円を取引Aと取引Bが占めており、資金循環取引以外の売上高は30％を割りこんでいた。調査結果を受けて、昭光通商は過年度決算の修正を行う。

(4) 昭光通商による改善報告書にみる「2度目の資金循環取引」を防げなかった理由

　昭光通商が東証に提出した「改善報告書（平成29年6月26日付）」には、「原因分析」の項目が設けられ、6ページ以上にわたって詳細な分析が記載されている。

　まずは、「原因分析」の見出しを列挙したい。

---

(1)　中国問題に対する是正策の不徹底：全社的かつ統括的な管理の不徹底
(2)　取引実態の検証の不十分
　（ア）　子会社内部の原因
　　①　知識及び経験の不足
　　②　子会社内部で牽制機能を果たすべき組織の不存在
　（イ）　所管本部における原因：子会社と所管本部との間の責任の所在の不明確さ
　（ウ）　本社牽制部門の機能不足・脆弱性
　　①　審査法務部の機能不足：子会社の取引・与信は審査法務部の審査対象外

であったこと

② 監査室の人員の量と質の不足

(エ) グループ戦略管理の不十分性：M&A 時の検討の不十分性

(オ) 問題発見時の対応を迅速に行うための体制（危機管理体制）の不十分性

(3) 与信管理ルールの内容及び運用の不十分性

(4) 取締役会に対する情報提供と取締役会によるモニタリングの不十分性

(5) 新規取引のリスクを分析・評価する機能の不存在

　巨額の貸倒引当金の設定を余儀なくされたにもかかわらず、経営者に、「再発防止策の的確な立案と効果的な実行を会社全体として総合的、継続的に管理する全社的な体制を構築して進めるべきとの認識がなかったこと」について、改善報告書では、

① 中国子会社問題の原因を、1 人の営業担当者だけが取引の実態を把握する体制になっており、経営トップのみの承認によって取引が拡大できる仕組みの問題として矮小化して捉えていたこと

② 海外子会社における取引リスクにかかる問題であって、国内取引で同様の問題が生じる懸念は低いと合理的な理由がないまま想定していたこと

という二つの問題点を認識している。

　いまさらではあるが、高い報酬を支出してまで調査委員を招聘するのは、証券取引所、株主をはじめとするステークホルダーへの言い訳でなどが目的はなく、ましてや、経営陣の保身のためであってはならない。言うまでもなくその目的は、事実の徹底的な解明と原因分析を通じて、再発防止策の提言を受け、企業の信頼回復を図ることにほかならない。せっかく的確な提言を示されながら、これを自己の都合のいいように解釈してしまい、結果的に 2 度目の調査委員会を設置せざるを得なかった昭光通商の事案は、不祥事を発生させた組織にとって、示唆に富むものであると言えよう。

第 3 章　実際の事例における分析— 97

【本章のまとめ】

① 循環取引の実例では、取引開始のきっかけには、(i) 過度の売上達成圧力があるケース、(ii) 失敗取引の穴埋めのケース、(iii) 過去の成功体験継続に対する欲求のケース、(iv) 長年の業界慣行による感覚の麻痺がある。

② 循環取引の実例では、循環取引は、本業とは異質な部門で発生し、循環取引首謀者は、やり手で独善的な性格の人物が多い。

③ 循環取引の実例では、その首謀者による隠蔽工作が功奏して長期間発見されなかったが、それでも後から考えると循環取引の兆候があったものもある。

④ 循環取引の実例では、その発覚の経緯は、(i) 循環相手先からの取引内容の照会、(ii) 循環相手先からの支払い要求、(iii) 循環相手先から第三者への通報、(iv) 後任経営者による前任経営者の行為の調査、(v) 税務調査による指摘等があった。

第2編

循環取引発覚後の対応と法律上の論点

第1章
循環取引発覚時の
会社の対応

第1節
初動対応

1. 不正実行者の取扱いと情報の管理

　第1編第3章で検討したように、循環取引は社内で一定以上の好業績を挙げている部門で起きることが多い。すなわち、好業績部門あるいはその責任者・担当者に対する社内における高い信頼を逆手に取り、当該部門を治外法権化し、管理部門の干渉を排除して、循環取引を発覚しづらくするのである。したがって、そのような部門で循環取引による不正が発覚すれば、社内にかなりの衝撃が走ることになる。「まさか、あの人が！」「え、そんな事ありえない！」等の反応である。ここで、会社はパニックに陥ることなく、冷静に対処することが求められる。最初に会社に求められるのは、経営者ないし社内のしかるべき地位・立場の役職者が、全容解明に全力を挙げること、同じ過ちを2度と繰り返さないため、必要十分な再発防止策を策定・実行することにコミットすることである。そして、関係者、市場（上場会社の場合）に対して適切な説明責任を尽くすことにある。

　その上で必要なのは、事実の把握、原因の分析及び再発防止策策定に向け、

100 —第2編　循環取引発覚後の対応と法律上の論点

問題取引とは全く接点・関連性のない中立のメンバーから成る社内（初動）調査チームを結成すること、同チームが調査の方針をできる限り早い段階で確立することである。

　そもそも循環取引発覚の経緯は何か？　第1編第3章で行った実際の事例による分析を見てみよう。

① 　循環相手先からの取引内容の照会

② 　循環相手先からの（簿外）債務の支払い要求

③ 　循環相手先から第三者への通報

④ 　後任経営者による前任経営者の行為の調査

⑤ 　税務調査による指摘

⑥ 　従業員による内部通報

　④のケースを除き、社内（初動）調査チームの最初のアクションは、問題となる取引の直接の担当者に取引内容の説明を求めることとなろう。ここでの循環取引実行者の反応は2通りあり、あっさり罪を認めるケースと、あくまでシラを切り通すケースがあるが、筆者の経験では、意外に前者の例が多いという印象を持っている。

　循環取引実行者があっさり罪を認めるのはなぜか？　彼らは、取引開始時、余りも事が容易に運んでしまうため、感覚が徐々に麻痺していくらしいが、そのうち、時折ふと事の顛末が空恐ろしくなるとのことである。そうは言っても、会社外部の共犯者の手前、「止めたくても止められない」状況が続き、このことが逆に相当のプレッシャーとなっているのではないか？　この場合むしろ会社が見つけてくれたことを感謝するケースもあるようである。

　このように、循環取引実行者の問題取引への関与の自供が得られたとしても、この時点で会社は、漸く全貌解明のためのスタートラインに立ったに過ぎないというべきであり、次に重要なことは、当該循環取引実行者から、今後の調査についての全面的な協力の約束を取り付けることである[1]。いずれにせよ、この

1　循環取引に限らず不正の全貌解明の一番の早道は、当事者から正確な情報を引き出すことに尽きる。したがって、短慮な判断に基づき、不正実行者や関与者を直ちに解雇してしまうのは、愚の骨頂である。

時点から事実解明の調査が始まり、そのためには、循環取引実行者の全面的な協力が不可欠だからである。さらにここでは、以下の措置が必要であろう。

ⓐ 循環取引実行者の一切の役職・権限の剥奪・しかるべき部署（人事部付等）への異動

ⓑ 循環取引実行者による一切の業務遂行の停止（循環取引実行者の仕掛中の業務は、同者との接点・関連性・利害関係等がないことが明らかな社内の第三者が引き継いだ上、当該業務の内容を精査し、継続の適否を判断する）

ⓒ 循環取引実行者の今までの通常執務の場所へのアクセスを制限し、同者の当面の執務の場所を別途提供[2]。

ⓓ 循環取引実行者に貸与している PC、携帯電話等について、会社が押収

ⓔ 循環取引実行者が保管している書類、メモ等一切について、会社が押収

ⓕ 上記措置に関する適宜適切な社内への告示・通達等の発行[3]

上記の措置を採用する目的は、あくまで循環取引の全容解明にある。不正取引実行者は、会社が提示した事実は認めても、不正取引の全体をすべて明らかにするとは限らないし、むしろ、不正行為を過少申告することで、少しでも自らに対するペナルティを軽減しようとするインセンティブが働く。例えば、真実は十数年にわたるような架空循環取引であるのに、（問題となった取引が）単発の（1回限りの）架空売上だった、というような自白もありうるからである。このように、循環取引実行者は、自己に不利な（明らかにされていない）記録・データ等の改ざんや隠蔽を図る可能性があるため、上記ⓐ～ⓕの措置によってある種循環取引実行者を「隔離」することで、会社はこの段階において証拠を確保し、事実の隠蔽ないし改ざんを最大限回避する必要がある。なぜなら、司法機関の犯罪捜査と同様、全貌解明のための調査の初動ミスは後で取り返しが利かないからである。ちなみに、会社が循環取引実行者に対しⓐ～ⓕのような

---

2 不正実行者に自宅待機を命ずる方法もあるが、本人が失踪してしまう可能性もあるため、適切でない。当面勤務を継続するものとし、事件の供述書を作成させるなど、事件発覚からくる動揺を少しでも和らげるため、何らかの役割を与えた方が良いと考えられる。

3 なお、証拠隠滅を防ぐ必要があるなど、調査を密行させる場合は、社内通達は行わず、秘密を維持することになる。

強硬ともいえるような措置を採ることができる法的な根拠は何かといえば、循環取引実行者が被雇用者の場合は会社の就業規則及び個別の雇用契約、取締役の場合は会社との委任契約にその根拠を求めることができる[4]。

次に留意すべきは、循環取引関与者の範囲である。社内では単独犯であることが明らかであれば、上記ⓐ〜ⓕの措置は同者に対してのみ厳格に適用すればよい。しかしながら社内共犯者の存在が推定される場合、まず当該共犯者の範囲を特定し、関係する証拠を確保することである。当該共犯者の不正行為への関与の度合いは様々であるが、実態の解明が十分でない段階では、共犯者の特定は容易でないし、また、積極的に不正に関与する共犯者か、循環取引の仕訳入力作業等、単に循環取引実行者の命令を忠実に遂行していただけで不正であることを知らない者も存在するであろう。

しかし、こうした不正に対する関与度合いは後に判定すればよく、まずは証拠の確保である。例えば、関与者が使用しているコンピュータ端末や電子メールなどはもちろんのこと、社用の携帯電話の確保も必要である。

これらの者を一律に共犯者に含めることは公平を欠くが、そもそも、十分な証拠が得られていない段階で共犯者扱いをすることはできず、結局は、大半の者を「協力者」と扱って、ⓐ、ⓑ、ⓒ、ⓕの措置のような強硬的な手段ではなく、ソフトにⓓ、ⓔの協力を求め、了解を得る必要があろう。その場合、協力者が共犯の可能性もあり証拠隠滅の恐れがあるため、不正行為が発覚したことを告げて協力することがよいとは限らない。例えば、「ちょっとファイル（データ）が必要だから」といって詳しい理由を言わずに必要書類の貸し出しを受けたり、監査部門と協力して、通常の監査と変わらない外形で証拠収集を進めるなどの工夫が必要な場合もある。

そもそも循環取引を始めとする不正会計の調査は、国家権力を背景とする刑事捜査とは異なり、強制的手段を行使しない、あくまで任意の調査であるため、関係者が調査に協力しやすい環境・態勢をいかに整備するかが重要だからであ

---

4 ただし、こうした権限を行使するためには、一定程度、規程等を定めることにより明確化する必要があろう。

る。なお、この点に関する司法判断の一つとして、従業員による調査への協力義務は、企業の円滑な運営上必要かつ合理的なものである限り、具体的な規則等がなくても認められるとする地裁判決[5]がある[6]。

　また、上述の不正発覚経緯4番目の「後任経営者による前任経営者の行為の調査」による発覚の場合、循環取引首謀者・主体実行者は、既に会社を退社している可能性が高い。社外の人間である以上協力を要請するのは困難であるし、そもそも社外の人間である以上法的な根拠もない[7]。さらに、全容解明後は、同者に対し法的手段に訴える可能性もあるため、安易に接触できないという事情もある。したがって、社内調査では、上記で述べたような他の循環取引関与者の特定とその者たちの協力度合いに頼らざるを得ない[8]。

2. 社内対応及び対外的な対応

　上述したように、循環取引が発覚すれば社内に激震が走ることになる。この場合仮に社内で緘口令を敷いても何らかの形で情報は非公式に伝達されるものである。所詮、人の口に戸は立てられないのであって、「うわさ」の拡散は避けられない。ここでは、社内の動揺を鎮め、正しい情報を伝達するとともに、「うわさ」の拡散を放置したり、適切な社内の情報開示を怠ることによる、ある意味不必要な「二次災害」を回避しなければならない。ここでいう二次災害には以下の3つがある。

(1) インサイダー取引の未然防止

　上場会社で循環取引等の会計不正が発覚した場合、当該事実が、投資家の投資

5　東京地判平14.2.26（『労働判例』825号50頁、日経クイック事件判決）
6　ただし、会社が貸与している携帯電話やコンピュータ端末に対する調査であっても規程がある方が望ましく、また従業員の携帯端末を業務に利用するBYOD(Bring your own device)制度を利用する場合、最低限、事前の包括的な同意は不可欠であろう。
7　退職時に特段の合意をしていない限り、任意の協力を求める他はない点に留意すべきである。
8　こうした事態を防ぐために、事前のデュー・ディリジェンス（買収監査）を丁寧に行ったり、買収対価の決済を一部留保するなど、リスク回避の手段を別途併用することがセオリーである。

判断に著しい影響を及ぼす可能性がある。ここでいう投資家の投資判断に著しい影響を及ぼす事象とは、金商法166条2項4号（いわゆるバスケット条項）に定めるインサイダー取引規制上の重要事実を指す。実際にも、自社の会計不正を知った社内の者がインサイダー取引を行い処罰を受けた事例も報告されている[9]。

　過去の財務諸表の重要な虚偽表示が発覚した場合、それが公表されると当該発行会社の株価が下落する可能性がある。したがって、不正発覚時には、当該不正発覚の事実がインサイダー取引規制上の重要事実に該当する可能性があること、したがって、本人に限らずその近親者にも安易に当該事実を告知することのリスクを関係者に周知徹底する必要がある。

(2) 情報漏えいによる信用・レピュテーションの悪化

　会計不正が起きたとき、社内の情報統制が不十分であると、会社内部者が不用意に外部に情報を漏らす恐れがある。ここで言う企業外部者には、監督官庁、捜査当局、マスコミ等が挙げられる。監督官庁や捜査当局に誤った情報が伝達されればその後の責任追及の際、不利な扱いを受ける可能性もあるだろうし、マスコミに不正確な情報がリークされると、会社に一方的に不利な報道が行われることで会社のイメージが損なわれ、株価が下落し、結果的に会社のレピュテーションが著しく毀損される恐れもある。したがって、循環取引に限らず会社不祥事が起きた場合の社内の情報管理には十分注意する必要がある。

(3) 社内の情報統制の方法

　「人の口に戸は立てられない」以上、完全な情報のコントロールは無理である。しかし、完全には無理であっても可能な限り情報流出を防ぐことが重要である。そこで、概ね以下の方針に基づいて社内情報をコントロールすることを検討した方が良い。

9　最近では、証券監視委の強制捜査を受け、粉飾決算を行っていた事実に基づいて同社元常務がインサイダー取引を行い刑事処罰された事例が1件、また、過年度決算の過誤を知った同社執行役員の母親によるインサイダー取引、及び不適切な会計処理を行った発行会社の社員2名によるインサイダー取引の2件の課徴金納付命令事例がある。

① 一定の範囲で情報を公表する

　従業員等は、噂が流れていることで動揺することが多い。換言すれば、一定程度事実を知り、その上で緘口令を敷くことで秘密を維持できる場合も多い。すなわち、一定の情報を会社が正式に説明することで動揺を抑えられることも少なくない。例えば、適時開示後に各部署で上長が部下に対して説明をし、質疑応答を受ける方法がある。

　このときは、公表範囲を明確に定めて書面や電子文書等で上長に統一的な指示を出すことが重要である。また、想定問答も用意した方が良いであろう。

② 情報流出やインサイダー取引による不利益を告知する

　従業員等は、こうした情報の価値や自らの行動による影響について詳しく知らず、また、想像できない場合も多い。

　そのため、インサイダー取引については、課徴金や刑事罰だけでなく社内処分についても説明が必要である。

　また、秘密を維持できないことにより、様々なことが報道され、その結果必要以上に株式が下落すること、取引先との関係が悪化すること、自社商品の評判が落ちて売上が減少すること、取材等への対応により業務が進まなくなること、なども説明した方がよいであろう。

　そして、こうした事態を招かないために、行うべきこと（秘密厳守、報道機関やマスコミからの接触があった場合広報担当を窓口としている旨を説明すること等）、行ってよいこと（許された範囲での家族への説明等）、行ってはならないこと（自社、取引先の株式売買を自らだけでなく家族も行ってはいけないこと、マスコミ・報道機関等への情報提供）を整理して説明する必要がある。

3. 適時情報開示

　循環取引等の会計不正の発覚により、過去の公表財務諸表に重要な虚偽表示の恐れがあることが判明した場合、上場会社は、市場に対し適時に的確な情報を開示することが求められる。ここでいう情報開示には2種類あり、過年度に遡及して決算修正を行う必要がある場合と、当該年度の業績予想に影響が出る

場合に分けられるが、実際のケースでは双方に当てはまる場合が圧倒的に多い。

前者については、計算書類や財務諸表を含む法定開示書類において、軽微な虚偽記載についても過年度に遡って訂正を要求されるものではなく、「重要性」のある虚偽記載に限定されると解されるが、何が重要であるかについては、会社法、金商法及びその関連法令に特段の定めはなく、「重要性」の解釈の問題であるとされている[10]。金商法上、確かに、有価証券報告書などの法定開示書類の不実記載以外の文脈において「重要性」の概念はあり、定量的な基準が示されている[11]。しかしながら、これらの基準が有価証券報告書などの不実記載においても、一律に用いられるべきかどうかは定かでなく、結論的にいえば、「重要性」の判断は、事案ごとの具体的な事情に基づき、投資家の投資判断に重要な影響を及ぼすかどうかにより決定されると考えられている[12]。

後者、すなわち当年度の直近の業績予想に影響が出る場合は重要性について規定があり、例えば、売上高の10%、または営業利益・経常利益・当期純利益に30%以上の変動がある場合は、適時開示を行う必要がある[13]。

なお、以下では、適時開示について、具体的には、東京証券取引所（以下、「東証」）における適時開示の規則を中心に議論する。他の証券取引所においても、適時開示の規程等は同様である。

(1) 証券取引所への事前説明と適時開示

上場会社が適時開示規則に従い適時開示を行う場合、当該開示情報について、あらかじめ東証に開示内容を説明しなければならない[14]。そもそも過年度決算の重要な虚偽表示の可能性があるということは、投資家が過去の投資判断を誤った可能性があり、将来の投資情報の信頼性が揺らぎ、かつ投資家の今後の

10　弥永真生編著『過年度決算訂正の法務』（中央経済社　平成21年）25頁
11　例えば、上述したインサイダー取引規制における軽微基準であり、臨時報告書の提出事由である、「連結純資産の3%以上かつ最近5連結会計年度の当期純利益の20%の影響」などである。さらに、内部統制報告制度の実施基準が定める連結当期利益の5%という定量基準もある。
12　弥永・前掲書29頁
13　有価証券上場規程405条1項、有価証券上場規程施行規則407条
14　有価証券上場規程413条、有価証券上場規程施行規則418条、419条

意思決定へ相当の影響を及ぼす事象であることを意味する。したがって、適時開示情報は、市場開設者としての証券取引所にとっても重大な関心事であり、上場会社に事前説明を求めることにより、適時開示の内容・時期などについて、事前にチェックする機会を確保するという狙いがある。会社側から見ても、開示の時期・内容について事前に相談することにより、問題解決に向けた適切な方向性が示されることになる。上場会社から事前相談を受けた後、東証は、①開示の時期の適切性、②開示された情報の内容の真偽、③投資判断上重要な情報の存否、④投資判断上誤解を生じせしめる可能性、⑤その他の開示の適切性について審査することになる[15]。適時開示は、東証が開発した情報伝達システムである、TDnet[16] を利用して行われる[17]。

　他方、東証がマスコミ等の報道や市場における風説、あるいは外部通報などによって特定の上場会社に関する情報を得、かつ必要と認めた場合には、その情報の真偽について、当該会社に内容を照会することがある。そこで、照会を受けた会社はその情報について正確に報告しなければならず、かつ東証が認めた場合には、直ちにその内容の開示が求められる[18]。

　なお、東証による審査の結果、問題ありとされた場合の会社に対する法的な措置等については、第2章以下で解説する。

(2) 調査の進捗と適時開示の相関関係

　循環取引等の不適切な会計処理の事実が判明した場合、会社担当者として悩ましいのは、その適時開示のタイミングであろう。

　従前は、問題を抱える上場会社として、一刻も早く情報を適時開示するのは適時開示の仕組み上必要と考えているが、かといって不確かな情報を開示することで却って市場を混乱させても元も子もないという考え方もある。さらに、十分調査を尽くしてから確定情報を開示しようとしても、その間未確定情報が

15　有価証券上場規程 412 条、上場管理等に関するガイドライン II.2
16　Timely Disclosure network: 適時開示情報伝達システム
17　有価証券上場規程 414 条
18　有価証券上場規程 415 条

マスコミ等にリークされたり、不心得の内部者がインサイダー取引に手を染めてしまう可能性も否定できない、と考えられてきた。

しかし、近時は、投資者間の不公平が生じないよう、会計不正等の合理的な疑いが生じた時点で開示を行うものとし、その疑惑に対する調査態勢等を開示することが主流となっている。

実際、日本取引所自主規制法人が公表している「上場会社における不祥事対応のプリンシプル」（以下「不祥事対応プリンシプル」）において、「④ 迅速かつ的確な情報開示：不祥事に関する情報開示は、その必要に即し、把握の段階から再発防止策実施の段階に至るまで迅速かつ的確に行う。この際、経緯や事案の内容、会社の見解等を丁寧に説明するなど、透明性の確保に努める。」とされていることが参考になる。

したがって、実務的には、以下【図表2－1－1】の段階を踏んでその時々の状況を的確に開示していくのが望ましいといえる。

【図表2－1－1】会計不正に関する適時開示のプロセス

開示のプロセス	開示内容の例示
【ステップ1】 調査着手前	・過年度の不適切な会計処理の発覚の事実 ・調査体制構築の概要 ・（社内）社外調査委員会委員の紹介
【ステップ2】 調査着手後かつ 結果判明前	・調査の進捗状況 ・現時点までに判明し、確定した事実の開示 ・調査完了、全貌開示までのスケジュール
【ステップ3】 調査結果判明後	・判明した事実 ・発生原因及び不正の動機 ・過去の決算に及ぼす影響額 ・取締役等の責任追及 ・再発防止策

このうち、現在の実務では、【ステップ3】は、社内及び社外調査報告書（ないしその要約）と一緒に開示されることが多い。

なお、不正に関する事実解明に要する期間は、会社の現行の管理体制や、過年度への遡及期間の長短に大きく左右されるので、不正事件一般について調査

に要する期間を予測するのは不可能である。それゆえ、比較的短期間に全容解明まで辿り着くことができれば、必ずしも上記のすべてのステップを踏むことなく、上記の【ステップ2】を省略することができるだろうし、場合によっては【ステップ1】と【ステップ2】を同時に行うことも可能であろう。

ただし、開示のスケジュールを管理する上で留意すべきは、適時開示のタイミングと、現在の上場会社の四半期開示及び決算開示の継続的開示の期限である。すなわち過年度損益修正の結果が四半期決算あるいは本決算に重要な影響を及ぼす可能性があるからである。この場合、不正調査の進捗状況と継続的開示のタイミングを見ながら、適時開示の時期・内容を慎重に判断する必要がある。そして、予定以上に調査期間が必要である場合は、開示期限の延期手続をとる必要がある（金商法24①括弧書）[19]。この場合、承認を得た期間（延期後の期限）の経過後、8日以内に提出しなければ上場廃止となる（有価証券上場規程601①十、同施行規則601⑩一）。

以下の【図表2-1-2】は、不正発覚後の社内・社外調査の進捗と、適時開示の関係を示している。

【図表2-1-2】社内・社外調査の進捗と、適時開示の関係

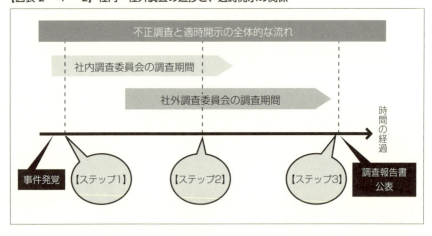

---

19 必ずしも承認されるとは限らず、一度承認されたとしても再延期が承認されるとは限らない。

(3) 不正会計等における適時開示の例

以下は、上記【ステップ①】の適時開示の例を示す。

平成○年○月○日

各　位

会社名　　○○○株式会社

代表者名　取締役社長　○○○○

コード番号0000　東証第1部

問合せ先　取締役○○部長　○○○○

（TEL000-000-0000）

当社○○事業部における不適切な取引について

　この度、誠に遺憾ではありますが、当社の○○事業部において、一部の取引先との間で不適切な取引が行われていた可能性が高いことが判明致しました。投資家の皆様並びに市場関係者の皆様には多大なるご迷惑をおかけすることになりますことを、ここに深くお詫び申し上げます。

　現在、内容の詳細、時期及び影響金額を含め、真相究明のため、社内で鋭意調査中でありますが、現時点における調査の状況及び今後の当社の対応方針に付きまして、下記のとおりご報告いたします。

記

1. 不適切な取引が判明した経緯

　　平成○○年○月○日、当社○○事業部の取引先より、実体を伴わない架空の請求を受けているという申し出があり、当社内において直ちに調査を開始いたしました。その結果、当該取引先との間で、不適切な取引が行われていた可能性が高いことが判明致しました。

第1章　循環取引発覚時の会社の対応― 111

2. 財務諸表等への影響及び訂正報告書の提出予定

このたび判明した不適切な取引による今期及び過年度の財務諸表等への影響額につきましては、鋭意調査中でありますが、その発生時期及び金額の特定などに至っておらず、現時点では明らかになっていない状況であります。当該影響額については、後記3. に記載の第三者調査委員会の調査により、把握でき次第、速やかに開示いたします。

また、当社が過去に提出いたしました有価証券報告書、半期報告書及び四半期報告書の訂正報告書につきましては、本件調査によりその数値が明らかになった段階で、速やかに関東財務局に提出する予定です。また、今期及び過年度の決算短信の訂正につきましても、同様に、調査によりその数値が明らかになった段階で速やかに開示する予定であります。

3. 今後の対応

当社は、今回の事態の発生を真摯に受け止めており、○月○日付けをもって、弁護士○○○○を委員長とし、弁護士○○○、公認会計士○○○○を委員とする第三者調査委員会を設置いたしました。第三者調査委員会は、本件取引の事実関係、影響額及び責任の所在等を調査し、再発防止策の提案を行います。当社は第三者調査委員会の調査により、不適切な取引の概要及び影響額が判明し次第、速やかに開示いたします。なお、いずれの委員も、当社と特別な利害関係を有しておりません。なお、第三者調査委員会につきましては、日本弁護士連合会による「企業等不祥事における第三者委員会ガイドライン（平成22年12月17日改訂）」に基づく運営を行う予定です。

今回ご報告いたしました不適切な取引につきましては、投資家の皆様、お取引先の皆様及び市場関係者の皆様には多大なるご迷惑とご不安をおかけし重ねて深くお詫び申し上げますとともに、何卒ご理解を賜りますようお願い申し上げます。

以上

第2節
社内調査委員会の設置と社内調査

1. 社内調査委員会の設置

　上記第1節の初動対応が完了した段階で、いよいよ事実の解明及び原因究明に向けた本格調査がスタートする。調査委員会として発足すべきかどうかは、ある意味名称あるいは単に呼び名の問題に過ぎないが、誰を調査委員長及び調査委員とし、また調査チームのメンバーとするか、その人選こそが重要である。もちろん社内で当該事案について利害関係のない者が選任されることは必須であるが、調査の進捗によって、例えば管理部門の責任者等であれば、間接的に事案に対する責任を問われる可能性がある場合も考えられるので、調査の顛末を見据え、責任追及の範囲も考慮し、慎重に人選しなければならない。

　社内調査チームの責任者は一般的に、事案の重要性、社内への波及の程度、影響度を総合的に勘案し、取締役や執行役員等の一定以上の役職者が就任するのが一般的であるが、調査の目的の一つである責任追及の局面においてコンフリクトが生じないよう配慮する必要があろう。なお、調査メンバーは、社内の業務、業界の慣習等に精通した者が任命されるのが望ましいが、そのような者が必ずしも調査の経験を有しているとは限らないため、社外の調査のエキスパートの助言を得ることも検討すべきである。

　なお、第3節で検討する社外調査委員会の設置は、調査経験豊富な弁護士や公認会計士等の専門家から有益な助言を得るための（あるいは調査そのものを委嘱する）一つの方法であるが、どのような社外調査委員会と位置付けるかについては、注意を要する。例えば、第三者委員会について、日本弁護士連合会による「企業等不祥事における第三者委員会ガイドライン」（以下、「日弁連ガイドライン」。平成22年12月17日改訂）に基づく（準拠する、可能な限り尊重する等）、あるいは全く言及しない、等が考えられる。

第1章　循環取引発覚時の会社の対応— 113

例えば、取締役会等では社内調査委員会とする決議がなされたとしても、証券取引所からの強い勧告があったり、また大口株主や取引先からの強い要請のため、第三者委員会とする例も見受けられる。

　なお、不祥事対応プリンシプルでは、「② 第三者委員会を設置する場合における独立性・中立性・専門性の確保」として、「内部統制の有効性や経営陣の信頼性に相当の疑義が生じている場合、当該企業の企業価値の毀損度合いが大きい場合、複雑な事案あるいは社会的影響が重大な事案である場合などには、調査の客観性・中立性・専門性を確保するため、第三者委員会の設置が有力な選択肢となる。そのような趣旨から、第三者委員会を設置する際には、委員の選定プロセスを含め、その独立性・中立性・専門性を確保するために、十分な配慮を行う。また、第三者委員会という形式をもって、安易で不十分な調査に、客観性・中立性の装いを持たせるような事態を招かないよう留意する。」としていることも同趣旨と考えられる。

2. 調査方針の決定

　ここでいう社内調査の方針とは、調査の目的・ゴール、範囲、期間、採用する手続、報告内容等を含む概念である。この中でも特に調査の目的・ゴールについては、不正調査の場合は事実の解明ということに尽きるが、事実を的確に示す道具として有用なのが、新聞報道でよく用いられる、いわゆる5W1H分析である。

① 何時（when）　　　：循環取引は何時開始され、何時まで継続したのか？

② 何処で（where）　　：循環取引は、どの部門で発生したのか？

③ 誰が（who）　　　　：循環取引関与者は誰か？　単独か？　共犯は？

④ 何を（what）　　　　：循環取引の対象物は何か？

⑤ 何故（why）　　　　：循環取引の動機は何か？

⑥ どのように（how）：循環取引の手口は？

　この5W1Hの要素を念頭に入れ、社内調査の目標・ゴールを設定することが重要である。これには例えば、問題となった不正事例が起きた背景、社内風

土との関連性、人事政策や組織管理上の問題の解明も含まれる。なぜなら、調査の目的は事実の解明だけでは足りず、2度と同じ過ちを繰り返さないための再発防止策の策定に向けた各種材料を提供するものでなければならないからである。ここでは、社内に潜在化していたガバナンス上、リスク管理上及び内部統制上のあらゆる問題点が炙り出されなければならない。

なお、実際の調査にあたり留意しなければならないのは、第1節の初動対応の箇所でも述べたように、入手した情報をいかに管理するかである。入手した情報には極めて機密性の高いもの、個人のプライバシーに関連するものも含まれるので、調査チームのメンバーのみならず、事務局その他の関係者も含め、情報の取扱いに関する認識を共有すべく、厳格な守秘義務を課すべきである。この場合例えば、調査メンバー及びその関係者から宣誓書を提出させる等の措置も一考を要する。

3. 調査範囲－類似行為の可能性

循環取引が発覚した場合、当該循環取引の発生部門は比較的特定されやすいため、不正取引の遡及期間の問題を別にすれば、調査の対象部門、対象者を絞り込むのは困難ではないと思われる。しかしながら、実際には意外と単純ではない。問題発生部門に集中して当該部門を徹底的に調査することは事実の解明のためもちろん必要であるが、他方、見方を変えて、同じような類似の問題が社内の他部門で起きていないかどうかという論点も決して放置できるものではないからである。なぜなら、同一社内あるいは同一企業集団内である以上、社内風土や事業環境にはいくつかの類似点があるはずであり、一箇所で起きた問題が他で起きていない保証は全くないからである。

対外的に見ても、いったん循環取引等の問題発覚その後の調査結果や再発防止策の公表の後、暫くして同種同類の問題がもし発覚してしまったら、当該会社及び企業グループの社会の信頼は著しく失墜してしまうことになる。一度は大目に見ても、二度目となるとそうは行かないのである。それゆえ、同種同類の問題が他部門に波及していないかどうかを検証することは極めて重要となる。

この類似問題の有無については、当然、会社の外部監査人も極めて強い関心を持つものと考えられる。会社のある部門で循環取引が発覚した以上、当該部門だけでなく企業全体の業務において、当該年度のみならず、過年度における監査意見に対しても影響が及ぶからである。

それでは、このような類似問題への対処はどのように考えれば良いのか？当初の不正発覚部門に対しては、事実の解明のため、例えば、上述したような社内調査委員会等のタスク・フォース的な臨時組織で対応することになるが、類似問題の他部門への波及の有無は、会社全体あるいは連結企業集団全体に対象が拡大するため、とても臨時編成的な調査委員会で対応できる代物ではないし、そもそもリソースに限界のある内部監査部門（監査役含む）や外部監査人が排他的に取り組むような問題ではない。もちろんこれは対外的にも財務情報の開示に直結する問題であり、時間的制約もある。

そこで、現実的な対応法として考えられるのは、循環取引等の問題となりやすい取引について、すべての業務部門が自らの部門の一定期間の全取引を自ら洗い直す作業である。もちろん、ボリュームが膨大となる全取引の精査を求めるものではなく、例えば、統計的サンプリングの手法を駆使し、一定の基準で抽出したサンプルについてその妥当性を調査するというような方法が現実味を帯びてくる。

また、近時は、類似案件やその他のコンプライアンス上の問題点を拾い上げる手法として、従業員アンケートを実施する調査委員会が増えてきている。これは、同様の問題があるかどうかを従業員全員にアンケートを行い、その回答先を会社ではなく委員会宛とする方法である。

このように、循環取引等が発覚した場合、当該発覚部門での詳細調査と、それと同時に、会社あるいは企業グループ全体の類似取引の見直し調査[20]が、二本建てで実施されることになるのである。両者の調査結果は、対外的には前者のみ公表すれば足りるが、両者の行方に多大な関心を持つ外部監査人にはそれ

20　近時は、大型の減損処理に関する情報を調査委員会が調査しなかった事件があったことを契機として、類似ではない案件を調査するかどうかも、重要な問題となっている。

それの結果が開示されることとなろう。

4. 調査期間

　調査グループの調査の期間は当然問題事案の規模、複雑さ等によって様々に異なるため一概には言えないが、上場会社の場合上記で述べたような適時開示の問題もあり、また調査結果公表の遅延は会社の信頼回復に悪影響を及ぼすため、調査の内容及び質は確保しつつ、短期集中で実施するのが望ましいといえる。

　特に上場会社は、調査結果が四半期報告書や有価証券報告書等の記載内容に直接影響を及ぼす可能性を考慮し、それら開示書類の提出期限との関係を睨みながら、調査期間のスケジューリングを行うべきである。調査期間が長期にわたる場合、適時開示の一環として、調査結果の中間報告[21]を行う場合もある。

5. 社内調査手続

　社内調査手続に決まりはないが、調査目標・ゴールの達成にもっとも有用な手続が採用されるのは言うまでもない。調査手続で最も一般的なものとして、文書証拠の収集・分析、デジタル・フォレンジックの活用、面接調査（インタビュー）、がある。なお、不正に対する調査手続の実行主体は区別なく、社内のみならず及び社外の者であっても同様である。

(1) 面接調査（インタビュー）

　不正調査の手続として実施される面接調査（インタビュー）は、情報を引き出すために行われる質問−回答のやり取り[22]と定義される。不正調査における面接調査実施の法的根拠は何かが問題となるが、原則はあくまで当事者間の任

21　第1節3. 適時情報開示で言う、【ステップ2】に当たる。
22　公認不正検査士協会「不正検査士マニュアル」（2005年）Ⅲ−29　面接調査の理論と運用

第1章　循環取引発覚時の会社の対応— 117

意の合意に基づくものであり、法的な許可を求めることは原則として必要ないと解される。

　面接調査は懸案となっている事象が生起してからできる限り早いタイミングで実施されるべきである。時間が経てば経つほど、当事者の記憶は曖昧になり、重大な情報が失われ、忘れ去られてしまうからである。それゆえ、面談調査の必要性を自覚した調査担当者は、そのタイミングを図り、慎重にスケジューリングすべきである。

　もっとも、インタビューによって非面接者は調査側の手の内を知ることになり、証拠隠滅を図る可能性もできないので、可能な限り証拠を保全してからインタビューを行うことが必要である。

　実際には、面接調査は、面接者（interviewer）及び被面接者（interviewee）双方の都合が一致しないと実現不可能である。また、被面接者を何度も拘束することは事実上困難で、通常「やり直し」が効かないため、事前の準備が重要となる。

　ただし、ここで想定している被面接者は、不正への関与が明らかでない場合であり、循環取引等の首謀者が特定されている場合、初動対応の箇所でも述べたように、既に何らかの形で社内に拘束されていれば、面接の時期を考慮する必要はなく、業務命令として必要に応じ何度でも面接することができる。

　なお、面接に際し事前に必要なものは、懸案事項と関連し、かつ問題の核心を突くような情報であり、この入手に十分時間を割くべきである。面接者の事前情報収集の基本的態度には、公平さ、偏見のなさが要求される。

　また、面接の対象者を決定する場合、懸案となる事案への関与の度合いに止まらず、人格・性格・社内の地位・履歴及び職歴等を総合的に勘案すべきである。以下では、日本公認不正検査士協会の不正検査士マニュアルを参考に、不正発生時の面接時の留意事項について要約する。

① **面接の場所**
- 面接調査は、面接者の支配下にて、被面接者のホームグラウンド以外で実施するのが基本である。
- 被面接者に不必要な事前準備や、隠蔽工作をさせないため、抜き打ちの面

接が理想だが、実施は事実上困難な場合が多い。

●ただし、面接調査はあくまで当事者間の合意によって行われるため、面接は強制的なものであってはならず、任意性の確保が重要[23]。

② 面接の記録

●面接中のメモはあくまで補助的な作業であり、面接者は被面接者の受け答えの内容やその面接中の態度の観察に集中すべき[24]。

●質問事項をあらかじめリストアップしておくことは有効であるが、被面接者に、あらかじめ回答（虚偽の回答を含む）を用意する時間的・心理的余裕を与えてしまうため、面接の途中で被面接者に質問リストを見せてはならない。

●面接が終わったら、遅滞なく、メモを基に被面接者ごとの証言記録を作成する。

●証言記録には、被面接者の言葉のまま重要な事実のみ記載し、面接者の個人的意見や感想は必要ない。

なお、メモに代えて、あるいは同時に面接を録画・録音する方法も検討すべきであるが、事前に被面接者の承諾をとることが必要となる[25]。現在わが国では警察や検察の被疑者取調べの可視化の問題が議論されているが、欧米では既に取調べの録画・録音は時代の流れとなっており、不正調査の局面においても同様に考えることができる。もっとも、執筆時現在において、不正調査における録画は同意が得られない可能性が高いであろう。

そして、録音・録画を行う場合は、面接者の対応も同時に記録されることになるので、適切な面接を行うことが大切である。

23　不正検査マニュアル（Ⅲ-68　面接調査の理論と運用）によれば、任意性の確保とは以下の3点を指す。(1) 聴取する部屋のドアは閉鎖するが、施錠しない。(2) 被面接者がいつでも入退室できる自由を確保する。(3) 机や椅子の配置は一定間隔（6フィート。約183センチ）を確保する。

24　筆者は必ず2人1組で面接に臨むようにしている。1人は質問者で質疑に集中し、他の1人は専らメモを取るというような役割分担である。また、複数の異なる専門性を持つものによる面接も重要である。

25　事前の承諾も含めて録音することが適切であろう。

③　面接拒否への対応

● 面接調査は、当事者間の同意に基づくものであり、それゆえ被面接者が面接を拒否する可能性は常にある。

● この場合、非面接者が拒絶の理由として挙げるのは、「忙しい」「何も知らない」「覚えていない」「理由が分からない」等があるが、いずれの回答も心理的な負担が背景にあるため、そのような負担を減らすような努力や説得が必要。

● 実際には（相手にもよるが）、面接は簡易なものであること、被面接者の協力が不可欠である点等を強調し、説得する。

● また、相手によっては、当該事案の帰趨が非面接者の回答によっていかなるものになるかを説明すること（例えば、上場維持を強く希望する取締役が被面接者の場合、率直な回答が得られるか否かによって上場維持に影響がどのように出るかという傾向を説明することも考えられる）が有効な場合もある。

● 場合によっては、後日仕切直して再度面接を設定する等の柔軟な対応が求められる。

④　質問の留意点

　面接は情報収集のために行われるが、核心に迫った場合、質問内容は「自白を促す質問」に移行することになる[26]。しかしながら、不正実行者が自白するのは、自白による利益がその制裁を上回ると感じた場合であり、そのような段階に到達すれば質問自体にそれ程工夫は必要ない。むしろ、そのような段階に至る前のプロセスが大事であり、以下では自白を促す前に必要な質問の一般的留意事項について示す。これは不正実行者以外の調査協力者への質問の場合に

26　不正検査マニュアル（Ⅲ－30　面接調査の理論と運用）によれば、面接の際の質問には5段階あるという。すなわち、(i) 導入段階での質問、(ii) 情報に関する質問、(iii) 査定に関する質問、(iv) 締めくくりの質問、及び (v) 自白を促すための質問の5つである。事件に対し中立で協力的な被面接者の場合は、通常 (i) (ii) 及び (iv) の3つで足りるが、被面接者が真実を話していないと感じる場合には、(iii) が用いられる。ここでいう「査定に関する質問」とは、被面接者が面接者を騙そうとしている可能性・矛盾を感じたときに発せられる質問であり、自白を促す質問に移行する前に用いられる。

も有効である。

＜面接の導入段階＞

- 2人以上を同時に面接するようなことを避け、被面接者のプライバシーを確保する。
- 調査目的を明確に理解させ、調査協力の確約を得る。
- 身振り手振りによって、親近感を増す[27]。

＜情報収集段階＞

- 簡単で答えやすい質問から始め、微妙な表現は避ける。
- 単純・率直・論理的・具体的かつ誘導的でない質問を行う。質問は、原則として、「はい」「いいえ」で答えられない開かれた質問（Open Question）で問いかけ、多くの情報を引き出すように努める。反対に、「はい」「いいえ」あるいは一言で答えられるような閉ざされた質問（Closed Question）は、得たい情報のみ欲する場合に限定されるべきである。
- 面接中、被面接者には絶えず同意を求める。
- 被面接者とは絶えず一定の物理的距離を保ち、心理的プレッシャーを与えない。

⑤　面接者の姿勢

　警察で行われているような取調べに関する最近の研究によれば、威圧的な面接は真犯人の自白を引き出す上で有効な手段ではないとのことである。英米の警察で従来行われていた尋問では、被疑者即犯人と決め付け、証拠を提示し、自白を迫るようなことが行われていた。面接の過程で、被疑者による説明の矛盾点を指摘するのではなく、証拠が示す事実や容疑の内容を否認しようとする言動を批判・攻撃するような尋問が主であったという。ところが、多くの研究データでは、こうした尋問は、面接者側が思っているほど有効ではなく、逆に犯人でない者に虚偽の自白をさせてしまう危険性を孕み、いわゆる冤罪につながるため、避けるべきものといわれている。

27　ラポールの確立と呼ばれる（不正検査マニュアル　Ⅲ-38「面接調査の理論と運用」）。ラポールとは、「協和、一致、調和、親近感によって確立された関係」（ウェブスター辞典）と定義される。

このように、国家権力を背景にした警察の尋問でさえ、威圧的な面接は効果がないということは、当事者間の任意の合意を前提とする不正調査においても十分留意すべきといえよう。面接者が往々にして犯してしまう過ちは、非面接者に物事の善悪を押し付けてしまうことである。面接者は、被面接者の回答の非論理性、首尾一貫しない点に焦点を合わせた質問・追及をすべきであり、被面接者の不実・不誠実を非難・糾弾するものであってはならない。面接者は裁判官ではなく、あくまで情報収集の専門家に徹すべきである。

自白を得やすくする面接者の条件・態度、自白を妨げる要素を列挙すると以下の通りとなる。

＜自白を得やすくする条件・態度＞

● 中立的である

● 明確である

● 誠実である

● 被面接者の置かれている状況に共感的である

＜自白を妨げる要素＞

● 攻撃的である

● 自信がないような態度をとる

● 否定的な見解を示す

(2) 文書証拠の収集・分析

文書証拠を入手するに際しては、必要な証拠をすべて集めることが重要となり、漏れを可能な限り減らすことが肝要となる。漏れをなくす方法としては、以下の方法がある。

① 業務全体の把握

② 業務の通常の流れの把握

③ 書類・データリストの把握

そして、あるべきものが揃っているか、揃っていない文書は何か、調査のために把握することが重要である。そうした点が、後述する会計記録上の矛盾の発見や証拠の不備の探索に必要となる。

また、文書の揃い具合、保管具合からも、不正に関する心証を取ることができるので、留意されたい。

　入手した文書証拠を分析する際に用いられるのが、①分析的手続、及び②観察と照合である。以下その詳細を記す。

①　分析的手続

　分析的手続は、不正発見手法のうち最も基本的な手続である。分析的手続は、財務データ相互間及び非財務データとの相互の関連性を示す財務情報の評価プロセスであり、金額、比率、傾向及び関係の変化となって現れる。

　分析による比較がより詳細なレベルであればあるほど、予測しなかった関係がより明確に現れてくる。可能な限り、比較するデータは最小単位であるべき[28]で、例えば、部門別、製品別、地域別、被雇用者別等で比較されるべきである。データの比較単位が小さければ小さいほど、意図的な行為によって事実が覆い隠される可能性は少なくなる。さらに、分析的手続が有用であるためには、使用される情報・データの出所の信頼性についても十分検討されなければならない。このような検討は、会社内部のデータだけではなく、会社外部のデータにも拡張される。以下は典型的な分析手続による比較項目である。いずれも、全社単位、製品別、部門別、地域別、従業員別等で比較分析される。

- ●対前期実績比較
- ●予算実績比較
- ●同業他社・比較対象会社とのベンチマーク比較
- ●会社の財務データと会社運営上のデータとの相互関連比較
- ●不正調査チームが期待する結果との比較

②　観察と照合

　不正調査は、実際に手に取って、あるいは目で見て、文書・書類、電子データ、あるいは資産そのものを確かめる等の作業が中心となる。具体的には、証

28　例えば、多角経営しているような会社の場合、全社的な数値の比較は、プラスの要素とマイナスの要素が相殺しあって、却って事実を誤認する可能性がある。

憑の突合、関連資料・文書のトレーシング、実地棚卸の実施や立会いを含む、いわゆる観察と照合である。実際の不正調査においてこの観察と照合手続に勝るものはなく、例外的取引、異常取引ないし恣意的な取引の存在を示す不正の兆候、あるいは取引相手先との不適切な関係等は、様々な分析結果の例外的事項ないし異常値となって現れる。ここでいう分析結果の例外的事項ないし異常値には、以下のものがある。

＜会計記録上の矛盾＞

- 不完全でタイムリーに計上されない取引、あるいは、金額、会計期間、計上区分、もしくは会社の方針から見て、正しく記録されていない取引
- 証憑書類等が存在しない取引、あるいは適切な承認がない取引
- 期間損益に重大な影響を及ぼす決算期末直前の調整項目の存在
- 従業員によるシステム及び記録へのアクセス承認手続の違反
- 重大な関係会社勘定の不一致や、重大な実地棚卸差異で、タイムリーかつ適切に調査・修正されなかったもの
- 告発された不正についての内部監査人への警告ないし苦情の存在

＜証拠の不備＞

- 関係書類の不備・欠如
- オリジナル文書の存在が確実な場合で、コピーないし電送書類（ファックス等）しか入手できないような事実
- 期末残高調整項目について、重要な説明不能項目の存在
- オリジナル文書に対する手書きによる加筆、削除ないし書き替え
- 会社担当者による、質問に対する首尾一貫しない曖昧で非論理的な回答
- 会社の記録と、回収された確認状との間の重大な不一致
- 在庫及び固定資産の重大な欠損
- 会社の文書保管規定から逸脱した、電子データの利用不能ないしその欠落
- 新規システム開発やシステムの更新に関する記録の不備

＜調査チームと調査対象部門の間の摩擦や例外的事実＞

- 証拠の提出が可能と認められる人物による、会計記録、倉庫、特定の従業員、得意先、仕入先その他へのアクセス制限ないし拒否

- 経営者が調査チームに強制する、過度で不適切な調査期間の制限
- 経営者・担当者による調査メンバーあるいは調査方法に対する苦情
- 要求した情報の相当の提出遅延
- コンピュータを利用した調査（下記参照）において、主な電子ファイルへの理由のないアクセス拒否・抵抗
- 財務諸表の遡及的修正が必要な場合の経営者の消極的な姿勢

　例えば、買掛金元帳と請求書を突合するといった、金額的データの照合に際しては、調査チームのメンバーは、書類あるいは帳簿のいずれか一方の金額を単純に信用せず、下記のような批判的な視点で、書類の正当性を常に念頭に置く必要がある。

＜証拠間の照合の視点＞

- 記帳されている金額は正しいか？　例えば、運送料等は含まれているか？
- 書類の日付は、取引の計上日を正しく反映しているか？　例えば、実際は発注日である日付を計上日としていないか？
- 値引、返品、割戻、割引等は、取引事実を正しく反映しているか？
- 書類は各種法律規則等に準拠しているか？

　仮装されたか、差し替えられた書類は、不正行為者の手口の巧妙さの程度にもよるが、以下のような何らかの兆候を示す場合がある。

＜仮装された書類の特徴＞

- フォントサイズやフォントのタイプが不統一
- 取引の相手先住所が不明
- 住所について、一般的でない私書箱の利用
- 請求書番号、注文番号、得意先番号等が記載されない証憑書類
- ある仕入先からの請求書に付されている連番が、欠番なく連続している（ただし、正当な場合もある）
- 消費税等、本来必要な課税項目が記載されていない請求書の存在
- 輸送コストを購入者負担とする場合の、購入コストの請求書の不表示（ただし、別途、請求されている場合もある）
- 明細がないか、「一式」等の曖昧な表記しかない請求書

これらの特徴、あるいは類似の兆候が見られる場合は、より詳細な調査の必要性を示唆している。もちろんこれらの兆候は、必ずしも直接的に不正の証拠に結びつかないかもしれない。一般的なリスク要因と同様、それ自身が決定的な不正の証拠でなくても、通常取引との乖離、異常性その他の問題の所在を示すものと考えられる。ただし、括弧書きしたように、一見異常な事象でも正当な場合もありうるので短絡的な判断は慎まなければならない。

(3) デジタル・フォレンジック

今日、企業の会計記録などの情報は高度に電子化されており、何らかの事情で社内情報にアクセスする場合、デジタル・フォレンジックの技法に関する基本的理解が不可欠となる場合がある。ここでいうデジタル・フォレンジックとは、一般的に、各種の事件対応や紛争・訴訟が想定される場合、電磁的記録を証拠として保全し、調査・分析のために活用し、あるいはその改ざん・毀損の事実の有無を分析・検討するために用いる、また、毀損・廃棄されたデータを可能な限り回復するための一連の科学的調査方法や技術をいう。ただし、不正発見・調査の局面において活用されるデジタル・フォレンジックの手法は、あくまで不正調査の基本である財務情報・各種データ等の閲覧・分析と、不正関与者への面談調査を補完するものであり、その意味で補助的に用いられる手法である点に留意しなければならない。

不正におけるデジタル・フォレンジックの最も代表的な利用方法が電子メールの交信記録の検索・閲覧である。メールアーカイバーを利用して行うメール閲覧（あるいはメールレビュー）では、対象者、対象期間を限定し、キーワード検索によってメール件数を絞り込んでいくことで、メールによる重要な交信記録の発見が可能となる場合がある[29]。

何らかの事実・事象を推定できる決定的なメールの存在が明らかとなれば、被面談者となってインタビューを受ける不正実行者にとって決定的な証拠・説

---

29 調査案件によっては、調査対象となるメールの数が膨大となる一方、メールによる通信の比重が高まっていることから、レビューの重要性と負担が高くなってきており、時間及び費用の観点から検索・絞り込みが重要である。この点、AI（人工知能）を利用した絞り込みが実際に行われている。

得材料となり、事件への関与を否認していた者を自白に導くことができるかもしれない。また、現在の技術水準では消去ないし削除された電子メールの修復は比較的容易で、消去ないし削除されたメールの内容から、当該メールを消去ないし削除した行為そのものの正当性に対する疑念が提起される可能性もある。今や、不正調査におけるメール閲覧は必須といっていいほどポピュラーな手続となっている。

　もう一つの効果的なデジタル・フォレンジックの手法として、データ・マイニングによる網羅的な会計記録の検索・分析がある。すなわち、不正が実行された部署における取引の会計記録を網羅的に検索し、あるいは異常取引、異常な金額や特殊な傾向値を把握することによって、膨大な会計記録から効果的にデータを抽出し、当該抽出データに対し、比較・分析・照合等を行い、不正取引の可能性を探ることが可能となるのである。

　なお、不正調査の対象となる電磁的記録の範囲は、会計システムや各種業務システムといったサーバ上で稼動している企業の基幹システムの情報に止まらず、個人に貸与した PC の内臓ハードディスクや USB メモリ等を含む外付けの記憶媒体、あるいは貸与携帯電話・スマートフォン等、会社に帰属する個人が業務で作成・使用するすべての電磁的情報が含まれる。

第3節
社外調査委員会の設置・社内調査委員会の監視

1. 社外（第三者）調査委員会の設置・運営による 問題解決

　近年、循環取引のみならず、いわゆる上場会社の粉飾決算や従業員による横領等の不正事件の発覚に際し、弁護士・公認会計士等の外部の専門家や有識者を構成員とする社外（第三者、または外部）調査委員会を組成し、当該委員会による調査結果を対外的に公表するという実務的対応が定着している。ときには、会計監査人や証券取引所から強く薦められることもある。このような社外調査委員会設置の目的は、発覚した事実の徹底解明にあり、その調査結果を適時に開示することで、当該会社に対する社会の信頼を維持・回復することを第一義としている。

　もちろん、粉飾決算や従業員による横領等の不正事件は、それらを引き起こした会社自身の問題であり、自らが主体的に解決しなければならない課題であるのは言うまでもない。しかしながら、会社内部の者のみによる内部調査は、調査を迅速かつ効率的に進める上で極めて有効な半面、例えば、会社の業務や業界の慣行等に精通していることが却って調査に事前の先入観を与えてしまうことや、調査範囲や調査対象に関し情実や恣意性が働く余地があること、情実に流され適正な調査がなされない、あるいは必要な事項が報告書に記載されない可能性があること、あるいは調査そのものの客観性が担保されない等の問題が多く、内部者だけの調査は、適時情報開示による信頼回復等の観点からは必ずしも十分ではない恐れがある。ここに外部の専門家を利用する意義があるといえる。すなわち、外部調査委員会を構成する委員の当該企業からの独立性が、調査内容の信頼性及び客観性を保証し、かつ委員の有する専門性が、調査内容の正確性を確保するということになるからである。

　そのため、第2節1. において述べた通り、第三者委員会の第三者性については非常に神経を使わなければならないところである。

128 —第2編　循環取引発覚後の対応と法律上の論点

社内及び社外調査委員会のそれぞれの長所と短所を要約すれば、以下の【図表２－３－１】の通りとなる[30]。

【図表２－３－１】調査委員会の長所と短所

	長　所	短　所
社内調査委員会	■社内事情、業務に精通している ■愛社精神に基づく高いモチベーションが発揮される ■社内各層からリソースを動員可能 ■改善策の導入が容易	■経営トップの意向（威光）に左右され、結果がうやむやになる可能性がある ■リーダーの力量に依存 ■本来業務との兼業がネック ■客観性・独立性の確保が原因 ■専門性の不足
社外（第三者）調査委員会	■報告内容の客観性が担保される ■専門家としての見解が得られる ■社会の要請を幅広く吸収できる	■社内事情、業務に疎い ■費用がかかる ■時間的制約がある ■委員適任者の確保が困難

　上表では、社外調査委員会の長所として、調査（報告）内容の客観性が担保されるとしているが、これは同じく短所の「費用がかかる」（すなわち社外調査委員の報酬）との関係で微妙な点を含んでいる。すなわち、社外調査委員といえども依頼者から報酬を得ている以上、依頼者の意向（あるいは威光）は無視できない状況になりやすいのである。この問題については後で詳しく検討する（「**4. 社外（第三者）調査委員会運営上の問題点**」参照）。

　なお、社外調査委員会の設置について大阪証券取引所は、平成19年（2007）7月24日付「証券市場を取り巻く環境の変化を踏まえた上場制度の見直し等について」において、「企業不祥事に迅速に対応し、投資家に適切な投資判断材料を提供することを目的として、当該企業不祥事の真偽について、第三者の客観的かつ厳正な調査による事実解明が必要と認める場合には、上場会社に外部有識者から構成される調査委員会の設置を求める」ものとしており、これを承継した東京証券取引所も同様の指導を行っている。さらに、日本弁護士連合

30　月刊監査研究 2010.10 (No.439) 55頁

会（以下、「日弁連」）は、2010年7月15日付で、日弁連ガイドラインを公表しており、同日以降に公表されている実際の社外（第三者）調査報告書では、同ガイドラインに準拠し、または尊重する等して作成されている（同ガイドライン公表の経緯及びその内容については、下記「**4. 社外（第三者）調査委員会運営上の問題点**」で詳しく述べる）例が多い。

　また、同ガイドラインが定められた後に実務が変容してきている部分もあり、尊重、可能な限り準拠、といった、全部は準拠できないが一部は準拠するといった開示も存在する。

2. 社内・社外（第三者）委員会の類型

　実務的には、社内調査委員会及び社外調査委員会の組み合わせの類型には、以下【図表2－3－2】のパターンがある。

【図表2－3－2】社外調査委員会の構成・機能

組織構成	不祥事の規模影響	構成・役割分担	委員会の設置目的・活動内容（○＝主目的）				
			事実解明	原因究明	改善・再発防止策の提案	責任追及	モニタリング
①社内委員会	小	内部役職員	○	○	場合により	場合により	場合により
②社外を含む社内委員会	中	内部主導・外部補助	○	○	場合により	場合により	場合により
③社外諮問委員会（諮問型）	大	内部主導・外部検証	○	○	○	場合により	N/A
④社外調査委員会（主導型）	大	内部補助・外部主導	○	○	○	場合により	N/A
⑤社外調査委員会（独立型）	大	外部主導	○	○	○	○	N/A

出典：山崎良太「旬刊経理情報」2009.2.10（No.1206）を参考に一部加筆・修正

以下それぞれについて解説する。

① 　内部委員会だけのケース

　純粋に会社内部者のみで構成される社内調査委員会が行う調査である。

② 　社内調査委員会に外部の専門家・有識者を参加させるケース

　調査委員会の構成員は、会社の内部者と外部の専門家の混成チームとし、外部の専門家は、自身の専門性及び経験を発揮し、自ら調査を実施すると共に社内調査委員の調査を補完する。

③ 　社内調査委員会（主導）と社外調査委員会（補完）を併用するケース（外部諮問型）

　会社の内部者から成る社内調査委員会による調査結果に対し、社外調査委員会は第三者の立場から、当該内部調査の内容の適切性・妥当性を評価する。この場合の社外調査委員会は外部諮問委員会と称される場合もある。

④ 　社内調査委員会（補助）と社外調査委員会（主導）を併用するケース（外部主導型）

　社内社外両者を併用するという意味では③と同様だが、その比重の置き方を社外中心とするパターンである。

⑤ 　社外調査委員会単独の調査とするケース

　社内調査委員会は設けず、外部の専門家による社外調査委員会のみで調査を実施する。

　上記⑤の社外調査委員会のみによる調査は、例えば、経営者が直接不正に関与している等、内部調査の客観性確保が困難な場合や、不正案件の社会的な影響が大きい場合に用いられる。ただし、社外調査委員会のみによる調査の場合でも、社外調査委員はそもそも会社の事情には十分精通していないので、担当窓口・事務局の設置等、会社内部者による全面的な協力体制の構築が不可欠である。

　また、上表で示したように、調査委員会による調査の範囲は、以下が考えられる。

ⓐ 事実の解明（Fact Finding）

ⓑ 不正の動機・原因の分析

ⓒ （同時に内部調査が実施される場合）内部調査の妥当性・適切性に関する評価

ⓓ 改善案・再発防策の提案、及び会社が策定した改善案・再発防策の妥当性・適切性に関する評価

ⓔ 責任追及に関する提案、及び会社が策定した責任追及案の妥当性・適切性に関する評価

ⓕ 改善案・再発防止策の有効性モニタリング

　ただし、社外調査委員会の調査の主たる目的が、発覚した事実の全容解明と社内の信頼回復のための当事者の責任追及にある以上、調査報告書は関係者の責任追及提案が立案された段階で作成・開示されることが多い。他方、会社が策定した改善策・再発防止策を導入してその成果を挙げるのは一定期間経過後となるため、実務的には社外調査委員会がそのまま上記ⓕの改善案・再発防止策の有効性モニタリングまで継続して実行する例はほとんどないと考えられる。

　また、上記手法は①→⑤の順に独立性と信用性が高まることから、事件の重要性等に応じてどの手法とするか、その選択が重要となる。近時は、上場会社には社外取締役の選任が普及していることから、社外取締役の意見を聴くことも重要であろう。

3. 社外（第三者）調査委員会委員適格者は誰か？

　社外（第三者）調査委員会委員適格者とその選任のための留意事項は以下の通り。

① 弁護士

　循環取引に限らず企業不祥事は最終的には訴訟や関係者の処罰等、法的手段の行使が不可欠となるため、社外（第三者）調査委員会委員として弁護士が適格なのは論を待たない。なお、社外（第三者）調査委員会の委員長には裁判官

や検事出身の弁護士が就任するケースが多いが、これには、委員会の調査結果の権威付けのため有効であるという判断があるものと思われる。ただ最近の傾向として、調査委員として弁護士を選任する場合、著名・高名な弁護士に依頼するというより、利害関係者から幅広く支持の得られる問題の解決が求められることから、企業法務に精通し、実務に密着した弁護士を選任する傾向が強まっている。

なお、過去には不祥事を起こした会社の顧問弁護士が顧問契約を一時的に解消して社外（第三者）調査委員会の委員に就任する事例があった。顧問弁護士は、当該企業の個別事情に精通しており、効率的な調査が期待できる半面、調査の独立性・中立性の観点から、社外（第三者）調査委員会委員に選任することに対し否定的な見解も多かった。そこで、上述した日弁連ガイドラインでは、「第2部第2. 5.「利害関係」」において、企業等と利害関係を有する者は委員に就任することができないとし、顧問弁護士は「利害関係を有する者」に該当すると明確に規定している。

なお、顧問弁護士を調査から完全に排除してしまうのは得策とはいえない。前述したように、顧問弁護士は、従前より関与会社の事情に精通しているため、調査対象者として事情を詳細に聞くことは有効であり、その場合、会社から守秘義務の解除を取り付けることが必要である。

② 公認会計士

循環取引に代表される財務諸表の虚偽の表示となる不正については、企業会計及び開示に対する知見は不可欠であり、その意味で公認会計士の関与は必須といえる。会計不祥事に関するほとんどの社外（第三者）調査委員会は弁護士及び公認会計士から構成されており、前者が法務面を検討し、後者が財務面を担当するという役割分担が成立しているようである。

なお、かつては監査関与先の企業不祥事に対し、会計監査人たる公認会計士ないし監査法人所属の公認会計士が不正調査委員会のメンバーに就任していた事例もあったようであるが、現在では、日本公認会計士協会倫理委員会報告第2号「職業倫理に関する解釈指針（その2）」（平成19年10月3日）の中の「2.

監査関与先への調査委員会委員への就任」において、「不正調査委員会の調査の結果によっては、不正実行者への訴訟に発展する可能性があり、その場合、当該委員会の職務の遂行が訴訟案件に関して監査関与先を支援することにつながる恐れがある。その結果として、財務諸表や開示内容に影響を及ぼすことになれば、自己レビューの脅威が生じることになる」として監査人の独立性を脅かすものとして当該委員会への委員就任の受託を禁止している。

　そもそも過去の財務諸表の虚偽表示の可能性がある問題については、監査人が過去に表明した監査意見との整合性が問われる可能性があり、業務の受嘱自体にコンフリクトが内在している。実際、会計不祥事において会計監査がどのように行われていたかを調査することは必須であり、そうすると、担当公認会計士は調査対象者となる。したがって、調査委員と調査対象者を兼ねることはそもそも不可能であり、完全な利益相反として問題になるものと解される。

　不祥事を引き起こした会社の会計監査人は、会社がその後過年度決算の修正を行い過去の有価証券報告書、半期報告書及び四半期報告書の訂正報告書を提出する場合、再度、監査を実施し訂正報告書で監査意見を表明することになるため、調査委員とは異なる立場で、社外調査委員会の調査結果に強い関心と利害関係を持つことになる。調査報告の中で過去に開示された財務数値について担当するのは委員としての公認会計士であり、したがって、彼らの役割には、会社の会計監査人に対する協力・調査結果の説明等が含まれると解される。

③　その他資格者・コンサルタント

　循環取引の場合、不正事例やその改善策に対する豊富な知見を有するその他資格者やコンサルタントは、調査の実施や再発防止策の策定に有力である[31]。ただし、上記弁護士や公認会計士でも触れたように、不正調査においては業務の公平性・中立性が問われるので、不祥事を起こした企業と過去に何らかの業務上の関係がある場合は、会社としては選任を避け、当該専門家としては辞退することが適切である。

31　特殊な事業に関する不正案件の場合、当該特殊業務に精通した委員を選任することも考えられる。

なお、その他の資格としては、税理士（不正問題が税務上の処理に影響を与える場合には特に有用である。循環取引の場合、決算に対する影響があることから、一般的に有用と考えられる）や調査手法に精通しているという意味で、公認内部監査人（CIA）、公認不正検査士（CFE）といった資格保持者が考えられる。さらに、高度にIT化している企業環境の中で、ITを利した調査手法が用いられる[32]ことがあり、公認情報システム監査人（CISA）等システム系の資格者も有力な場合がある。

④　学識経験者・社外有識者

　学識経験者や社外有識者は、学術的な知見に優れており、かつ、学問的見地のみならず社会的な視点や消費者の目線で貴重な見解を述べることがある。彼らの有する知見・意見を事実の解明や今後の対応に生かしていくことが期待される。特に、専門性を有する特殊な事件においては、委員としての選任が必須となる場合も考えられる。

4.　社外（第三者）調査委員会運営上の問題点

　上述したように、社外調査委員会の役割は、一般に中立的な第三者が事実と事案の発生原因を究明し、企業に責任追及や再発防止策を提案することである。ところが問題は、委員会による責任追及機能にある。すなわち責任追及を恐れた現行経営陣が、社外（第三者）調査委員会の調査結果に影響力を行使してバイアスをかけようとする可能性があるという点である。

　日本経済新聞平成21年（2009）8月24日朝刊第16面記事『法務インサイド「客観性揺れる社外委員会」』では、平成20年（2008）10月に不適切な会計処理（循環取引ではない）が発覚した自動車部品メーカーのフタバ産業㈱（以下「フタバ産業」）の事例が取り上げられている。記事によればフタバ産業は平成21年3月、同年5月、同年7月に3つの異なる社外委員会による報告書

32　本章第2節5.（3）デジタル・フォレンジック参照。

を公表したが、その内容が公表の都度変貌したとのことである。記事は、内容変貌の理由として、実質的な依頼者が毎回変わったことが影響したのではないかと結論付けている。特に最初の段階での調査委員会への依頼者は不祥事に関与した経営陣であり、「同経営陣が絶対的な支配力を維持している間は同経営陣に対し十分な責任の追及ができなかった。その後絶対的な権力を誇っていた経営陣が退任し、大株主の意向で委員会メンバーが入れ替わり新たな事実が明るみに出て初めて責任が追求できた」としている。

　この事件の教訓は何か？　同記事は経営トップの姿勢がもっとも大事とし、「トップが本心から徹底した調査を望んでいるのか、その場しのぎの風除けとして社外調査委を利用しているのか、社員は敏感に感じ取る」という弁護士の國廣正氏のコメントを引用している。國廣氏は、社外調査委員会の委員就任への打診があった場合、「就任前にトップと会い、徹底した事実解明を行うこと、全面的な協力を求めること、経営陣を含めた責任追及があり得ることなどを宣言する」という。公平・中立な立場が求められる社外（第三者）調査委員会はこのような姿勢・立場を明確にすることは非常に重要であるが、國廣氏によれば、上記宣言をした3社に2社は同氏の委員就任を見送るとのことである。これが現実ならば、誠にお寒い状況と言わねばならないが、依頼者側も覚悟を決め、自らの出処進退も含めた責任の所在を明確にしていただきたいものである。

　このような、社外（第三者）調査委員会の調査結果の「信憑性」の是非について、証券市場の番人である証券取引等監視委員会もただならぬ関心を示し、同監視委は2009年に日弁連に協力を求め、弁護士が企業から独立した立場で調査するための新たな規律を作るよう働きかけた。その結果公表されたのが、上記で引用した日弁連ガイドラインである。同ガイドラインはその前文で、ガイドライン策定の背景を以下のように述べている。

　　第三者委員会が設置される場合、弁護士がその主要なメンバーとなるのが通例である。しかし、第三者委員会の仕事は、真の依頼者が名目上の依頼者の背後にあるステーク・ホールダーであることや、標準的な監査手法であるリスク・アプローチに基づいて不祥事の背後にあるリスク

を分析する必要があることなどから、従来の弁護士業務と異質な面も多く、担当する弁護士も不慣れなことと相まって、調査の手法がまちまちになっているのが現状である。そのため、<u>企業等の側から、言われなき反発を受けたり、逆に、信憑性の高い報告書を期待していたステークホルダーや監督官庁などから、失望と叱責を受ける場合も見受けられるようになっている</u>（下線筆者）。

　そこで、日本弁護士連合会では、今後、第三者委員会の活動がより一層社会の期待に応え得るものとなるように、自主的なガイドラインとして、「第三者委員会ガイドライン」を策定することにした。

　今後の不正発覚後の第三者（社外調査）委員会は、同ガイドラインに準拠し、徹底した調査を実施した上で、専門家としての知見と経験に基づいて原因を分析し、必要に応じて具体的な再発防止策を提言することが期待される。同ガイドラインは、「依頼企業からの独立性を貫き断固たる姿勢をもって厳正な調査を実施するための『楯』として、本ガイドラインが活用されることが望まれる。」としている。

　なお、その他の動きとして、日本公認会計士協会近畿会は、2010 年より、大阪弁護士会と共同で、第三者委員会委員の推薦事業を行っており、弁護士委員と会計士委員の名簿が作成されている。

第4節
再発防止策の策定（実際の事例の分析）

　前節まで述べてきた社外調査委員会の目的の一つは、循環取引による過年度の財務諸表の虚偽表示に対する取締役等の責任を明らかにすることであった。次に問題となるのは、循環取引を引き起こした会社がいかにして社内の管理体制を建て直し、再発を防止するかであり、そのための改善措置の策定・提言である。

　循環取引に限らず、多くの会計不正の事例では、ほとんどの社内・社外調査委員会の報告書の中で再発防止策に言及しており、その内容はかなりの一致が見られる。なぜなら、そのような会社では、ガバナンス、リスク管理、及び内部統制等に共通の脆弱性が見られるからである。以下では、循環取引発覚後の会社が、どのような再発防止策を策定しているのか具体的に検討する。

1. ガバナンスの強化

　多くの循環取引では、特定部門が独走し、社内管理の枠外として聖域化され、監視体制の空白地帯となった例が見られた。ある循環取引発覚企業の取締役は、他の取締役の担当業務領域について全く無関心ということであり、これでは取締役相互の監視といったガバナンス機能は一切果たされない。そこで多くの循環取引発覚企業では、取締役会の権限を強化し、場合によっては社外取締役を導入したり、社内にコンプライアンス委員会等を設置することを提言している。また、循環取引は、連結グループ会社で発生する事例が多くあり、その場合親会社によるガバナンスの強化も提案されている。

●鹿島建設㈱
社内調査委員会報告書（平成 20 年 10 月 15 日）

(1)　グループ会社に対する経営管理の改善・強化

① 経営管理体制の再徹底

　グループ会社に対し、「関係会社管理規定」に基づく重要事項の稟申・報告について早急に再徹底します。

　なお、取締役会の適正な運営に関しては、平成20年8月にグループ会社の役員を兼務するKJの役員・従業員に対し、当社社長名の「国内グループ会社に対する適切な経営指導について」を発信し、取締役会出席率の向上と積極的な問題提起並びに経営指導・支援の強化を指示済みです。

　関連事業部はグループ全社に共通する施策（役員選任・報酬等の基準等）の立案及び各社への実務的な業務指導を担うとともに、関連部署及び兼務役員と連携して各グループ会社の経営指導にあたります。

● ㈱加ト吉
改善報告書（平成19年7月11日）

(8)　取締役会の権限強化

　取締役会の権限を強化し、各取締役の業務執行を適切なものにするため、次の改善策を講じます。

・6月28日開催の株主総会終結の時をもちまして（中略）2名を除き、他の取締役は全員退任し、新任取締役1名に加え弁護士・会計士等の専門家を社外取締役として迎えました。（中略）

・コンプライアンス委員会及び内部統制委員会の位置付けを、従来の社長直属から取締役会傘下の組織に変更し、啓蒙と監視の対象に代表者と取締役も含めて諸活動を行うこととしました。

・経営会議を新設し、取締役会付議事項の事前審議にあたるとともに、取締役及び取締役会の適正な業務執行、ひいては経営上の意思決定の妥当性を確保する一助といたします。（中略）

2.　人事政策

　循環取引を引き起こす事業部門の長は、当該部門の責任者として長い間君臨

し、管理部門の意見に耳を貸さない独自の帝国を築き上げる傾向がある。このような人物は、一般に業界の知見に優れ、有能で社内の信頼も厚く、「何人にも代え難い」という社内評価が定着していることが多い。しかしながら、会社がこのような人物に特定の業務の責任を過度に依存する状態が相当期間継続してしまうと却ってその弊害が大きくなるのである。循環取引の生起は、人事の硬直化のなせるわざともいえるかもしれない。

●鹿島建設㈱
社内調査委員会報告書（平成 20 年 10 月 15 日）

> (2)　統制環境の改善
>
> ①　人事の長期固定化の是正
>
>   部署長及び管理業務を統括する金銭会計責任者である各管理部長が、緊張感を醸成し真に牽制効果を発揮するために、部署長クラスを計画的に人事配置するとともに、人事異動ができるように後継人事を計画的に育成します。
>
>   幹部従業員（課長以上）の同一部署における配置については、一定期間を上限（5 年程度）とする仕組みを今年度中に作り明文化し、原則として事業年度毎に異動の要否を検討します。

●㈱ジーエス・ユアサ　コーポレーション
外部調査委員会調査報告書（平成 20 年 10 月 28 日）

> 4.　その他の提言
>
> (1)　人事制度の改善
>
>   （中略）（循環取引首謀者の）元所長を 20 年以上にわたり千葉営業所に配属し続けたという滞留人事が本件取引の発生の大きな原因の一つになったことに鑑み、その業務の性質等を考慮し可能な限りにおいて（企業）グループにおいて定期的な人事ローテーションを原則化する必要があり、特に、監視が及びにくく、不正の行われやすい業務に関しては優先的に人事ローテーションを実施するような体制を構築しなければならない。

●広島ガス㈱

外部調査委員会調査報告書（平成 21 年 4 月 23 日）

> (2) 定期的なジョブローテーションの検討
>
> 　不正等のリスク軽減のために、不正リスクの高い業務に対して定期的なジョブローテーションの検討・実施が必要である。
>
> 　企業規模や担当者の実績と経験がローテーションを困難にする事情は否定できないが、そのことが本件のような事象の発生する温床となることを認識し、コストに傾きがちな経営姿勢を省みる必要がある。

3. 統制活動の強化

　特定部門の聖域化、治外法権化という事情があったとしても、循環取引を見逃してきた企業は、経営管理・監督機能が十分機能していたとはいえないのは事実である。そこで循環取引発覚企業は当然に、管理部門強化のための様々な措置を導入することとなる。それまで形骸化していた規定類や業務プロセスを見直し、実効性あるものに改訂していくとともに、それまで曖昧であった与信管理制度などを徹底させる、あるいは相互牽制が不十分な業務を見直すといった改善案を提案することになる。

●鹿島建設㈱

社内調査委員会報告書（平成 20 年 10 月 15 日）

> ① 経営管理体制の整備
>
> 　平成 20 年 9 月に従来の「リスク管理委員会規程」を見直して、新たに「リスク管理規程」を制定のうえ、業務上のリスクを把握し、リスク管理委員会の体制を改め再構築しました。部署毎にリスク管理責任者を選定し、リスク管理責任者がリスク管理委員会に自部署のリスク管理の状況について書面で報告する等の体制強化を実施しました。
>
> 　また、今年中に現行の「与信委員会規程」を見直し、従来の主として入金

不安、取引先の信用等の債権回収リスクのほか、取引の内容、取引に伴うリスク、取引の実体性等を幅広く審議する等機能を充実させることとし、それに伴って委員会の名称変更も検討します。また、委員会を定期的に開催し、与信限度枠の厳守など審議の厳正化を図ります。

●メルシャン㈱
第三者委員会報告書 （平成 22 年 8 月 26 日）

(3)　統制活動について

ⅰ　適正なリスク認識に基づく内部統制の再構築について

(中略) 水産飼料事業を理解している担当者により、適正なリスクの識別の結果に合わせ、内部統制の再構築を行う必要がある。

ⅱ　リスク認識に応じた統制活動の実施について

棚卸資産の実在性にリスクがあると考えられる場合、全ての事業所に対して一斉に棚卸を行い、移動等が行われないように留意する必要がある。つまり、実地棚卸という一つの統制活動についても、認識しているリスクに対応した統制活動が行われるよう、計画する必要がある。

ⅲ　与信管理について

(得意先に対する与信管理)

得意先の与信管理は、不正の防止という観点のみではなく、債権の回収の安全性の確保、すなわち財産の保全の観点からも重要なリスクであるため、今後は規定の整備やシステム的な対応も含め、十分に留意する必要がある。

●㈱大水
不適切な取引に関する調査概要報告について （平成 21 年 2 月 17 日）

(5)　相互牽制の体制の構築

①　管理部門のチェック機能の強化

社内手続は正常に行われていたとはいえ、従来から不適切取引発見の努力が形式的になっており、結果として長期間今回の取引を発見できており

ませんでした。今後内部統制システム等と組み合わせ、日常業務の中で発見できる体制づくりに努力してまいります。

② 営業部門と管理部門（特に経理部）の相互牽制機能の強化

経理部は、諸証憑の存在・記載内容の確認、送り状と仕入原票・販売原票の照合をはじめ各種帳票類の確認等の定期的またはサンプリング的な検査を行い、仕入先と販売先が同一企業グループのモニタリング（循環・買戻し取引の監視）の強化に努めてまいります。

●広島ガス㈱
外部調査委員会調査報告書（平成 21 年 4 月 23 日）

> (3) 内部牽制の有効な業務フローへの見直し
>
> 自己完結的な取引をなくし、適切な内部牽制を有効に機能させるため、1つの取引について、社外、社内に対し 1 人の人間による対応になっている業務がないかどうか点検し、そのような業務がある場合は複数の人間による対応を行うよう業務フローの見直しを実施する必要がある。

4. 会計基準の見直し

循環取引発生の背景の一つとして、わが国の会計慣行上、収益認識基準の軽視ないし無視があったのは第 1 編第 1 章で指摘した通りである。多くの調査報告書では、一般の販売取引への介入行為（スルー取引）自体を全面禁止しているもの、収益認識の要件の厳格化に言及しているものがある。

●㈱加ト吉
改善報告書（平成 19 年 7 月 11 日）

> (1) 帳合取引の許容基準の厳格化
>
> 次の基準を逸脱する帳合取引は禁止します、（中略）「取引リスク管理チーム」が本基準の順守状況を監視します。
>
> ① 対象商品が実需に基づき実際に取引されること

②　末端ユーザーに対象商品が納入された事実を確認できること

③　売買代金の回収サイトは原則として 90 日以内であること

　また、滞留債権の発生またはその恐れがあるときは直ちに取引を中止し、商品取引が金融支援に転化することを防ぎます。

(2)　帳合取引売上計上基準の変更

　平成 19 年 4 月 1 日より、帳合取引については、従来の「売上」と「仕入」を相殺した後の「売上総利益」の額を「純売上高」として計上するよう、会計処理基準を変更しました。これにより、表面上の業績を取繕う為にリスクの大きな取引に手を染めることを防止します。

●㈱ジーエス・ユアサ　コーポレーション
外部調査委員会調査報告書（平成 20 年 10 月 28 日）

　（中略）本件（循環）取引の温床となったスルー取引の売上認識は、仕入計上と同時期（納品先の検収書が調達管理グループに返却された時）であるが、現物の現場への納品の事実または工事施行の事実の不存在にもかかわらず、何らそれらの事実を確認することなく、納品先押印済み検収書による仕入検収と共に、その売上計上がなされていた。これは、本件取引が架空の物品を利用して行われたことに鑑みれば、相当のリスクを伴うものであり（循環取引実行の子会社）GYL においては、検査報告書や納入業者との打ち合わせ議事録の確認など取引実態の把握を確実に行うシステムに変更すべきである。また、後者に関しては、GYL は、当該購入品再販売取引を平成 20 年 10 月から禁止したとのことであるが、これにとどまらず、社内規程の改定等を通じて、資材購入品の担当部署及び決定権者を明確にするなどの社内決済制度その他の業務フローの見直しを行い、購入品再販売取引の禁止を実行化できるような方策を講じる必要がある。

5. 情報と伝達

　循環取引を実行する経営者・従業員は、いわば「売上さえ計上され、かつ売上債権が順調に回収されていれば、当該売上が架空であっても構わない」という考えの持ち主であり、企業倫理に反するだけでなく、一般に社会通念上許されるものではない。したがって、循環取引発覚企業の再発防止作には当然、従業員の倫理観の向上、コンプライアンス意識の醸成が求められるのである。

　そのために必要なのは、社内倫理規定や行動規範の整備とその周知徹底であろう。多くの企業では、最新の社内規程類をいつでも参照できるよう社内のイントラネットに掲載するとともに、啓蒙活動の一環として繰返し社内研修を行い、従業員意識動向のアンケート調査等を実施している。

　また、米国では経営者・従業員の不適切な行動については内部通報もしくは外部通報によって明らかになるケースが多い。架空循環取引は取引の実態がないため、企業内部でも不審に思う者は多いだろうし、そもそも循環取引は、外部の取引先と共謀関係が成立して初めて実行可能な会計不正であり、場合によっては循環取引の相手側は、循環取引に参加することに 100% 納得せず、発覚の不安を抱えながら取引に応じているケースもあるという。そのような循環取引参加企業は、不正取引をやめるきっかけを求めている可能性もあり、それが高じて循環取引首謀会社へ外部通報の形で直訴することもある。いずれにせよ、循環取引の予防・発見のためには、内部及び外部通報は有効な制度であるといえる。

●鹿島建設㈱
社内調査委員会報告書（平成 20 年 10 月 15 日）

---

　(4)　コンプライアンス意識の再徹底

　①　企業行動規範の再徹底

　　早急に当社として「企業行動規範」を遵守することを、社長自らが改めて表明し、その趣旨を役員・従業員一人ひとりに文書（通達）で周知します。

　②　グループ会社に対し「コンプライアンスマニュアル」制定を指示

コンプライアンスの徹底を図るため、グループ会社に対し、「コンプライアンスマニュアル」の今年度中の制定を指示します。

③　コンプライアンスに関するｅ－ラーニングをグループ会社に展開

当社従業員を対象に平成 20 年 7 月から順次実施している「鹿島建設グループ企業行動規範」のｅ－ラーニングによる研修を、当社法務部と関連事業部が連携し、今年度中にグループ会社にも展開し、グループ会社の役員・従業員のコンプライアンス意識の徹底を図ります。

④　企業倫理通報制度（ヘルプライン）の再周知

本件発生後、関連事業部管掌役員及び関連事業部長名でグループ会社社長に「不適切な取引の排除の徹底について」を発信して注意を喚起し、各社における「企業倫理通報制度」の確実な運用について周知徹底を指示済みです。

● ㈱ジーエス・ユアサ　コーポレーション
外部調査委員会調査報告書（平成 20 年 10 月 28 日）

内部通報制度の機能不全も本件取引（筆者注：循環取引を指す）の一因であり、したがって㈱ジーエス・ユアサ　コーポレーション（以下「GYC」）グループの内部通報制度が従業員にとって利用しやすい環境となるよう制度を改善する必要がある。具体的には、GYC の内部通報制度における外部窓口として法律事務所名だけではなく、担当弁護士名及び直通の電話番号を記載し、その上で内部通報制度の利用方法（内部通報制度を利用したことによって従業員に不利益が課されないことを含む）に関して GYL グループ内で再度周知徹底及びその後の継続的な周知を行うことにより、内部通報制度が有効に機能するような方策を講じる必要がある。（中略）

加えて、本件取引への参加者の一部の者は、本件取引の継続に不安を覚えており、仮にこれらの取引先から本件取引に関する情報を取得できていれば、本件取引を早期に発見できた可能性が非常に高く、したがって、取引関係者（エンドユーザーを含む）を対象とした外部通報制度を設けることも真摯に検討する必要がある。

● ㈱大水
不適切な取引に関する調査概要報告について（平成 21 年 2 月 17 日）

---

(6) 法令および市場法関連法令順守の周知徹底

本件（循環）取引は、社内買付規程に抵触しないよう仕入、販売を細分化して取引を行っており、また在庫商品についても期限内の 3 ヶ月以内に販売処理されておりました。従来、社内規定の閲覧は各部署に配布した規程集（書類）を利用するとしていたものを、今回、全社員に対し、いつでも閲覧できるようイントラネットにて全面開示しておりますが、今後、一層の法令および市場法関連法令遵守の周知徹底を図ってまいります。

(7) 内部通報の周知徹底

当社は、当社の全社員および当社の取引事業者等の社員からの組織的または個人的な法令違反および不正行為等に関する相談または通報の適正な仕組みを定めることにより、不正行為等による不祥事の防止および早期発見と是正、社会的信頼の確保を図り、もって法令遵守経営の強化に資することを目的に、社内窓口を内部監査室、社外窓口を顧問弁護士とした内部通報制度を平成 20 年 9 月から導入しておりますが、活用されていない事から定期研修を実施するなど内部通報制度の浸透を図ります。

---

6. モニタリング

循環取引が長期間発覚しなかったということは、内部監査等の社内のモニタリング体制が有効に機能しなかったことを意味する。多くの社内・社外調査報告書では、ほぼ必ずといっていいほど、内部監査部門や監査役によるモニタリング機能の強化を提言している。

●鹿島建設㈱
社内調査委員会報告書（平成 20 年 10 月 15 日）

> ②　内部監査の強化
>
> 　（循環取引を引き起こした連結子会社である）大興物産㈱に対する内部監査において、長期間にわたり不適切取引を指摘できなかった原因は、取引の外見が整っていたこともありますが、それに加えて監査頻度が疎であった（3年に1度、他子会社も同じ）ことと調査対象をほぼ同社の主要取引（工事請負、資材販売）に限定していたことにあると推認されます。
>
> 　このため、本年度中を目途に監査部員を増員（2名）し、来年度から、売上高5億円以上の子会社のうち、主要会社については毎年、その他の子会社については隔年にて監査を実施します。また、従来の監査項目を再整理することにより、調査対象を主要取引以外にも拡げ、併せて売上高小額部門の調査密度もアップします。

●㈱ジーエス・ユアサ　コーポレーション
外部調査委員会調査報告書（平成 20 年 10 月 28 日）

> 2　モニタリングの強化
>
> 　（中略）本件取引の早期発見ができなかった大きな内部統制上の問題として、各方面からのモニタリングがいずれも実効的に機能していなかった点が挙げられる。したがって、（循環取引を引き起こした連結子会社の）㈱ジーエス・ユアサライティング（以下「GYL」）に対する監視機能の強化は当然として、再発防止の為に、（親会社の）GYCグループ全体としての監視機能の改善を図る必要がある（中略）。
>
> (1)　GYCによるGYLに対するモニタリング
>
> 　ア　監査室の体制強化
>
> 　　GYLの監査室による従前の内部監査の方法は、監査対象となる部署、子会社又は取引条件を事前に通知した上で、監査対象範囲にかかる伝票等を形式的に確認するというものであり、監査方法として十分とはいえ

ない。したがって、抜打監査の導入等を含む監査室権限の強化その他の改革を検討する必要がある。

（中略）

(2) GYL におけるモニタリング

（中略）

オ　監査役によるモニタリング

（中略）監査役によるモニタリングが有効に機能してなかった点も本件（循環）取引の発覚遅延に寄与した一つの原因であったことに鑑みれば、監査役に対して監査役としてのその役割及び責任の重大性を十分認識させると共に、監査役の他社との兼任関係を改善するなどの方法により、監査役による有効な監査機能を確保する体制を再構築する必要がある。

　モニタリング業務の主体は何も監査部門に限ったことではない。以下は、循環取引発覚を契機に、経理部門による財務分析を通じたモニタリングの実施を提言している事例である。

●広島ガス㈱
外部調査委員会調査報告書（平成 21 年 4 月 23 日）

2　モニタリングの強化

(1)　広島ガス㈱（以下「HG」）による HG グループ会社に対するモニタリング

①　（中略）

②　HG 社経理による財務分析の強化

　HG 社経理による財務分析の収集に係る権限や体制を強化し、集計業務のみではなく、財務分析や財務情報の異常感知によるモニタリング機能の強化を図る必要がある。

　（循環取引を引き起こした連結子会社）広島ガス開発㈱及び広島ガスリビング㈱ 2 社のマンション木工事用資材の売上単純合算額は、平成 15 年度から平成 19 年度まで、HG 社の連結売上高の 10% を超える重要なも

第 1 章　循環取引発覚時の会社の対応― 149

のとなっていたが、HG社の連結財務諸表における事業の種類別セグメント情報においては、現在まで、「その他の事業」に区分されている。

　HG社は、適正な連結財務諸表を作成する立場から、セグメント開示すべき事業かどうかについて、事業の内容や本件取引の売上高の異常な増加を検討する必要があったと考えられる。

　さらに、以下は、監査役と取締役等との連携強化、及び会計監査人との協力体制構築を提言している事例である。本件は特に、会計監査人による実地棚卸を経緯として、架空在庫の存在を疑った監査役及び監査部が、適切に、社長や取締役会に報告しなかった事例であり、その問題点・改善策について具体的に述べられている。

●メルシャン㈱
第三者委員会報告書（平成22年8月26日）

iii　監査役、監査部と取締役等との連携

　監査役、監査部と担当役員を含む取締役との間の情報量及び不正への対処方法に関する認識に大きな差が生じていたことが、問題の発覚を遅らせる原因となっているため、今後は取締役会と監査役とのコミュニケーションを十分に行い、不正リスクに関する情報を共有できる体制が必要である。（中略）

　監査役、内部監査担当部署については、会計監査人からの報告の内容について、自己の見解と相違する場合には、会計監査人の監査結果について質問を実施、追加的な監査手続の実施の必要性などについて、適時に意見交換を行うという意識が必要である。また、必要があれば、重要な問題点について会計監査人と適時に協議し、その記録を文書化するとともに、会計監査人からの意見、見解も都度、文書で徴求することが必要である。

　また、会計監査人が実地調査を行った際に、架空在庫を発見できなかったのは、ダミー品などの偽装により欺かれたためであると考えられることから、会計監査人による棚卸立会などの際には、業務に精通した会社担当者が同行するとともに、会計監査人に対しても、会社の業務に精通し、監査実務に熟

150 ―第2編　循環取引発覚後の対応と法律上の論点

練した公認会計士を担当者とするよう常に要請することが必要である。

7. 再発防止策の項目一覧

　以下【図表2−4−1】は、主な循環取引発覚企業の社内ないし社外調査報告書等に記載された再発防止策に盛り込まれた項目の一覧である。

【図表2−4−1】

報告書等の提出日	会社名	業種	会計基準の見直し	ガバナンス強化			人事政策定期異動	統制活動の強化			情報と伝達		モニタリング	
				社外取締役(*)	取締役会の権限強化	コンプラ委員会等の設置		規定・業務の見直し	管理部門強化	与信管理徹底	研修等の啓蒙活動	内部通報制度	監査役の権限強化	内部監査の充実
H18 7/28	F	化学		✓		✓	✓	✓	✓	✓	✓			✓
H19 8/10	KT	食品水産	✓		✓	✓		✓	✓					✓
H19 10/2	NM	情報通信			✓			✓	✓		✓	✓		✓
H20 4/30	NC	卸売		✓	✓	✓		✓	✓	✓			✓	✓
H20 9/3	M	総合商社					✓		✓					
H20 10/21	KJ	建設		✓	✓	✓	✓	✓	✓	✓	✓	✓	✓	✓
H20 11/21	GYC	電気機器	✓		✓	✓	✓	✓	✓	✓	✓	✓		✓
H21 2/17	D	水産卸売				✓	✓	✓			✓			✓
H21 3/19	H	ガス		✓			✓	✓	✓		✓			✓
H21 3/23	J	信託						✓	✓			✓	✓	✓
H22 8/27	ME	食品	✓		✓		✓	✓	✓	✓	✓	✓	✓	✓

(*) 連結子会社における架空循環取引の場合は、親会社によるガバナンスの強化を含めている。

─── ＜会社名略称＞ ───

F	：フクビ化学工業㈱	GYC	：㈱ジーエス・ユアサ　コーポレーション
KT	：㈱加ト吉	D	：㈱大水
NM	：㈱ネットマークス	H	：広島ガス㈱
NC	：ニイウス　コー	J	：ジャパン・デジタル・コンテンツ信託㈱
MB	：三井物産	ME	：メルシャン㈱
KJ	：鹿島建設㈱		

第5節
過年度決算の訂正と上場維持

1. 過年度決算の訂正

(1) 訂正報告書の提出

　循環取引等の不正が発覚し、社内・社外調査委員会を立ち上げて調査を実施し、その結果、上場会社が過去に開示した有価証券報告書、四半期報告書、内部統制報告書及び確認書について訂正の必要性が生じた場合、管轄財務局長宛に、訂正報告書または訂正確認書を提出しなければならない（金商法24条の2①等）。上場会社はその後、訂正報告書の写しを証券取引所または認可証券業協会に提出することが求められている（金商法24条の2③等）。なお、ここでいう訂正の必要性が生じた場合とは、①重要な事項の変更（金商法7①）、②形式上の不備（金商法9条1項）及び、③虚偽記載（金商法10条①）をいうが、循環取引による不正が③に該当するのはいうまでもない。

　訂正報告書・訂正確認書には、自発的な提出と提出命令による提出があるが、仮に証券取引等監視委員会による検査で発覚した場合でも、訂正報告書の自発的提出を促したり、あるいは証券取引等監視委員会が金融庁に訂正報告書の提出命令や課徴金勧告を行う段階で、会社が自主的に訂正報告を行うため、結果的に提出命令が発せられる前に自主的訂正が行われることが多いとのことである[33]。

(2) 継続開示書類の提出遅延

　不正発覚後の社内及び社外委員会の調査及びその結果に基づく訂正作業につ

33　弥永・前掲書・113-114頁

いては相当の時間の余裕を見なければならず、訂正方法や最終損益が確定する前に、四半期報告書や有価証券報告書の継続開示書類の提出期限とバッティングしてしまうことがあり得る。もちろん、四半期報告書や有価証券報告書の提出遅延は上場廃止事由となる（有価証券上場規程601①十）ので、事態は容易ではないが、次善の策として、過年度の決算訂正にかかる影響を未確定としたまま継続開示書類を期限内に提出する等の措置を検討する必要がある[34]。このことは、平成20年4月1日以来、四半期開示制度を導入したわが国の企業情報開示制度の枠組みの中で、不正発覚後の調査のスケジュール立案において、最も影響を受ける要素となったといえる。

(3) 過年度決算訂正と上場廃止基準

有価証券上場規程601条第1項は、上場会社の上場廃止基準を定め、その11号で、上場会社が有価証券報告書等に虚偽記載を行い、かつ直ちに上場を廃止しなければ市場の秩序を維持することが困難であることが明らかであると取引所が認めるときと規定している。したがって、循環取引等を引き起こした上場会社の過年度決算の訂正内容がこれに該当するかどうかが問われるのである。上場管理等に関するガイドラインⅣ3によれば、有価証券上場規程601条11号に規定する影響の重大性の審査は、有価証券報告書等における虚偽記載または不適正意見等に係る期間、金額、態様及び株価への影響その他の事情を総合的に勘案して行うと定められており、ここでは、金商法上の有価証券等の虚偽記載に係る法的責任における「重要性」の判断と異なり、誤謬が生じた経緯や期間、会社の体制などを含め、その影響が上場を維持させられない程度に重要か否かで決められるということを意味する[35]。

なお、有価証券報告書等の虚偽記載によって、上場廃止となる可能性があると判断された場合、発行会社の株券は監理銘柄に指定され、取引所の審査を受けることになる（有価証券上場規程610）。審査の結果、虚偽記載の影響が重大と認められれば、上場廃止決定がなされ、整理銘柄に指定替えされた上（有

34　弥永・前掲書・176頁
35　弥永・前掲書・176頁

価証券上場規程 611）で、1 か月後に上場廃止となる（有価証券上場規程施行
規則 604（10））。

(4) 特設注意市場銘柄

　上場廃止までは必要がないと判断されたとしても、通常は、循環取引が継続
していた場合は、内部管理態勢等の改善の必要性が高いことは明らかである。
そのため、上場会社の内部管理体制等について改善の必要性が高いと取引所に
認められ、特設注意市場銘柄に指定されることになる（有価証券上場規程 501
条①（2）a）。

　この指定を受けた場合、当該会社は、当該指定から 1 年（改善期間）経過後
速やかに、内部管理体制確認書を提出し、取引所は報告された内容等に基づき
内部管理体制等の審査を行う。

　その結果、取引所は、内部管理体制等に問題があると認められない場合は特
設注意市場銘柄の指定を解除し、一方、内部管理体制等に問題があると取引所
が認める場合は、特設注意市場銘柄の指定が継続し、6 か月経過後速やかに、
内部管理体制確認書の再提出を行わなければならない。そして、再提出された
内部管理体制確認書の審査の結果に基づき、内部管理体制等に問題があると認
められない場合は、特設注意市場銘柄の指定の解除が行われる。

　一方、会社の内部管理体制等について改善の必要性が高いが改善の見込みが
ない場合、上場会社の内部管理体制等について改善の見込みがなくなった場合、
内部管理体制確認書が提出されたても内部管理体制等について改善がなされず
かつ改善の見込みがなくなった場合、内部管理体制確認書が再提出されても内
部管理体制等について改善がなされなかった場合は、上場廃止となる（有価証
券上場規定 601 の（11）の 2 a 〜 e）。

2. 上場維持のための上場会社の義務

（1）改善報告書

① 改善報告書の提出義務

　訂正報告書等の開示により過年度決算の訂正を行った上場会社は、会社情報の適時開示等を適切に行わなかったものとみなされ、その改善の必要性が高いと認められる場合、有価証券上場規程508条1項の規定に基づき、取引所は「公表措置」を発動し、また、同規程502条1項に基づき「改善報告書」の提出を求めることになる。ここでいう「改善の必要性が高いと認められる場合」とは、不適切な会計処理として開示された情報の投資判断情報としての重要性、過去の開示が適切に行われなかった経緯、原因及びその情実、その他の事情が総合的に判断され決定される（上場管理等に関するガイドラインⅢ3）。

　さらにその提出された改善報告書の内容が明らかに不十分と認められる場合には、取引所は当該上場会社に、改善報告書の再提出を求めることができる（有価証券上場規程502②）。提出された改善報告書は公衆縦覧に供される（有価証券上場規程502④）。

　なお、上場会社が改善報告書の提出の求めに応じない場合等、会社情報の開示の状況等に改善が見られないと判断されれば、上場会社が上場契約について重大な違反を行ったものとして、上場廃止の理由となる（有価証券上場規程601①十二）。

② 改善報告書記載要領

　以下、改善報告書の記載要領を記す。

書　式

以下の書式により A4 版で作成し、社印・代表者印を捺印する。

改善報告書

平成○年○月○日

株式会社東京証券取引所

　代表取締役社長　○○○○殿

　　　　　　　　　　　　　　　会社名　○○○○○　印

　　　　　　　　　　　　　　　代表名　○○○○○　印

　このたびの○○○○○○○の件について、有価証券上場規程第 502 条第 3
項の規定に基づき、その経緯及び改善措置を記載した改善報告書をここに提出い
たします。

1. 経緯
2. 改善措置

以上

記載上の注意

1. 経緯

　次の内容について明確、かつ、詳細に記載すること。

- 過年度決算訂正の内容
- 過年度決算短信等を訂正するに至った経緯
- 過年度決算短信等を訂正すべき事由を認識してから開示に至るまでの経緯

2. 改善措置

　次の内容について明確、かつ、詳細に記載すること。

- 不適切な情報開示等を行った直接的原因（問題点）
- 再発防止に向けた今後の改善措置

- 改善措置の実施スケジュール
- 不適切な情報開示等が投資家及び証券市場に与えた影響についての認識

留意事項

1. 「改善報告書」は、提出先取引所において公衆の縦覧に供される。

2. 提出された「改善報告書」の内容が不十分である場合には、有価証券上場規程502条2項の規定により、変更及び再提出が求められる。

3. 提出期限までに具体的な改善措置及び実施スケジュールのとりまとめが困難である場合には、その旨及び改善措置の骨子について記載した上で、まず、「改善報告書」の提出を行い、その後早急に具体的な改善措置を取りまとめの上、追加分として提出することも認められる（この場合は、追加分に係る提出期限が別途通知される）。

(2) 改善状況報告書

① 改善状況報告書の提出

改善報告書の提出日から6か月経過後遅滞なく、改善報告書提出会社は、「改善措置の実施状況及び運用状況に関する報告書（以下「改善状況報告書」）を提出しなければならない（有価証券上場規程503①）。改善状況報告書も改善報告書同様、公衆縦覧に供される（有価証券上場規程503④）。

加えて、改善報告書を提出した上場会社に対して東証は、当該改善報告書提出から5年を経過するまでの間、当該上場会社の改善措置の実施状況及び運用状況に関し、必要と認めるときは、改善状況報告書の提出を求めることができる（有価証券上場規程503②）。また、改善報告書を提出した上場会社は、改善措置の実施状況及び運用状況に関し、取引所が必要と認めて照会を行った場合には、直ちに照会事項について正確に報告しなければならない（有価証券上場規程503⑤）。さらに、改善報告書を提出した上場会社が、提出期限までに改善状況報告書を提出しない場合や、提出したとしてもその内容が不十分か、追加の改善の必要が高いと認められるときは、当該上場会社には、改善報告書の提出が求められることがある（有価証券上場規程503⑥）。

また、取引所が作成した改善報告書の記載要領によれば、改善状況報告書の提出に先立ち、取引所は、改善措置の実施・運用状況等について、ヒアリングやその裏付けとなる資料の提出を要求するので、余裕をもって事前に相談することを促している。

② 改善状況報告書記載要領

以下の書式・記載事項により A4 版で作成し、社員・代表者印を捺印する。

改 善 状 況 報 告 書

平成○年○月○日

株式会社東京証券取引所

　代表取締役社長　　○○○○殿

会社名　　○○○　印

代表者名　○○○　印

　平成○○年○○月○○日提出の改善報告書について、有価証券上場規程第 503 条第 1 項の規定に基づき、改善措置の実施状況及び運用状況を記載した改善状況報告書をここに提出いたします。

1. 改善報告書の提出経緯

> 　改善報告書を提出することとなった不適正開示の原因・問題点について簡潔に記載

2. 改善措置

> 　改善報告書記載の再発防止に向けた改善措置（改善報告書提出後に追加した改善措置があればそれを含む）について記載

3. 実施・運用状況等

> 上記改善措置の実施状況、運用状況及びこれに対する貴社の評価について記載

以上

【本章のまとめ】

① 循環取引が発覚した場合、まず循環取引の首謀者及び関与者を特定し、事実の解明に向けて、同者を一定の条件下に置く措置が必要である。

② 事実解明のため、経営者のコミットメントを確立し、事案に利害関係のないメンバーから成る調査チームを立ち上げる。

③ 必要に応じ、社外調査委員会の設置を検討し、設置する場合は適切な人選を行う。

④ 上場会社の場合は、適時開示のため、証券取引所に事前相談する。

⑤ 社内・社外の調査チームが設置された後は、効率的に調査を行うための体制を確立する。

⑥ 調査手法は、関係者の面接及び文書証拠の収拾・分析を中心として実施する。

⑦ 調査の結果、全貌が解明され、原因が究明されるとともに、関係者の責任の有無を検討し、信頼回復に努める。

⑧ 再発防止策を策定し、導入する。

第2章
会社に対する
制裁等

第1節
虚偽記載を行った会社に対する制裁等の概要

　金融商品取引法上は、各種規制を実行あらしめる過程の法の執行過程として「エンフォースメント」と呼ばれている、様々な手段を設けている。まず、違法行為に制裁としては、刑事罰の他に、行政罰たる課徴金や、証券取引所（自主規制法人）の自主規制による措置が設けられている。また、日本においてエンフォースメントを執行する機関としては、司法当局の他には、金融庁、証券取引等監視委員会及び証券取引所（自主規制法人）がその役割を担っている。

　まず、法的制裁としては、本稿で取り上げたテーマである循環取引を行って有価証券届出書や有価証券報告書等に売上や利益等について虚偽記載を行った会社に対しては、金融商品取引法に基づき、刑事罰（金商法197条以下）や行政上の制裁である課徴金制度が設けられている（金商法172条以下）。

　また、民事的な制裁として、会社及び役員等ならびに幹事証券会社には、一定の範囲の投資家に対する損害賠償責任が定められている（金商法16条以下）。そして、その内容は、会社の過失の有無が問題とならない無過失責任を問うものや、通常の不法行為責任ならば請求する側（株主・投資者側）に立証責任がある過失について会社に立証責任が転換され、会社が無過失の立証をしなければ責任を免れられず、また、当該投資家の損害額についても法律上算定方法が定められるなど会社側にとって厳しい制度となっている。また、役員等につい

160 —第2編　循環取引発覚後の対応と法律上の論点

ても立証責任が転換され、投資家側の主張・立証責任が相当軽減されている。

　これを会社や役員側から見ると、一度損害賠償請求が提起されると、これを争って損害賠償義務を免れることは事実上不可能、または相当困難であって、その一部であっても個人が負担できる金額ではないことも想定される。また、認容額を減らすような訴訟活動も容易ではない。したがって、会社と役員にとって、特に役員にとっては、株主側の請求が認容されると甚大なダメージとなる事も少なくないとも言える。

　さらに、証券取引所による制裁として、虚偽記載があった場合には、改善報告書等の提出、公表措置や上場契約違約金の徴収を始めとする実効性確保措置や特設注意市場銘柄への指定、また上場廃止の処分が行われることがある。このうち、実効性確保措置については、実質的には制裁と解される。一方、上場廃止については、公益または投資家保護を目的としてはいるが、違反企業の立場から見ると、上場会社に対する制裁としての性質を併せ持っているものと解される。

第2章　会社に対する制裁等— 161

第2節
刑事罰

1. 刑事罰の概要

(1) 金融商品取引法上の刑罰

　循環取引において問題となる有価証券届出書、有価証券報告書（訂正報告書を含む）及び発行登録書（追補書類を含む）の虚偽記載について、提出をした個人については、10年以下の懲役もしくは1,000万円以下の罰金または併科（金商法197条）とされ、金融商品取引法上は最も重い法定刑が定められている。また、半期報告書、四半期報告書及び臨時報告書等（訂正報告書を含む）については、5年以下の懲役もしくは500万円以下の罰金または併科とされ（金商法197の2五、六）、その次に重い法定刑が定められている。

　一方、会社である法人においては、これらの個人に刑事罰が科された場合に、両罰規程として、有価証券届出書、有価証券報告書及び発行登録書の虚偽記載については7億円以下、半期報告書、四半期報告書及び臨時報告書の虚偽記載については5億円の罰金刑（金商法207）が、それぞれ法人たる会社に課されることになる。

(2) 刑法その他の法律の刑事罰

　循環取引の場合、最終ユーザーが存在しないことから、いずれかの時点でスキームが破綻し、関与した会社のいずれかに損失が生じる、すなわち、「ババを引く」会社が現れることになる。この場合、主導した個人については、所属先や取引先との関係で、事実関係次第では特別背任や詐欺などの罪が成立することになるが、両罪とも両罰規程がないことから、会社自身には刑罰は科されないことになる。

2. 刑事処分の謙抑性

　もっとも、刑事罰には謙抑性の原則があり、刑事罰を科さなければならない程の違法性や悪質性の高い事案についてのみ刑事罰を科す、という運用となっている。そのため、刑事罰を科す程の違法性や悪質性がない場合には、以下に述べるような課徴金が課される。このとき、法令上は併科することは可能であるが、現実には、金融庁や証券取引等監視委員会からの刑事告発がなされず課徴金止まりとなっている場合は、検察庁が起訴猶予処分とするなど、刑事罰が科されない運用のようである。

3. 刑事処分の実例

［㈱メディア・リンクス（情報処理業）］
　大阪証券取引所ヘラクレス市場に上場していた同社が、実際の売上高が約21億円であったにもかかわらず、循環取引により計上した約144億円を水増しし、売上高を約165億円とするなど、虚偽の記載をした有価証券報告書を提出した事件につき、同社社長については懲役3年6月の実刑及び罰金200万円を併科する判決、同社には罰金500万円が課された。

［㈱アクセス（情報処理業）］
　ジャスダック証券取引所に上場していた同社が、実質的な資金の融資を隠匿するべく平成14年から平成17年まで架空の取引を発注した上で不適切な原価処理を行い、また、平成17年3月期に不正な売上計上（前倒し計上）を行った結果、最大約13億円の売上高及び利益額の差異が生じた。

　この結果、前社長につき懲役3年（執行猶予4年）、法人について罰金500万円の判決が言い渡され、確定している。なお、同時に起訴された元社長の判決については不明である。

［㈱エフオーアイ（半導体製造装置製造業）］
　東京証券取引所マザーズ市場に上場することを計画していた同社が、2004

年頃から各種帳票や預金通帳を偽造・書き替え等することにより売上高の90%以上が架空の決算を行って2009年11月に上場した。

こうした架空決算について、証券取引所や主幹事証券会社に告発があったものの、両者とも架空決算を認識できないままジャスダック証券取引所に上場した。しかし、上場直後にも告発があり、2010年5月（上場後6か月弱）で上場廃止が決定され、その直後に破産した。

この結果、当時の社長と専務について懲役3年（執行猶予なし）の判決が言い渡された。

［オリンパス㈱（光学機器製造業）］

東京証券取引所市場第一部に上場していた同社が、平成19年3月期以降、投資損失を抱えた金融商品を簿外処理したり、架空ののれん代を計上するなどして有価証券報告書等に虚偽記載を行った。

この結果、当時の社長に懲役3年執行猶予5年、当時の副社長に懲役3年執行猶予5年、当時の常勤監査役に懲役2年6月執行猶予4年、法人に罰金7億円の判決が言い渡された[36]。

36　なお、共犯者については、幇助罪が認定されて懲役1年6月執行猶予3年・罰金700万円の判決が言い渡された者、詐欺罪及び（または）組織犯罪処罰法違反が認定された3名については、それぞれ、懲役4年・罰金1,000万円、懲役3年・罰金600万円、懲役2年執行猶予4年・罰金400万円の有罪判決が言い渡された。

第3節
課徴金

1. 課徴金制度

(1) 立法経緯

　金融商品取引法は、①企業内容等の開示の制度を整備するとともに（開示規制）、②金融商品取引業を行う者に関し必要な事項を定め（業者規制）、金融商品取引所の適切な運営を確保すること（市場規制）等により、有価証券の発行及び金融商品等の取引等を公正にし（不公正取引規制）、有価証券の流通を円滑にするほか、資本市場の機能の十全な発揮による金融商品等の公正な価格形成等を図り、もって国民経済の健全な発展及び投資者の保護に資することを目的としている（金商法1）。こうした証券市場の公正性・透明性を確保し、投資家の信頼が得られる市場を確立するという目的の実現のためには、規制の実効性を確保するための制度（エンフォースメントの制度）を整備することが重要である。

　この点、金商法制定前の証券取引法時代では、実効性確保の手段としては刑事罰が設けられていた。しかし、前述の通り、元々刑事法には「謙抑性」がありその適用については慎重な姿勢が取られることが多い。また、日本の司法制度上は起訴便宜主義が採用され、検察官の裁量により起訴するか否かが決定されることが原則とされるため、罪状が重くない場合は、必ずしも違法行為に対する制裁が加えられるとは限らない。そして、刑事罰については懲役刑など重い刑罰が設けられているため、その立証も自ずから厳格なものが要求され、証拠収集の負担から刑事処分を見送らざるを得ない案件もあったのではないかと想定される。

　こうした、刑事罰という司法制度に基づくエンフォースメントが有する、謙

抑性、起訴便宜主義、証拠収集の負担、重い罰則というハードルの高さに対応するべく、行政上のエンフォースメントとして、平成17年4月（公認会計士法については20年4月）から、行政上の措置として、違反者に対して金銭的負担を課す課徴金制度が導入された。

(2) 課徴金制度の概要

課徴金制度は、法律に違反した者に対して金銭的負担を課し、国庫への支払いを強制する制度である。そして、課徴金制度は、違法行為の抑止を目的としていること及び起訴便宜主義と異なる制度を導入するという目的から、法定の賦課事由に該当した場合には当然に課徴金が賦課され、裁量により免除することはないものと解されている。

課徴金の対象となる金商法違反行為は、以下の通りである（金商法172〜175）。このうち、循環取引による虚偽記載が行われた場合は、有価証券報告書等の虚偽記載として③に該当することになる（新株発行等が行われた場合は、②も考えられる）[37]。

① 不公正取引（インサイダー取引、相場操縦（仮装・馴合売買、違法な安定操作取引等）、風説の流布または偽計）

② 有価証券届出書等の不提出・虚偽記載等（発行開示義務違反）

③ 有価証券報告書等の不提出・虚偽記載等（継続開示義務違反）

④ 公開買付開始公告の不実施、公開買付届出書等の不提出・虚偽記載等

⑤ 大量保有報告書等の不提出・虚偽記載等

⑥ プロ向け市場等における特定証券等情報の不提供等、虚偽等及び発行者等情報の虚偽等

⑦ 虚偽開示書類等の提出等を容易にすべき行為等

⑧ 情報伝達・取引推奨行為

---

37 金融庁HP　課徴金制度（1）金融商品取引法「制度の対象とする違反行為」より
https://www.fsa.go.jp/policy/kachoukin/a.html

(3) 課徴金の算定方法

　課徴金の基本的な考え方は、発行開示規制違反の場合は、違法な証券発行により得た利益を発行者の手許に残さないことが主眼におかれ、継続開示規制違反については、再度違反を起こすことを抑止する事に主眼がおかれていると解されている。この点、有価証券届出書等の発行開示書類の虚偽記載についていえば、一株あたりの発行価格が虚偽記載がないものよりも高額となり、その結果として差額を発行者が取得することになるため、課徴金によりその高額に取得した金銭を吐き出させることになる。一方、有価証券報告書等の継続開示書類については、発行会社には金銭の入金がないため、課徴金の趣旨は不当な利得の吐き出しではなく、違法行為の抑止としてその金額も算定され、実質的には行政罰としてのニュアンスも含まれるのであろう。

　課徴金については、対象行為毎に得られる利益または違法行為抑止に必要な金額等の算定根拠が異なることから、対象行為毎に金額の算定方法が法定されており、納付命令を発する大臣の裁量の余地はないものと解されている。

　算定方法は、以下の通りである[38]。

① 　インサイダー取引については、「重要事実公表後2週間の最高値×買付等数量」から「重要事実公表前に買付け等した株券等の価格×買付等数量」を控除する方法等により算出。

② 　有価証券届出書等の不提出・虚偽記載等については、募集・売出総額の2.25％（株券等の場合は4.5％）を法定。

③ 　有価証券報告書等の不提出については、直前事業年度の監査報酬相当額（該当するものがない場合は400万円）を法定（四半期・半期報告書の場合はその2分の1）。

④ 　有価証券報告書等の虚偽記載等については、発行する株券等の市場価額の総額等の10万分の6または600万円のいずれか大きい額を法定（四半期・

38　金融庁HP　課徴金制度（1）金融商品取引法「課徴金額」より
　　https://www.fsa.go.jp/policy/kachoukin/b.html

半期・臨時報告書等の場合はその2分の1)。

⑤　公開買付開始公告の不実施については、買付総額の100分の25を法定。

⑥　公開買付届出書等の不提出・虚偽記載等については、公開買付開始公告日前日の終値等×買付等数量の100分の25を法定。

⑦　大量保有報告書等の不提出・虚偽記載等については、当該報告書等に係る株券等の発行者の時価総額等の10万分の1を法定。

⑧　特定証券等情報の不提供等・虚偽等については、以下を法定。

　a)　発行価額または売付価格の総額の2.25％（株券等の場合は4.5％）

　b)　虚偽等の場合において当該特定証券等情報が公表されていない場合

　　a)　の額に、$\dfrac{\text{当該虚偽等のある特定証券等情報の提供を受けた者の数}}{\text{当該特定勧誘等の相手方の数}}$を乗じて得た額

⑨　発行者等情報の虚偽等については、以下を法定。

　a)　当該発行者等情報が公表されている場合

　　600万円または発行する株券等の市場価額の総額等の10万分の6のいずれか大きい額

　b)　当該発行者等情報が公表されていない場合

　　a)　の額に、$\dfrac{\text{当該虚偽等のある発行者等情報の提供を受けた者の数}}{\text{発行者等情報を提供すべき相手方の数}}$を乗じて得た額

(4) 課徴金の加算・減算制度

①　加算制度

再度の違法行為を抑止すべく、過去5年以内に課徴金の対象となった者が、再度違反した場合、課徴金の額を1.5倍となすものとされている（金商法185の7⑮）。

②　減算制度

自主的なコンプライアンス体制の構築の促進及び再発防止の観点から、課徴

金の減算制度が導入されている（金商法185の7⑭）。

この制度は、課徴金の対象となる違反行為のうち、

- a. 発行開示書類等の虚偽記載等
- b. 継続開示書類等の虚偽記載等
- c. 大量保有・変更報告書の不提出
- d. 特定証券等情報の虚偽等
- e. 発行者等情報の虚偽等
- f. 法人による自己株式の取得に係る内部者取引

について、財務局等[39]による検査または報告の徴取が開始される前に、証券取引等監視委員会に対し、所定の報告書により違反事実に関する報告を行った場合に、直近の違反事実に係る課徴金の額を、法律の規定に基づいて算出した額の半額に減軽するものである。残念ながら、独占禁止法下において制定された課徴金減免制度とは異なり、課徴金が半額に減算されるのみであって、課徴金が免除される可能性はないことに注意を要する。

この減算制度の適用を受けるためには、検査に着手される前に、以下の所定の報告書[40]を証券取引等監視委員会事務局　課徴金・開示検査課に提出しなければならない。ただし、その方法は、ファクシミリに限られず、直接持参する方法や、書留郵便とする方法も認められている[41]。すなわち、発行開示書類や継続開示書類について虚偽記載を適時開示したり、訂正報告書を財務局に提出したとしても、減額報告書を提出しなければ本減算制度による減額は受けられないので、注意を要する。

39　証券取引等監視委員会または金融庁もしくは各財務局・福岡財務支局・沖縄総合事務局
40　http://www.fsa.go.jp/sesc/kachoukin/tetuduki.pdf
41　独占禁止法による課徴金減免制度の場合、通報の順序により課徴金の減免額が異なるため、順位を管理するべく、通報方法がファクシミリに限定されている。

別紙様式（第六十一条の七第一項関係）

（日本工業規格Ａ４）

年　　月　　日

証券取引等監視委員会　あて

住所又は所在地

電話番号

（ふりがな）

氏名又は名称　　　　　　　　　　印

個人であるときは、生年月日

課徴金の減額に係る報告書

金融商品取引法第 185 条の 7 第 12 項の規定による報告を下記のとおり行います。

記

1　違反の類型

2　違反の概要

3　その他参考となるべき事項

（記載上の注意）

○　一般的事項

(1)　報告書の提出者本人の氏名又は名称及び住所又は所在地を記載した上、押印すること。

(2)　法人の場合には、法人の商号又は名称、本店又は主たる営業所若しくは事務所の所在地並びに代表者の役職名及び氏名を記載した上、代表者印を押印すること。この場合においては、併せて担当責任者の氏名、役職名、連絡場所及び電話番号を記載すること。

(3)　代理人が提出する場合には、上記（1）及び（2）に加えて、代理人による報告である旨及び代理人の氏名を記載した上、本人の押印に代えて代理人が押印すること。この場合においては、併せて委任状を添付すること。

1　違反の類型

(1)　「発行開示書類等の虚偽記載等」、「継続開示書類等の虚偽記載等」、「大量保有・変更報告書の不提出」、「特定証券等情報の虚偽等」、「発行者等情報の虚偽等」、「自己株式取得の内部者取引」等、報告に係る違反の類型を具体的に記載すること。

(2)　複数ある場合にはそのすべてを記載すること。

2　違反の概要

(1)　報告に係る違反の概要を具体的に記載すること。

(2)　例えば、

　イ　当該違反が発行開示書類等又は継続開示書類等の虚偽記載等である場合は、当該虚偽記載等に係る発行開示書類等又は継続開示書類等を特定するに足りる事項、当該虚偽記載等の内容

　ロ　当該違反が大量保有・変更報告書の不提出である場合は、提出すべき大量保有・変更報告書の提出事由及び当該提出事由が生じた時期、当該大量保有・変更報告書の提出期限

　ハ　当該違反が特定証券等情報又は発行者等情報の虚偽等である場合は、当該

虚偽等に係る特定証券等情報又は発行者等情報を特定するに足りる事項、当該虚偽等の内容

ニ　当該違反が自己株式取得の内部者取引である場合は、当該取引の方法、数量、価格及び時期、違反に係る業務等に関する重要事実の内容、公表がされた時期

等が分かるように、具体的に記載すること。

③　減算制度と独占禁止法上の「リニーエンシー」制度との相違

金融商品取引法上の課徴金制度においては、独占禁止法上の課徴金制度と異なり、自主申告を行ったとしても、課徴金が全額免除される訳ではなく、半額に減算されるに過ぎない。これは、筆者の想像であるが、独占禁止法上の課徴金制度は談合やカルテルのように複数の当事者が関与していることからこれを自主的に告発させ、違法行為に関わった者全員を取り締まる方法として順位を設け課徴金減免の程度に差を設ける方策を指向していると考えられる。

これに対し、金融商品取引法上の課徴金については、行為者が単独で行うことが通常と考えられており、複数当事者の順位という考え方になじまないからであると考えられる。

(5) 課徴金を賦課する手続

まず、証券取引等監視委員会または財務局により検査が行われる（金商法26、177）。その結果、課徴金の対象となる法令違反行為があると認める場合には、内閣総理大臣及び金融庁長官に対し、課徴金納付命令の勧告が行われる（金融庁設置法20）。

これを受け、金融庁長官は審判手続開始決定を行わなければならず[42]、この決定を受けて審判手続が開始される（金商法178①）。開始決定がなされた場合、被審人が答弁書を提出する（金商法183①）が、被審人が答弁書において開始

42　課徴金納付にかかる審判手続には、刑事手続における起訴猶予に相当する制度はなく、法定の事由が認められる場合には、金融庁長官は手続を開始する義務があると解されている。

決定書に記載された事実及び納付すべき課徴金の額を認める旨の答弁をした場合は、審判の期日を開かずに決定がなされることになる（金商法 183②）。

　一方、被審人が事実及び課徴金額を認める旨の答弁を行わなかった場合、審判期日が開催され[43]、被審人の意見陳述を受け（金商法 184）、参考人や被審人に対する審問を行い（金商法 185、185 の 2）、被審人から証拠の提出を受け（金商法 185 の 3）、審判官が専門家に鑑定を命じたり（金商法 185 の 4）立入検査（金商法 184 の 5）を行うなどして事実関係を調査することができる。そして、金融庁長官（審判官）は内閣総理大臣（金融庁長官）に対して決定案を作成し（金商法 185 の 6）し、内閣総理大臣（金融庁長官）が課徴金納付命令等の決定を行うことになる。この点については、裁判と異なり金融庁長官の裁量はなく、開始決定書に記載された事実が認められるときは、課徴金納付命令を決定しなければならないことになる。

　被審人は、この決定に不服があるときは、課徴金納付命令取消の訴えを、決定が効力を生じた日から 30 日以内に提起しなければならない（金商法 185 の 18）。

　また、課徴金の納付命令にかかる決定にしたがい課徴金を納付する場合は、当該決定書の謄本を発した日から 2 か月を経過する日までに納付することを要する（金商法 185 の 7㉑）。納付期限を徒過した場合は、督促がなされ（金商法 185 の 14①）、また、14.5% の延滞金が生じ（金商法 185 の 14②）、納付が行われない場合は、課徴金納付命令に基づき民事執行法等による強制執行が行われることもある（金商法 185 の 15）。

43　審判手続は、原則として公開される（金商法 182）。

【図表 2 − 1 − 1】 課徴金賦課手続

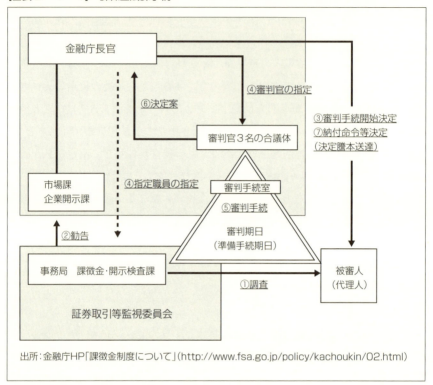

出所：金融庁HP「課徴金制度について」（http://www.fsa.go.jp/policy/kachoukin/02.html）

(6) 刑事罰（罰金・没収・追徴）との調整

　前述の通り、行政罰である課徴金と刑事罰は制度も目的も異なることから、併科すること自体は法的に問題ない。しかし、課徴金も没収・追徴もまた利益の剥奪であり、罰金は行為者に対する経済的負担を課す刑事罰であることから、いずれも、課徴金と重複して課されることにより、行為者に対して想定外の負担を課す可能性もある。

　そこで、課徴金制度には、罰金・没収・追徴という制度との調整を行う旨の規定が設けられている。

　このうち、風説の流布、相場操縦、インサイダー取引等の場合であれば、公訴提起や裁判の結果、または課徴金の納付期限等の先後関係によって、没収ま

たは追徴と調整されることとなるが（金商法185の7）、開示規制違反については、必要的な没収または追徴が規定されていないことから、没収または追徴との調整規定が設けられていない。

ただし、有価証券報告書等の継続開示書類の虚偽記載については、罰金との調整が行われている（金商法185の7㉑、185の8⑥等）。

なお、現実には、重大な事件や悪質な事件は刑事告発がなされた上で刑事罰が科される一方、重大でない事件については課徴金により処分され、刑事罰は科されないという、基本的には択一的な運用になっているものと推測されるが、調整が行われた例もある（P180のオリンパス事件参照）。

2. 課徴金の執行機関（証券取引等監視委員会と金融庁）

証券取引等監視委員会（SESC）は、「自由、公正で透明、健全な証券市場の実現」を基本的目標とする検査・監視機関として、行政部門から独立した国家行政組織法第8条に基づく委員会（いわゆる独立行政委員会）として、金融庁の管轄下にある。この証券取引等監視委員会の職務は、取引審査、証券検査、開示検査、課徴金調査及び犯則事件の調査の5種類がある。

課徴金納付手続との関係で言えば、証券取引等監視委員会が課徴金調査を行い、その結果、金融庁に対して課徴金納付命令の勧告を行い、その勧告に基づき、金融庁が審判手続を開始するのである。

同委員会は、市場の公正性・透明性の一層の向上及び投資者保護の強化の重要性から、平成22年度においては、監視体制の強化等のため、定員10人の純増が図られ、その結果、総務課18名、市場分析審査課48名、証券検査課・証券検査監理官114名、課徴金・開示検査課100名、特別調査課104名と、定員合計が384名に達し、その中には、裁判官、検察官、弁護士、公認会計士等の専門家も多く含まれている。平成29年度末においては、総務課23名、市場分析審査課54名、証券検査課（証券検査監理官を含む）123名、取引調査課63名、開示検査課43名、特別調査課100名と、定員合計が406名に達している。

3. 課徴金賦課の実例

では、有価証券報告書等の虚偽記載について、実際にどのような課徴金が課されているか、金融庁 HP の記載に基づき、以下に実例を紹介する

(1) 虚偽記載が 1 回の事例

[㈱フード・プラネット（機器販売）][44]

平成 25 年 10 月 1 日 から平成 26 年 9 月 30 日の連結会計期間において、代表取締役が代表を兼務していた他社による太陽光発電事業に係る販売取引の一部を、子会社による販売取引のように装うことにより、有価証券報告書に、売上高が 81 百万円 であるところを 113 百万円と記載した。

そこで、課徴金額は、上記算定方法のうち④が適用され、時価総額の 10 万分の 6（128,185 円）が 600 万円を超えないことから、600 万円とされた。

この事例は、1 回の虚偽記載のみであることから、課徴金算定もシンプルなものとなっている。

(2) 複数の虚偽記載に対する課徴金

[ジャパンベストレスキューシステム㈱（サービス業）][45]

平成 24 年 10 月 1 日 から平成 25 年 12 月 31 日までの 1 通の有価証券報告書及び四半期報告書（2 通）において、連結純損益及び連結純資産額について、虚偽の記載をした。

その結果、計 3 回の有価証券報告書等の継続開示書類についての虚偽記載に基づく課徴金は、時価総額に 10 万分の 6 を乗じて得た額（四半期報告書 472,434 円、有価証券報告書 582,634 円）が 600 万円を上回らないため、四半期報告書について 300 万円、有価証券報告書について 600 万円となるが、同一

44　https://www.fsa.go.jp/news/27/syouken/20160422-7.html
45　https://www.fsa.go.jp/news/27/syouken/20151113-3.html

事業年度に係るものであることから、600万円を個別決定ごとの算出額に応じて按分することとなり、四半期報告書につき200万円、有価証券報告書につき400万円となった。

次の事業年度にかかる四半期報告書については、時価総額に10万分の6を乗じて得た額（1,491,338円）が600万円を超えないことから、600万円の2分の1に相当する額である300万円となるが、課徴金の減額に係る報告がされていることから、150万円となった。

一方、発行開示書類については、重要な事項につき虚偽記載がある四半期報告書を参照書類とする有価証券届出書に基づく一般募集により、同年12月3日、49,825株の株式を3,322,380,825円で取得させた件につき、発行価額の100分の4.5に相当する額が課徴金の額となることから、149,500,000円（149,507,137円から1万円未満の端数を切捨）となる。

これに、有価証券届出書（その他の者に対する割当）に係る課徴金の額は、同年12月19日、5,393株の株式を359,610,633円で取得させた件につき、16,180,000円（同切捨）となるが、課徴金の減額報告がされていることから、100分の50を乗じた8,090,000円となる。

最終的には、同社に課された課徴金は合計1億6,509万円となった。まとめると、以下の通りとなる。

概　要	年　度	提出書類	課徴金額
継続開示書類	平成24年9月期	第3四半期	2,000,000円
	平成24年9月期	有価証券報告書	4,000,000円
	平成25年9月期	第1四半期報告書	1,500,000円
	小　計		7,500,000円
発行開示書類	平成25年9月期 （第3四半期参照）	有価証券届出書	149,500,000円
	平成18年9月期	有価証券届出書	8,090,000円
	小　計		157,590,000円
	合　計		165,090,000円

以上の通り、課徴金を課される場合、行政側には裁量がないことから、長期間にわたり虚偽記載を行い続けると、それだけ課徴金の対象が多くなり金額も増加することになる。

(3) 過去最高額 [46]

[㈱東芝（半導体等製造業）] [47]

① 有価証券報告書の虚偽記載

　一部の工事進行基準適用案件において、工事損失引当金の過少計上及び売上の過大計上を行ったほか、映像事業、パソコン事業及び半導体事業等の一部において、工事損失引当金の過少計上ならびに売上の過大計上、売上原価の過少計上及び費用の過少計上等を行った。具体的には、平成 23 年 4 月 1 日〜平成 24 年 3 月 31 日の連結会計期間において、連結当期純損益が 3,194 百万円であるところを 70,054 百万円と第 173 期有価証券報告書に記載した。また、平成 24 年 4 月 1 日〜平成 25 年 3 月 31 日の連結会計期間において、連結当期純損益が 13,425 百万円であるところを 77,366 百万円と第 174 期有価証券報告書に記載した。

　当該法人の課徴金の額は、前段につき、時価総額に 10 万分の 6 を乗じて得た額（92,277,727 円）が 6,000,000 円を超えることから 92,270,000 円（1 万円未満切捨）となった。後段につき、時価総額に 10 万分の 6 を乗じて得た額（81,236,859 円）が 6,000,000 円を超えることから 81,230,000 円（1 万円未満切捨）となった。

② 発行開示書類の虚偽記載

　平成 22 年 3 月期にかかる有価証券報告書を参照書類とする発行登録追補書類に基づく募集により、平成 24 年 12 月 15 日に社債券を 120,000,000,000 円で取得させた。

　第 173 期有価証券報告書を参照書類とする発行登録追補書類に基づく募集に

46　本稿執時現在
47　https://www.fsa.go.jp/news/27/syouken/20151225-2.html

より、同年 1 月 28 日に社債券を 30,000,000,000 円で、同年 5 月 30 日に社債券を 90,000,000,000 円で、それぞれ取得させた。

　第 174 期有価証券報告書を参照書類とする発行登録追補書類に基づく募集により、同年 7 月 26 日に社債券を 30,000,000,000 円で、同年 12 月 11 日に社債券を 50,000,000,000 円で、それぞれ取得させた。

　重要な事項につき虚偽の記載がある発行開示書類に基づく募集により取得させた有価証券の発行価額の総額の 100 分の 2.25 に相当する額が課徴金の額となることから、それぞれ、2,700,000,000 円、675,000,000 円、2,025,000,000 円、675,000,000 円、1,125,000,000 円となった。

　最終的には、同社に課された課徴金は合計 73 億 7,350 万円となった。まとめると、以下の通りとなる。

概　　要	年　　度	提出書類	課徴金額
継続開示書類	平成 24 年 3 月期	有価証券報告書	92,270,000 円
	平成 25 年 3 月期	有価証券報告書	81,230,000 円
	小　計		173,500,000 円
発行開示書類	平成 22 年 3 月期	発行登録追補	2,700,000,000 円
	平成 24 年 3 月期	発行登録追補	675,000,000 円
	平成 24 年 3 月期	発行登録追補	2,025,000,000 円
	平成 25 年 3 月期	発行登録追補	675,000,000 円
	平成 25 年 3 月期	発行登録追補	1,125,000,000 円
	小　計		7,200,000,000 円
	合　計		7,373,500,000 円

　社債による大規模な調達を複数回繰り返したことから、課徴金額も相当高額なものとなった。

（4）罰金と課徴金の金額の調整

［オリンパス㈱（光学機器製造業）］[48]

　平成 18 年 4 月 1 日から平成 23 年 6 月 30 日までの有価証券報告書（5 通）、半期報告書（1 通）及び四半期報告書（10 通）において、投資有価証券の過大計上及びのれんの過大計上等により、連結純資産額について、虚偽の記載をし、その結果、合計 1 億 9,181 万 9,994 円の課徴金が課された。

概　要	年　度	提出書類	課徴金額
継続開示書類	平成 19 年 3 月期	有価証券報告書	28,730,000 円
	平成 19 年 9 月期	半期報告書	11,687,777 円
	平成 20 年 3 月期	有価証券報告書	23,382,222 円
	平成 20 年 6 月期	第 1 四半期報告書	4,216,000 円
	平成 20 年 9 月期	第 2 四半期報告書	4,216,000 円
	平成 20 年 12 月期	第 3 四半期報告書	4,216,000 円
	平成 21 年 3 月期	有価証券報告書	8,432,000 円
	平成 21 年 6 月期	第 1 四半期報告書	7,137,624 円
	平成 21 年 9 月期	第 2 四半期報告書	9,191,979 円
	平成 21 年 12 月期	第 3 四半期報告書	10,390,734 円
	平成 22 年 3 月期	有価証券報告書	18,699,661 円
	平成 22 年 6 月期	第 1 四半期報告書	9,003,712 円
	平成 22 年 9 月期	第 2 四半期報告書	7,776,129 円
	平成 22 年 12 月期	第 3 四半期報告書	8,204,054 円
	平成 23 年 3 月期	有価証券報告書	16,676,102 円
	平成 23 年 6 月期	第 1 四半期報告書	19,860,000 円
	合　計		191,819,994 円

　その後、裁判によって罰金（7 億円）が確定し、効力停止中の課徴金（上記一覧表のうち平成 23 年 6 月期第 1 四半期報告書にかかる課徴金を除く）の額（171,959,994 円）を上回ったため、当該部分の課徴金納付命令決定は取り消され、罰金のみが科されることとなった[49]。

48　https://www.fsa.go.jp/news/24/syouken/20120711-3.html
49　https://www.fsa.go.jp/news/25/syouken/20130905-1.html

第4節
証券取引所による制裁

1. 証券取引所規則の概要

(1) 証券取引所規則の法的根拠

　金融商品取引法において、証券取引所規則は、金融商品取引所の自主規制として位置付けられている。すなわち、証券取引所は、金融商品取引所の運営という非常に公益性の高い業務を運営するために、適切に自主規制業務を行わなければならず（金商法84条）、その一環として、法令や行政官庁の処分はもとより、金融商品取引所として有する業務規定や受託準則その他の規則及び取引の信義則を遵守しなければならない旨、及びこれらに違反または背反したものに対して、過怠金を課し、除名する等の対応を行わなければならない義務が法定されている（金商法87条）。そこで、

① 　取引参加者契約を締結した取引参加者である証券会社等が遵守しなければならない規程等として、取引参加者の義務等を定めた取引参加者規程、投資家の取引の取り次ぎ・決済等に関する清算・決済規程、信用取引・貸借取引規程、受託契約準則等を定めるとともに、

② 　上場契約を締結した上場会社が遵守しなければならない規程等として、有価証券上場規程及び同施行規則、ガイドライン等を定めている。

これらの規程は、いずれも、証券会社等と締結する取引参加者契約や上場を希望する会社と締結する上場契約にも包括的に盛り込まれ、これらが改正されることで取引参加者契約や上場契約の内容も自動的に改正されることになる。

　本書では、日本の代表的な証券取引所である東京証券取引所の規程等を説明する。なお、名古屋、札幌、福岡の他の証券取引所についても、概ね同様の内容である。

(2) 主な構成

有価証券上場規程の主な内容は、上場会社については、新規上場、新株券等の上場及び市場区分の変更等、上場管理、実効性確保、上場廃止、雑則等である。このうち、証券取引所によるエンフォースメントに関わるところは、上場管理、実効性確保及び上場廃止である。[50]

① 上場管理（第4章：401条～452条）

第4章には、まず、適時開示基準が、決定事実、発生事実、子会社の決定事実、子会社の発生事実及び決算に関する事項等に分かれて詳細に規定されている。また、開示関連事項として、決算短信、業績予想の修正、MSCB、支配株主等についても規定されている。

この他には、

ア．上場会社が遵守すべき事項（遵守義務がある事項）

コーポレート・ガバナンス報告書の提出、第三者割当増資の際の遵守事項、MSCB、反社会的勢力排除、インサイダー取引の防止、過度の株式分割・併合の制限、独立役員の確保、コーポレートガバナンス・コードを実施するか、実施しない場合の理由の説明、買収防衛策、MBO、支配株主との取引等

イ．遵守することが望ましい事項（遵守する義務のない努力義務）

望ましい投資単位の水準への移行及び維持に係る努力や上場会社コーポレート・ガバナンス・コードの尊重，独立役員の確保・環境整備・情報提供、議決権行使に関する環境整備、決算内容に関する補足説明資料の公平な提供等が規定されている。

② 実効性確保（第5章：501条～510条）

第5章には、第4章に定められた規制のうち、遵守すべき事項、すなわち、上場会社に遵守する義務がある事項に抵触した場合の制裁等が規定されている。

その内容は、特設注意市場銘柄への指定、改善報告書の提出、公表措置及び

50　なお、有価証券上場規程及び同施行規則の条文番号の100番台は、章番号と一致している。

上場契約違約金であり、さらに、これらの実効性確保措置が発動されるか否か
を定める手続や、発動された場合の手続が定められている。そして、その詳細
は、有価証券上場規程施行規則や上場管理等に関するガイドラインに規定され
ている。

③ 上場廃止（第6章：601条～612条）

第6章には、上場廃止事由が規定されるとともに、上場廃止に関する手続が
規定されている。そして、その詳細は、有価証券上場規程施行規則や上場管理
等に関するガイドラインに規定されている。

2. 上場廃止

(1) 上場廃止事由を定める趣旨

証券取引所としては、上場廃止制度の趣旨は、公益または投資者保護のため
（有価証券上場規程601①二十に定められた包括規定参照）であり、本来は、
上場会社に対する制裁ではない。

しかし、上場会社としては、手間と時間とコストをかけて上場したにもかか
わらず、上場廃止事由に抵触し、証券取引所の審査の結果、上場廃止となって
しまえば、上場の際の手間も時間もコストも一切が無駄となってしまうことに
なる。また、日本の場合、上場企業は、株式を証券取引所に上場することによ
り一定の信用を得、また従業員の採用活動においても有利な状況にあるところ、
上場廃止となった場合、一般の業務上の取引や金融機関から融資を受ける際の
信用が落ち、取引や借入の条件が厳しくなること、また採用活動における不利
益は十分想定されることである。

このように、上場会社にとって、望まない上場廃止は、会社の存立に大きな
影響を及ぼす制裁として機能することになる。

(2) 上場廃止基準と虚偽記載

東京証券取引所の上場廃止基準の内容は、概ね以下の通りである。

第2章　会社に対する制裁等— 183

2017 年 10 月 1 日現在

項　目	上場廃止基準（一部・二部）　概要
株主数 [注1]	400 人未満（猶予期間 1 年）
流通株式数 [注2]	2,000 単位未満（猶予期間 1 年）
流通株式時価総額 [注3]	5 億円未満（猶予期間 1 年）
流通株式比率 [注4]	5% 未満（所定の書面を提出する場合を除く）（猶予期間なし）
時価総額 [注5]	a. 10 億円未満である場合において、9 か月（所定の書面を 3 か月以内に提出しない場合は 3 か月）以内に 10 億以上とならないとき 又は b. 上場株式数に 2 を乗じて得た数値未満である場合において、3 か月以内に当該数値以上とならないとき
債務超過	債務超過の状態となった場合において、1 年以内に債務超過の状態でなくならなかったとき（原則として連結貸借対照表による）
売買高	a. 最近 1 年間の月平均売買高が 10 単位未満 又は b. 3 か月間売買不成立
有価証券報告書等の提出遅延	監査報告書又は四半期レビュー報告書を添付した有価証券報告書又は四半期報告書を法定提出期限の経過後 1 か月以内に提出しない場合（有価証券報告書等の提出期限延長の承認を得た場合には、当該承認を得た期間の経過後 8 日目（休業日を除外する。）までに提出しない場合）
虚偽記載又は不適正意見等	a. 有価証券報告書等に虚偽記載を行った場合であって、直ちに上場を廃止しなければ市場の秩序を維持することが困難であることが明らかであると当取引所が認めるとき 又は b. 監査報告書又は四半期レビュー報告書に「不適正意見」又は「意見の表明をしない」旨等が記載された場合であって、直ちに上場を廃止しなければ市場の秩序を維持することが困難であることが明らかであると当取引所が認めるとき

特設注意市場銘柄等	a. 特設注意市場銘柄の指定要件に該当するにもかかわらず、内部管理体制等について改善の見込みがないと当取引所が認める場合 又は b. 特設注意市場銘柄に指定されている間に、内部管理体制等について改善の見込みがなくなったと当取引所が認める場合 又は c. 特設注意市場銘柄に指定されたにもかかわらず、内部管理体制等について改善がなされなかったと当取引所が認める場合
上場契約違反等	上場会社が上場契約に関する重大な違反を行った場合、新規上場申請等に係る宣誓事項について重大な違反を行った場合又は上場契約の当事者でなくなることとなった場合
その他	銀行取引の停止、破産手続・再生手続・更生手続、事業活動の停止、不適当な合併等、支配株主との取引の健全性の毀損(第三者割当により支配株主が異動した場合)、株式事務代行機関への不委託、株式の譲渡制限、完全子会社化、指定振替機関における取扱いの対象外、株主の権利の不当な制限、全部取得、株式等売渡請求による取得、反社会的勢力の関与、その他(公益又は投資者保護)

（注１）　「株主数」とは、１単位以上の株券等を所有する者の数をいう。

（注２）　「流通株式」とは、上場株券等のうち、上場株式数の10％以上を所有する者が所有する株式その他の流通性の乏しい株式として施行規則で定めるものを除いたものをいう。

（注３）　「流通株式時価総額」とは、上場会社の事業年度の末日における東京証券取引所の売買立会における最終価格に、上場会社の事業年度の末日における流通株式の数を乗じて得た額をいう。

（注４）　「流通株式比率」とは、上場会社の事業年度の末日における流通株式の数の上場株券等の数に占める割合をいう。

（注５）　「時価総額」とは、月間平均時価総額（東京証券取引所の売買立会における日々の最終価格に、その日の上場株式数を乗じて得た額の平均）又は月末時価総額（月末日における東京証券取引所の売買立会における最終価格（最終価格がない場合は直近の最終価格）に当該末日における上場株式数を乗じて得た額）をいう。

　このうち、架空取引や循環取引を行った場合については、「虚偽記載または不適正意見等」として上場廃止事由に該当する（有価証券上場規程601①十一）ことになる。

(3) 上場廃止手続

　上場会社について上場廃止事由に該当する事実がある旨の報告を証券取引所が受けた場合、例えば、上場会社が過去に虚偽記載を行ったものとして訂正報告書を財務局に提出した後に証券取引所にその旨を報告した場合が考えられるが、証券取引所は、上場廃止事由に該当するか否かを確認することになる。

　当該確認期間中は、上場廃止の可能性があることを投資者に周知させ、投資者の責任において株式の売買を行ってもらう必要があるため、上場廃止事由の確認の間、当該株式については監理銘柄（審査中）に指定される（有価証券上場規程 610、同施行規則 605 ① 本文）。

① 直ちに上場廃止となる場合

　そして、虚偽記載があり、かつ上場廃止の決定がなされた場合、当該株式は整理銘柄に指定され（有価証券上場規程 611）、1 か月後に上場廃止となる（同施行規則 604 十）。

　上場廃止となるか否かについては、上場会社が有価証券報告書等に虚偽記載を行った場合、かつ、直ちに上場を廃止しなければ市場の秩序を維持することが困難であることが明らかであると当取引所が認めるとき（有価証券上場規程 601 ① 十一）と規定されていることから、虚偽記載の有無及び内容並びに直ちに上場廃止することによる市場秩序の維持の要否が審査の要点となる。この「直ちに上場廃止することによる市場秩序の維持の要否」については、有価証券報告書等における虚偽記載又は不適正意見等に係る期間、金額、態様及び株価への影響その他の事情を総合的に勘案して行う（上場管理等に関するガイドライン Ⅳ 3.）とされている。

　また、虚偽記載があり、直ちに上場廃止とならなかったとしても、特設注意市場銘柄に指定され、改善の見込みがない場合は上場廃止となる[51]。

　そのため、上場会社としては、実務上、虚偽記載を行った旨を証券取引所に報告した後、事実関係を詳細に調査した上で、証券取引所に報告し、また、証

51　詳細については、後述の 3. (1) 参照

186 —第 2 編　循環取引発覚後の対応と法律上の論点

券取引所からヒアリングを受けることとなる。

そして、再発しないよう内部管理体制を適切に構築して取引所に内部管理体制の改善を認めてもらわなければ上場廃止となる。

（4）上場廃止となった実例

① 循環取引ではない架空売上等に基づく虚偽記載を理由とする例

［㈱シニアコミュニケーション（コンサルティング業）］

　売上の前倒し計上及び架空売上の計上等により、平成18年3月期有価証券報告書から平成21年12月期の四半期報告書まで、継続開示書類に虚偽記載を行い、その間提出した有価証券届出書（2通）は平成18年3月期の虚偽の財務諸表を用いたものであった。こうした発行開示書類及び継続開示書類の虚偽記載を理由として、東京証券取引所が、マザーズ市場からの上場廃止を決定した。

　この会社は、平成17年12月に東京証券取引所マザーズ市場に上場し、その直後に提出した平成18年3月期有価証券報告書から発覚するまで虚偽記載を行い、上場直後に行った増資に際しても、その虚偽記載を行った財務諸表を用いていた。そのため、悪質性が高く投資者保護のためには上場廃止が必要と判断されたのではないかと考えられる。

② 循環取引ではない架空売上等に基づく虚偽記載を理由とする例

［㈱エフオーアイ（機械製造業）］

　上場に伴う株式の募集及び売出しを実施するに際し、平成16年3月期において、実際の売上高が7億1,941万328円であるのに、決算書類には売上高が23億2,799万9,328円である旨記載する粉飾決算を行った。また、平成17年3月期以降も、平成21年3月期までの間、売上高を実際よりも水増しして計上する方法による粉飾決算を継続した。平成21年3月期の粉飾額は115億3,639万5,000円に及び、決算書類に記載された売上高の97.3%が架空の売上であり、そして、平成17年3月期以降も粉飾を継続し、平成21年3月期の粉飾額は115億3,639万5,000円に及び、決算書類に記載された売上高の97.3%が架空の売上であった。

そして、この会社は、平成 17 年 11 月 20 日に東京証券取引所マザーズ市場に上場しているが、その直前に開示した平成 17 年 10 月付開示書類、すなわち上場審査時の開示書類において重大な虚偽記載を行っていることから、悪質性が高く投資者保護のためには上場廃止が必要と判断されたのではないかと考えられる。実際、東京証券取引所の web サイトでは、新規上場申請に係る宣誓書において宣誓した事項についての重大な違反とされている。また、上場直後のいわゆる「ロックアップ」期限が到来する前に虚偽記載が発覚したことから、この期限が到来するまでは被害を受ける投資家が限定的であることから、迅速な対応がなされたことに特徴がある。

なお、上場から上場廃止までの期間は、執筆時現在では過去最短である。

③　循環取引の発覚を契機とする上場廃止

循環取引による虚偽記載を主たる理由として上場廃止となった上場企業を探してみたが、執筆時には見あたらなかった[52]。その理由は、以下の通りと考えられる。

a.　倒産による上場廃止の実例

(a)　民事再生により上場廃止となった例①

［ニイウス　コー㈱（情報処理業）］

循環取引により平成 17 年 6 月及び平成 18 年 6 月決算において合計約250 億円の架空売上を計上した東証 2 部上場の同社は、循環取引が発覚した後、私的整理による経営再建を図っていたが、一部金融機関の賛同が得られずに民事再生申立に至り、民事再生を理由とする上場廃止がなされた。

(b)　民事再生により上場廃止となった例②

［㈱ IXI（情報処理業）］

ジャスダック証券取引所に上場していた同社が、平成 15 年 3 月期から平成 18 年 3 月期まで、実際の売上高が、それぞれ、約 16 億円、約 6 億円、

---

[52]　子会社と実体のない取引を計上して損失を隠匿した事例はあるが、循環取引ほど複雑化していないと解されるので、本事例紹介においては、循環取引には含めていない。

約 9 億円、約 12 億円であったにもかかわらず、循環取引による架空売上を計上し、その結果、それぞれ約 55 億円、約 113 億円、約 176 億円、約 403 億円と、売上を約 4 倍〜約 34 倍にまで水増ししていたところ、監査法人の監査証明が受けられず、循環取引が発覚し、民事再生申立に至り、民事再生を理由とする上場廃止がなされた。

(c)　民事再生により上場廃止となった例③

［㈱プロデュース（機械製造業）］

　電子部品製造装置の開発・設計・製造等を目的とする会社が、ジャスダック証券取引所に上場する会社が、有価証券報告書及び新規上場時の有価証券届出書に循環取引による架空売上を計上し、その後、証券取引等監視委員会による調査を受け、会計監査人からの監査契約の解除通知を受け、有価証券報告書を提出することができなくなり、こうした経緯を受け信用が著しく低下したため、民事再生手続に至り、民事再生を理由とする上場廃止がなされた。

(d)　倒産により上場廃止となる理由

　上記 3 例は、いずれも、循環取引を行ったことについて証券取引等監視委員会が刑事告発を行う程悪質な上場会社の虚偽記載事件である。これらの循環取引を行った上場会社は、いずれも上場廃止となっているが、虚偽記載により上場廃止となる前に、民事再生手続等を理由として上場廃止となっている。その理由としては、以下の通りと考えられる。

　そもそも上場会社が循環取引に手を染める理由は、公表した事業計画通りに業績が上がらないケースや従業員が業績を確保するためなど、業績等の悪い状態を実態よりもよく見せることにある。

　したがって、循環取引の発覚により経営実態を公表せざるを得ないとすれば、元々経営状態が悪く、証券取引所により虚偽記載による上場廃止の判断がなされる以前に、一刻も早く経営再建が必要であり、まずはスポンサーの獲得や M&A による経営の再建が模索され、最悪の場合、民事再生手続等により再起を図る方法が選択されるのではないかと考えられる。

　なお、民事再生を選択せずに、上場を維持したまま私的整理により再起を

図ることを計画することも考えられる。しかし、循環取引により有価証券報告書等について虚偽記載を行っていることが判明すれば、金融機関等の信用を喪失し、資金繰りに窮してしまうケースが少なくないと考えられる。たとえ私的整理を試みても、循環取引による虚偽記載の実績により金融機関の信用を失い、私的整理に伴う債権放棄や支払猶予の合意が得られないケースが考えられ、実際に、かかる事実経過が推測される実例も見受けられる。

b. M&Aにより上場廃止となる場合

　循環取引が発覚した場合、そもそも経営状態が悪化し経営の継続が困難な場合や、信用の喪失により金融機関との関係では新規融資が受けれられないばかりか融資を引き上げられるなど資金繰りに窮する場合など、いずれにせよ発覚直後に倒産の危機に至ったり、倒産しなくとも信用喪失により経営が困難となる場合が考えられる。

　こうした場合は、たとえ倒産に至らなくとも、当該会社が単独で上場を継続することが困難となることは十分考えられる。たとえ、一時的には、親会社または他の事業者からの資金援助により当座を凌ぐことができたとしても、長期的な視点から、当該資金援助をどのように返済等するかという観点からすると、その返済が容易でないため、M&Aが検討されることも少なくない。一方、親会社や買収者からすると、循環取引の発覚後は株価が下落し、完全子会社化や買収が容易となることになる。そうしたことから、親会社または第三者によるM&Aにより、株式交換が行われて完全子会社化されるか、または合併が行われて法人格自体が消滅することにより上場廃止となることも考えられ、実例も少なくない。

　このように、循環取引を行う会社については、重大な案件であればある程、虚偽記載を理由とする証券取引所の決定による上場廃止以前に、循環取引の発覚により経営の継続が困難となり、倒産処理やM&Aにより上場廃止となることが想定され、実例が複数見受けられるのである。

　(a)　同業他社の完全子会社となって上場廃止となった事例

［㈱加ト吉（水産加工業）］

　　東証一部上場の同社は、循環取引により6年間で合計約1,000億円の

架空売上を計上していたところ、これが発覚し、想定外の損失約172億円の増加、信用低下及び株価の下落に至った。同社は、証券取引所に対して改善報告書等を提出は命ぜられたものの、上場廃止には至らなかったが、その後の公開買付等により、同業他社の上場会社の完全子会社となった。

(b) 上場子会社が完全子会社となって上場廃止となった事例

[㈱メルシャン（飲料等製造業）]

東証一部上場であり、かつある上場会社の子会社であった同社の一部門が架空循環取引を行い、その結果、最終的には、約64億7,000万円もの金額に及び、直近2会計年度の損益を契約12億3,000万円の黒字から28億8,000万円の赤字に修正せざるを得なくなった[53]。

同社は、循環取引の発覚後第三者委員会を組織してその全容を調査し、関係者の処分等の対応を行ったが、最終的には、親会社による株式交換によって上場廃止となった。

3. 上場廃止以外の制裁（実効性確保措置）

2000年以降、有価証券報告書虚偽記載はもとより、極端な比率の株式分割や株式併合、MSCB（転換価格修正条項付転換社債型新株予約権）等既存の株主の利益を害するような第三者割当の増加、不適正な適時開示、その他投資家の利益を害するような企業行動が目立って増加してきた。そこで、証券取引所が、市場の健全性の確保のため、すなわち、投資家が適切に情報を入手し判断を行って投資をすることができるよう、上場制度を整備することとし、東京証券取引所が2006年から上場制度総合整備プログラムを策定し、段階的にこれを実施してきている。

こうした上場制度整備の一環として、証券取引所が、企業が遵守しなければならない事項を整備するとともに定めたエンフォースメントの手段が、以下の

---

53 2010年11月5日付キリンホールディングス第三者委員会「第三者委員会報告書」

実効性確保措置である。

（1）特設注意市場銘柄への指定（有価証券上場規程 501 条）

　特設注意市場銘柄への指定は、上場廃止に至らなかったものの改善が必要な上場会社であることを投資家等に認識せしめるために行われる制度である。すなわち、

① 　有価証券報告書等への虚偽記載を行った場合

② 　財務諸表等に添付される監査報告書等において公認会計士等によって「不適正意見」または「意見の表明をしない」旨が記載された場合

③ 　上場契約等について違反を行った場合

④ 　反社会的勢力の関与

⑤ 　その他公益または投資者保護の観点から上場廃止の恐れがある場合

のいずれかに該当して上場廃止の恐れが生じたが、証券取引所による審査の結果、影響が重大とはいえないと認められて上場廃止にならなかった場合に、上場会社の内部監理体制等について改善の必要性が高いと認められたときは、特設注意市場銘柄に指定され、その旨公表されることになる。

　特設注意市場銘柄へ指定された上場会社は、当該指定から 1 年を経ると、内部管理体制の状況等について記載した「内部管理体制確認書」を提出することが義務づけられる。当該指定が解除されるためには、この「内部管理体制確認書」の内容等に基づき証券取引所の審査を受け、内部管理体制等に問題があると認められないことが必要である。

　問題があると認められた場合は、特設注意市場銘柄の指定が継続し、当初の指定から 1 年 6 か月経過後速やかに、内部管理体制確認書の再提出をし、改善がなされ、問題がないと認められれば指定が解除される。

　逆に、特設注意市場銘柄に指定されている上場会社が、再提出にもかかわらず内部管理体制等について改善がなされなかった場合や、その他の時期であっても内部管理体制等について改善の見込みがない場合は、上場廃止となる（有価証券上場規程 601 条 1 項 11 号の 2）

　このような制度であることから、循環取引により架空の売上や利益を計上し

て開示をした上場会社は、たとえ上場廃止には至らなかったとしても、特設注
意市場銘柄に指定される可能性は高い。

(2) 改善報告書（有価証券上場規程 502 条以下）

　上場会社が、上場契約のうち適時開示に関する規定（東京証券取引所の場合、
有価証券上場規程第 4 章第 2 節（402 条～ 420 条：会社情報の適時開示等））や、
上場会社として遵守しなければならない事項を定めた規定（東京証券取引所の
場合、有価証券上場規程第 4 章第 4 節第 1 款（432 条～ 444 条：企業行動規範・
遵守すべき事項））に違反した場合であり、証券取引所が改善の必要性が高い
と認めるときは、当該違反の経緯及び改善措置を記載した報告書として、「改
善報告書」の提出を求めている。

　「改善報告書」については、当該上場会社が形式的に作成して提出すればよ
いというものではなく、証券取引所が内容が明らかに不十分であると認めたと
きは、当該上場会社は、その内容を変更し、再提出しなければならない。こう
して当該上場会社が提出した改善報告書は、証券取引所のウェブサイトで誰で
も閲覧できる他、証券取引所にも備え付けられて公衆縦覧に供され（東京証券
取引所の場合、ARROWS 内のインフォメーションテラス）、誰でも自由に
閲覧することができる。

　上場会社としては、「改善報告書」を提出したらそれで終わりという訳では
なく、「改善報告書」提出後 6 か月経過後速やかに、改善措置の実施状況及び
運用状況を記載した「改善状況報告書」を提出しなければならず、この「改善
状況報告書」もまた「改善報告書」と同様に公衆縦覧に供される。この「改善
状況報告書」は、「改善報告書」提出後 5 年間は、証券取引所が提出を要求す
る限り当該上場会社には提出義務が課されることとされている。

　このように、上場会社が適切な開示を行わなかったり企業行動規範に反した
場合、上場企業は、当該違反行為が行われないよう態勢が改善されない限り、
証券取引所の監視下におかれることになるのである。

　改善報告書制度自体は、どちらかというと投資家に適正な情報を提供し、市
場の健全性を保つことを目的としている。しかし、上場会社としては、十分な

調査をし、社内協議を重ねて改善策をまとめた上で改善報告書を提出すること
になるため、その手間とコストが相当なものとなる。そのため、実質的には制
裁としても機能していると評価することができる（書式等については、第1章
第5節2. 参照）

(3) 公表措置

公表措置とは、証券取引所が、上場会社について

① 上場会社が適時開示に係る規定に違反したと東証が認める場合

② 上場会社が企業行動規範の「遵守すべき事項」に係る規定に違反したと東
証が認める場合

③ 上場会社が会社法第331条（取締役の資格等）、第335条（監査役の資格等）、
第337条（会計監査人の資格等）または第400条（委員の選定等）の規定
に違反した場合

のいずれかに該当して必要と認めるときは、その違反行為について公表措置を
講ずることとされている。この公表措置は、投資家への告知と上場会社の制裁
としての両側面があるものと解される。

なお、類似の制度として、注意喚起制度があるが、これは、証券取引所が投
資者に対して、不明確な情報が報道されている場合に警告を発し、不測の損害
を防ぐための制度であって、上場企業に対する制裁ではない。

(4) 上場契約違約金

上場契約違約金とは、証券取引所が、上場会社について

① 上場会社が適時開示に係る規定に違反したと東証が認める場合

② 上場会社が企業行動規範の「遵守すべき事項」に係る規定に違反したと東
証が認める場合

③ その他上場会社が有価証券上場規程その他の規則に違反したと当取引所が
認める場合

であって、市場に対する株主及び投資者の信頼を毀損したと認めたとき、上場
会社に対して、上場契約違約金（有価証券上場規程施行規則504条1号）の支

払いを求める制度である。また、同時に、証券取引所が、上場契約違約金が課された事実を公表することとしている。

上場違約金の金額は、従前は 1,000 万円とされていたが、現在は以下の通りと定められている。

市場区分等	市場第一部	市場第二部	マザーズ
上場時価総額			
50 億円以下	1,920 万円	1,440 万円	960 万円
50 億円を超え 250 億円以下	3,360 万円	2,880 万円	2,400 万円
250 億円を超え 500 億円以下	4,800 万円	4,320 万円	3,840 万円
500 億円を超え 2,500 億円以下	6,240 万円	5,760 万円	5,280 万円
2,500 億円を超え 5,000 億円以下	7,680 万円	7,200 万円	6,720 万円
5,000 億円を超えるもの	9,120 万円	8,640 万円	8,160 万円

市場区分等	JASDAQ
上場時価総額	
1,000 億円以下	2,000 万円
1,000 億円を超えるもの	2,400 万円

この制度は、証券取引所と上場会社の間の上場契約に基づく違約金であり、法律的には民事的な意味を持つ違約金であるが、実質的には、証券取引所による制裁といえる。

なお、上場契約違約金は、当取引所が上場契約違約金の支払いを求めた日の属する月の翌月末日までに支払うものとされており、当該期限までに支払わない場合は、日歩 4 銭（年利 14.6%）の遅延損害金が課される。

第5節
会社の民事責任

1. 投資家に対する責任

(1) 金融商品取引法上の責任

① 無過失責任、立証責任の転換等

　循環取引により売上や利益を架空計上していた場合、上場会社の場合、有価証券報告書等の継続開示書類や有価証券届出書等の発行開示書類において虚偽記載を行っていることになる。

　このような場合は、通常、重要な事項について虚偽の記載があったこととなり、当該開示につき虚偽記載があることを知らずに有価証券を市場で取得したり募集や売出しに応じて取得した者に対し、損害賠償責任を負う。

　この損害賠償責任は、流通市場における虚偽記載（有価証券報告書等）の場合は、過失責任であるが、立証責任が転換されたものであり（金商法21の2）、当該投資家には因果関係の立証が求められていないことから、当該投資家に損害が生じている限り、会社としてはこれを賠償しなければならないことになる。

　一方、発行市場における虚偽記載（有価証券届出書）にかかる虚偽記載においては、実質的には損害賠償ではなく、過失の有無にかかわらず、募集または売り出しにより直接取得した者に対して無過失責任を負うことになる（金商法18）。

② 損害額の推定と反証

　前述の通り、金融商品取引法上、虚偽記載が行われた場合は投資家保護の観点から、因果関係や過失について立証責任等が免除されているが、損害賠償額についても、通常の不法行為に基づく損害賠償請求事件のような厳密な損害額の立証が容易ではないことから、損害額が法律上推定され、立証責任が損害賠

196 —第2編　循環取引発覚後の対応と法律上の論点

償請求者側から会社側に転換されている。すなわち、金融商品取引法第21条
の2第1項によれば、

① 請求権者が当該有価証券の取得について支払った額から、損害賠償請求時
の市場価格を差し引いた金額（市場がない場合は処分推定価格）

② 請求権者が当該有価証券の取得について支払った額から、当該有価証券の
処分価格を差し引いた額

のいずれかが推定される。また、損害額については、公表日前1年以内に株式
を取得し当該公表日において継続保有している場合、公表日前1か月間の市場
価格の平均額から公表後1か月間の市場価格の平均額を控除した額を損害額と
することが認められている（金商法21の2②・19①）。

　ただし、公平の観点から、上場会社がその損害額の推定を覆すことは認めら
れている。すなわち、その請求権者が受けた損害の額の全部または一部が当該
書類の虚偽記載等によって生ずべき値下がり以外の事情により生じたことを証
明したときは、その証明した部分について賠償責任を免れることになる（いわ
ゆる「減額の抗弁」）。

　このように、循環取引を行った上場会社は、法律上の損害が投資家に生じて
いる限り、その金額が虚偽記載以外の理由によって下落したことを証明しなけ
れば賠償責任を負うことになるが、その証明は容易ではない。例えば、証券会
社が信用取引の担保から除外したこと、これに端を発する大量の売り注文の負
荷に耐えかねた証券取引所のシステムダウン、開示注意銘柄に指定されたこと
等が「有価証券報告書等の虚偽記載等を含む一連の不正行為又はこれに起因し
て発生した事情であって、「虚偽記載等によって生ずべき当該有価証券の値下
り以外の事情」には該当しない。」（東高判平成21年12月16日金融・商事判
例1332号7頁）とされたように、反証は容易には認められないものと考えら
れる。もっとも、同判決では、関連会社における異なる虚偽記載に関する事実
による値下がりについては、「虚偽記載によって生ずべき値下り以外の事情」
であることを認めているなど、必ずしも反証が認められない訳ではない。

　ただし、金額については明確に算出できないことも少なくなく、当該裁判例
では、「賠償の責めに任じない損害の額として相当な額の認定をする」（金商法

21の2⑤）として、推定損害額から1割を減額している。

(2) 民法上の責任

　前述の金融商品取引法上の責任以外にも、不法行為（民709）に基づく責任が考えられる。そもそも、不法行為については成立範囲が広く、株式の発行会社と投資家等の間についても、特段の法律関係の有無にかかわらず成立する可能性がある。そのため、虚偽記載という法令違反行為を原因として投資家等に損害が発生した場合、虚偽記載のなされた書類の提出であるから、代表取締役の不法行為として、会社は損害賠償責任を負うことになる（会350）。

　ただし、投資家等は、その被った損害額、虚偽記載と投資家等の損害の間の因果関係、取締役の故意または過失を立証しなければならないところ[54]、その立証、とりわけ損害額及び損害と虚偽記載の間の因果関係の立証については容易でない。なぜなら、株式の市場価格が変動する理由は、虚偽記載があったからといってそれに限定されるものではなく、他の投資家の動向、他の重要事実、その他多岐にわたるため、損害額[55]や虚偽記載と損害の間の因果関係の立証は容易ではない。そして、たとえ因果関係が立証できたとしても、今度は、虚偽記載による株価が下落後の株価かどうかを確認し、虚偽記載による損害額を立証しなければならないが、その立証のハードルは相当高い。そのため、金融商品取引法においては、会社に対する責任について因果関係及び過失の立証が不要であり、また損害額の立証についても法令が算定方法を定め、立証責任を転換しているのである。

54　従業員による虚偽記載であれば、使用者責任（民715）に基づき会社に損害賠償請求をするということになるが、従業員のみが関与し、取締役が全く知らないといえるかどうか、疑問である。
55　虚偽記載がない場合の市場価格と取得額の差額と考えられる。

198 —第2編　循環取引発覚後の対応と法律上の論点

2. 取引先に対する責任

(1) 循環取引の対象商品を自ら抱え込んだ場合

　循環取引の対象商品を、首謀者たる会社が抱え込んだ場合は、当該商品の当初の販売金額に、循環取引に参加した当事者の得る利益が上乗せされて購入しているため、首謀者たる会社には他の当事者が得た当該利益相当額の損害が生じていることになるが、他の当事者については損害が生じていないことになる。したがって、首謀者たる会社が循環取引の対象商品を最終的に購入することができれば、取引先等に対する民法上の責任は、特段発生しないことになる。

(2) 循環取引の対象商品を取引先が抱え込んだ場合

　循環取引の対象商品を取引先が抱え込み、担当者の異動や循環取引の発覚等の事情により循環取引の「循環」が停止してしまうことも考えられる。この場合、当該取引先が首謀者に商品譲渡する役割であれば、循環取引の合意を証明して対象商品と引換に代金支払いを請求してくることが考えられる。また、当該取引先が首謀者でない取引先に購入を断られた場合に、首謀者に損害賠償請求をすることが考えられる。このような場合、循環取引の首謀者が対象商品を購入する義務を負うかどうか、また、損害賠償義務があるかどうかが問題となる。この点は第4章各節に譲る。

(3) 関与した当事者の一部が倒産した場合

　循環取引を行っていたところ、関与する当事者の一社が倒産し、「循環」の輪が途切れてしまうことも考えられる。この場合、対象商品を抱え込んだ取引先は首謀者に対して損害賠償請求を行うことが認められるのか、という問題となる。この点は、第4章各節に譲る。

第6節
信用喪失と経営破綻

1. 循環取引と信用喪失

　信用を喪失するということは、法令や各種規定のようなものに書かれている訳ではなく、必ずしも法令や各種規定に基づく制裁とは言えない。しかし、会社が社会的存在である以上、社会的な制裁として、信用喪失というものが現実には存在する。この点、循環取引に手を染めるような者は、このような社会的制裁を受けるリスクを認識せず、またはリスクがあることを知りつつ、そのリスクを軽視している可能性がある。

　信用喪失という社会的制裁は、法的制裁がなかった場合または小さかった場合であっても、その相手方によっては重い制裁となることも考えられる（ただし、重い法的制裁を受けた場合は、信用喪失はほぼ確実であると考えられる）。もっとも、循環取引等を原因として企業が信用を喪失する場合は、誰に対する信用かという点から異なることや、その相手方によって信用喪失の度合いも異なるため一概には言えず、さらに、どのような場合にどのような信用を失うかについては、その基準等が公表されていないこともあり、その予測は容易ではない。

　したがって、一度循環取引等による虚偽記載に手を染めて、それを公表せざるを得なくなった場合は、結局のところ関係者（ステーク・ホルダー）毎にどのような信用が重要か、またその信用喪失を可能な限り防止する対策として何が必要かを個別に迅速に検討した上で実施しなければ、通常の経済活動が営めるような状態には回復しないことも十分あり得ることである。

　そこで、どのような関係者との間でどのような信用を喪失し、どのような社会的制裁を受けるか、いずれも当たり前のことかもしれないが、改めて以下説明する。

① 株式市場

　上場会社が循環取引を行い、これに基づく虚偽の売上高や利益額を開示していたところ、これがマスコミや証券取引等監視委員会に発覚した場合または上場会社が自主的に発見した場合には、決算短信、四半期開示、有価証券報告書等の開示書類の訂正を行わなければならない。金融商品取引法上の開示書類の訂正（金商法7、9①、10①、24の2）も、証券取引所規則（有価証券上場規程416）に基づく開示も、いずれも訂正が義務とされている。また、訂正報告書や訂正の開示がなされた場合等の場合には、証券取引所により監理銘柄に指定され、また、開示状況によっては、未開示部分があると判断されて注意喚起がなされたり、あるいは、特設注意市場銘柄に指定されることも考えられる。

　以上のように、訂正報告や開示事項の訂正が行われた上場会社は、後に監理銘柄あるいは特設注意市場銘柄に指定される可能性がある。そのため、投資家等としては、こうした上場会社については、他にも虚偽の開示があるのではないかと疑ったり、今後虚偽の開示を行わないとは限らないと考えて開示事項を信用しなくなり、あるいは、虚偽記載を行うような会社はそもそも投資不適格であるとして、いずれにせよ信用できないと判断するであろう[56]。このような場合、投資家としては、今後発生するリスクを回避すべく、当該会社の株式を少なくとも一部は売却するであろうし、すべて売ってしまうことも考えられる。

　そうすると、株価が大幅に下落することは当然のことであるが、株価の下落により、さらに信用を喪失するという悪循環に陥ることになる。無論、証券取引所の審査の結果上場廃止となれば、整理銘柄として約1か月間上場が維持され、その後に上場廃止となるが、株式市場からの信用を失うばかりか、その他のステーク・ホルダーとの関係でも、上場会社として得ていた信用を失うことになる。すなわち、株式市場において信用を失った場合、さらに他の関係者との間でも信用を喪失することになる。このように、上場会社が循環取引等の会計不祥事を行った場合、株式市場の信用を喪失するだけにとどまらない可能性

56　無論、適正な調査を行い、改善体制を整えた上で、その結果を適正に開示することで、信用の喪失を一定程度防ぐことができない訳ではない。

がある。

② 金融機関

a. 総論

　上場会社であっても、非上場会社であっても、ごく一部の企業を除き、金融機関から融資を受けて運転資金を得て仕入代金や給与の支払い等に活用し、また、資産を購入するなど、金融機関との取引は欠かせないものである。しかし、会社が、循環取引等による開示書類に関する虚偽記載を行った場合、金融機関としては、主に、銀行取引約定違反として取り扱う場合と、財務制限条項違反として取り扱う場合が考えられる。

b. 銀行取引約定違反等となる場合

　金融機関としては、融資を行うに際しては、融資申込者たる会社から、融資審査に際して、上場会社であれば有価証券報告書や有価証券届出書等を受領し、非上場会社であれば法人税申告書の写し及びこれに添付されている決算書一式を受領している。そして、融資を実行するにあたって、銀行取引約定を交わすことが行われる。また、取引が継続している場合は、金融機関との間で、銀行取引約定書等の基本契約を締結していることがほとんどである。そこで、実務上、その取引が継続している限り、銀行取引約定書（旧雛型の場合、第12条[57]）に基づき、会社は、継続的に、上場会社であれば有価証券報告書等の開示書類を、非上場会社の場合は法人税の申告書と決算書の写しを金融機関に提出している。

　したがって、かかる計算書類や決算書の重要な事項に虚偽記載があれば、「債権保全を必要とする相当の自由が生じたとき」（銀行取引約定書旧雛型[58]の場合、第5条2項5号）に該当することになる。たとえ、返済の履行を遅滞していなくとも、当該条項に該当することは不可避である。こうして、銀行取引約定書違反であるとして、金融機関の請求により期限の利益を喪失する。

　結局、金融機関から期限の利益喪失とされるのは、融資時の審査または融資

57　なお、金融機関毎に、取引約定書の内容が異なる可能性がある。

58　全国銀行協会による銀行取引約定書の雛型は既に廃止されているため、廃止直前の雛型を「旧雛型」として紹介している。ただし、実務上はこの雛型と類似した規定が多く見られる。

後の継続審査の過程において金融機関との関係で上場会社が信頼を喪失したことに他ならない。これを金融機関の立場から見ると、融資は「信用供与」とも呼ばれることから明らかな通り、信用を喪失した取引先に融資をすることができないのは当然のことである。

c. 財務制限条項違反となる場合

　最近は、企業が借り入れにより資金調達をする際、とりわけ社債やシンジケートローン等の借り入れを選択する場合、融資を受ける際の特約条項である財務制限条項が設けられることが少なくなく、これに抵触した場合（一定期間内に回復した場合には適用されないと定められる場合がある）、当然にまたは金融機関等の請求により期限の利益喪失とされる。財務制限条項の内容としては、純資産維持条項[59]、利益維持条項[60]、格付維持条項[61]、株式の売買高加重平均価格維持条項[62]など、様々なものがある。すなわち、財務制限条項とは、会社の信用を客観的な指標によって定型的に判断し、当該条項に抵触した場合には、基本的には信用を喪失したものとして借入金の一括返済を求めるという仕組みである。

　循環取引による売上高や利益額の虚偽記載を有価証券報告書等に行った場合、直接こうした財務制限条項に抵触する訳ではない。ただし、循環取引を行う理由として、損失計上を隠匿するために循環取引を行ったのであれば、訂正後の損益計算書が利益維持条項に抵触する可能性がある。また、累積損失が多額となり債務超過に陥ったことを隠匿するために循環取引を行った場合には、純資産維持条項に抵触していたことを隠匿することになる。この他に、虚偽記載の公表により格付けが低下すれば格付け維持条項に抵触し、株価が下落すれば平均株価維持条項に抵触することになる。

　以上の通り、循環取引を行い、それが発覚等した場合は、循環取引自体による信用喪失ではないが、定型的な財務制限条項に抵触することで、信用を喪失

59　貸借対照表上の総資産から総負債を控除した額が一定以上の金額を維持すること。
60　損益計算書または連結損益計算書のいずれかについて、営業損益、経常損益及び当期損益について、その一部または全部について黒字を維持し、または一定金額を維持すること。
61　特定の格付け会社の格付けを一定以上に維持すること。
62　一定の算定期間内の平均株価を一定額以上に維持すること。

することになるのである。または、財務制限条項に抵触している事実を覆い隠すために循環取引に手を染める場合も考えられ、こうした場合は、「循環取引により信用を喪失した。」のではなく、「信用を喪失した状態を隠匿するために循環取引を行った。」ということになろう。

いずれにせよ、循環取引を行うと、財務制限条項が発動される可能性が高いものといえよう。

d. 契約違反による期限の利益喪失

上記のような銀行取引約定違反または財務制限条項に抵触した場合は、期限の利益を喪失し（銀行取引約定書旧雛型の場合、第5条2項3号）、当該金融機関からの借入金をすべて一括返済しなければならない。また、融資ではなくとも、手形割引を受けていた場合は、割引を依頼した手形をすべて買い戻さなければならなくなる（銀行取引約定書旧雛型の場合、第6条2項）。

このように、期限の利益喪失とは、金融機関との間では取引を即座にすべて打ち切ることを意味するのである。期限の利益を喪失した企業は、金融機関に対し[63]、借入金を一括返済しなければならなくなる。しかし、金融機関からの借入金のすべてを一括して返済することができる企業はごくごく限られており、経営の安定した親会社の支配下にあり資金援助を受けられる場合や、有力なスポンサーからの資金援助が得られるような企業であろう。換言すれば、金融機関からの借入金につき期限の利益を喪失した場合、通常は、資金繰りに窮し、早晩倒産の憂き目に遭うことが少なくない。実際、循環取引が発覚したことにより金融機関から取引を打ち切られ、資金繰りに窮して民事再生法を申し立てた元上場企業も複数ある。

③ 主要取引先

a. 当該会社が商品等を購入している取引先（仕入先）

標記の場合、当該会社と仕入先との間では、当該会社が仕入先から商品やサー

---

[63] 換言すれば、金融機関が期限の利益を喪失させない限り、借入金の一括返済は必要がないことになる。そのため、虚偽記載を行った上場会社は、金融機関と交渉して期限の利益を喪失させないよう努めることになる。ただし、上場企業の基本たる開示書類の重要事項について虚偽の記載があれば、金融機関としては、余程特殊な事情がない限り、借入金の返済が滞る可能性が高いとして、期限の利益を喪失させる可能性が高いものと考えられる。

ビスを購入し、当該会社が仕入先に対して代金を支払うという関係にある。したがって、仕入先としては、当該会社が仕入先が販売した商品やサービスの代金を確実に支払ってもらえるかどうか、ということが重大な関心事であり、当該会社が仕入先に対して有する「信用」とは、確実に代金を支払うことができることを意味することになる。

しかし、仕入先から見ると、循環取引を行って売上高や利益額を水増ししていた取引先については、従前開示されていた売上高や利益額が獲得できていないことから、これらの売上から生み出され、利益として留保されるべき資金が、従前開示されてきた程に備わっていないこと、すなわち、代金の支払能力が備わっていない、という評価をされることになる。

かかる評価こそが信用喪失である。

当該会社の信用が低下した場合、支払能力が低いと評価されることから、まず、取引量を減らされ、または単価の低い商品に切り替えられることになり、当該会社としては仕入れの量が細り、また質が低下することになる。その結果、当該会社が顧客や消費者に販売すべき商品やサービスの量が細り、または質が低下するため、結局売上高や利益額が細ることになる。すると、さらに仕入先の信用が低下し、販売すべき商品やサービスの量がさらに細り、また質がさらに低下するという悪循環に陥ることになる。

最悪の場合、取引先が、当該会社から支払いを受けられない可能性があると判断し、取引を打ち切る可能性がある。そうすると、当該会社としては、取引を打ち切られた以上その商品を欠品とせざるを得ず、そうでなければ割高であることを承知の上異なる事業者から購入するように仕入先を変更する事態にならざるを得ず[64]、結局、さらに売上高や利益が細ることとなる。

このように、仕入先からの信用が低下すると、十分な仕入れができなくなるため、売上や利益が先細り、それがさらに信用低下につながり、最悪の場合は突然取引打ち切りとなり、いずれにしても、「循環取引」による虚偽記載をきっ

---

[64] この場合、完全な代替品が入手できない限り、代替品の利用について製造過程の変更、商品の仕様変更など、様々な調整が必要となり、従前の商品より利益率が下がることが予想される。

かけとして経営危機への「悪循環」に陥ることにつながるのである。

b. 当該会社の製品やサービスの販売先

当該会社と販売先との関係は、当該会社が販売先に商品やサービスを販売し、その代金の支払いを受ける関係に立つ。そのため、販売先の関心は、代金の支払いが確実になされることではなく、専ら、商品やサービスが安定して確実に供給されることにある。すると、当該会社は、虚偽記載が発覚した場合、上記の通り金融機関や仕入先からの信用を失うことになる。この場合、販売先としては、当該会社では仕入代金が枯渇するため販売先に対して商品やサービスの安定供給を続けられない可能性が高くなるため、他の供給先を探し、欠品やサービスメニューの減少を回避することになる。また、商品やサービスの安定供給が受けられないのであれば、同業他社と取引を開始し、その同業他社との取引を中心に据え、最終的には、当該会社との取引を打ち切ることも想定される。

このように、当該会社が代金を支払う相手でなくとも、信用喪失により取引が細り、場合によっては、販売先が商品やサービスを購入しないこととなり、その結果、虚偽記載を行ったときより売上高や利益が減少することにつながるのである。最悪の場合は取引打ち切りとなり、売上及び利益が減少するリスクに直面するため、循環取引による虚偽記載をきっかけとして経営危機に陥ることにつながるのである。

c. その他

虚偽記載を行い、これが発覚した場合、その程度が余程軽微でない限り、法令違反に違反した企業との風評がついて回ることになる。こうした企業について、たとえ当該企業の規模が大きく、資産規模に余裕があり代金の支払いや商品の供給について特段問題がなかったとしても、すべての取引先が従前と同様の取引を継続するとは限らない。

近年では、コンプライアンス等の観点から法令違反を犯した企業との間では、一定期間取引を行わないことを標榜する企業も現れ、また、公表しないながらも取引を敬遠する企業もあるのではないかと推察される。また、消費者向けの商品を製造・販売している会社であれば、法令違反が消費者の購買意欲を削ぐ可能性も考慮しなければならない。

このように、循環取引を行い虚偽記載を行うような場合、仕入先や販売先のような具体的かつ切実な信用喪失だけでなく、確率が高くないとはいえ、上記のような必ずしも金銭には直結しない理由で信用を喪失し、当該会社のビジネスが縮小することにつながることがあるのである。

④ 従業員

循環取引が発覚した場合、従業員の信用を喪失し、従業員が当該会社から離れることも考えられる。特に、優秀な従業員であればある程、当該会社の今後の行く末を見通し、早期に退職することが予想される。

例えば、当該会社の風評が下落したため、早晩倒産するだろうと考えた従業員はすぐに就職活動を行うであろうし、また、不正を行った会社であると新聞に載ってしまった場合、近所に顔向けができないと感じる従業員もあるかもしれない[65]。この他に、経営者を信用できなくなったとして退職する従業員も存在するであろう[66]。

このような状態に陥った場合、当該会社としては、経営基盤の一つである従業員が散逸してしまうことになるため、たとえ金融機関や取引先、また株式市場の信頼が回復したとしても、企業としての体力が失われてしまい、最悪の場合、再起不能の状態に陥ることにもなりかねない。

したがって、経営者としては、循環取引を発見しまたは発覚した場合は、一定の従業員が退職するリスクは覚悟しつつも、従業員が今後退職しないような配慮をし、従業員の信頼を一刻も早く回復して、企業としての再起を図らなければならない。

---

65 不祥事を起こした企業に勤務する従業員が、不祥事に関わっていなくとも、勤務先や自宅の近所での評判が下がり、家族も迷惑を被るということも考えられよう。

66 循環取引等により架空売上を計上することに腐心して多額の給与を得ていた従業員としては、多額の賞与が望めないとして退職するかもしれないが、このような従業員であれば不要であろう。

第2章 会社に対する制裁等— 207

2. 経営破綻

（1）信用の喪失と経営破綻

　企業にとって、また経営者にとって、経営破綻は、最も避けなければならないものである。角度を変えて見ると、経営破綻に追い込まれるような事態は、法的なペナルティであり責任追及でもある刑事罰、課徴金及び損害賠償責任以上に厳しいものといえ、最も重い社会的ペナルティと評価することができる。

　ところが、循環取引を行って売上高や利益について虚偽の計算書類を開示していた上場会社等については、経営破綻する場合も少なくない。特に、前述の通り、証券取引所が上場廃止とするまでもなく経営破綻により上場廃止となったり、上場会社の倒産後に当時の取締役等の刑事裁判が開始されるなど、虚偽記載による経営破綻という社会的制裁は、法的制裁よりもずっと早く結論が出てしまうことも少なくない。実際、循環取引により経営破綻した上場会社は、前述の通り（第4節2.（4））複数例存在し、これらは、証券取引所や刑事処分が確定する前に倒産しているといえる。

　これらの経営破綻した上場会社については、上記①株式市場②金融機関③取引先④従業員からの信用のうち複数についてあてはまるものと考えられる。すなわち、企業として信用を失って、その結果経営破綻してしまえば、法的制裁を待つまでもなく、取引社会の中から排除されてしまうのである。

　特に重要なのが、金融機関からの信用喪失である。金融機関の信用を失った結果、借入金について期限の利益を当然に、または金融機関等の請求により喪失することになり、資金繰りに窮してしまい、資金援助が得られない限り経営破綻することになるのである。

（2）循環取引の誘惑と経営破綻リスク

　それでは、企業経営者は、金融機関からの信用を喪失し、最悪の場合経営破綻するというリスクを考えずに、循環取引に手を染めるのであろうか。

そもそも上場会社が循環取引に手を染める理由は、公表した事業計画通りに業績が上がらないケースや従業員が業績を確保するためなど、業績等の悪い状態を実態よりもよく見せることにあることが少なくない。そのため、そもそも公表された決算よりも経営状態は悪いといえる。循環取引によって売上高や利益が仮装されていた金額が多額であればある程、その経営実態は公表された実態とは大きく乖離し、相当程度悪化していると言える。

　したがって、循環取引の発覚により経営実態を公表せざるを得ないとすれば、元々経営状態が悪く、一刻も早く経営再建が必要な状態であり、経営陣としてはかかる状況を認識していることが少なくないといえる。

　すなわち、循環取引を行う動機として、悪化した決算状態を隠匿し、融資金の借り換えや追加融資が受けられない状態を隠匿し、または財務制限条項に抵触することを隠匿することが主たる理由となる場合も考えられる。このような場合、循環取引により信用を失い経営破綻するというより、早晩資金繰りが行き詰まり経営破綻するべきところで、循環取引により売上高や利益を水増しすることで延命を図っていたが、循環取引が発覚したことにより来るべき寿命が来たということになろう。

　このような場合は、経営者としては、循環取引を行うまでもなく経営破綻リスクに直面しているといえ、循環取引による経営破綻のリスクは、そもそも経営陣に循環取引を思いとどまらせる抑止力にはならないと考えられる。むしろ、経営状態が悪化していることから、率直にスポンサーによる援助を求め、あるいは事業再生ADRを利用するなどの正面から経営再建に取り組むことや、最悪の場合、民事再生手続等により再起を図る方法が選択されてしかるべきであるが、これらを選択すると、経営者自らが経営者としての地位を失い、または私財を相当程度提供しなければならなくなることから、これらの適正な手法を回避するために循環取引が選択されるのではないかと考えられる。

　しかし、循環取引に一度手を染めてしまうと、出口のない袋小路に迷い込むことに匹敵することになり、また、早晩スキームが破綻して発覚するのであるから、結局のところ、経営破綻を回避する手段とはならず、単に経営破綻を先送りにする効力しかないと言えよう。

第2章　会社に対する制裁等— 209

(3) 循環取引後の経営再建の困難性

　ここまで整理してきたことから分析すると、循環取引に手を染めた場合、循環取引に手を染めない場合と比較すると、経営再建の可能性が相当程度低下していると言える。

　例えば、循環取引後に、民事再生を選択せずに、上場を維持したまま私的整理により再起を図ることを計画することも考えられる。しかし、循環取引により有価証券報告書等について虚偽記載を行っていることが判明すれば、通常は、金融機関等の融資について期限の利益喪失条項に該当するし、金融機関が取引を打ち切り借入金の全額返済を求めるなど資金繰りに窮してしまうケースが少なくないと考えられる。また、仮に私的整理を試みたとしても、循環取引による虚偽記載の実績により金融機関の信用を失い、私的整理に伴う債権放棄や支払い猶予の合意が得られないケースが考えられる。実際に、かかる事実経過が推測される実例も見受けられる。

　また、循環取引を行うような企業や事業を取得することを希望するような企業が現れるかどうかについて考えると、決して楽観視することはできない。たとえ引き受け手が現れたとしても、再発防止を考えると、循環取引に関わった役員や職員の退任、解雇等、の処置は不可欠である。

　以上の通り、経営悪化を目の前にすると、上場会社の役員としては循環取引の誘惑に駆られるであろうが、一度循環取引に手を染めてしまうと、当該企業については、経営破綻する可能性があり、場合によっては、循環取引による損失の負担が大きく、経営破綻を早めてしまう可能性がある。

　このように、上場会社等の経営者としては、循環取引が法的に問題があるというだけではなく、循環取引により信用喪失に至り、法的制裁よりも早く経営破綻という社会的制裁を受ける可能性があること、そして、循環取引は企業の寿命を縮めるリスクがあることを認識しなければならない。

3. 独立性の喪失

(1) 信用喪失の対策

　企業が信用を喪失した場合、以下のような信用喪失の対策を取る必要がある。

　まず、金融機関の信用を喪失した場合であっても、当該取引金融機関との取引を継続できるような対策をとることが考えられる。この場合は、責任者の更迭等の再発防止策の他に、スポンサーからの担保提供や連帯保証を提供することも考えられよう。仮に、取引金融機関からの融資が打ち切られる場合は、その融資に代わる資金繰りを確保しなければならないことから、スポンサーの確保は不可欠である。仕入先の信用喪失をした場合も同様であり、有力なスポンサーをつけて資金繰りを確保し、場合によってはスポンサーからの担保提供や連帯保証による信用補完が不可欠であろう。それでも、仕入先から取引が打ち切られた場合は、代替品を探さなければならないが、こうした場合、融資と同様、スポンサーの協力がより必要となるであろう。

　また、販売先や消費者等の信用確保のためには著名企業等との提携等により信用を確保するなどの方法も検討しなければならない。

　さらに、従業員確保のためには、高度の信用ある企業等との提携等により人材流出を防止し、または、当該提携先企業からの人材を受け入れるなどの方法も検討しなければならない。

　このように、循環取引により信用を喪失した場合、余程小規模の循環取引でない限り[67]、信用喪失の度合いが大きく、自力での再建は困難であり、親会社の援助を受けるか、さもなければ異なる企業との業務提携による援助を受けなければならないと考えてよいであろう。無論、倒産や事業再生においては、スポンサーの確保が重要と言える。

---

[67]　通常、循環取引は、売上高や利益が僅少であることを隠匿する目的であるため、一定の規模がないと無意味であるから、小規模なものは想定しがたい。

結局のところ、一度循環取引に手を染めてしまえば、余程小規模な循環取引でない限り自力再生は困難と考えた方がよいといえよう。

(2) 循環取引後のM&A

前述の通り、循環取引が発覚した会社については、そもそも経営状態が悪化し経営の継続が困難となっている場合や、信用の喪失により金融機関との関係では新規融資が受けれられないばかりか融資を引き上げられるなど資金繰りに窮する場合など、いずれにせよ発覚直後に倒産の危機に至ったり、倒産しなくとも信用喪失により経営が困難となる場合が考えられる。こうした場合は、自力再建が困難な場合が多く、多くの場合は親会社または他の事業者からの資金の融通を受けるほかない。

しかし、この融通資金を受けた後の出口が容易ではない。循環取引を行った会社としては、スポンサー等からの資金の融通により当座を凌ぐことができたとしても、長期的な視点から、当該融通資金をどのように返済等するかということを考えると、循環取引後に経営状況が急激に好転することは期待できない以上、その返済が容易でないことは明らかである。一方、スポンサーとなる親会社や他の事業者としても、特段のメリットがない限り、循環取引・虚偽記載という法令違反を行った会社に資金を融通することはあり得ない。

そこで、選択肢として、M&Aが考えられる。循環取引を行った会社としては、資金が枯渇しているため、資金の返済等で親会社やスポンサーに利益をもたらすことはできないであろう。しかし、よい事業やビジネスモデルを持っている場合は、これを活用することが考えられる。換言すれば、循環取引を行った会社としては、その事業やビジネスモデルを対価として資金援助を受けることは可能であるし、親会社やスポンサーとしては、こうした事業やビジネスモデルを獲得して将来的な利益を得ることができればこうした資金援助等が正当化されることになる。さらに、循環取引の発覚後は株価が下落し、当該会社の完全子会社化や買収が容易となることになることからすると、親会社やスポンサーとしては、循環取引を行った会社であったとしても、魅力的な価格で当該会社

212 —第2編　循環取引発覚後の対応と法律上の論点

の事業や会社自身を取得する事も考えるであろう[68]。

　このように、循環取引を行った会社も、親会社やスポンサーとしても、M&Aを視野に入れて援助が検討されることも少なくない。そして、そのスキームとしては、業務提携という結びつきの弱いものから、会社分割、事業譲渡といった特定の事業の譲渡という形態、さらには、株式交換など完全子会社化、合併、という強い結びつきとなるものも考えられ、実例も存在する[69]。

(3) M&Aによる独立性の喪失

① 親会社によるM&Aの場合

　子会社が循環取引による虚偽記載を行ったということは、すなわち、子会社の不祥事といえる。したがって親会社としては、企業集団としての内部統制（会社法施行規則100①五）が（結果として）機能していなかったものと評価せざるを得ない事もあり得る。

　したがって、親会社としては、上場子会社であれば完全子会社化して親会社としての支配権を確保して内部統制を強化して再発防止をすることが一つの手段として考えられる。また、完全子会社による循環取引により親会社の計算書類について虚偽記載となってしまった場合は、当該完全子会社を合併して、経営の独自性を奪うことにより、内部統制を強化することになろう。

　いずれにしても、親会社としては、子会社に（ある程度の）独自の運営を認めてきた結果循環取引が行われたのであれば、内部統制を改善しなければならない以上、当該子会社の統制を強化すること、すなわち、独立性を喪失させて内部統制を強化することになろう。

② 第三者によるM&Aの場合

　親会社によるM&Aと異なり、第三者自身は虚偽記載によるダメージを受

68　親会社としては、循環取引が行われこれを短期に発見して解消できなかった場合、内部統制が機能していないと評価される事も考えられ、内部統制の強化のために完全子会社化をすることも考えられる。

69　例えば、連結子会社を完全子会社とする方法、子会社を吸収合併する方法、当該事業を第三者に譲渡する方法、当該事業を会社分割して子会社とし、当該子会社株式を第三者に譲渡する方法などが考えられる。

第2章　会社に対する制裁等― 213

ける訳ではない。そのため、内部統制の強化という視点からM&Aのスキームが選択される訳ではない。

　しかし、第三者が循環取引を行った会社から自ら営む事業と同種の事業を譲り受けた後、第三者の営む事業形態に整合するような調整が行われることも考えられる。このとき、循環取引の再発防止のためには、循環取引を行うような役職員を放置することによる損失を回避しなければならず、そのために当該役職員を退職・辞職等させるなどの対処を行うことになり、また内部統制は当初から強化されたものとすることでリスクを低減しなければならないから、結局のところ、支配を強化すること、すなわち当該事業部門や子会社の独立性は維持しないことが通例であろう。

　結局のところ、循環取引を行ってそれが発覚した場合、第三者によって買収された当該会社や当該事業部門は、当該買収者によって支配され、独立性を維持することはほぼ不可能であろう。

214 —第2編　循環取引発覚後の対応と法律上の論点

【本章のまとめ】

① 虚偽記載を行った会社に対する最も重い制裁は刑事罰（罰金刑）であるが、重大案件でなければ必ずしも課される訳ではなく[70]、また、当局による立証等の負担が重いこともあり、機動的かつ広範囲な制裁については、専ら後述する課徴金に委ねられている。

② 課徴金制度は、行政罰としてより機動的かつ広範囲にわたって違反者に対して制裁を行うことが可能な制度となっている。そして、違反があれば、たとえ少額であっても行政庁には課徴金を課さない旨の裁量は与えられていないのであるから、違反があれば必ず課徴金が課されると考えておいた方がよいであろう。

③ 東京証券取引所を例に説明したが、証券取引所としては、いずれも、上場制度を整備し、証券取引所規則を上場会社に遵守させるべく、様々なエンフォースメントの手段、すなわち制裁手段を設けている。

④ 循環取引を行った場合、法人については、民事取引法上の責任はもちろんのこと、金融商品取引法上の民事的な責任を株主に対して負うことが、実質的な制裁として機能している。特に、株主に対する責任については、株主からの請求について法律上の推定規定が機能しているため、その責任を免れることは非常に困難であるといえよう。

　経営者としては、循環取引を行って企業として企業自身の（または経営者個人の）利益を確保しようとするが、循環取引による虚偽記載が発覚すれば、企業としての存亡の危機に立たされるリスクがあるといえよう。すなわち、企業としての生き残りを図るつもりが、かえって企業としての社会的な生命を縮めてしまうことにもなるのである。

---

70 当該会社が倒産した場合、罰金の支払い能力が欠け、罰金を強要すると結局のところ債権者やスポンサーに負担がかかることから、起訴されていないのではないかと推測することができる。

第3章
役員に対する制裁等

第1節
虚偽記載を行った役員
その他の個人に対する制裁等の概要

　第2章では、虚偽記載を行った会社（法人）に対する刑事、行政、民事及び証券取引所による制裁について説明した。

　もっとも、循環取引等による有価証券報告書等の虚偽記載について実際に手足を動かしている実行行為者は、役員であり、「会社」そのものはではない。したがって、「エンフォースメント」を実効化させるためには、実際の実行行為者である役員に対して制裁を加えることが必要と考えられる[71]。

　そこで、個人に対する制裁として、金融商品取引法上、本件で取り上げたテーマである循環取引を行って有価証券届出書や有価証券報告書、目論見書等に売上や利益等について虚偽記載を行った会社の役員等に対しても、刑事罰（金商法197以下）はもちろん、行政上の制裁である課徴金制度も設けられている（金商法172以下）。

　一方、民事的な制裁として、金融商品取引法上は、会社と同様、一定の範囲

71　また、役員以外の者であっても、実質的に虚偽記載に関与した者として、有価証券の売出しを行った者等（金融商品取引業者が想定されている）も制裁の対象としなければ実効性に欠ける。

216 —第2編　循環取引発覚後の対応と法律上の論点

の投資家に対する損害賠償責任が定められている（金商法 16 以下）。そして、その内容は、会社と異なり無過失責任ではないが無過失の立証をしなければ責任を免れられないなど、投資家側の主張・立証責任が軽減されていることも会社の民事責任と同様である。役員側からすると、一度損害賠償請求が提起されると、これを争って損害賠償義務を免れること困難とも言える。

　一方、証券取引所による役員個人の責任については、その有価証券上場規程において役員個人の責任は規定されておらず、現在のところ、制裁が課されることはないものと考えられる。

　最後に、社会的責任、すなわち法的な責任以外の責任としては、当該会社の役員辞任・解任、職を失い収入が途絶えること等々、様々なものが考えられ、その内容、程度及び会社の置かれた状況等々から、どのような制裁が科されるかは予測がつかないところであるが、その内容の一部を紹介する。

第2節
刑事罰

1. 役員等に対する刑事罰の概要

(1) 金融商品取引法上の刑罰

　循環取引において問題となる有価証券届出書、有価証券報告書、及び発行登録書（これらの訂正届出書・報告書を含む）の虚偽記載について、提出をした役員については、10年以下の懲役もしくは1,000万円以下の罰金または併科（金商法197）とされ、金融商品取引法上は最も重い法定刑が定められている。また、有価証券報告書等の不提出や四半期報告書、臨時報告書等の虚偽記載については、5年以下の懲役もしくは500万円以下の罰金または併科とされ（金商法197の2五、六）、四半期報告書、臨時報告書の不提出については、1年以下の懲役もしくは100万円以下の罰金または併科とされる（金商法200五）。

　そして、虚偽記載のある目論見書を使用した募集または売出しを行った者については、6月以下の懲役もしくは50万円以下の罰金または併科とされる（金商法205一）が、さらに、会社法上の虚偽文書行使等の罪（会964①②）についても同時に該当し、5年以下の懲役もしくは500万円以下の罰金または併科とされている。

(2) 刑法その他の法律の刑事罰

　前述の通り、循環取引の場合、循環取引の舞台となる商品について最終ユーザーが存在しないことから、いずれかの時点でスキームが破綻し、関与した会社のいずれかに損失が生じることになる。そして、この首謀者である役員や従業員については、所属先や取引先との関係で、事実関係次第では特別背任や詐欺などの罪が成立することになる。例えば、循環取引において取引先に損をさ

せないように最終的に自社が在庫を抱えるような取引を行って会社に損害を与えた場合、その者が取締役や支配人または事業に関するある種類または特定の事項の委任を受けた使用人であれば特別背任罪（会 960）が成立し、法定刑は10 年以下の懲役もしくは 1,000 万円以下の罰金または併科となる[72]。

また、取引先に循環取引であることを知らせずに、その結果循環取引に参加している者の一部が破綻して当該取引先に損失を与えた場合、取引先への説明次第では、詐欺（刑 246）に該当する可能性もある。この他に、循環取引に基づき売上額及び利益額について虚偽の記載をした計算書類を取引先に提出して取引を行った場合、例えば金融機関に提出し、その後融資を受けた場合、正しい計算書類を提出すれば融資を受けられない状況にあった場合など、詐欺（刑246）に該当する可能性もある。

循環取引に対する刑事罰と一口に言っても、当事者たる役員や従業員の行動も様々であるから、また、被害者となる取引先等も様々であるから、どのような刑事法上の刑事罰が成立するかは一概には言えないところであるが、予想外に成立してしまうこともあり得ることに留意する必要がある。

2. 刑事処分の謙抑性

会社に対する刑事罰と同様に、役員などの個人に対しても、刑事罰には謙抑性の原則があり、刑事罰を科さなければならない程の違法性や悪質性の高い事案についてのみ刑事罰を科す、という運用となっている。そのため、刑事罰を科す程の違法性や悪質性がない限り刑事罰は課されず、課徴金のみが課されることになろう。

72　ただし、立証の困難性等の問題がある（第 3 章第 5 節参照）。

3. 刑事処分の実例

[㈱メディア・リンクス（情報処理業）]

　会社に対する刑事罰について説明した通り、同社社長については懲役3年6月の実刑及び罰金200万円を併科する判決が下された。

[㈱IXI（情報処理業）]

　大阪証券取引所ヘラクレス市場に上場していた同社が、同社の平成14年4月1日から平成15年3月31日までの連結会計事業年度につき、同社の売上額が約38億円、税金等調整前当期純損失が約7億円であったにもかかわらず、その売上高を約55億円、税金等調整前当期純利益を約6億円と記載した内容虚偽の損益計算書等を掲載した有価証券報告書を提出し、また、株式募集を実施するに際し、これらを記載した有価証券届出書を提出した事件であり、同社の取締役に対し、それぞれ、懲役2年6月（執行猶予4年）及び罰金500万円（取締役営業・開発本部コンサルティング事業部事業部長）、懲役3年（執行猶予4年）及び罰金500万円（常務取締役）、懲役3年（執行猶予5年）及び罰金800万円（代表取締役社長）の判決が言い渡された。なお、法人については証券取引等監視委員会により告発されたものの、起訴はされなかったようである。

[㈱プロデュース（機械製造業）]

　ジャスダック証券取引所に上場していた同社が、平成17年6月期の事業年度につき売上高が約15億円、税引前当期純損失が約7千万円であったにも関わらず、循環取引等による架空売上を計上するなどして、売上高が約32億円、税引前当期純利益が約2億円の虚偽記載を有価証券報告書及び有価証券届出書に行い、また、平成19年度6月期の事業年度につき売上高が約31億円、税引前当期純損失が約7億円であったにもかかわらず、同様の手口で売上高が約97億円、税引前当期純利益が約12億円との虚偽記載を有価証券報告書及び有価証券届出書に行い、その結果、代表取締役に対しては懲役3年及び罰金1,000万円の実刑判決（最高裁に上告した後については把握できていない）、専務取締役に対しては懲役2年6月（執行猶予4年）の判決が確定している。

[㈱加卜吉（水産加工業）]

　東京証券取引所市場第1部に上場していた会社が循環取引を行い、当該会社に約50億円の損害を発生させ、かつ、偽造印を使った架空取引で銀行の特定目的会社から約38億円を詐取したとして、首謀者である取締役が懲役7年の判決を受けた。

　ただし、本件は、特別背任及び詐欺に基づくものであって、虚偽記載に基づく判決ではないことに注意を要する。そのため、法人である冷凍食品会社に対する両罰規程に基づく罰金刑等は課されていない。

[オリンパス㈱（光学機器）]

　昭和60年頃、急速な円高による大幅な営業利益の減少の下、金融資産の積極的運用に乗り出し、当時経理部門に所属していた元副社長及び元常勤監査役が担当していたが、平成6年以降には損失額が約1,000億円に達していた。そこで、連結決算の対象外となるファンドがオリンパスからの買取資産の提供を受け、含み損が生じている金融商品を簿価相当額でオリンパスから買い取り、損失を貸借対照表上の資産から分離する方法によって、損失を計上しなかった（損失分離スキーム）。

　その後、分離した損失を解消するため、アルティス、ヒューマラボ、NEWSCHEF の3社の株式をオリンパスがファンドから高額で購入し、これをのれんの形式で償却して損失を解消し、ジャイラス社の買収に伴う手数料や配当優先株式購入等の金額を高額とし、その名目で支払った金銭をファンドに還流させて損失を解消しようとした。以上の手続において、オリンパスは、約1,350億円の支出をした。主たる関与者は元副社長と元常勤監査役であり、歴代社長は報告を受けてこれらの事実を知っていた。

　こうした事実関係において、金融商品取引法違反（有価証券報告書の虚偽記載）罪として、役員個人の刑事責任として、元社長に懲役3年・執行猶予5年、元副社長は懲役2年6月、執行猶予4年、元監査役は懲役3年・執行猶予5年の判決が下された。

　また、法人については、同法に基づき、罰金7億円の判決が言い渡された。

　判決はいずれも確定している。

第3節
行政罰

1. 課徴金の概要

　循環取引等に基づく虚偽記載が行われた場合、虚偽記載が行われた開示書類は、通常は有価証券報告書や四半期報告書などの継続開示書類であること、また、増資等の関係上、目論見書や有価証券届出書、発行登録書などの発行開示書類を発行するのが発行会社であることから、課徴金の対象の多くは会社であり、個人に対する課徴金の賦課事例は多くはない[73]。

　しかし、元来、発行開示書類の虚偽記載については、虚偽記載によって得た利得を吐き出させることを目的としているが、役員等が目論見書を利用して株式の売り付けを行うことも考えられ、この売り付けに際して虚偽記載が行われた目論見書を利用することで役員等に不当な利得が生じることも考えられる。そのため、役員等（当該発行者の役員、代理人、使用人その他の従業者・金商法172の2②）についても、発行開示書類や目論見書に虚偽記載があることを知って開示書類の提出に関わり、そして役員等の所有する株券等の売り付けを行った場合、個人としての課徴金が課されるという制度となっている。ただし、発行者たる法人に対する課徴金との重要な差異は、「当該発行開示書類に虚偽の記載があり、又は記載すべき事項の記載が欠けていることを知りながら」という主観的要件が設けられていることである。

73　個人に対して課徴金を賦課した事例の大半は、インサイダー取引規制違反である。

222 —第2編　循環取引発覚後の対応と法律上の論点

2. 課徴金が課される要件

(1) 概要

　株券等の売出しに際して、内容について虚偽や重要な事項の記載が欠けていることを知りながら当該発行開示書類の提出に関与した者が、当該発行開示書類に基づく売出しにより当該役員等が所有する株券等を売り付けた場合、当該売り付けた株券等の売出価額の総額の100分の4.5が課徴金となる（金商法172の2②）。

　同様に、株券等の売出しに際して、虚偽や重要な事項の記載が欠けていることを知りながら当該発行開示書類の提出に関与した者が、目論見書を使用して株券等を売り付けた場合も、同様に、当該売り付けた株券等の売出価額の総額の100分の4.5が課徴金となる（金商法172の2⑤）。

　このように、個人に対する課徴金を賦課する要件は、課徴金の倍率も含め、発行者たる法人とほとんど変わらない。

(2) 主観的要件

　一方、法人に対する要件では、虚偽記載がなされた発行開示書類や目論見書が提出されまたは使用された場合は、作成や使用に関与した取締役が知っていたか否かに関わらず、課徴金が賦課されることになる（金商法172の2①④）。すなわち主観的要件は不要とされている。

　しかし、役員等については、①発行開示書類につき虚偽記載を知っていること②当該発行開示書類の提出に関与すること③当該発行開示書類に基づく売出しにより当該役員等が所有する株券等を売り付けたとき（または①目論見書につき虚偽記載を知っていること②目論見書の作成に関与すること③当該目論見書を使用して当該役員等が所有する株券等を売り付けたとき）に課徴金が賦課されることになる。

　これは、役員等の個人については、虚偽記載への関与は様々であり、全く事

情を知らない役員にまで課徴金を課すことは相当でないと立法に際して考えられたのではないかと思われる。

3. 個人に対して課徴金の賦課が勧告された事例

(1) 特に争われなかった事例

[㈱シニアコミュニケーション（コンサルティング業）]

　同社役員等の3名は、重要な事項につき虚偽の記載がある平成18年3月期の連結財務諸表を記載した目論見書を使用し、同目論見書に虚偽の記載があることを知りながら、その作成に関与し、平成18年11月2日、同目論見書に係る売出しにより、うち2名については380株の同社株券を112,423,000円で、1名は240株の同社株券を71,004,000円でそれぞれ売り付けた。

　同人が所有する同社の株券を、売出しにより売り付けるに当たり使用した目論見書に係る課徴金の額は、株券等の売出価額の総額の100分の2であることから、2名については、

　　112,423,000 × 2/100=2,248,460 円→ 2,240,000 円（1万円未満切捨）

とされた。また、残りの一名については、

　　71,004,000 × 2/100=1,420,080 円→ 1,420,000 円（1万円未満切捨）

とされた。

(2) 審判手続において争われた結果、課徴金が課されなかった事例

[㈱ビックカメラ（小売業）]

　役員Aは、発行者が平成19年8月期有価証券報告書及び平成20年2月中間期半期報告書を参照書類とする目論見書を使用したところ、同目論見書に虚偽の記載があることを知りながら[74]、その作成に関与し、平成20年6月10日、

74　循環取引による架空売上の計上等が問題となった事例ではなく、SPCを利用した資産取引について連結の対象となるか否か、すなわち会社とSPCの間の取引の差益を利益として計上してよいか否かが問題とされた事例である。

224 —第2編　循環取引発覚後の対応と法律上の論点

同目論見書に係る売出しにより、役員 A が所有する 80,000 株の株券を 6,036,800,000 円で売り付けた。

同人が所有する同社の株券を、売出しにより売り付けるに当たり使用した目論見書に係る課徴金の額は、株券等の売出価額の総額の 100 分の 2 であることから、課徴金額は、

6,036,800,000 × 2/100=120,736,000 円→ 120,730,000 円（1 万円未満切捨）

とされた。

これについて、役員 A は全面的に争い[75]、その結果、証券取引等監視委員会が課徴金納付命令の勧告を発した 1 年後に、役員 A は目論見書に虚偽記載があることを知らなかったとして、課徴金を課さない旨の決定が発令されるに至った。

---

75 会社自身は、かかる証券取引等監視委員会の勧告に基づく課徴金納付命令に従って課徴金全額を支払った。

第4節
民事的制裁①第三者に対する責任

1. 会社法上の責任

(1) 法的性質

　会社法においては、役員等は、その職務を行うについて悪意または重大な過失があったときは、第三者に生じた損害を賠償する義務を負うものとされている（会429①）。この責任は、会社法上特別に認められた法定責任であり、損害を受けた者は、別途不法行為（民709）に基づき並行して損害賠償を求めることも可能である[76]。以下、損害を受けた者の類型毎に検討する。

(2) 循環取引に関わった取引先

　循環取引に関わった取引先は、納品先からの支払いが受けられずに売上金が回収できなかったなど、損害を被る場合がある。この場合、当該取引について循環取引と知らずに関わった取引先であれば、循環取引を中心となって行った会社の取締役のうち、循環取引を首謀したり事情を知って関わった取締役など、故意または重過失が認められる取締役に対し、損害賠償請求を行うことができるものと考えられる。

　ただし、循環取引については、第1編第1章第1節にある通り、商品の現実の引き渡しが伴わず伝票上の処理に終始することや、粗利益が他の取引と比較して少ないなどの特徴があることから、通常の取引と異なる不審な点がある。こうした不審な点を発見したにもかかわらず取引を行った場合など、取引先に

76　実際、軽過失あるも重過失のない取締役に対する損害賠償請求は、不法行為によらなければならない。

226 ―第2編　循環取引発覚後の対応と法律上の論点

過失が認められる場合は、過失相殺（民722②類推）がなされることもある[77]。

　また、当該取引先が循環取引であることを知って取引に関わった場合には、形式的には循環取引を首謀した会社の取締役に対して損害賠償請求が可能のように見えるが、実際には、かかる損害が発生することを当初から容認しており、信義則上損害賠償を請求できないか、実質的に損害がないと解されるか、または過失相殺により殆ど損害賠償が認められない可能性がある[78]。

　なお、当該取引先としては、通常は、循環取引に巻き込まれたことによる回収不能等について損害の賠償を求めるのであって、虚偽記載ある決算書に基づき循環取引に関わる訳ではない。すなわち、取締役の故意・重過失を判断するべき取締役の任務懈怠は、あくまで循環取引を行ったことであって、虚偽記載ある決算書を作成・使用したことではない。したがって、取引先としては、被告とする役員を選択する上では、どの役員に対して責任追及をするかという点について、注意を要する。

(3) 当該会社の倒産により損害を被った取引先

　循環取引及びこれに基づく虚偽記載を行った場合、当該会社が倒産する場合も少なくない。その結果、取引先としては売掛金等が回収不能となるという損害を被ることになる。このような場合、役員による循環取引や虚偽記載と第三者の損害との間に相当因果関係が認められる限り、役員個人が損害賠償責任を負うことになる（会429①最判昭44.11.26判タ243号107頁参照）。通常、循環取引を行った会社については、虚偽記載により信用を喪失し、金融機関から融資を引き上げられるなど取引先から取引を打ち切られたりした結果、倒産する例も少なくない。したがって、通常は、相当因果関係が認められるであろう。

(4) 虚偽記載がなされた決算書等に基づき融資をした金融機関等

　金融機関等は、取引を開始する時点で、融資先の決算書を審査し基準を満た

77　最判昭59.10.4判時1143.143
78　公平の見地からも、循環取引であることを知って関わった取引先に損害賠償請求を認めてよいかどうか疑問がある。

した融資先に対して、その基準の範囲内で融資を行うことが一般である。また、金融機関に限らず、商品を販売する場合、代金の支払いの確実性を考慮し、取引を開始する前に決算書の提出を要求し、取引が可能かどうか、また可能であるとして未払い残高の上限を設定する取引先もある。また、こうした金融機関や取引先が、毎年決算書の提出を要求することも少なくない。

　したがって、このような金融機関や取引先に対して、循環取引に基づく虚偽記載がなされた決算書（計算書類）提出して融資を受け、あるいは商品の供給を受けるなどの取引を開始し、継続し、また取引を継続する場合などは、役員等が、会社法上の計算書類について虚偽記載[79]という任務懈怠を行ったことにより取引先が被った損害を賠償する義務を負うことになる（会429、民709）。この場合、虚偽記載に基づく役員等の主観的要件ついては、「故意又は重過失」ではなく、「当該行為をすることについて注意を怠らなかったことを証明したとき」（取締役につき会429②一ロ、監査役につき会429②三）と、その要件が「故意又は過失」と加重され、さらに立証責任が転換されるなど、非常に重いものとなっている。したがって、会社の役員等としては、たとえ循環取引に直接関わっていなくとも、その責任を免れることは容易ではない。

(5) 従業員

　前述の通り、循環取引が行われた結果当該会社が倒産した場合、従業員としては、未払い賃金の全額が支払われなかったり、あるいは解雇されたことによる損害が生じることがある。その場合、債権者と同様、取締役の任務懈怠との間に相当因果関係がある損害については、取締役個人に対して損害賠償請求を行うことができるとされている（会429①名古屋高判金沢支部平17.5.18判時1898.130）。

　当該裁判では、損害としての逸失利益の範囲等について事実認定が複雑であるが、例えば、循環取引が原因で信用喪失により資金繰りが悪化して倒産し、

79　監査役の場合は、監査報告に記載、記録すべき重要な事項について虚偽の記載をした場合に責任を負うことになる（会429②三）。すなわち、虚偽記載があるにもかかわらず虚偽記載がない旨の監査報告を行った場合に責任を負うことになる。

その結果退職金が全額支払われなかった従業員については、損害賠償請求が認められる可能性が高い。

(6) 株主

　株主については、循環取引が行われて計算書類等に虚偽記載が行われ、その結果、監理銘柄となる等の理由により株価が下落して損害を被ることが考えられる。このような場合に、株主が会社法429条に基づき直接役員個人に損害賠償請求をすることができるかどうかということになろう。

　この点、上場会社について業績が取締役の過失により悪化して株価が下落するなど、全株主が平等に不利益を受けた場合、特段の事情がない限り株主代表訴訟（会847以下）によって責任追及をしなければならず、取締役個人に直接損害賠償請求をすることはできないとされている（東京高判平17.1.18金判1209.10）。したがって、株主としては、循環取引により株価が下落しただけでは取締役個人に対して、特殊な事情がない限り、会社法に基づき損害賠償を求めることはできないものと考えられる。

　ただし、株主は、有価証券報告書等に虚偽記載があった場合には、後述する通り、金融商品取引法に基づき、役員個人に対しても、その損害賠償を請求することができる。この金融商品取引法上の責任は、法定責任として、株主について、過失の立証責任を役員等に転換するなど、株主に対して有利であることから、上場会社の場合、役員個人に対する会社法上の損害賠償請求が認められないとしても、実害はないものと解される。

(7) その他

　その他の者が循環取引やこれに基づく虚偽記載により損害を被った場合、役員個人に対する損害賠償請求が認められるかどうかは、先例が乏しいこともあり、現段階では不明である。

2. 金融商品取引法上の責任

(1) 立証責任の転換等

　循環取引により売上や利益を架空計上していた場合、上場会社の場合、有価証券報告書等の継続開示書類や有価証券届出書等の発行開示書類において虚偽記載を行っていることになる。このような場合、会社（金商法18、21の2）だけでなく役員も、当該開示につき虚偽記載があることを知らずに有価証券を市場で取得したり募集や売出しに応じて取得した者に対し、損害賠償責任を負う（金商法21、22、24の4等）。

　この損害賠償責任は、会社については無過失である場合がある事と異なり、役員については過失責任であるが、立証責任が転換されている。すなわち、記載が虚偽でありまたは欠けていることを知らず、かつ、相当の注意を用いたにもかかわらず知ることができなかったことを証明した場合に限り賠償責任を負わないとされているが（金商法21②一、23の12⑤）、この証明は容易ではない。また、裁判例[80]は複数見受けられるが、判例として解釈が統一されるような状況ではないものと解される。

(2) 会社に対する訴訟との相違等

　会社に対する責任（金商法18、21の2②）と異なり、役員に対する責任（金商法21、22、24の4）については、損害額を法律上推定する規定がない。そのため、損害額の立証責任は損害賠償請求者側にあることになる。この点、株主としては、損害額について様々な立証をしなければならず、その損害額に関する見解は様々であり、また案件によっても様々であり、予測しがたいところである[81]。

80　西武鉄道、ライブドア、アーバンコーポレイション等の証券訴訟

81　会社と同時に損害賠償請求訴訟を提起された役員に対する損害賠償額については、同一の裁判所によって審理・判決が下されることもあり、事実上会社に対する損害額の推定規定が準用され、

230 —第2編　循環取引発覚後の対応と法律上の論点

なお、虚偽記載の被害を受けた株主は、損害額の立証負担が軽減される等の
メリットがあることから、通常会社に対しても損害賠償請求を同時に提起する
ことになる。そうすると、会社に対する損害賠償請求が認容され、判決が確定
し履行がなされれば、役員に対する損害賠償請求は不要となるため、かかる規
定は特段意味をなさない。しかし、当該会社が倒産した場合、会社に対する損
害賠償請求権は配当率に応じて減額されることから、役員個人に対する損害賠
償請求をも行わなければ損害全体の回復には至らないことになる。こうした場
合には、株主としては損害額を立証しなければならないことになる[82]。

3. 役員と会社の間の最終負担額の調整

　以上の会社法及び金融商品取引法上の責任は、会社と当該役員の不真正連帯
債務と解され、損害賠償請求を行った株主としては、会社または役員のいずれ
かから全額の弁済を受ければ損害賠償請求権は満足して消滅し、その後、会社
と役員の間でその損害額の合理的な負担割合について、法的に解決しなければ
ならないことになる。

　この場合、会社の役員に対する求償権または役員の法令違反に基づく会社か
らの損害賠償請求権（会423）といった法律構成に基づき、権利の存否及びそ
の金額について争われることになろう。

　会社と同額となる可能性もある。

82　その損害は虚偽記載がなかった場合の株価との差額とも考えられ、立証は容易ではないが、損害
　　が発生したことが証明されれば、裁判所が裁量により損害額を決定する可能性もある（民事訴訟
　　法248）。

第3章　役員に対する制裁等― 231

第5節
民事的制裁②会社に対する責任

1. 役員の会社に対する義務と責任

　役員は、法令及び定款を遵守する義務を負い、また会社に対して善管注意義務（会330、民644）及び忠実義務（会355）を負い、これに違反して会社に損害を与えた場合には、その損害を賠償しなければならない（会423）。このうち、善管注意義務違反は、法令違反に含まれると解されているところ、こうした法令違反や善管注意義務違反に該当するか否かは、当該役員の認識及び行動について個別具体的に分析しなければ判明し得ない。

2. 会社に発生する損害と役員の責任

　循環取引による有価証券報告書等の虚偽記載を行った場合、会社については、以下の損害が生じることになる。
　①　金融商品取引法上の刑事罰としての罰金
　②　金融商品取引法上の行政罰としての課徴金
　③　金融商品取引法上の株主等に対する損害賠償金
　④　有価証券上場規程に基づく上場契約違約金
　⑤　循環取引に基づく民法上の責任（計算書類は無関係の場合）
　⑥　虚偽記載に基づく民法上の責任（借入先等の取引先に際して計算書類が使用された場合の取引先に対する損害賠償責任等）
　⑦　その他の会社法上の責任

(1) 罰金刑の場合

　通常、①金融商品取引法上の刑事罰としての罰金刑が会社に科される場合に

は、役員個人に対しても金融商品取引法上の刑事罰について起訴され、ほとんどは有罪とされ、虚偽記載に関して故意が認定されている。このような場合には、同時に起訴された役員に対する損害賠償責任はまず認められるであろう。逆に、起訴されていない役員については、その故意過失の立証等が容易でないことが想定され、損害賠償責任が認められる可能性は少ないであろう。

このように、罰金により会社に損害が発生した場合は、虚偽記載により起訴され有罪判決を受けた役員が会社に対して損害賠償義務を負うことになろう。そして、基本的には、その罰金額の全額について有罪判決を受けた取締役が連帯して責任を負うことが予想される。

(2) 課徴金の場合

会社に課徴金納付命令が下された結果、会社に損害が生じた場合は、刑事罰として罰金を支払った場合と事情が異なるとも考えられる。

すなわち、法人たる会社に罰金刑が課される場合には、その前提として取締役個人に対して虚偽記載の罪が成立する（金商法207）こととされている。すなわち、行為者たる役員の故意が前提とされているため、役員の損害賠償責任が発生するために必要な故意が刑事裁判において既に証明され、これを覆すことは殆ど不可能である。そのため、刑事裁判にて故意を認め民事裁判で故意も過失も否認するという対応は、まず認められないであろう。

一方、課徴金により発生した損害[83]については、役員の善管注意義務違反（故意過失）に基づき生じたか否かは明確にはならない。すなわち、会社が課徴金を納付しなければならない場合、明文上、虚偽記載があれば法人は課徴金を納付しなければならないものとされているのみであって、役員の故意過失は要件とされていないのである。そのため、課徴金納付命令を争わなかったとしても、役員個人の故意過失の有無には何ら関わりがないと解することが相当であろう。

そうすると、虚偽記載を理由とする会社に対する課徴金納付命令について会

83　課徴金自身が会社の損害か否かと争う見解もあるようであるが、現実に会社の金銭が対価なく流出する以上、また、必要な寄付であるとは言えず、損害であると考えられる。

社が争わなかった場合に、後の株主代表訴訟等の民事裁判において、株主等の原告側から、課徴金納付命令について争わなかった以上任務懈怠があったことを認めたに等しいと主張された場合、過失がない役員側は、これに対し、課徴金納付命令は役員の認識を問わず虚偽記載ある書類の提出によって成立するものであるから、会社が課徴金納付命令を争わなかったとしても、役員側の故意過失が常に認められることにはならないと主張することも適切ではなかろうか。

以上のように、私見であるが、会社が虚偽記載に基づき課徴金を納付したとしても、その損害額については、必ずしも取締役の全員について任務懈怠責任が問われることにはならないものと考えられる。

ただし、循環取引の場合、会計基準の解釈の誤り等の、解釈に関わる虚偽記載ではなく、循環取引という事実が伴う虚偽記載であることから、これに全体像を知って関わる限り故意・過失が認められる虚偽記載であることから、役員のうちいずれかについては損害賠償責任が認められるであろう[84]。

(3) 金融商品取引法上の株主等に対する損害賠償

金融商品取引法に基づき株主等に対する損害賠償が認められた場合、取締役は、かかる損害について、求償義務を負い、または善管注意義務違反として会社から損害賠償を請求されることになる。この場合、前述の通り、会社に対する上記損害賠償義務は、損害額が推定され、また無過失とされるので、すべての役員が自動的に責任を負うのではなく、故意または過失ある役員について損害賠償義務が発生することになる。

そのため、理論的には、株主等の会社に対する損害賠償請求が認容されたとしても、会社の役員等に対する損害賠償請求が認められない可能性もある。ただし、本件のような循環取引の場合、従業員が無断で行い、かつこれを巧妙に隠蔽した場合でない限り役員が循環取引に全く関わらないことはなく、したがって、役員のいずれかに対しては損害賠償義務が認められる可能性は低くない。

---

84 虚偽記載が、ある特定の従業員等が役員に無断で行い、その際、巧妙な手口で隠匿されていた場合、役員の全員について過失がないと評価される事も考えられる。

（4） 上場契約違約金について

有価証券報告書等の開示書類等の虚偽記載を行った場合、証券取引所から上場違約金の納付命令が発令されることがある。これに従って上場契約違約金を会社が支払った場合、課徴金と同様、循環取引を行った取締役や虚偽記載を容認した役員について、会社に対する損害賠償義務が発生するであろう。

（5） 循環取引に基づく民法上の責任

循環取引に基づき取引先に損害を与えた場合、また虚偽記載がなされた計算書類を使用したことに基づき取引先に損害を与え、会社がこの損害賠償に応じて損害賠償金を支出した場合、循環取引及び虚偽記載のなされた計算書類の作成に関わった当該役員については、会社に対して損害賠償責任を負うことになる。

また、循環取引を行い、これが計算書類を作成する前に発覚して虚偽記載を行うに至らず、また第三者に損害を与えなかった場合などであっても、循環取引を行うことによって協力した取引先等に対して不必要なマージンや利益を水増ししたことによる余分な税金を支払っていることになる。したがって、このような場合は、会社が第三者に対して損害賠償を行ってはいないが、会社に損害が生じた以上、当該役員は損害賠償義務を負うことになる。

（6） その他の会社法上の責任

循環取引による決算訂正の結果、過年度において、配当可能利益を超えて配当を行ったり、そもそも分配可能額（会461）がないのに配当を行ってしまったことになる場合がある。この場合、違法配当（いわゆる「タコ配当」、タコが飢えた場合自分の足を食べてしまうことを由来とする）として、これに関与した役員は連帯して配当額を会社に支払わなければならない（会462）。

オリンパス社においては、循環取引ではないが、粉飾決算がなされたことからこれを訂正した。その結果、訂正前は分配可能額内の配当であったものの、訂正により過去に分配可能額を超えて配当した金額が約586億円あった。そこで、判決までに和解が成立しなかった元会長、元常勤監査役及び元副社長3人

第3章　役員に対する制裁等— 235

に対し、当該粉飾決算を知りつつ配当議案に賛成したとして、連帯して約586億円を支払う旨の判決が言い渡された[85]。

3. 役員の関与度合いと故意・過失

循環取引により架空売上の計上及び利益の水増しが行われた会社の役員の関与度合いについて考えると、以下のように分けて考えられる。

① 循環取引及び虚偽記載に主体的に関与した取締役

② 虚偽記載を認識しつつその発行開示書類や継続開示書類の提出を積極的に阻止せず、取締役会において承認した役員

③ 通常の職務を行っていれば発見し得た虚偽記載を発見できなかった役員

このうち、①については虚偽記載の首謀者として、取引先等に対する詐欺や会社に対する特別背任や有価証券報告書等虚偽記載として、法令違反があることになる。また、②については、首謀者ではないながらも、虚偽記載ある開示書類の提出を承認した以上、民事は当然のこと、場合によっては刑事についても、他の取締役に対する監視・監督義務違反という故意（不作為）に基づく虚偽記載の責任を課される可能性もある。

一方、③の役員については、通常の職務がどのようなものを意味するか、という点が問題となる。この点、循環取引の特徴は、一見すると通常の取引と変わらないところが少なくなく、その徴候を捉えることは容易ではない[86]。こうした点からすると、役員の責任を否定する方向に解することになる。しかし、役員の職務や収集することができる情報の内容については、役員毎に千差万別である。例えば、常勤の役員であれば社内の会議に多く出席し、現場におもむき、あるいは従業員からの報告を多く受けるなど、様々な情報に接する機会が少なくないため、循環取引のような通例的でない取引を発見し、これにより虚偽記載を防止する機会があることになり、過失が認められる可能性がある。循

---

85 本校執筆現在未確定
86 第1編第1章第1節参照

環取引が行われた業務を統括する取締役であれば、尚更であろう。一方、非常勤の社外役員などは、得られる情報に限りがあり、循環取引のような巧妙な粉飾を発見することは容易ではなく、過失は認められがたいであろう。

　以上の通り、虚偽記載を知って関わった役員、知りつつこれを放置した役員は、いずれも故意あるものとして損害賠償義務を負うことになり、また、職務内容や収集した情報から虚偽記載を防止することができたにもかかわらず、虚偽記載を阻止できなかった役員については、過失に基づく損害賠償責任が成立する可能性がある[87]。

4. 役員賠償責任保険

　役員個人が損害賠償責任を負う場合に備え、役員賠償責任保険という保険が発売されている。取締役が過失により責任を負った場合に、争訟費用や法律上の損害賠償金に関して保険金が支払われるものである。概要は以下の通りである。

(1) 被保険者

① 会社法上の役員（取締役、監査役、執行役等）

② 退任役員

③ 執行役員その他会社法上の役員以外の者

(2) 補償項目

① 争訟費用（裁判日必要な弁護士費用等）

② 法律上の損害賠償金（例外あり）

③ その他

87　ただし、重過失なく過失により善管注意義務違反と認定された取締役については、責任限定の可能性があり（会 425 ～ 427）、また、役員賠償責任保険でカバーされる可能性があるため、個人的な負担は相当程度軽減されることもあり得る。

第 3 章　役員に対する制裁等— 237

(3) 請求者

① 第三者

② 株主

③ 会社

(4) 留意点

① 免責要件

当該保険金が支払われるためには、取締役に過失があるも、故意・重過失がないことが必要である。例えば、他の従業員や取締役の挙動が不審であったり決算書の不審な点に気がついていながらも対応をしなかったとして、重過失でない過失により監視・監督義務違反が認められて損害賠償責任を負った役員には、保険金が支払われることになる。

一方、循環取引に積極的に関わったり、知りつつ制止しなかった取締役等には、故意・重過失が認められ、免責要件に抵触したとして保険金が支払われないことが予想される。

また、損害賠償請求の根拠についても注意が必要である。循環取引についていえば、有価証券法告書等の虚偽記載について証券訴訟が提起された場合、日本法に基づく証券訴訟は保険が適用されるが米国法に基づく証券訴訟については免責とされている保険もある。

この他にも、告知義務違反、通知義務違反などの免責要件が定められているので、注意する必要がある。

② 保険契約による相違

役員賠償責任保険は、保険会社の商品設計に加え、被保険者が役員を務める会社の業務内容等によりリスクが大きく異なるため、一定のパッケージ化がなされているとはいえ、色々なオプションが設けられているのが通常である。

例えば、上記被保険者を誰にするか、という点や保障項目についても特約が設けられていて、保険契約時に選択することになる。実際、株主から損害賠償

請求される場合の特約（株主代表訴訟特約）、会社から役員に対する損害賠償請求に関する特約（会社訴訟特約）が設けられ、保険が適用されるか否かを、特約を結ぶか否かによって決める必要がある。

　また、保険金が支払われる場合に役員個人が一部負担する金額（免責金額）があるかどうか、という点で特約を設け一部負担金がないとする保険もある。

5. 責任追及の主体

(1) 監査役

　会社が取締役に対して責任追及を行う場合、まず原告適格を有するのは、その会社の監査役である[88]（会386）[89]。ただし、監査役としては、取締役に対して責任追及をしないことも認められるが、当然の事ながら善管注意義務を負う（会330、民644）ことから、合理的な理由がなく取締役の責任追及をしない場合はこれに違反することになる。そして、最悪の場合、回収不能額が生じれば、会社に損害が生じたとして監査役が会社に対して損害賠償責任を負うことになるので、監査役としては、安易に損害賠償請求を行わない旨の結論を出すことはできないことになる。

(2) 株主

　監査役が循環取引を行い、また虚偽記載を行った取締役に対して、損害賠償請求を行わなかった場合、6か月以上株式を継続保有する株主としては、責任追及の訴え（株主代表訴訟）を提起することができる。ただし、その前提として、まず監査役に対して当該取締役を提訴するよう提訴請求を行い、監査役が請求日から60日間[90]損害賠償請求訴訟を提起しなかったことが必要である。

88　監査役が選任されていない会社及び監査役の監査権限が会計に限定されている場合は、株主総会が代表者を選任することになるが、上場会社は有価証券上場規程(東京証券取引所の場合、437(2))に基づき監査役を必ず選任しているため、問題とはならない。

89　監査等委員（会399の7①二）、監査委員（会408①二）

90　緊急時の場合は例外が認められるが、あまり例外は想定されていない。

すなわち、たとえ監査役の全員が取締役に対して損害賠償請求訴訟を提起しなかったとしても、株主が損害賠償請求訴訟を提起することが可能であることから、役員が循環取引を行って会社に損害を与えた場合、取締役がその賠償責任を負わないようにすることは困難といえよう。

第6節
役員個人の経営責任

1. 株価の下落

　循環取引による虚偽記載を行った場合、投資家としては、株式をこれ以上保有せず売却をするという選択をする可能性が高い。その理由は、

① 虚偽記載を行うような会社及び役員を信用することができない。

② 虚偽記載後の売上高や利益が、当該会社の実態を示していることになるが、当該会社に期待していた売上高や利益に達しておらず、投資に値しない。

③ 倒産する可能性がある。

④ 上場廃止のリスクがあり、将来売却が困難になる可能性がある。

⑤ 株価が下落する恐れがある。

といったことが考えられる。

　この他にも株式を売却することを考える投資家が多いことから、通常、循環取引に基づく虚偽記載が開示された場合[91]、株価が大幅に下落することが多い。中には下落した株式を買い集める者がいるかもしれないが、株価の下落はほぼ必然的に起こりうる。

　役員としては、循環取引により売上高や利益額を維持または上昇させることで株価を維持または上昇させることを期待していたところ、かえって株価が下落することになれば、元の木阿弥である。それどころか、過去の株価水準を下回る可能性があり、そうすると、株式を保有している役員は、自らの資産も減少することになる。循環取引を行った場合、こうした株価の下落による社会的制裁を受ける可能性がある。

91　通常は、過去の有価証券報告書等の訂正報告書が提出されることになろう。

2. 株主総会における厳しい質問の続発

　当該循環取引や虚偽記載が発覚した場合、発覚直後の株主総会においては、過去に承認を得た計算書類を訂正し、承認を受ける必要がある[92]。このような議案を上程する以上、当然の事ながら、虚偽記載や循環取引に関する質問が続発するであろう。これに対し、役員は説明義務を負うことになる（会314）ため、事実を説明しなければならず、これに応答するだけで相当の肉体的・心理的な負担となろう。無論、この株主総会のためには相当の準備をしなければならず、こうした準備の負担も考えると、事実上、役員に対する制裁と評価してもよいであろう。

　また、循環取引や虚偽記載に関わった役員が再任される役員選任議案が提出された場合、反対の議決権行使が機関投資家等の大口株主によってなされ、そして議案が否決されることも考えられる。そのため、循環取引や虚偽記載に関わった役員は、後述する通り自主的に辞任するか、任期満了とともに退任することが少なくない。

3. IR説明会・記者会見

　IR説明会や記者会見は、株主総会と異なり、会社としては開催する義務はない。しかし、上場会社であれば、IRは不可欠であり、IR説明会を継続開催している会社などは、IR説明会を例年通り開催せざるを得ない。仮に、不祥事が発覚したからといって、IR説明会を行わないとした場合、さらに投資家からの反発を招き株式の売却等の厳しい対応を招くことになると考えられるからである。また、時価総額や取引規模が大きい会社については、社会的な影響が大きいことから、記者会見を開催せざるを得ないことも考えられる。

92　会計監査人及び監査役会の適正意見があれば株主総会の承認は不要であるが、虚偽記載を行っていた以上、訂正しない限り、その承認を期待することは合理的でないと考えられる。

こうした IR 説明会や記者会見を開催すれば、当然の事ながら厳しい質問が相次ぐこととなり、これに対応することやこの準備に忙殺されることなど、役員にとっては肉体的・精神的な負担が大きいであろう。

4. 自主的な報酬返上や辞任等

役員にとっては、循環取引や虚偽記載の発覚後、課徴金や刑事罰のリスク、損害賠償のリスク等を抱えてしまうことになるため、収入の途は確保しておきたいところである。しかし、このような重大な不祥事を発生させた以上、会社から報酬を得ること自体が株主・投資家の理解を得られないことから、自主的に報酬を返上したり、最終的には辞任をしなければならないことも十分考えられるところである。

また、民事・刑事の責任を負う場合など、個人としての信用も失うであろう。

第7節
上場企業の内部統制システムはどうあるべきか
——日本システム技術事件 [93] 最高裁判決の考察——

上場企業における内部統制システム（リスク管理体制）の構築、整備に対する代表取締役の責任が争われた訴訟における判決を事例に、内部統制システムはどうあるべきかについて、論考を深めたい。

1. 事案の概要と争点

(1) 事案の概要

日本システム技術社（被告、控訴人、上告人。以下「被告」）は、元従業員らによる売上の架空計上行為が発覚したことを受け、当該不正行為及び従前の有価証券報告書の売上高等を訂正する旨を発表し、後に有価証券報告書を訂正した。

本件は、被告の株式を所有していた個人株主（原告、被控訴人、被上告人。以下「原告」）が、被告の代表者が当該不正行為を防止することができず、その結果、有価証券報告書に虚偽記載がなされたことが不法行為に当たると主張して、被告に対し、改正前民法44条1項に基づき損害賠償を求めた事案である。

(2) 経緯

東証2部に上場する被告は、ソフトウエアの開発及び販売等を業としていたところ、平成17年2月10日、「業績に影響を与える可能性のある事象の発生について」及び「通期業績予想の修正に関するお知らせ」と題する書面をもっ

93　第一審：東京地裁平成19年11月26日判決、判例時報1998号141頁
　　控訴審：東京高裁平成20年6月19日判決
　　上告審：最高裁平成21年7月9日判決

244 —第2編　循環取引発覚後の対応と法律上の論点

て、以下の趣旨の事項を公表した。

① 複数年度にわたり売上金額等の不正計上（以下「本件不正行為」）が行われ、通算売上高で最大 12 億 5 千万円の影響があり、利益についてもほぼ同額の影響がある予想されるとともに、このうち、当期への影響は約 3 億円と予想されること。

② 連結業績予想における売上高、経常利益及び当期純利益（それぞれ 86 億 4,500 万円、10 億 5,000 万円及び 5 億 5,600 万円）を、それぞれ 78 億円、2 億 5,000 万円及び 1 億 3,500 万円に修正すること。

東証は、同日、上場廃止基準に抵触する恐れがあるとして、被告の株式を監理ポストに割り当てることとし、その旨を発表した。

翌日の日本経済新聞等は、被告の不正行為及び業績修正並びに東証の発表を報道した。

(3) 争点

① 本件不正行為及び本件不実記載に関し、被告代表者に過失があったか
② 損害額

なお、原告の損害額については、本節の考察の対象である「内部統制システム」とは直接の関係がないため、この争点については割愛する。

(4) 原告の主張

原告は、被告による不正行為とそれに基づく不実記載が公表されたことによって、後記の損害を被ったものであり、これは、被告代表者が、本件不正行為及び不実記載について過失があり、不法行為責任を負うものであるとともに、被告は、民法 44 条に基づき、原告に生じた損害の賠償責任を負う。

(5) 被告の主張

被告は、本件不正行為当時の被告の内部統制システムは被告の事業内容及び規模等からすれば相当なものであって被告代表者には過失はない、本件不正行為は事務手続から逸脱したものではなく、元事業部長らによる巧妙な隠蔽工作

にまで耐え得るような内部統制システムを構築することは取締役の義務の範囲を超えている。

被告の監査法人は、本件不正行為を見抜くことができず、不正計上が行われた期間、適正意見を表明していた。

2. 第一審判決

本件不正行為当時の同事業部の組織体制及び事務手続には、上層部が企図すれば、容易に本件不正行為を行いうるリスクが内在していた。

被告代表者は、被告の取締役及び代表取締役として、被告の健全な運営を図るため、各部門の適切なリスク管理体制を構築し、機能させる義務を負うものであり、本件不正行為当時においても、被告代表者が不正リスクが現実化する可能性を予見すること、当該リスクを排除ないし低減させる対策を講じることが可能であった。

にもかかわらず、被告代表者は、各部門に不正はないと過信し、リスクを排除ないし低減させる対策を講じることをせず、適切なリスク管理体制を構築すべき義務を怠ったというべきである。

また、本件不正行為に係る売掛金債権には、2年間以上経過しても未回収のものも生じていたのであるから、財務部としては、同事業部が一見合理的な回収遅延理由を説明したり、売掛金残高確認書が存在したとしても、財務部が独自に直接売掛金の存在や遅延理由を確認したり、被告に対する入金額がどの売掛金債権に対するものなのか確認したりすべきものであったし、また、財務部がこれらの措置を採ることは可能であったというべきである。

しかし、財務部はこれらの措置を採ることを怠り、その結果、本件不正行為の発覚が遅れたことが認められる。そして、このことは、被告代表者が財務部に適切な措置を採らせることを怠り、財務部によるリスク管理体制を機能させていなかったことを意味するものといえるから、被告代表者は、この点においても、前記の各部門の適切なリスク管理体制を構築し、機能させる義務を怠ったものというべきである。

以上の通り、被告代表者には各部門の適切なリスク管理体制を構築し、機能させる義務を怠った過失があり、その結果、本件有価証券報告書に本件不実記載がなされたことが認められる。そして、被告代表者の当該各行為は、不法行為（民709）を構成するというべきである。

　被告は、企業が整備すべきリスク管理体制について、事後的に求められる水準をもって本件の判断基準とすることは結果責任を問うことになり妥当ではないとも主張するが、前記判示の通り、本件不正行為当時にあっても、被告代表者が前期義務を果たすことは十分可能であったというべきであるから、この点に関する被告の主張は採用できない。

　なお、不正計上が行われた期間、被告の監査法人が適正意見を表明していた事実は上記判断を左右するものではない。

　そして、被告代表者の本件不法行為は、被告の職務を行うについてなされたものであるから、被告は本件不法行為について、民法44条に基づき原告に生じた損害を賠償すべき義務を負うというべきである。

【根拠条文】

(平成18年改正前) 民法44条（法人の不法行為能力）

　1　法人は理事其他の代理人が其職務を行ふに付き他人に加へたる損害を賠償する責に任ず。

　2　法人の目的の範囲内に在らざる行為によりて他人に損害を加へたるときは其事項の議決を賛成したる社員、理事及び之を履行したる理事其他の代理人連帯してその賠償の責に任ず。

会社法350条（代表者の行為についての損害賠償責任）

　　株式会社は、代表取締役その他の代表者がその職務を行うについて第三者に加えた損害を賠償する責任を負う。

民法709条（不法行為による損害賠償）

　　故意又は過失によって他人の権利又は法律上保護される利益を侵害した者は、これによって生じた損害を賠償する責任を負う。

第3章　役員に対する制裁等— 247

3. 第一審判決の影響

　第1審判決は、筆者らのように、企業の内部統制システムの構築、整備及び運用に何らかの係わりを持つ実務家からすれば、極めて妥当な判決であると思えるものである。

　早稲田大学の川島いづみ教授[94]は、この判決を、「有価証券報告書の虚偽記載に関する当該会社の不法行為責任を、会社代表者による内部統制システム構築義務の懈怠から説き起こして肯定した点」を注目すべきものとしているが、筆者も全く同意見である。

　すなわち、会社法施行前、金融商品取引法改正前の事件であるにもかかわらず、本判決はこれらの法律の趣旨を踏まえた判旨となっており、内部統制報告制度が本番を迎えていた判決当時、筆者は、本判決がこれからの有価証券報告書虚偽記載事件における一つの判断基準となるのではないかと考えた次第である。

　一方、日本証券業協会の木村真生子客員研究員による批判[95]もある。すなわち、「旧商法ないし会社法の下で、取締役らが善管注意義務を果たす一環として内部統制システム構築義務を負っているのは会社に対してであ」り、「取締役が株主に対して、直接、善管注意義務や忠実義務を負うものとはしておらず、ましてや投資者に対して、従業員等による不正行為を防止するための体制を整備・運用する義務を負うという建てつけにはなっていない」というものである。

　また、原告が本人訴訟（訴訟代理人たる弁護士をつけていない）ことから、東京地裁の訴訟指揮について、被告側代理人弁護士からの批判[96]もあったよう

94　金融・商事判例№1320、2009年7月15日号14頁以下
95　ジュリスト№1374、2009年3月15日号100頁以下
96　弁護士上甲悌二、弁護士清水良寛「上場企業の『リスク管理体制』構築義務訴訟」（法学セミナー2010年2月号、662号38頁以下）では、以下のように批判している。
　　「東京地裁は、本人訴訟ゆえに、後見的に関与し、原告に対して、具体的な主張・立証等を示唆して、これを促すという対応をした。筆者らは、裁判所の対応について、若干やり過ぎではないかと感じた」

だが、筆者は、

- 事業部の不正行為リスクに対する管理体制を構築すべきであったが、これを怠ったこと
- 財務部に適切な措置を取らせることを怠ったこと

という過失の結果、有価証券報告書の不実記載が発生し、原告が損失を被ったのであるから、民法709条に規定する不法行為を構成するというとした東京地裁の判断は、極めて妥当であり、今後の企業の内部統制システムの構築義務に対する取締役の責任についての、一つの指針となるであろうと考える。

4. 最高裁判所の判断

上告人（第一審被告）は、以下の通り、通常想定される架空売上の計上等の不正行為を防止し得る程度の管理体制は整えていたということができる。

① 職務分掌規定等を定めて事業部門と財務部門を分離していたこと
② 事業部について、営業部とは別に書類の形式面の確認を担当する課及びソフトの稼働確認を担当する部を設置、それらのチェックを経て財務部に売上報告がされる体制を整えていたこと
③ 監査法人との間で監査契約を締結していたこと
④ 当該監査法人及び財務部が、それぞれ定期的に、販売会社あてに売掛金残高を確認していたこと

本件不正行為は、事業部の部長がその部下である営業担当者数名と共謀して、販売会社の偽造印を用いて注文所等を偽造し、財務部に架空の売上報告をさせたもので、営業社員らが販売会社あてに郵送した売掛金残高確認書を未開封のまま回収し、金額を記入して偽造印を押捺した同用紙を監査法人または財務部に送付し、売掛金額と販売会社の買掛金額が一致するように巧妙に偽装するという、通常容易に想像し難い方法によるものであった。

また、本件以前に同様の手法による不正行為が行われたことがあったなど、代表取締役において本件不正行為の発生を予見すべきであったという特殊な事情も見当たらず、監査法人も財務諸表につき適正意見を表明していたというの

であるから、財務部におけるリスク管理体制が機能していなかったということはできない。

以上によれば、上告人の代表取締役に、本件不正行為を防止するためのリスク管理体制を構築すべき義務に違反した過失があるということはできない。

5. 最高裁判決の影響

最高裁判決により、経営者には不法行為責任、任務懈怠はないとされたリスク管理体制は、日本の証券取引所に上場している企業においてはまず間違いなく整備されている体制であると考えるが、問題は、こうした管理体制が整えられているにもかかわらず、架空売上や循環取引による有価証券報告書不実記載があとを絶たない点にある。

本件は、代表取締役のリスク管理体制構築義務違反の有無（有価証券報告書不実記載が問題とされている点に着目すれば、財務報告の信頼性を確保するための内部統制構築にかかる義務違反の有無）に関して最高裁の判断が示された、初の事案[97]であり、本判決が持つ意味は大きい。

被告の代理人を第一審から上告審まで務めてきた上甲悌二弁護士と清水良寛弁護士によれば[98]、「取締役の法的責任の有無を判断する際には、結果責任ではなく、善管注意義務違反という過失責任が問題となるのであり、不祥事の発生を防止するために、相当な体制が構築されていたか否かについて検討がなされなければならない」から、「会社側（取締役側）としては、当時の内部統制システム（リスク管理体制）を具体的に立証し、当該不祥事の特殊性を指摘して、当該システムが当時の状況下において、相当だったことを主張」したということであり、最高裁もこれを認めたということであろう。

なお、前述したように、本件は原告による本人訴訟であり、そのため、第一審では東京地裁が後見的に関与するなどして、訴訟追行が図られたものである

97　酒井太郎一橋大学准教授『会社のリスク管理体制の整備に関し代表取締役の過失がないとされた事例』（判例時報 2075 号 193 頁、判例評論 617 号 31 頁）

98　前掲注 75 参照

が、最高裁においては、原告の主張・立証が十分ではなかったのではないかという興味深い指摘もある[99]。すなわち、「原告は、1年以上経過した売掛金債権は通常、要注意債権になるはずであって、販売会社との間で当該債権について確認していれば、本件不正行為を早期に発見できたと主張するのみである」この主張を裏付けるためには、「当時、被告が備えておくべきであったと考えられる組織体制、及び事業部の組織体制が当時の企業経営組織の水準に照らして不適切であることが明白であったこと（さらにいえば、取締役の裁量の余地を認めがたいほどに改善の必要があったこと）の双方を何らかの形で指摘しておくべきであったといえる」として、代表取締役の「結果責任を論じる弊に陥らないようにする」必要があったというものである。この指摘は、今後の内部統制システムの構築・整備義務違反を問う訴訟における主張・立証において、上記の代理人弁護士の論旨ともども、非常に示唆に富んでいると思われる。

6. 財務部門として果たすべき統制

　本件は監査法人の指摘により事業部ぐるみの不正（架空売上計上）が発覚したものであるが、最高裁判所が適当と認めるに足る管理体制を整備していた被告会社において、本件不正が発覚しなかったのはなぜであろうか。本件不正は、顧客社印を偽造し、もって検収書、売掛金残高確認書を偽造したうえで、顧客からの入金と個々の売掛金の照合について、財務部門へ偽りの報告をしていたことから発覚が遅れたものである。その悪質性は、元事業部長が刑事告発され、有印私文書偽造・同行使の罪で猶予刑判決が確定していることからも、明らかではある。しかし、財務部門において、入金照合を直接顧客と行っていれば、本件不正はすぐに露見したのではないか。また、売掛金残高が一致しているにもかかわらず入金が遅れるという事態が一度ならず発生しているわけだから、その支払遅延理由を顧客に直接、あるいは財務担当役員などを通して問い合わせれば、たちどころに不正は発覚したのではないか。

99　前掲注76参照

現行法制度のもとで本件と同様な事件が発生した場合に裁判所がどのような判断を下すのかを推察することは困難であるが、筆者は、東京地裁が示した判断は、今後の判決に影響を与えるものになると考える。つまり、形式的な職務分掌や外部監査人による監査だけでは、「被告代表者には各部門の適切なリスク管理体制を構築し、機能させる義務を怠った過失があり」、「不法行為を構成するもの」であり、同時に、「不正計上が行われた期間、被告の監査法人が適正意見を表明していた事実は上記判断を左右するものではない」ということである。

【本章のまとめ】

① 役員個人の責任として、重大な虚偽記載を行った取締役については刑事罰が課されることになる。虚偽記載を首謀した取締役には重い判決（時には実刑判決）が下される一方、管理部門等統括する取締役の量刑は、代表取締役と比較して若干軽い刑事罰が課され、ほとんど執行猶予判決となるようである。また、罰金が科される場合、代表取締役に対する罰金額の方が多額となる傾向にある。いずれにせよ、上場時の開示書類に虚偽記載を行った場合か否か、虚偽記載の金額の多寡及びその占める割合等の様々な事情を考慮して刑事告発及び判決がなされているようである。

② 金融商品取引法としては、発行者に対して課徴金が課される事が多いが、新規上場直後など役員個人が株式を売り付けるケースも考えられることから、発行市場において課徴金を役員個人に課すことも規定されている。

③ 役員は、循環取引を行った場合、投資家たる株主はもとより、取引先矢従業員等の利害関係者に損害が生じればこれを賠償しなければならないことになる。また、その責任も、損害賠償請求の根拠次第では立証責任が転換されるなど、決して軽くはなく、また現実に裁判となった場合に認められやすい環境下にあるといえる。

④ 循環取引や虚偽記載により、会社は、罰金、課徴金、循環取引による損失、取引先等への損害賠償等、様々な損害が発生するため、これに関

252 —第 2 編　循環取引発覚後の対応と法律上の論点

わった役員に対して、監査役や株主から賠償請求を提起できることとなっている。このため、役員としては、循環取引や虚偽記載を行ったとしても、利得は課徴金によって吐き出さされることとなり、さらに会社が負担した課徴金や罰金、また損害賠償金を負担しなければならないこととなり、利得は手許に残らず、かえって損害を被ることになる。

⑤　循環取引を行い、虚偽記載を行った役員に対しては、法的制裁の他に社会的制裁が加わり、これを総合的に加算すると、循環取引を行ったことによりかえって「損」になっている。無論、法律としては、循環取引を含めた虚偽記載を発生させてはならないことから、循環取引及び虚偽記載を行った役員については、最終的には損失となるような仕組みとなっている。にもかかわらず、こうした循環取引が根絶されないのはなぜであろうか。役員は、「バレなければ大丈夫」と考えているのであろうか。

内部統制システムの構築、運用に関する取締役の責任については、不祥事の発生を防止するために、相当な体制が構築されていたか否かが争点とされるが、会社法、金融商品取引法などの規定が整備されたことにより、今後の判決がどう変化していくか、注目される。

第4章
判決から見た会計不正関与者の損害賠償責任

　2016（平成28）年12月20日、東京地方裁判所は、㈱エフオーアイ（以下「FOI社」）の会計不正により損害を受けた個人株主らを原告とする損害賠償事件において、同社の元取締役・元監査役のみならず、主幹事証券会社についても、金融商品取引法違反による民事上の責任を認めて、損害賠償を命じる判決を言い渡した。

　粉飾決算を理由とする損害賠償事件で、証券会社に損害賠償を命じる判決が出たのは初めてということで、大いに注目を集めた判決であったが、その翌年3月23日に言い渡しが行われた控訴審では、東京高等裁判所は、証券会社の責任を否定した。

　本章では、このエフオーアイ事件をはじめ、ニイウスコー事件、セイクレスト事件における裁判所の判断など、複数の判決を比較考量しながら、会計不正事件の主犯・実行犯ではない当事者の損害賠償責任について、検討したい。

1. 事案の概要

●エフオーアイ事件
第1審判決（東京地方裁判所平成28年12月20日）

```
① 訴訟当事者
　原告：FOI社の株主
```

254 —第2編　循環取引発覚後の対応と法律上の論点

被告：被告 Y1（奥村裕代表取締役社長）

被告 Y2（上畠正和代表取締役専務管理部門長）

被告 Y3（河野六甲取締役営業部門長）

被告 Y4（ビノグラードフ・ゲオルギー取締役研究開発部門長）

被告 Y5（染谷良樹社外監査役・公認会計士）

被告 Y6（高倉正直常勤監査役）

被告 Y7（水上浩一郎社外監査役）

被告みずほインベスターズ証券株式会社（被告みずほ証券）

（他の証券会社・ベンチャー・キャピタル等は省略）

被告株式会社東京証券取引所（被告東証）

被告日本取引所自主規制法人（被告自主規制法人）

② 粉飾決算の内容

FOI 社においては、平成 16 年 3 月期において、決算が大幅な赤字となって銀行融資を受けることができなくなることを防ぐため、被告 Y1（奥村元代表取締役社長）、被告 Y2（上畠代表取締役専務）及び被告 Y3（河野取締役）ら役員が相談の上、見込生産をして製造を終了した 6 台のエッチング装置につき、実際には受注がなかったにもかかわらず、受注があったように装って架空の売上を計上することにより、実際の売上高が 7 億 1,941 万 328 円であるのに、決算書類には売上高が 23 億 2,799 万 9,328 円である旨記載する粉飾決算を行った。

FOI 社は、平成 17 年 3 月期以降も、平成 21 年 3 月期までの間、売上高を実際よりも水増しして計上する方法による粉飾決算を継続した。平成 21 年 3 月期の粉飾額は 115 億 3,639 万 5,000 円に及び、決算書類に記載された売上高の 97.3% が架空の売上であった。これらの粉飾は、被告 Y1（奥村元代表取締役社長）、被告 Y2（上畠代表取締役専務）及び被告 Y3（河野取締役）ら取締役のほか、主立った幹部職員らが共謀して行ったものであった。

③　上場から上場廃止に至る経緯

H19.5.1	被告みずほ証券、FOI 社のマザーズ市場上場手続についての主幹事証券に就任
8.17	被告みずほ証券公開引受部から引受審査部に対し、審査依頼
12.20	FOI 社上場申請 ⇒被告自主規制法人は上場承認日を H20.2.18 と予定
H20.2.14	被告東証ら、「注文書偽造による巨額粉飾決算企業の告発」と題する同月 12 日付けの匿名の投書（第 1 投書）を受領
2.18	被告みずほ証券の監査役宛てに、同月 13 日付けの同題名の投書が送付され、同月 25 日に開封
	被告自主規制法人は、第 1 投書を受け、FOI 社の上場承認の予定を延期して追加調査を行うこととした。追加調査として、預金通帳の原本を含む帳票類の確認、FOI 社の役員、従業員及び会計監査人に対するヒアリングを行った。
4.2	引受審査部は、第 1 投書についての主幹事証券会社としての追加審査を実施し、第 1 投書には信憑性がないものと判断
4.18	被告みずほ証券及び被告自主規制法人は、FOI 社の上場申請につき、平成 20 年 5 月 16 日に承認をして同年 6 月 18 日に上場をするというスケジュールで手続を進めることを確認していたが、FOI 社は、上場申請を取下げ
8.5	被告みずほ証券引受審査部は、FOI 社の 2 回目の引受審査を開始し、追加の審査を行った結果、上場適格に問題はないと判断
12.1	FOI 社は、被告東証に対して 2 回目の上場申請
H21.5.17	FOI 社が多額の売上債権を計上している取引先である g4 社が、転換社債の償還期限を 1 か月延長するよう求めた旨の報道がされ、被告自主規制法人は、g4 社に対する債権の不良債権化の懸念から、平成 20 年 3 月期を上場直前基準期とする上場は困難である旨の見解を示す
5.19	FOI 社、2 回目の上場申請取下げ
6.16	被告みずほ証券引受審査部は、FOI 社の 3 回目の引受審査を開始し、追加の審査を行った結果、上場適格に問題はないと判断
8.18	FOI 社は、被告東証に対して 3 回目の上場申請
10.16	被告東証は、上場日を 11 月 20 日として、FOI 社のマザーズ市場への上場を承認し、対外的に公表
10.16	FOI 社は、関東財務局に対し有価証券届出書を提出

11.20	FOI 社、マザーズ市場に上場し、初値は 1 株 770 円	
H22.5.12	FOI 社、証券取引等監視委員会から金商法違反の容疑による強制捜査を受けた旨を発表	
5.16	FOI 社、有価証券届出書及び被告東証への上場申請書類に虚偽の決算情報を記載したことを認める旨公表	
5.21	FOI 社、東京地方裁判所に破産手続開始の申立て	
6.15	FOI 社、上場廃止	

●セイクレスト事件

控訴審判決（大阪高等裁判所平成 27 年 5 月 21 日）

① 訴訟当事者

　控訴人（第 1 審被告）：破産会社株式会社セイクレスト元社外監査役　大石英樹（公認会計士）

　被控訴人（第 1 審原告）：破産会社株式会社セイクレスト破産管財人

② **元代表取締役青木勝稔による不正な金員交付**

　破産会社株式会社セイクレスト（以下「セイクレスト」または「破産会社」）は、平成 22 年 9 月 15 日開催の臨時取締役会において、払込期日を同年 12 月 29 日とする株主割当の新株式の発行を決議し、同年 12 月 20 日に開催された定時取締役会において、本件募集株式の払込金額が約 4 億 2,000 万円であることが報告された。本件募集株式の払込金として、平成 22 年 12 月 29 日、合計 4 億 2,108 万 9,900 円が破産会社に振り込まれたところ、青木勝稔元代表取締役は、同日、8,000 万円を出金させた上、これを第三者に交付した。

●アーバンコーポレイション事件

第一審判決（東京地方裁判所平成 24 年 6 月 22 日）

① 訴訟当事者

　原告：株式会社アーバンコーポレイション株主

　被告：株式会社アーバンコーポレイションの全取締役及び全監査役

　　　房園博行元代表取締役社長（以下「被告房園」）

西村裕司元取締役副社長（事業部門管掌、以下「被告西村」）

川上陸司元取締役副社長（管理部門管掌、以下「被告川上」）

井澤光徳元専務取締役（本社管掌、以下「被告井澤」）

宮地典之元常務取締役（財務部・経理部等担当、以下「被告宮地」）

松﨑和司元常務取締役（海外事業担当、以下「被告松﨑」）

角田考哉元取締役（関連事業部等担当、以下「被告角田」）

嘉本明史元取締役（経営企画部等担当、以下「被告嘉本」）

土肥孝治元社外取締役（弁護士、以下「被告土肥」）

髙井伸夫元社外取締役（弁護士、以下「被告髙井」）

村上謙二元常勤監査役（以下「被告村上」）

中下司元社外監査役（公認会計士、以下「被告中下」）

長久光生元社外監査役（以下「被告長久」）

山岸榮夫元社外監査役（以下「被告山岸」）

② **事件の概要**

　本件は、株式会社アーバンコーポレイション（以下「アーバン社」）が、BNP パリバに対して、発行価額 300 億円の「2010 年満期転換社債型新株予約権付社債」（以下「本件新株予約権付社債」）を発行する際、実際には、当該発行に併せて BNP パリバとの間にスワップ契約を締結し、アーバン社の株価水準、売買高等に連動して調達できる資金の額が変動する、不確実性の高い資金調達の仕組みを採用していたにもかかわらず、臨時報告書等にスワップ契約を締結したことを記載せず、本件新株予約権付社債の発行によって一括で全額の資金調達が実施可能と投資者が誤認するような内容の開示を行ったとして、臨時報告書の提出日の翌日である平成 20 年 6 月 27 日以降、訂正報告書の提出日である同年 8 月 13 日までの間にアーバン社の株式を取得し、同日まで保有した原告らが、アーバン社の取締役または監査役であった被告らに対し、不法行為、共同不法行為、金融商品取引法 24 条の 4 及び同条の 5 第 5 項が準用する同法 22 条 1 項に基づき、損害賠償金及びこれに対する上記平成 20 年 8 月 13 日から支払済みまで民法所定年 5 分の割合による遅延損害金の支払いを求めている事案である。

●ニイウスコー事件

第1審判決（東京地方裁判所平成26年12月25日）

---

① 訴訟当事者

原告：ニイウスコー株式会社株主

被告：被告Y1：元代表取締役社長　割方美奈子

　　　被告Y2：元代表取締役会長　末貞郁夫

　　　被告Y3：元代表取締役副社長　吉兼春雄

　　　被告Y4：元副社長（営業推進担当）　宮崎敏介

　　　被告Y5：元取締役（財務・経理担当）　安田一夫

　　　被告Y6：元社外監査役　萬幸男（弁護士）

　　　被告Y7：元社外監査役　中西紀子（弁護士）

　　　被告Y8：有限責任法人トーマツ

② 事案の要旨

　原告は、東京証券取引所に上場していたニイウスコー株式会社（以下「ニイウスコー」）の有価証券報告書等に虚偽の記載があったにもかかわらず、そのことを知らずにニイウスコー株式の取引をしたため損害を被ったと主張して、同社の取締役、監査役または会計監査人であった被告ら各自に対し、主位的に金融商品取引法24条の4及び24条の5第5項において準用する同法22条に基づき、予備的に民法709条または旧商法266条の3第1項、2項、旧商法特例法10条、18条の4第2項、21条の22第1項、会社法429条1項、2項に基づき、損害賠償として、合計2,604万8,983円及び遅延損害金の支払いを求めた。

● IXI事件

第1審判決（大阪地方裁判所平成24年3月23日）

---

① 訴訟当事者

原告：再生債務者株式会社アイ・エックス・アイ管財人

被告：新日本監査法人

② 事案の要旨

　本件は、架空循環取引による架空の売上や仕掛品を財務諸表に計上していた再生債務者株式会社アイ・エックス・アイ（以下「再生会社」）の管財人である原告が、再生会社の監査人であった被告において、架空循環取引を発見するために必要な監査手続を実施することなく漫然と監査を行い、再生会社の平成17年3月期決算、平成17年9月中間期決算及び平成18年3月期決算につき無限定適正（有用）意見を表明したことが、監査契約上の善管注意義務違反に当たるなどと主張して、被告に対し、債務不履行または不法行為に基づき、被ったと主張する損害25億979万100円のうち、(1) 1億2,723万7,000円（監査報酬相当額2,723万7,000円及び無形損害1億円）及び (2) 7,276万3,000円（利益処分相当額及び法人税等納付額の各一部の合計）並びに (1) 及び (2) に対する各請求の日の翌日から支払済みまで民法所定の年5%の割合による遅延損害金の支払いを求める事案である。

2. 監査役の損害賠償責任

　粉飾決算による有価証券報告書虚偽記載を理由とする損害賠償事件において、裁判所が、非常勤監査役よりも常勤監査役により重い責任を負わせる判断をすることに異論をはさむ向きはないであろう。ここでは、常勤監査役のみならず、2名の非常勤社外監査役についても、厳しい判断が示された。エフオーアイ事件第1審判決と、社外監査役である非常勤監査役を被告として、破産管財人らがその損害賠償責任を追及した二つの事件判決、セイクレスト事件控訴審判決（大阪高等裁判所平成27年5月21日）及びニイウスコー事件第1審判決（東京地方裁判所平成26年12月25日判決）におけるそれぞれの裁判所の判断と比較しながら、損害賠償責任について、裁判所がどのような判断を行ってきたのかを検討したい。

(1) エフオーアイ事件　⇒　損害賠償責任あり

　エフオーアイ事件において損害賠償責任の有無が問われたのは、常勤

監査役であった高倉正直氏（被告 Y6）、社外監査役で公認会計士の染谷良樹氏（被告 Y5）及び同じく社外監査役の水上浩一郎氏（被告 Y7）であった。

東京地裁は、FOI 社の粉飾決算について、単に財務諸表において架空の売上を計上していたにとどまらず、取締役ら及び多数の幹部社員らが共謀し、売上取引に関する多数の書類を偽造したり、ペーパーカンパニーを設立して売掛金の回収を偽装したり、販売見込みのない製品を製造し続けるなどの大がかりな偽装工作を 5 年以上にわたり継続し、平成 21 年 3 月期の決算においては、実に総売上の 97% 以上に上る 115 億円余りもの架空売上を計上していたというのであり、取締役らのかかる違法行為は、本来監査役の業務監査によって是正されるべきものであるとして、監査役の役割を明確に説示した。

そのうえで、高倉常勤監査役については、平成 16 年 3 月期の売上のうちに架空のものがあることを認識していたことから、その後、FOI 社の売上が急増したにもかかわらず売掛金の回収が進まない状況において、架空の売上が計上されている可能性について疑問を抱き、売上の実在性について独自の調査を行うなどの対応を執ることは十分に可能であったというべきであるが、高倉常勤監査役が、会計監査人の報告を受ける以外にかかる観点から何らかの調査を行ったことを窺わせる証拠はない。また、高倉常勤監査役は、常勤監査役であったにもかかわらず週に 2 日程度しか出勤しておらず、FOI 社においてほぼ毎週開催されていた戦略会議にも出席していなかったのみならず、対外的には戦略会議に毎回出席していたかのように装い、議事録にかかる虚偽の記載がされていることを認識しながら放置していたとの事実認定から、取締役の業務執行に対する日常の業務監査が十分であったとはいい難いと結論づけた。

一方、非常勤の社外監査役である染谷監査役及び水上監査役についても、上記のような高倉常勤監査役の職務執行状況を認識していたか、容易に認識し得たと考えられるのに、これを是正するための何らかの対応を執った形跡がないところ、非常勤監査役においても、常勤監査役の職務執行の適正さに疑念を生ずべき事情があるときは、これを是正するための措

置を執る義務があるというべきであるから、染谷監査役及び水上監査役
の監査役としての職務の遂行が十分なものであったとはいい難いと判断
した。

　そのうえで、結論としては、被告監査役らについては、いまだ相当な
注意を用いて監査を行っていたとは認められず、他に相当な注意を用い
たにもかかわらず本件粉飾の事実を知ることができなかったことを認め
るに足りる証拠はない。そうすると、被告監査役らは、いずれも、金商
法21条1項1号、22条1項の責任を免れることはできないというべき
である。

(2) セイクレスト事件 ⇒ 損害賠償責任あり（重大な過失なし）

　セイクレスト事件控訴審で、大阪高裁は、まず、「青木元代表取締役に
よる本件金員交付は、青木元代表取締役の取締役としての善管注意義務
及び忠実義務に違反するものであるということができ、取締役としての
任務懈怠行為に該当する」としたうえで、「破産会社の取締役ら及び監査
役らは、青木元代表取締役が、本件募集株式の発行に係る払込金が入金
された機会等に、破産会社の資金を、定められた使途に反して合理的な
理由なく不当に流出させるといった任務懈怠行為を行う具体的な危険性
があることを予見することが可能であった」とした。

　次に、大阪高裁は、監査役の職務について、取締役の職務執行を事後
的に評価する（事後監査）だけでなく、取締役が違法・不当な業務執行
をしないように防止する（事前監査）ことも含まれているので、監査役は、
取締役会に出席し、必要があると認めるときは、意見を述べなければな
らないとされており、また、取締役が不正の行為をし、もしくは当該行
為をする恐れがあると認めるとき、または法令もしくは定款に違反する
事実若しくは著しく不当な事実があると認めるときは、遅滞なく、その
旨を取締役会に報告しなければならず、さらに、このような場合において、
必要があると認めるときは、取締役会の招集権者に対し、取締役会の招
集を請求することができるものとされており、その他、取締役が監査役

設置会社の目的の範囲外の行為その他法令もしくは定款に違反する行為をし、またはこれらの行為をする恐れがある場合において、当該行為によって当該監査役設置会社に著しい損害が生ずる恐れがあるときは、当該取締役に対し、当該行為をやめることを請求することができるものとされていると説示した。

そのうえで、控訴人については、

- 控訴人が公認会計士であること
- 平成22年度の監査役の監査業務の職務分担上、経営管理本部管掌業務を担当することとされていたこと
- 取締役会への出席を通じて、青木元代表取締役による一連の任務懈怠行為の内容を熟知していたこと

などから、監査役の職務として、取締役会に対し、破産会社の資金を、定められた使途に反して合理的な理由なく不当に流出させるといった行為に対処するための内部統制システムを構築するよう助言または勧告すべき義務があったということができるが、このような助言または勧告を行ったことを認めるに足りる証拠はないことから、控訴人が助言または勧告を行わなかったことは、監査役としての義務に違反するものであったということができる、としてその責任を認めたものの、監査役として、取締役の職務執行の監査を行い、一定の限度でその義務を果たしていたことが認められることから、本件金員交付によって破産会社に損害が発生したことについて、控訴人に職務を行うについて重大な過失があったと認めることはできないとして、控訴人とセイクレストの間で締結していた責任限定契約の定める限度で、会社法423条1項所定の損害賠償責任を負うことになると判断した。

(3) ニイウスコー事件　⇒　損害賠償責任なし

東京地方裁判所は、監査役の職務執行状況について、監査役会の活動、内部統制システム等の整備・運用状況に関する監査、会計監査のそれぞれについて、次のように事実認定を行った。以下では、二人の弁護士で

ある社外監査役を合わせて「被告ら」と記す。

① 監査役会の活動

　ニイウスコー常勤監査役は、監査役間の職務分担に従い、経営会議等に出席し、稟議書等の重要書類を閲覧し、内部監査室との意見交換等を行った上、これらの活動により収集した情報（取締役会の開催状況、取締役の利益相反取引の有無、子会社または株主との非通例的取引の有無等）と、実施した監査の結果及び監査方法等を記載した書面を監査役会に提出し、社外監査役である被告らに報告した。

　被告らは、監査役会において常勤監査役から報告を受けただけではなく、毎月の取締役会の前後の時間を利用して監査役全員が集まって意見交換や協議をしていたほか、メール等でも随時連絡をし、必要に応じて取締役や関係者との面談等を行い、弁護士としての専門的見地から意見を述べるなどした。

　平成18年、会計監査人から、医療サービス事業については取引先からの回収可能性が低く、引当金の計上を要すること、金融機関向けASP事業についてはソフトウェア資産の販売実績がほとんどなく、減損会計を適用する必要があること等の報告があった際には、監査役らは、平成19年3月29日の取締役会の後、元代表取締役社長と面談し、売掛金回収のための交渉経緯及び返済計画の受領についての報告や資料の提出を受けた。また、同年6月末、ニイウスコーの決算、負債処理、医療サービス事業からの撤退及びファンドからの資金注入による事業再興について元代表取締役社長に説明を求め、同年7月6日、被告Y2と面談して、事業再興計画の作成に当たっては、社内関係者に情報提供をし、十分に検討した上で、取締役会決議を経るよう求めた。そして、監査役会として、事業再興という重要な意思決定が適切に行われることを確保するため、社内検討会の開催についての助言や事業再興の検討経緯を整理した資料の提出を求めるなどした。

② 内部統制システム等の整備・運用状況に関する監査

　常勤監査役は、内部統制システムの整備・運用状況に関して、内部統

制検討会及び内部統制委員会に出席した結果や、内部監査室との情報交換等により得た情報を、被告らに随時報告していた。さらに、監査役会は、平成16年度から平成18年度までの間、監査状況について会計監査人と面談を行った際、内部統制システムについても検証を実施したが不備は発見されなかったとの報告を受けた。

③　会計監査

　被告らは、常勤監査役から、平成16年度から平成18年度までの各年度において、常勤監査役が会計監査人から監査計画概要書等に基づき中間及び期末の各監査状況等の説明を受け、適宜監査実施状況の視察や意見交換を行うなどしたこと及び会計監査人の独立性、監査の方法・内容、会計監査人の注意義務に問題がなく、中間監査結果が相当であると判断したことの報告を受けていた。

　また、監査役会は、平成16年度から平成18年度までの間、各年度の中間及び期末の各監査状況について会計監査人と面談を行い、監査実施報告書のドラフトに即して、実施された監査の方法及び結果について報告を受け、報告が元代表取締役社長の説明と一致することを確認した。被告Y6及び被告Y7は、会計監査人から、計算関係書類において会社の状況が適正に表示されていること、取締役の職務執行に関する不正の行為または法令・定款に違反する重大な事実の発見はなかったことから、無限定適正意見及び有用意見を表明する等の報告を受けていた。

　こうした被告らの職務執行状況から、東京地裁は、社外監査役である被告らは、監査役会にはすべて出席し、常勤監査役の行った監査の内容及び方法について報告を受け、随時、意見交換をしていたほか、取締役会にも可能な限り出席し、必要に応じて担当取締役から説明を聴取し、重要な事項に関する意思決定プロセスについては代表取締役への意見具申等をしていたのであるから、その監査は、相当なものであったというべきであると結論づけた。

　そして、被告らは、有価証券報告書等の記載が虚偽であることを知らず、かつ、相当な注意を用いたにもかかわらず知ることができなかったとい

うべきであるとして、社外監査役である被告らについて、損害賠償責任を否定した。

(4) それぞれの事件における社外監査役の責任

3つの事件における裁判所の判断を比較検討しておきたい。まず、社外監査役の責任を全面的に認めたエフオーアイ事件判決における、社外監査役の損害賠償責任に関する裁判所の判断のポイントをまとめておく。

① 取締役らの違法行為は、本来監査役の業務監査によって是正されるべきである
② 常勤監査役は、架空売上があることを認識していた
③ 常勤監査役による取締役の業務執行に対する業務監査が十分ではなかった
④ 非常勤監査役は、常勤監査役の職務執行の適正さに疑念があるときは、これを是正するための措置を執る義務がある
⑤ 非常勤監査役が、上場申請取下げの理由について調査すれば、粉飾決算の事実が判明していた可能性がないとはいえない

これに対し、ニイウスコー事件では、社外監査役について、詳細な事実認定に基づき、「監査は、相当なもので」あり、有価証券報告書等の「記載が虚偽であることを知らず、かつ、相当な注意を用いたにもかかわらず知ることができなかった」と判断して、損害賠償責任を認めなかった。粉飾の手法も異なり、好業績企業として知られていたニイウスコーと、不可解な上場申請の取り下げを2回も行ったFOI社とでは事情が異なるとはいえ、監査役としての知見や経験を活かして、職務を誠実に履行し、かつ、その事実を証明できるように記録を残しておくことが、社外監査役に求められていることが、あらためて、裁判所の判断から理解できるところである。

もう一つのセイクレスト事件においては、控訴人（第1審被告）が公認会計士であることが、控訴人にとって不利な判決につながった可能性は否定できないが、それよりも、監査役としての不作為が、重過失とまでは言えないものの、責任限定契約の限度内において損害賠償責任を負うという判断につながったものと言えよう。公認会計士、弁護士、税理士といった有資格者が、社外監査役

266 —第2編　循環取引発覚後の対応と法律上の論点

に就任するケースが増加していると言われて久しいが、資格に基づく知見や経験を活かして、監査役としての職務を果たせているかどうかという点も争点になることを記しておきたい。

3. 虚偽記載に関与していない取締役の損害賠償責任

　粉飾決算による有価証券虚偽記載があった場合において、その首謀者である取締役や粉飾の事実を知っていた取締役が、株主らに対して損害賠償責任を負うことは、あらためて判決を確認するまでもないことであると考える。問題は、粉飾決算の事実を知らなかった取締役・社外取締役が、損害賠償責任を負うのかどうか、損害賠償責任を負うとすれば、それはどのような事実に基づくのか、という点にあろうかと考える。

　ここでは、首謀者ではない、または会計不正の事実を知らなかったと主張する取締役を被告として、株主らがその損害賠償責任を追及した二つの事件の判決を比較検討するかたちで、裁判所の判断の過程を考えてみたい。とりあげる判決は、前項でもとりあげたニイウスコー事件第 1 審判決（東京地方裁判所平成 26 年 12 月 25 日判決）とアーバンコーポレイション事件第一審判決（東京地方裁判所平成 24 年 6 月 22 日判決）である。

（1）事業執行を担務していない代表取締役の損害賠償責任 ——ニイウスコー事件

　ニイウスコー事件第 1 審判決において、裁判所は、前提となる事実、証拠及び弁論の全趣旨から、元代表取締役社長割方美奈子氏（以下「被告 Y1」）が不適切取引に自ら関与していた事実は認められない」と結論づけた。しかし、取締役は、業務執行の決定及び取締役の職務の執行の監督を職務とする取締役会の構成員であり、善良な管理者の注意をもって、法令を遵守し、株式会社のため忠実に職務を行う義務を負っていること、なかでも、代表取締役は、株式会社の業務に関する一切の裁判上または裁判外の行為をする権限を有し、会社の業務執行全般を統括する責務を

負っていることを明らかにしたうえで、被告 Y1 は、担当する部門が人事部門であったとしても、取締役会や経営会議の場を通じて、人事以外の部門を含む業務全般について、業務執行が適正に行われているかを監視する責任を負っていたというべきである、と判断した。

そのうえで、不適切取引の金額が合計 682 億円にも及び、相当大規模な不適切取引が行われていたにもかかわらず、被告 Y1 において、取締役会や経営会議において、各部門の業務執行が適正に行われているかを監視する具体的措置をとったことを認めるに足りる証拠はないとして、本件有価証券報告書等の記載が虚偽であることを相当の注意を用いたにもかかわらず知ることができなかったということはできないと結論づけ、損害賠償責任を認めた。

代表取締役会長の指示のもと、大規模な不正が行われていたニイウスコー社では、当時、5 名の代表取締役を置く異例の経営体制を敷いていた。その中で、被告 Y1 は、「本社機構担当」「人事担当」という職名が明記され、会計不正に関与はしていないことを裁判所は認めていた。にもかかわらず、原告である株主に対して、損害賠償責任を負うと結論づけたのは、取締役として、「取締役会や経営会議において、各部門の業務執行が適正に行われているかを監視する具体的措置」をとったことが認められないことから、取締役としての任務懈怠があったと認定したものである。

（2）取締役会に出席していなかった取締役・監査役の損害賠償責任
——アーバンコーポレイション事件

アーバンコーポレイション事件第一審判決において、裁判所は、臨時報告書等の記載が虚偽でありまたは欠けていることを知らず、かつ、相当な注意を用いたにもかかわらず知ることができなかったかという争点の判断にあたって、アーバン社の取締役・監査役を、本事件に関する関与の程度から、①新株予約権付社債の発行準備に関与した取締役、②非関与役員のうち取締役会出席役員、③取締役会欠席役員 3 つに分けて、それぞれの「相当の注意」について判断した。

① 新株予約権付社債の発行準備に関与した取締役

　新株予約権付社債の発行準備に関与した房園博行元代表取締役社長以下の取締役である被告ら４名について、裁判所は、アーバン社顧問弁護士は、本件スワップ契約の存在及び内容を記載しない開示が誤りであること、本件新株予約権付社債の発行によって調達した資金の使途は、正確には本件スワップ契約の元本払込であり、そのように開示しないことは「投資家・株主に誤解を与えるおそれがある」ことを指摘しており、アーバン社の作成担当者は、顧問弁護士の指摘を真摯に受け止めなかったという点でその判断に誤りがあったといえると結論づけたうえで、準備関与取締役は、自らの職責として、資金使途の記載についての疑問点を作成担当者にただすなどしていれば、本件スワップ契約の存在及び内容を非開示とすることの問題点を理解することができたというべきであるから、被告らの主張は採用することができず、準備関与取締役が相当な注意を用いたということはできないと判断した。

② 非関与役員のうち取締役会出席役員

　新株予約権社債の発行準備に関与したとは認められず、かつ、取締役会に出席していた３人の取締役と常勤監査役からなる４名の被告らについて、裁判所は、「取締役は、取締役会を通じて、会社の業務執行全般を監視する職務を負っているものであるから、取締役会の付議事項及びこれと密接に関連し会社関係者の重要な利害に係る事項については、広く監視義務を負うと解するのが相当である」と一般的な判断基準を示したうえで、当該取締役会の議案は、

　第１号議案　新株予約権付社債の発行

　第２号議案　その買取契約の締結

　第３号議案　スワップ契約の締結

であり、各議案を通してみると、取引を行うべきかどうかが取締役会の議題であったということができることから、取締役会出席役員としては、臨時報告書の資金使途の記載が適正に行われているかどうかについても、取締役会での審議を通じて、監視を行うべき立場にあったというべきで

あると結論づけた。にもかかわらず、取締役会議事録には、「全員異議な
くこれを承認可決した」と記載されていることからすると、取締役会出
席役員については、臨時報告書の記載内容について十分審議すべきであっ
たにもかかわらず、相当な注意を用いたということはできない、とした。

③ 取締役会欠席役員

取締役会に出席しなかった2人の取締役と4人の社外監査役について、
裁判所は、問題の取締役会について、その招集通知は、平成20年6月
25日の夜以降にされ、しかも、同月27日に予定された株主総会前に本
件取引の実行を決定するというタイムスケジュールとの関係から、招集
通知から間もない翌26日午後3時に開催されたというのであり、しかも、
臨時報告書の記載の点は、取締役会の直接の議題ではなかったことを認
めた。

そのうえで、2人の取締役については、招集通知を受けてから取締役
会開催までの間に、独自に本件取引についての情報を収集して、本件臨
時報告書の作成に係るアーバン社の業務執行について監督するというの
は現実には困難であったというべきであり、かつ、広島在住の本社担当
役員であることから、取締役会の翌日に控えていた定時株主総会のリハー
サルのため、東京支社で開催された取締役会には出席することができず、
大阪在住の社外取締役についても、同日に東京支社で開催された取締役
会に出席することができなかったことが認められることから、被告ら両
名が本件取締役会を欠席したというのも、無理からぬものであり、本件
取締役会の欠席をもって任務階怠を基礎付ける事実ということもできな
いと判断した。

また、4人の監査役については、定時株主総会のリハーサルに出席す
るために、既に広島にいたか、広島に向けて出発した後であり、東京で
開催された取締役会に出席することはできなかったことが認められるこ
とから、取締役会を欠席したことについて任務懈怠を認めることもでき
ない。よって、被告ら4名についても、臨時報告書等に記載すべき重要
な事項等の記載が欠けていることについて、「相当な注意」を用いても知

270 —第2編　循環取引発覚後の対応と法律上の論点

ることができなかったというべきであり、損害賠償責任を認めなかった。

(3) 両判決の検討

本項でとりあげた両判決に共通していることは、裁判所は、取締役の義務の範囲を広く考えているところであろうか。それぞれの判示事項を再び掲げておく。

【ニイウスコー事件】
取締役は、業務執行の決定及び取締役の職務の執行の監督を職務とする取締役会の構成員であり、善良な管理者の注意をもって、法令を遵守し、株式会社のため忠実に職務を行う義務を負っている

【アーバンコーポレイション事件】
取締役は、取締役会を通じて、会社の業務執行全般を監視する職務を負っているものであるから、取締役会の付議事項及びこれと密接に関連し会社関係者の重要な利害に係る事項については、広く監視義務を負う

とりわけ取締役会に出席し、漫然と議案に賛成を行ったアーバン社の取締役に対して、議案にはない「臨時報告書の記載事項」の適正性にまで、取締役会での審議を通じて、監視を行うべき立場にあったと結論づけた点は、たいへん重い義務を課していると言えるのではないだろうか。これを実務に置き換えて考えると、取締役会議案の審議にあたっては、議案自体の適法性、定款違反の有無だけではなく、議案が可決成立した後における適時開示の是非やその開示内容について、投資家の合理的な判断に影響を与える重要な情報であるかどうかも含めて検討し、疑問があれば、取締役会においてそれを質すことが求められていると言えよう。

また、取締役会を欠席した取締役・監査役について、アーバンコーポレイション事件第一審判決では、取締役招集通知の翌日午後に取締役会が開催されていたこと、取締役会の翌日に予定されていた定時株主総会の準備や出席のための移動などから、欠席についての任務懈怠を認めなかったが、これは裏を返せば、取締役会の議案が事前に送られてきていた場合や欠席に合理的な理由がないまま、議案内容の確認もしていないような場合には、取締役としての任務懈怠を理由に損害賠償責任を負う可能性もあることを附言しておきたい。

4. 会計監査人の損害賠償責任

　粉飾決算による有価証券虚偽記載があった場合において、監査報告書に無限定適正意見を表明していた会計監査人がどのような責任を負うのか。東芝事件では、有限責任法人新日本監査法人（以下「新日本監査法人」）に対して、金融庁は「財務書類の虚偽証明に対する課徴金納付命令」を発出して、21億円を超える課徴金の納付を命じたことは記憶に新しい[100]。

　こうした行政処分に引き換え、株主や管財人等が損害賠償請求訴訟を提起した事件では、会計監査人たる監査法人の責任を認めない判決が出されている。一方、エフオーアイ事件では、会計監査人と株主は和解に至っており、他にも、同様に和解している事件が報告されている。

　そこで、この項では、監査報告書において無限定適正意見を表明してきた会計監査人を被告として、株主らがその損害賠償責任を追及した2つの事件の判決を検討するかたちで、裁判所の判断の過程を考えてみたい。とりあげる判決は、ニイウスコー事件第1審判決（東京地方裁判所平成26年12月25日）とIXI事件第1審判決（大阪地方裁判所平成24年3月23日）である。

(1) ニイウスコー事件第1審判決
　　（東京地方裁判所平成26年12月25日）

> 　本件は、ニイウスコーの会計監査人であった有限責任法人トーマツ（被告Y8法人）について、裁判所は、「監査基準に適合した監査を行った上、無限定適正意見及び有用意見を表明したということができるから、本件有価証券報告書等の記載が虚偽でないと説明したことについて、故意又は過失がなく、金融商品取引法24条の4、24条の5第5項、22条の責任を負わない」と判断した事案である。

100　金融庁HP「新日本有限監査法人による財務書類の虚偽証明に対する課徴金納付命令の決定について」
　　　http://www.fsa.go.jp/news/27/syouken/20160122-4.html

272 —第2編　循環取引発覚後の対応と法律上の論点

原告は、不正の兆候として以下の事情があったことから、被告 Y8 法人は高度の注意義務を尽くすべきであったと主張した。

① セール・アンド・リースバック取引において売却益を一括計上しいていたこと
② 目標達成へ向けての機関投資家からのプレッシャーを感じていたこと
③ 多数の社員の間で、循環取引が噂になっていたこと
④ 役員及び従業員のインセンティブ報酬が高額であったこと
⑤ スルー取引に関与していたことは、他の不適切取引の存在を窺わせること

それに対し、裁判所は、原告の主張する「不正の兆候」について、いずれも「そのような事情だけで不正取引を行う可能性が高い」といえないとして、原告の主張を退けた。判示のなかで、「セールス・アンド・リースバック取引」と「滞留在庫」に関する被告 Y8 法人の監査に関する判断は次の通りであった。

① セール・アンド・リースバック取引

被告 Y8 法人は、セール・アンド・リースバック取引について、売却時に売却益を一括計上する簡易な会計処理を容認していたものであるが、これは、利益に対する金額的影響を考慮して、計画上の重要性の判断基準額を設定したものであり、平成 16 年 6 月期におけるセール・アンド・リースバック取引がニイウスコー社の利益に与える影響は、税引前純利益及び税引後純利益のいずれについての計画上の重要性の判断基準額をも下回るものであったから、簡易な会計処理を許容したとしても、監査基準に反するものではないことから、セール・アンド・リースバック取引について、被告 Y8 法人は、故意または過失がなかったと認められる。

② 滞留在庫

被告 Y8 法人は、滞留在庫について、聴取りなどにより、販売可能性を確認した上で、評価減の必要性の有無を判断し、また、滞留在庫が増加してきた平成 16 年 6 月期には、評価減ルールの制定を求め、その内容の合理性を確認するなどした上、平成 18 年 6 月期には、実地検査を行っ

第4章 判決から見た会計不正関与者の損害賠償責任— 273

ていたこと、不適切取引による架空在庫が存在することが露呈しないようにするための対策をニイウスコー社の従業員が行っていたことから、被告 Y8 法人は、滞留在庫について十分な監査を行っており、架空在庫を発見できなかったとしても、やむを得ないことであったというべきであるから、被告 Y8 法人には故意または過失がなかったと認められる。

(2) IXI 事件第 1 審判決 (大阪地方裁判所平成 24 年 3 月 23 日)

① 原告の主張

原告の主張の骨子は、以下の通りである。

> 被告は、公認会計士を社員とする団体であり、公認会計士は、監査及び会計の専門家として、財務書類等に関する情報の信頼性を確保することにより、会社等の公正な事業活動、投資家及び債権者の保護等を図り、もって国民経済等の健全な発展に寄与することを使命とする者である。そうであるにもかかわらず、被告は、第 17 期及び第 18 期の売上及び仕掛品の虚偽記載を看過して無限定適正意見を述べたものであり、これは、本件監査契約上の善管注意義務違反に当たる。この義務違反の核心は、監査計画策定時におけるリスク・アプローチに基づく固有リスク及び統制リスクの評価の際、架空循環取引を疑っていたか、あるいはこれを疑うべきであったにもかかわらず、具体的な手続選択の段階において、架空循環取引を全く考慮せず、漫然と意味のない手続を選択・決定した上、監査を実施する中で現れた不正の兆候を看過した点にある。

そして、再生会社には次のように不正の兆候があったとし、こうした不正の兆候にもかかわらず、被告は、経営者が悪意で売上や資産を仮装した会社の監査を行うに当たり、監査をしているかの如く仮装したものといえるから、被告には、本件監査契約上の善管注意義務違反が認められると主張した。

①	売上及び仕掛品の増加
②	期末に売上が集中していること
③	売上がコンサルティング部門に集中していたこと
④	売上の大部分がコンサルティング部門に集中しているにもかかわらず、内部の人件費が少ないこと
⑤	閲覧の対象となった仕掛品に仕様書が添付されていなかったこと
⑥	第17期における売上取消しと再計上

② 裁判所の判断

こうした原告の主張に対し、裁判所は、監査人の善管注意義務について、次のように説示した。

監査人は、監査契約を締結した被監査会社に対し、監査人として通常要求される注意を尽くした監査を実施すべき義務（善管注意義務）を負っており、監査人が実施した監査が前記義務に違反するものであった場合、被監査会社に対し債務不履行責任を負う。そして、監査契約上の善管注意義務に違反したか否かは、通常の監査人が準拠すべき一般に公正妥当と認められる監査の基準である企業会計審議会の定めた「監査基準」や日本公認会計士協会の定めた実務指針、監査実務慣行に従った監査を実施したかどうかにより判断することとなる（この意味で、監査の基準は、監査人による監査の限界のみならず法的責任の範囲をも画する。）。

そのうえで、裁判所は、再生会社について、「架空循環取引等の不正行為の存在を具体的に窺わせる事情とはいえない原告主張の諸点を総合的に勘案したとしても、再生会社による不正の可能性はないか、あるいは極めて低いとの判断を前提に、再生会社が健全に成長していると見ることが許容される状況」であったとして、被告は、「監査時において、架空循環取引等の不正行為発見のための監査手続を実施する義務を負っていたということはできず、被告が架空循環取引の存在を前提とすることなく行った本件監査は、リスク・アプローチ等当時の監査の基準に従った適正な監査と評価することができ、本件監査契約上の善管注意義務に違

反するものとはいえない」と判断した。

　そして、被告が適正な監査を行ったにもかかわらず、重要な虚偽の記載を看破することができなかった理由として、

① 架空循環取引が実際に資金移動を伴うものであった上、参加会社の中にわが国を代表する大手ソフトウェアメーカーが含まれており、かつ商流自体が複数の企業を経由して取引が循環するという複雑なものであったこと

② 監査の限界として指摘されている通り、再生会社による極めて巧妙かつ徹底した監査妨害行為によって、被告を欺いていたこと

③ 架空の仕掛品が帳簿上滞留するのを防ぐために新たな商流を作成するなどして財務諸表上異常が顕出されないよう種々の工作を施していたこと

などを挙げた。

（3）両判決の検討

① 難しい原告による「善管注意義務違反」の立証

　いわゆる大手監査法人が被告となった2つの事件の判決を読むと、無限定適正意見を表明した監査法人の故意または過失を立証することの困難さを感じざるを得ない。これには、(1) 情報の非対称性、(2) 充実した監査ツール・監査マニュアル、(3) 原告代理人である弁護士は必ずしも監査の専門家ではないことなどの影響が考えられる。

　情報の非対称性については、被告の故意または過失を立証しようとする原告側には、被告である監査法人が作成した監査調書や監査担当者の残した記録、PCデータが自由に閲覧できるわけではないことが挙げられる。また、大手監査法人であれば、ソフトウエアを活用した各種監査ツールを使用した監査を行っていると同時に、監査マニュアルに則った監査業務を遂行することで品質を一定以上に保つよう業務内容が統一されており、そうしたマニュアル等を逸脱していれば故意または過失の立証が可能である場合もあるかもしれないが、

通常、その手の逸脱や手抜きは考えられない。そうすると、原告は監査手法そのものの適法性を争うことはまずできないことから、こちらの点でも立証は困難とならざるを得ない。そして、最後に、原告の代理人たる弁護士が必ずしも監査業務に精通しているわけではなく、たとえ、監査に関する知識を有していたとしても現役の公認会計士に及ばないことは想像に難くない。

　こうした点から、会計監査人の故意または過失を立証するのは容易ではないと言えよう。

②　和解金の支払い合意

　IXI 事件において、再生会社管財人との訴訟では、勝訴判決を得た新日本監査法人であるが、大株主から訴えられた損害賠償請求訴訟では、以下のようなリリースを出している。

訴訟の終了について [101]

2011.06.30

　平成 19 年 9 月 20 日に株式会社インターネット総合研究所から 143 億 8 千万円の損害賠償を求める訴訟を提起された件に関して、6 月 29 日、東京地方裁判所において、同社との間で解決金として 1 億 5 千万円を支払うことを合意し、本件は終了いたしました。

　これは、6 月 20 日に同社と株式会社シーエーシーとの間で和解が成立したことを機に、解決金の支払いにより、本件の早期解決を図ったものです。

以上

　㈱インターネット総合研究所は、平成 17 年 8 月、IXI 社の株式 35,254 株を約 116 億円で、当時の IXI 社の親会社である㈱シーエーシー及び IXI 社代表取締役から譲り受け、さらに、第三者割当増資により約 27 億円の払い込みを行っていたところ、IXI 社が、平成 19 年 1 月に民事再生手続開始決定を受けたことから、損害賠償請求訴訟を提起していたものであった。その後、㈱シーエー

101　https://www.shinnihon.or.jp/about-us/news-releases/2011/2011-06-30.html

シーとは和解金 30 億円の支払いで、新日本監査法人とは、上述のように和解金 1 億 5 千万円の支払いでそれぞれ和解の合意に達したというものである。

　新日本監査法人が和解に応じた理由は、両者のリリースを読み比べても判然としないが、今回とりあげた判決文にはこの和解についての記述がなく、和解が大阪地方裁判所の判決に影響しなかったのは確かなようである。それにしても、本判決の「事案の概要」にある通り、新日本監査法人が受け取った監査報酬相当額は 2,723 万 7,000 円であるのに対して、和解金はその 5 倍を超える金額となっていることは注目される。

　なお、本稿でとりあげているエフオーアイ事件においても、和解内容は公開されていないものの、会計監査人は和解に応じているようであり、会計監査人が被告となった訴訟において、判決によらずに、和解しているケースはかなり存在することも予想される。

【本章のまとめ】

① 架空循環取引の破綻に伴う訴訟の形態については、
　　・未回収の売買代金の支払いを求める（売主）の立場での請求
　　・支払済みの売買代金の返還を請求する（買主）の立場での請求
　　・自社の使用人に対して、刑事または民事訴訟を提起
　するといったことが考えられる。

② 訴訟においては、「（架空）循環取引であること」を知っていた（悪意）か、知らなかった（善意）かによって、裁判所の判断は異なってくるのだが、相手方が「知っていた」ことを立証するのは困難を伴う。

③ 自社の使用人の刑事告訴にあたっては、犯罪の成立要件を立証するというハードルを超えるのが難しいだけでなく、その後の捜査協力も必要であることから、慎重に検討することが求められる。

第3編

循環取引の
会計と税務

第1章
会計上の
過年度損益修正

第1節
過年度決算の修正に対する考え方

　循環取引の事例では長期にわたり社内で発覚しなかったものが多い。したがって、仮に循環取引が発覚し、当該年度のみならず過去の架空取引の存在が明らかとなった場合、果たして過年度決算を遡及調整（遡及処理方式）すべきかどうかが問題となる。この問題については以下に述べるように歴史的に様々に議論されてきた。

1. 企業会計原則の考え方

　昭和24年制定の企業会計原則第二損益計算書原則二C及び六は、損益計算書の「純損益計算」の区分において、経常損益計算の結果を受けて、前期損益修正額を記載することとし、同原則注解12（2）において、特別損益に属する「前期損益修正」項目として以下の4つを列挙している。

① 過年度における引当金の過不足修正額
② 過年度における減価償却の過不足修正額
③ 過年度におけるたな卸資産評価の訂正額
④ 過年度償却済債権の取立額

この規定を根拠に、わが国におけるいわゆる会計上の誤謬の取扱いとして、

280 —第3編　循環取引の会計と税務

前期損益修正として当期の損益で修正する方法（一括処理方式）しか認められないと言われてきた[1]。これは、次の会社法上の決算確定の整合性を求める立場からも指示されてきた。

2.　会社法の考え方及び留意点

　従来からわが国では上記の企業会計原則の規定、及び株主総会による決算の確定を重視する旧商法の制約から過去の財務諸表を遡って修正処理することはできないという考え方が根強くあった[2]。ところが、平成18年5月に施行された会社法及び会社計算規則により、これまでは商法で明示されていなかった過年度事項の修正を前提とした計算書類の作成及び修正後の過年度事項の参考情報を提供する途が開け、過年度修正に関する会計基準をめぐる環境が大きく変わってきた。以下では、会計不正を起因として過年度決算を修正する場合の論点を整理する。なお、不正と誤謬は、財務諸表の虚偽の表示の原因となる行為が、意図的であるか意図的でないかで厳格に区別される[3]が、いずれも情報・データの誤りであり、その修正に向けての取扱いは同一なので、本章では規定等の表現を尊重して「誤謬」のまま記載するが、読者は適宜「不正」と読み替えていただきたい。

(1)　重要性の有無

　架空循環取引が発覚した場合、取引の発端はかなり以前に遡ることが多いため、通常当該架空取引の金額的な影響額は重大となりやすい。そこで問題となるのが、重大な不正や誤謬が見過ごされた過年度の決算における取締役会での承認決議（会計監査人設置会社の特則が適用される場合（会439、計算規則163））、あるいは株主総会の決議で確定した計算書類が依然法的に有効である

1　弥永真生編著『過年度決算訂正の法務』（平成21年　中央経済社）33頁
2　企業会計基準第24号「会計上の変更及び誤謬の訂正に関する会計基準」（平成21年12月4日　企業会計基準委員会）27項
3　監査基準委員会報告書第35号「財務諸表の監査における不正への対応」（平成18年10月24日　日本公認会計士協会）4項

か否かである。この場合過年度の計算書類に重要な誤謬があると認められる以上、当該期間の計算書類は法的に確定しているとはいえないと解される[4]。

(2) 何年遡及すべきか？

上述したように循環取引は相当長期間にわたり繰り返されてきた事例が多い。重要な誤謬である以上最初の取引まで遡って修正するのが理想だが、そのために要する時間とコストも甚大となる恐れがある。そこで実務上は、会社法上の株主・債権者による計算書類等の閲覧期間の規定（会442）を準用し、過去5年分の計算書類を遡って修正する方法が採用されている[5]。この遡及期間は、結果的に、後で述べる金商法上の有価証券報告書の縦覧期間の定めとも一致しており、制度間の取扱いの違いといった悩ましい問題を排除できるため、実務上支持されている。なお、過去5年分の計算書類を遡って修正しても、不正の事実がそれ以前に遡る場合、当該期間の計算書類は未修正であり、その結果計算書類未確定の状態が治癒される訳ではない点、注意が必要である。

(3) 株主総会の招集・開催は必要か？

上述したように、会計監査人設置の特例の要件を満たす場合は、計算書類は取締役会の承認により確定する[6]ので、敢えて株主総会を開催しなくても良いと解される。もちろん、この場合であっても、株主総会の開催を妨げるものではない。他方、会計監査人設置の特例の要件を満たさない場合は、株主総会の開催は避けられない。第1編で述べたように、循環取引は、連結グループの連結子会社・関連会社で発生することが多い。連結グループの連結子会社・関連会社は、一般に親会社と異なり比較的規模も小さいため、会計監査人を設置していない場合も考えられる。この場合株主総会の開催は義務となる[7]。

なお、承認機関の適格性については下記を参照のこと。

4　弥永・前掲書　57頁
5　弥永・前掲書　63頁
6　弥永・前掲書　58頁
7　もっとも連結グループの関係会社は通常親会社等株主数は限定的であるため、親会社に比べ株主総会の開催は比較的容易である場合が多い。

(4) 承認機関は適格か？

　過年度の計算書類を遡って修正する場合、取締役会、監査役ないし監査役会、会計監査人及び株主総会が修正に関与する機関となる。しかしながら、これら機関の構成員が過年度決算時点の構成員と異なる場合、果たして彼らが修正計算書類等の承認者として適格かという問題が提起される。これについては、そもそも計算書類の承認権限が当該決算期の定時総会に属している点から否定的な見解[8]もあるが、以下を論拠に、現在の機関が承認することで足りるとされている[9]。

① 計算書類の修正の承認という行為は、当該修正行為時点での構成員により構成される機関で行われるべきである。

② 過去の一定時点の機関の構成員（特に株主）を招集するのは実務に困難である。

(5) 実務上最も多く採用される会社法上の一括処理方式

　上記にかかわらず、ほとんどの会計不正の修正方法としては、会社法上は過年度遡及調整を行わず、下記で述べる金商法上のみ、適時開示の観点から過年度決算を修正して、現行の独立監査人の監査を受け、訂正報告書を開示するケースが多い[10]。この理由は、現在の会社の機関が過去の決算承認を行うことについて（上述したように問題ないとする論者が多いものの）議論の余地が少なからず存在すること、上記**1.**で述べたように、企業会計原則上は、伝統的に一括処理方式しか想定していなかったこと、訂正後決算書承認のため株主総会を開催すること（会計監査人設置会社の特例を適用し、取締役会のみで承認される場合を除く）は、相当の時間とコストがかかること等に起因するものと解される。

8　倉沢康一郎「注釈283条」『新版注釈会社法（8）』（昭和62年　有斐閣）81頁
9　弥永・前掲書　66頁
10　長島・大野・常松法律事務所・あずさ監査法人編『会計不祥事対応の実務』（平成22年　商事法務）20頁

この様に、上場会社が会社法上の処理として一括処理方式を採用した場合、循環取引発覚年度の損益計算書において、それまでの累積した架空取引の影響を一気に修正することになる。したがってこの処理を行うと、発覚年度の損益計算書は、会社法上と金商法上とで一致しないことになる。もちろん、累積した架空取引の影響を一括して処理するか、過年度に遡って修正するかの違いであり、発覚年度の期末貸借対照表は会社法も金商法も一致することになる。

(6) 違法配当の問題

循環取引によって利益が水増しされた計算書類を基に分配可能利益が計算され、当該限度内で株主に利益配当されると、架空取引の影響を除外した真実の分配可能額を超過してしまっている場合があり得る。いわゆる違法配当の問題に抵触する可能性があるので注意が必要である。

なお、上述したように循環取引は連結グループの連結子会社関連会社で引き起こされることがある。子会社の違法配当の問題は、少数株主との間の問題を除外すれば、連結グループ内で処理できるため、その解決は比較的容易かも知れない。しかしながら、昨今は上場親会社が連結グループのホールディング・カンパニー化しているケースもあり、この場合親会社の主たる収益源は子会社からの配当であると考えられるため、子会社からの配当が違法配当であって、それが親会社自らの違法配当にも直結する可能性もあるのでこちらも注意が必要である。

3. 金商法上の考え方及び留意点

(1) 修正再表示に関する会計基準

上述したように、わが国の伝統的な過年度損益修正の方法は一括処理方式であった。しかしながら、平成21年12月4日に公表された、企業会計基準第24号「会計上の変更及び誤謬の訂正に関する会計基準」（以下「過年度遡及会計基準」）では、同基準21項において、過去の財務諸表における誤謬が発見さ

れた場合には、以下の方法により修正再表示すると定められた。

① 表示期間より前の期間に関する修正再表示による累積的影響額は、表示する財務諸表のうち、最も古い期間の期首の資産、負債及び純資産の額に反映する。

② 表示する過去の各期間の財務諸表には、当該各期間の影響額を反映する。

このように、過去の誤謬を前期損益修正項目として当期の特別損益で修正する従前の取扱いは、比較情報として表示される過去の財務諸表を修正再表示する方法に変更されたが、重要性の判断に基づき、過去の財務諸表を修正再表示しない場合は、損益計算書上、その性質により、営業損益または営業外損益として認識することになった（過年度遡及会計基準65項）。すなわち、過去の誤謬を修正再表示する場合とは、その項目が重要であると判断した場合ということになる（過年度遡及会計基準35項）。

一方、重要な事項の変更その他公益または投資家保護のため訂正の必要があると認めた場合には、下記で述べるように、訂正報告書を提出しなければならないとされている（金商法24の2、7参照）。ここで問題となるのは、金商法でいうところの重要性と、過年度遡及調整を行うかどうかを判断する際の重要性が同じものかどうかである。この点につき、「連結財務諸表の用語、様式及び作成方法に関する規則等の一部を改正する内閣府令（案）」等に対するパブリックコメントの概要及びそれに対する金融庁の考え方」（平成22年9月30日）の3では、訂正報告書を提出するかどうかと修正再表示するかどうかの判断基準は異なるとしている。しかしながら、一般的には過去の誤謬を比較情報として示される前期数値を修正再表示することにより解消することはできないと考えられることから（新起草方針に基づく改正版「監査基準委員会報告書第63号『過年度の比較情報―対応数値と比較財務諸表』」の公表について 前書文）、金商法に基づく開示において、修正再表示に係る規定は通常は適用されない、すなわち修正再表示に先立ち、訂正報告書が提出されることになる。

(2) 企業内容開示制度

金商法第24条の2は、同法第10条を準用し、有価証券報告書に重要な事項

について虚偽の記載があった場合、その発行者に訂正報告書の提出を求めている。循環取引等が発覚して過去に提出した有価証券報告書等に虚偽の記載があったことが明らかとなれば、その発行者は、速やかに訂正報告書を発行しなければならない。ここで問題となるのが、訂正報告書の遡及期間である。これについては、開示書類の虚偽記載に対する有価証券発行者の民事責任についての除斥期間を参考とする考え方と、継続開示書類そのものの縦覧期間にその根拠を置く考え方の2つがある[11]。前者は、時効期間または除斥期間（後述）を過ぎたものは仮に重大な虚偽記載があったとしても免責される[12]点を論拠とし、後者は公衆の縦覧期間を過ぎたものの訂正を行うことにどれだけ意味があるか[13]、という観点に基づくものである。

① 民事責任についての除斥期間を根拠とする考え方

この考え方によれば、各開示書類の遡及期間は以下の期間となる。

●有価証券届出書等：届出の効力発生時、目論見書交付時より7年（金商法20）
●有価証券報告書等：書類の提出時より5年間（金商法21の3）

なお、金商法は開示書類の虚偽記載について投資家が当該事実を「知った時又は相当な注意を持って知ることができる時」を起点とする時効期間についても定めているが、投資家が当該事実を「知る」のは虚偽記載等が発行者によって公表された時と考えられるため、起点の特定が困難である。よって虚偽表示訂正の遡及期間を考える場合は、時効期間より除斥期間がより重要となるのである。

また、虚偽記載の法的責任には、上記の他、役員の民事責任、行政責任（課徴金）、刑事責任がありそれぞれ時効や審判開始期限が定められているが本稿では詳細は省略する[14]。

② 公衆の縦覧期間を根拠とする考え方

この考え方によれば、各（継続）開示書類の遡及機関は以下となる。

11　弥永・前掲書　104頁-108頁
12　弥永・前掲書　104頁
13　弥永・前掲書　107-108頁
14　詳しくは、弥永・前掲書　105-106頁

- 有価証券報告書（添付書類、確認書等含む）：５年
- 内部統制報告書（添付書類含む）　　　　：５年
- 四半期報告書・半期報告書（確認書含む）：３年
- 臨時報告書　　　　　　　　　　　　　　：３年

　以上から、有価証券報告書等の虚偽記載に関しては、５年間遡及して訂正するというのが一般に採用されている。これは、**2.（2）**で検討した会社法上の計算書類の株主・債権者の閲覧期間とも一致するため、実務的に最も支持されている。

4.　国際財務報告基準の考え方

　IAS第８号は、「過年度の誤謬」について、信頼性の高い情報を使用しなかったか、または誤用したことにより生じた、過去の期間にかかる財務諸表における脱漏または虚偽表示と定義（第５項）し、誤謬には、計算上の誤り、会計方針適用の誤り、事実の見落としや解釈の誤り及び不正行為の影響も含まれるとしている。すなわち、IAS第８号の文脈において「不正会計」は「誤謬」に含まれるのであり、したがって、以下では、「誤謬」の文言を「不正」と読み替える。

　重要性の如何にかかわらず、企業の財政状態、財務業績またはキャッシュ・フローの特定の表示を達成するために意図的に誤謬を犯した場合（これはすなわち不正会計を意味するが）、開示された財務諸表はIFRSに準拠していないことになる。この場合開示主体である企業は、不正が発生した開示対象となる過年度についての比較可能金額を修正再表示すると共に、不正が開示対象以前に発生している場合には、当該開示対象となる最も古い期間の資産、負債及び資本の期首残高を修正再表示することが求められる。すなわちIFRSでは、わが国で伝統的に用いられてきた当該年度の損益計算書に計上する一括処理方式は認められない。

　IFRSで求められる開示の内容は以下の通り（第49項）。

　(a)　過年度の誤謬（不正）の内容

(b) 表示対象となる各期間について、実務上可能な範囲での次の事項に関する修正額

　(i) 影響される財務諸表の各表示項目

　(ii) IAS 第 33 号（1 株当たり利益）が企業に適用される場合には、1 株あたりの基本的及び希薄化後利益

(c) 表示対象となる最も古い期間の期首における修正額

(d) 遡及的修正再表示が特定の過年度について実務上不可能である場合には、その状態が存在するに至った状況及び誤謬（不正）がどのように訂正され、そして何時から訂正されているかの説明。

なお、その後の期間の財務諸表で上記の開示を繰り返す必要はない。

第2節
循環取引の訂正方法

　以下では、循環取引を修正する（取り消す）方法につき説例を用いて検討する。

1. 【説例 X】遡及処理方式に基づく修正

　説例では、A社のN年度からN+3年度までの4事業年度において循環取引のみが実行されたと仮定し、N+3年度において循環取引が発覚し、N年度に遡って修正する必要性が生じたものとする。

（1）N年度の修正処理

```
循環取引の修正方法──適正な修正仕訳の例

N年
                    開始B/S
在庫          100 | 期首剰余金   100
                    |

① 架空売上（売上即現金回収）
現金          150 | 売上        150
売上原価      100 | 在庫        100

② 架空売上
売掛金        300 | 売上        300
売上原価      200 | 買掛金      200

N年              現金勘定
 ①           150 | 次期繰越    150


注）P/L科目はイタリック体で表示
```

【循環取引の設例── N年】

■A社では、N年期首在庫（開始B/S参照）について、外部の第三者と共謀し、物品の異動を伴わない循環取引を意図。

■手始めとして100の在庫を150で架空販売し、代金は現金で即時回収した（取引①）。

■さらに、同一物品を共謀先を経て循環させ、200で仕入計上し、同一物品を300で共謀先に売却した（取引②）。

■取引②を終えたところで、N年の決算を迎える。期末の現金残高は150となった。

第1章　会計上の過年度損益修正── 289

循環取引に代表される架空取引を訂正する場合問題となるのが、販売取引は既に現金で回収され、購買取引は既に現金で支払われていることである。すなわち、表面上は取引は有効に成立しているため、果たしてこれを修正する必要がるのかという指摘もありうる。しかしながら、循環取引は全くの架空取引であり、事実として物品の引渡や役務の提供といった行為は全く履行されていないのであるから、何ら修正を行わないのは明らかに不合理である。取引の実態から見れば、物品の販売や役務の提供を仮装した金融取引であり、一方から他方への資金の移動ということができる。すなわち循環取引相手先との間の金銭貸借関係が生じていることになるため、修正後は、最終的に循環取引相手先との債権債務残高として表現されることになる。

＜留意点＞

【図表３−１−１】の通り、修正はまず最初に当該年度の損益計算書の修正から行う。架空の売上や売上原価は全額取り消され、差額の当期利益も消去される。消去された損益計算書上の架空の当期利益は、貸借対照表上のその他剰余金からも同額を控除するが、相手勘定は循環取引の顛末を決済するための勘定として「その他負債」を設け、当該勘定に同額を貸記する。次に当該年度末の貸借対象上の債権債務項目で架空のものを消去し、貸借差額について、上記の「その他負債」に計上する。この処理の結果、「その他負債」勘定残高は、Ｎ年度末における循環取引の結果の循環相手先への資金返還義務（あるいは資金回収の権利）を表示することになる。これは、仮に循環取引が破綻し、循環相手先とすべての循環取引を基に戻すことにした（なかったことにする）場合、貰い過ぎの現金（あるいは支払い過ぎの現金）を返す（あるいは返却してもらう）ことになるので、それを会計上表現していることに過ぎない。

【図表３−１−１】説例Ｘ精算表−Ｎ年度

( ) は貸方残高

Ｎ年	勘定科目	修正前残高	期首剰余金修正	P/L 修正	B/S 修正	修正後
B/S	現金	150				150
	売掛金	300			(300)	0
	在庫	0				0
	買掛金	(200)			200	0
	その他負債	0		(150)	100	(50)
	期首剰余金	(100)				(100)
	当期利益	(150)		150		0
	B/S 貸借差額	0	0	0	0	0
P/L	売上高	(450)		450		0
	売上原価	300		(300)		0
	当期利益	150		(150)		0
	P/L 貸借差額	0	0	0	0	0

(2) N+1 年度の修正処理

循環取引の修正方法──適正な修正仕訳の例

N+1 年

③　期首債権債務決済

現金	300	売掛金	300
買掛金	200	現金	200

④　架空売上 (売上即現金回収 / 仕入即現金払)

現金	600	*売上*	600
売上原価	400	現金	400

⑤　架空仕入

在庫	800	買掛金	800

N+1 年　　現金勘定

前期繰越	150	③	200
③	300	④	400
④	600	次期繰越	450
	1,050		1,050

注) P/L 科目は*イタリック体*で表示

【循環取引の設例── N+1 年】

■前期末から繰り越された売掛金及び買掛金を現金決済（取引③）。

■前期に300で共謀先に販売した物品を循環させ、400で仕入計上し、即現金で決済するとともに、共謀先に600で架空販売し、即現金で回収（取引④）。

■上記で600で共謀先に架空販売した同一物品を循環させ、800で仕入計上（取引⑤）。この時点で決算を迎える。

■期末の現金勘定は左記の通り。

＜留意点＞

【図表３－１－２】の通り、N+1 年度の修正も基本的には N 年度と同一である。ただし説例では N+1 年度において、循環対象物品が期末在庫として戻ってきたとしている。ここでは、当該循環対象物品を、架空取引としてゼロ評価するのか、あるいは N 年度期首の在庫とみなして当時の評価額で評価した場合と 2 通りの処理を行うこととする。

【図表３－１－２】説例Ｘ精算表－Ｎ＋１年度

( )は貸方残高

N+1年	勘定科目	修正前残高	在庫の価値を100とした場合				在庫の価値を0とした場合			
			期首剰余金修正	P/L修正	B/S修正	修正後	期首剰余金修正	P/L修正	B/S修正	修正後
B/S	現金	450				450				450
	売掛金	0				0				0
	在庫	800			(700)	100			(800)	0
	買掛金	(800)			800	0			800	0
	その他負債	0	(150)	(200)	(100)	(450)	(150)	(200)		(350)
	期首剰余金	(250)	150			(100)	150			(100)
	当期利益	(200)		200		0		200		0
	B/S貸借差額	0	0	0	0	0	0	0	0	0
P/L	売上高	(600)		600		0		600		0
	売上原価	400		(400)		0		(400)		0
	当期利益	200		(200)		0		(200)		0
	P/L貸借差額	0	0	0	0	0	0	0	0	0

(3) N+2年度の修正処理

循環取引の修正方法──適正な修正仕訳の例

N+2年

⑥ 期首債務決済

買掛金	800	現金	800

⑦ 架空売上（売上即現金回収）

現金	1,000	*売上*	1,000
売上原価	800	在庫	800

⑧ 架空売上（仕入即現金支払）

売掛金	1,500	*売上*	1,500
売上原価	1,200	現金	1,200

N+2年　　現金勘定

前期繰越	450	⑥	800
⑦	1,000	⑧	1,200
		次期繰越	(550)
	1,450		1,450

注）P/L科目は*イタリック体*で表示

【循環取引の設例─N+2年】

■前期から繰り越された買掛金800を現金決済（取引⑥）。

■前期から繰り越された800の在庫を共謀先に1,000で架空販売し、即現金回収（取引⑦）。

■上記で共謀先に架空販売した同一物品を循環させ、1,200で仕入即現金払いするとともに、共謀先に1,500で架空販売（取引⑧）。この時点で決算を迎える。

■期末の現金勘定は左記の通り。現金残高はマイナスとなった。

＜留意点＞

【図表3－1－3】の通り、修正処理は、N+1年度までと全く同様である。N+2年度の期首は、N+1年度末の2通りの在庫の評価の影響を受け、別のワークシートとしているが、N+2年度末においては、循環取引による架空在庫は存在しないため、結果としての貸借対照表は同一となっている。

N+1年度までは、現金回収の方が多く、現金入超となっており、修正後の期末貸借対照表にはその他負債残高が計上されていた。ところがN+2年度において、売掛金は滞留し、反対に買掛金の支払いが先行したため、結果的に、現金勘定が赤残となってしまった。本件は循環取引のみの説例であるため、こ

の様に循環取引が支払い過多となれば、現金勘定が赤残となり異常値は直ぐに発見されることになるが、これが他の正常ビジネスと一緒に行われていれば、キャッシュ・ポジションのマイナスは他のプラスと相殺され、問題は表に出てこない可能性が高いことになる。また、滞留した架空の売掛金は、累積されたその他負債及び期首剰余金と相殺されたが、それでもなお消去されない残高が残ることとなった。あくまで架空の売掛金であり回収不能と考え、残額は貸倒損失（特別損失）として損益計算書に計上した。

【図表3－1－3】説例 X 精算表－ N+2 年度

（　）は貸方残高

N+2年	勘定科目	修正前残高	在庫の価値を100とした場合				在庫の価値を0とした場合			
			期首剰余金修正	P/L修正	B/S修正	修正後	期首剰余金修正	P/L修正	B/S修正	修正後
B/S	現金	(550)				(550)				(550)
	売掛金	1,500			(1,500)	0			(1,500)	0
	在庫	0	100	(100)		0				0
	買掛金	0				0				0
	その他負債	0	(450)	(400)	850	0	(350)	(500)	850	0
	期首剰余金	(450)	350			(100)	350			(100)
	当期利益	(500)		500	650	650		500	650	650
	B/S貸借差額	0	0	0	0	0	0	0	0	0
P/L	売上高	(2,500)		2,500		0		2,500		0
	売上原価	2,000		(2,000)		0		(2,000)		0
	特別損失				650	650			650	650
	当期利益	500		(500)	(650)	(650)		(500)	(650)	(650)
	P/L貸借差額	0	0	0	0	0	0	0	0	0

第1章　会計上の過年度損益修正― 295

(4) N+3年度の修正処理

N+3年で循環取引が発覚し、遡って修正することになった。

循環取引の修正方法─適正な修正仕訳の例

N+3年

⑨　架空売上（仕入即現金支払）

売掛金	2,000	*売上*	2,000
売上原価	1,800	現金	1,800

N+3年　　現金勘定

前期繰越	(550)	⑨	1,800
		次期繰越	(2,350)
	(550)		(550)

注）P/L科目は*イタリック体*で表示

【循環取引の設例──　N+3年】

■前期に共謀先に架空販売した同一物品を循環させ、1,800で仕入即現金払いするとともに、共謀先に2,000で架空販売（取引⑨）。

■この後、前期から繰り越された残高を合わせ、売掛金の回収不能が明らかとなり、過去の循環取引が発覚した。

■期末の現金残高は2,350のマイナスとなった。

＜留意点＞

下記図表の通り、N+3年度においても売掛金が滞留した。その結果、現金残高が大幅の赤字となったため、当座貸越契約のある当座預金勘定の場合から類推し、同額を短期借入金として計上することとした。なお、勘定科目はここでは短期借入金としているが、負債を示す名称であれば「その他負債」でも何でも良い。また、N+3年もN+2年と同様、滞留した架空売掛金残高があり、当然回収不能と考え、貸倒損失処理することとした。

【図表３－１－４】説例 X 精算表－ N+3 年度

（　）は貸方残高

N+3 年	勘定科目	修正前残高	期首剰余金修正	P/L 修正	B/S 修正	修正後
B/S	現金	(2,350)			2,350	0
	売掛金	3,500			(3,500)	0
	在庫	0				0
	買掛金	0				0
	短期借入金				(2,350)	(2,350)
	その他負債	0	(850)	(200)	1,050	0
	期首剰余金	(950)	850			(100)
	当期利益	(200)		200	2,450	2,450
	B/S 貸借差額	0	0	0	0	0
P/L	売上高	(2,000)		2,000		0
	売上原価	1,800		(1,800)		0
	特別損失				2,450	2,450
	当期利益	200		(200)	(2,450)	(2,450)
	P/L 貸借差額	0	0	0	0	0

(5) 循環取引のまとめ

A社の4年間の循環取引を修正した顛末は【図表3－1－5】の通りとなる。

【図表3－1－5】説例X精算表－4期通算（損益）

	売上高	売上原価	差　引	累計利益
N年	450	300	150	150
N+1年	600	400	200	350
N+2年	2,500	2,000	500	850
N+3年	2,000	1,800	200	1,050
合　計	5,550	4,500	1,050	
未回収売掛金			(3,500)	
差　引			(2,450)	

循環取引によって4年間で1,050の利益を上げたがこれは全く架空であったため、仮に循環取引をすべてご破算にすると仮定すれば循環相手先に返還しなければならないことになる。他方、循環取引の結果、3,500の未回収債権が残ったが、この債権は架空である以上回収可能性は疑わしいといわざるをえない。よって、当該3,500の貸倒損失（上記精算表では特別損失）から循環相手先への返済義務のある1,050を控除した残額2,450がA社が循環取引で蒙った損害額ということになる。これは修正後貸借対照表の短期借入金残高2,350に、循環取引の対象となったN年期首の在庫残高100（循環取引の結果、結果的にA社には戻ってこず、行方不明となった損失と考える[15]）を加算した額と一致する。

なお、N年度からN+3年度の4期間における現金の流入・流出は【図表3－1－6】の通りとなる。循環取引によって社外に流出した金額（純額）は修正後貸借対照表の短期借入金残高2,350と一致することを示している。この様な結果になるのは、循環取引の共謀相手の内の誰かが一方的に得をしているからである。

15　この100の差は、後のパラグラフで示されている4年間の現金流出4,400と、同4年間の売上原価4,500の差異ということもできる。

【図表3－1－6】説例Ｘ精算表－4期通算（キャッシュ・フロー）

	現金流入	現金流出	差　引	累　積
Ｎ年	150	0	150	150
Ｎ＋1年	900	600	300	450
Ｎ＋2年	1,000	2,000	(1,000)	(550)
Ｎ＋3年	0	1,800	(1,800)	(2,350)
合　計	2,050	4,400	(2,350)	

　説例では保守的に3,500の架空の滞留債権を全額貸倒処理したが、実際には、循環相手先との交渉、あるいは場合によっては民事訴訟等の法的手段により、その一部を回収する途は残されていると考えられる。その場合会社の損害額は、循環取引による純社外流出額2,450から、回収できた金額を控除した金額となる。会計処理としては、回収した期の損益計算書の特別利益で償却債権取立益として計上することとなろう。

2. 【説例Ｘ】一括処理方式に基づく修正

　上記1.（5）のまとめより、以下のように一括処理方式による修正仕訳（Ｎ＋3年末のＢ/Ｓ、Ｐ/Ｌに対する修正仕訳）が導かれる。

（Dr.）	現　　金	2,350	（Cr.）	短期借入金	2,350
	売　　上	2,000		売上原価	1,800
	特別損失	3,300		売　掛　金	3,500
		7,650			7,650

ちなみに、遡及処理方式では、Ｎ＋3年度の修正仕訳は以下の通りとなる。

（Dr.）	現　　金	2,350	（Cr.）	短期借入金	2,350
	期首剰余金	850		売　掛　金	3,500
	売　　上	2,000		売上原価	1,800
	特別損失	2,450			
		7,650			7,650

第1章　会計上の過年度損益修正— 299

遡及処理方式で計上されている、期首剰余金 850 は、N 年度から N+2 年度までの架空利益累計に一致する。一括処理方式では、この額を含む特別損失 3,300 を損益計算書経由で計上することになる。すなわち N+3 年度までの架空利益 850 の取扱いが、N+3 年度の両方式の損益計算書上の差異となる。

さらに、一括処理方式による特別損失 3,300 は、売掛金残高のうち N+2 年度以前のもの 1,500 と、N+3 年度に仕入代金として流出した 1,800（N+3 年度の売上原価に一致）の合計に等しくなる。この両者の取扱が税務上問題となる。なお、過年度損益修正についての税務上の取扱は、一括処理方式が中心となると考えられるが、その場合当該特別損失 3,300 が損金に算入されるかどうかは第 2 章を参照されたい。

3. 循環取引の意味するもの

上記説例では、4 期を通じて、キャッシュ・イン・フローよりもキャッシュ・アウト・フローの方が多かったこととしているが、反対に架空債権の回収が順調に進めば、現金流入の方が勝るため、循環取引修正後貸借対照表上では貸方残高となる。すなわち、循環取引の結末は、循環取引相手方とのキャッシュ・ポジションで示されることになる。説例では、現金流出過多であったため、借方差額（純額）について保守的に貸倒損失処理し、事後の交渉や訴訟等の結果如何により、貸倒処理した償却済み債権が回収されれば、を後日入金額を修正（特別利益処理）することとなろう。

説例と反対に、キャッシュ・ポジションが黒字すなわち、架空取引修正後は貸方残高となる場合の取扱いについてどのように考えるべきであろうか？ 借方残高、すなわち現金流出超過の場合保守的に損失とするのであるが、逆の場合利益に計上するのは問題があろう。循環取引破綻の場合、実際には循環取引共謀先との交渉や、裁判所の判決により、その全額または一部の返還義務が生じる可能性があるため、不正取引の結末が法的に明らかとなるまで、貸借対照表の負債の部に計上し続けるのが妥当な処理と思われる。あくまで、架空取引による現金流入額（純額）であり、これを利益として計上するようなことは認

められない。もちろん、法的に返済義務がないことが確定した残高がある場合は、この部分については損益計算書の特別利益に計上することとなろう。

【本章のまとめ】

① 数年間にわたる重大な循環取引が発覚した場合、金商法上は、過去に開示された有価証券報告書等に対する訂正報告書を提出する義務が生じる。

② 過去に遡及する期間は、有価証券報告書の虚偽記載に関する作成者の責任に対する除斥期間、あるいは有価証券報告書等の公衆縦覧期間を考慮し、実務的には5年とする考え方が有力である。

③ 金商法上の過年度の遡及と平仄を合わせ、会社法上の過年度決算を修正する必要があるかどうかにも議論はあるが、実務的には、ほとんどのケースが会社法上の遡及調整を行っていないようである。この場合、発覚年度の損益計算書を含め、金商法上の訂正報告書を提出した年度は、金商法上の財務諸表と、会社法上の計算書類の結果が異なることになる。

④ 循環取引破綻に伴い、架空取引を修正すると、その結果は循環相手先とのキャッシュ・ポジションとなって現れる。キャッシュ・ポジションが現金流出超過となった場合は、保守的に損失に計上するとともに、後日一部の回収額が確定すれば、当該回収確定額について特別利益に計上することになる。他方、キャッシュ・ポジションが現金流入過多となった場合、一時に利益に計上せず、返還義務のないことが法的に明らかとなった部分についてのみ、当該時点で利益に計上する。

第1章 会計上の過年度損益修正— 301

第2章
循環取引発覚後の税務

第1節
決算の修正と更正の請求

　循環取引は、これまで見てきたように、首謀者の属する組織体の資金的な行き詰まりにより破綻し、循環の環が途切れ、露見する。循環取引が発覚すると、その首謀者が加担してきた取引について、調査・実態解明が行われ、結果が公表されるわけだが、当然、過去における循環取引については、会計上の訂正がなされることになり、それに伴い、既に確定した過年度の法人税についても、申告の基礎となった所得計算が間違っていたことを理由に法人税額を修正する必要が生じる。

　過年度決算の修正については、前章で見てきたように、過去の複数年度の決算を循環取引発覚年度で修正する方法（一括処理方式）が採られることが多く、企業会計原則が想定してきた当該処理方法を法人税法も予定している。これは、法人税の申告は事業年度ごとに行うものであることから、複数年度にまたがる決算修正処理を事業年度単位で行った場合には、法人税額の還付を求めるための更正の請求についても、複数の事業年度で行わなければならず、そのことによる課税実務の煩雑さを避けるとともに、更正の請求に関する期間制限により、納税者に不利な取扱いにならないように意図されたものであるとも考えられる。詳しくは、次項で検討する。

　循環取引参加会社は、その架空または介入取引によって見せかけだけの売上

302 —第3編　循環取引の会計と税務

高と利益を計上しているのが通常であるから、循環取引の発覚に伴い、売上高と仕入高（売上原価）の修正（戻し）処理を行う必要が生じる。債権債務の履行がすべて完了し、売買代金の返還訴訟等の被告となっていない場合には、いわゆる介入取引として全額の売上計上から純額（利益相当額のみ）の売上計上へと変更するだけなので、会社決算上も利益額は変わらず、法人税額にも変更がないことも考えられる。一方、循環取引の当事者である会社、循環取引に関する債権債務の履行が終わっていない状態で循環取引が発覚し、何らかの損失を負担することとなった場合には、売上高、仕入高（売上原価）の修正と同時に、過去の決算を修正して利益を減額し、その分だけ、既に納付していた法人税額が過大なものとなるため、これを修正する必要が生じる。これを「更正の請求」という（国税通則法 23 条）。

更正の請求とは、「申告等によっていったん確定した課税標準等または税額等を自己に有利に変更すべきことを税務署長に求めること[16]」をいい、国税通則法では、法人の申告に係る課税標準等もしくは税額等の計算が国税に関する法律の規定に従っていなかったとき、または計算に誤りがあったときは、法定申告期限から 5 年以内に限り更正の請求をすることができることとしている。過年度の法人税についての更正の請求は、それぞれの申告期限から 5 年以内に、更正の請求理由その他所定の事項を記載した更正請求書を税務署長に提出して行う。更正の請求があったときは、税務署長は、その請求についての調査を行い、請求に理由があると認めるときは、課税標準または税額の更正を行い、請求に理由がないと認めるときは、その旨を、請求をした納税義務者に通知する。

更正の請求は、修正申告とは異なり、更正の請求書を提出したことにより納税者が請求した税額の減額が確定するわけではない。更正の請求は、納税者が、申告した税額について減額して更正すべき旨を、税務署長に対し請求するための手続であり、更正をするかどうかの判断は、その権限を有する税務署長が有しており、更正の通知によって税額の減額が初めて確定することになる。

なお、更正の請求ができる期間については、平成 23 年 12 月の国税通則法改

16　金子宏『租税法第 22 版』（平成 29 年　弘文堂）878 頁

正前までは法定申告期限から1年以内とされていたため、架空循環取引の発覚により、法人税について更正の請求をする必要が生じた場合であっても、すでに更正の請求期間が徒過してしまっていることが多かった。こうした場合、納税者は、更正の請求という法的に定められた手続ではなく、税務署長に嘆願を行うという、法律の規定にない手続を強いられることがあったが、改正後は、更正の請求期限が法定申告期限から5年となったため、税務調査の際に架空循環取引が発覚したような場合であっても、国税通則法の規定に則って、更正の請求を行うことが可能となった。

第2節
仮装経理に基づく過大申告の更正に伴う
法人税額の控除

　過年度の法人税額が過大である場合の還付を請求する方法としての「更正の請求」について、原則的な取扱いは前項の通りであるが、循環取引の破綻に伴い過大な税額の還付を受けようとする場合には、こうした粉飾決算の防止を税制面で支援することを理由に、「税務署長による更正に一定の制限」をかけるとともに、「還付税額の支払いに期間制限」を設けている。

　これらの規定の内容を確認するとともに、問題点について整理する。

1. 税務署長による更正の制限

　法人税法では、法人の提出した確定申告書に記載された所得金額のうち、事実を仮装して経理した金額がある場合には、法人がその後の事業年度の確定した決算において仮装に係る部分の修正の経理をし、かつ、その決算に基づく確定申告書を提出するまでは、税務署長は更正をしないことができる（法法129②）。したがって、前期以前における循環取引に係る売上高、仕入高（売上原価）及び利益を修正する場合には、当期の確定決算において、損益計算書に「前期損益修正損」などの科目で明示したうえで、法人税の申告を行う必要がある。しかし、この「前期損益修正損」は、当期に発生した損失ではないため、これを法人税申告書別表4上でいったん当期利益の金額に加算して法人税の課税標準及び税額の計算を行い、前期の法人税について更正の請求を行う必要がある。

2. 還付の期間制限

　法人税額を過大に申告・納付し、それに対して税務署長による減額更正がされた場合は、差額は過誤納金として納税者に還付または未納の税額に充当され

第2章　循環取引発覚後の税務— 305

るのが原則である（国税通則法 56、57）。

　しかし、過大な申告・納付が仮装経理に基づくものである場合は、減額更正による過誤納金は直ちに還付せず、まず更正の日の属する事業年度開始前 1 年以内に開始する事業年度の確定法人税額から還付し（法法 135 ②）、残額は更正の日の属する事業年度開始の日から 5 年以内に開始する各事業年度の法人税額から順次控除される。5 年目まで順次控除してもなお残額がある場合には、5 年目の確定申告、期限後申告または決定を待ってその全額が還付される（同③）。

　これをもう少し具体的に見ておきたい。

① 　仮装経理に基づく減額更正を認めた場合には、税務署長は、更正の日の属する事業年度の前 1 年以内に開始する事業年度の確定法人税額に達するまでの金額について還付を行う。

② 　上記①で還付しきれなかった法人税額については、更正の日の属する事業年度の法人税額から控除する。

③ 　上記②によっても還付しきれなった法人税額については、更正の日の属する事業年度の翌事業年度開始の日から 5 年を経過する日までに開始する各事業年度の法人税額から控除する。

④ 　上記③によっても控除しきれない金額がある場合には、6 年目において、控除できなかった残額の還付が行われる。これは、租税徴収権の消滅時効期間や減額更正の期間制限が 5 年であることを鑑みた措置である[17]。

3. 仮装経理に基づく過大申告の更正に伴う法人税額の控除の規定に係る問題点

　いわゆる粉飾決算を行っていた法人が、粉飾決算に伴って既に納付していた法人税額が過大になったことを理由に更正の請求を行った場合において、税制面から、こうした粉飾決算を抑止するために設けられたのが本制度であるが、

17　ひかり税理士法人『Q&A「更正の請求」徹底活用ハンドブック』（平成 24 年　ぎょうせい）169頁

制度の枠組みが複雑であることや規定の内容に一部不確定概念が含まれていることもあって、いくつか問題点が指摘されている。

(1) 問題点1：「仮装経理」とは何か

そもそも「仮装経理」とは何を意味しているのか。

法人税法は、仮装経理について明確な定義をしていない。「事実を仮装して」という文言から、計算上の誤り等は含まれないし、減価償却費、引当金の過少計上のような会社内部の計算についても確定決算主義に委ねられているので、会社法上は違法な決算であっても、仮装経理には該当しない。したがって、仮装経理に該当するのは、架空売上や架空仕入の計上、棚卸資産残高の水増しや経費の過少計上や先送りなど、外部との取引に関して事実に反して経理を行った場合となるものと考えられる。循環取引に係る過大な売上・利益の計上は、当然、仮装経理に含まれるものと解すべきである。

(2) 問題点2：確定した決算における「修正の経理」の意義

次に「修正の経理」とは何かが問題となる。この問題を争った裁判[18]における納税者及び課税庁の主張並びに裁判所の判断を参考にしながら、「修正の経理」について考えてみたい。

裁判の事例は、法人税について、事実を仮装した経理に基づき過大申告をし、税務署長が減額更正処分をせず国税通則法70条2項1号所定の更正処分を行うについての期間制限を徒過したために法人税の過大納付税額の還付を受けられなくなった納税義務者が、国に対し、過大納付税額相当の金員の支払いを求めて提起した不当利得返還請求であり、裁判所は、納税義務者が行った経理処理である「前事業年度に仮装した経理金額を翌事業年度の期首に帳簿上反対仕訳をする処理」を法人税法129条2項にいう「修正の経理」がされたとはいえないとして棄却するとともに、「修正の経理」とは、企業が決算に際して作成すべき財務諸表の特別損益の項目において、前期損益修正損等と計上して仮装

18　不当利得金返還請求事件、大阪地方裁判所平成元年6月29日判決

経理の結果を修正して、その修正した事実を明示することであるとの判断を示している。

① 原告（納税者）の主張

「修正の経理」とは反対仕訳を意味する。なぜなら、法人税法上、修正の経理については、定義も、国税庁長官による解釈通達もないことから、簿記会計学からの借用概念であり、簿記会計学上、修正の経理とは反対仕訳のことである。被告は、修正の経理は「特別損失」または「前期損益修正損」という形で修正することを要する旨主張するが、その方法と原告が行った経理の方法を比較した場合、その違いは仮装経理の金額を修正する勘定科目の差に過ぎない。実質を重んじる税務において、結果が同一であるにもかかわらず、単なる表示方法の差だけで取扱いを異にするのは、税務上の他の取扱いとの比較において整合性を欠く。

② 被告課税庁の主張

「確定した決算」とは、株主総会において承認を得た決算、すなわち会社の意思表示として、本来の財務諸表において粉飾を修正することを意味する。粉飾決算は、通常一部の役員等が株主等にその事実を知らせないで行うもものであるところ、法は減額更正を行うための第一の要件として、株主総会における確定した決算での修正により、粉飾の事実が一般に明らかにされることを要求しているのである。「修正の経理」とは、その仮装経理した事業年度後の事業年度の確定した決算において、「特別損失」または「前期損益修正損」（前期以前の損失を当期において計上する場合に、損益計算書に表示される勘定科目）の勘定科目で修正することをいう。過年度に係る損益の修正は、当期の営業活動や財務活動ではないから、企業会計原則によれば、特別損益項目の前期損益修正においてなされることになるのである。

③ 裁判所の判断

法人税法129条2項に規定する「確定した決算」とは、株主総会において承認を得た決算のことであるから、修正の経理は、企業が決算に際して作成すべき財務諸表（貸借対照表、損益計算書等）上なされるべきである。

なぜなら、過年度の仮装経理は、当期の営業活動や財務活動でないから、右

仮装経理による損益の修正は、企業会計原則に則れば、特別損益項目中で前期損益修正損等として計上してなされるべきことになる。また、右のような解釈は、企業会計は、企業の財政状態及び経営成績に関して事実の報告を提供しなければならず、財務諸表によって、利害関係者に必要な会計事実を明瞭に表示し、企業の状況に関する判断を誤らせないようにしなければならないという企業会計原則の一般原則（真実性の原則及び明瞭性の原則）に合致し、さらには、法がいう一般に公正妥当と認められる会計処理の基準にも合致するというべきであり、また、粉飾決算を防止し併せて真実の経理の公開を確保しようとする前記の法の趣旨・目的とも合致するというべきである。

原告は、簿記会計学上、修正の経理といえば反対仕訳しか考えられない旨、また、特別損失または前期損益修正という勘定科目で処理する方法と原告が行った仮装経理金額を単に当該勘定科目で処理する方法とは、結果が同一であり、実質を重んじる税務において区別すべきでない旨主張するが、修正の経理の方法としては特別損益項目において前期損益修正損等として計上して修正の事実を明示すべきこと及び原告の行った方法が弊害を持つ不公正な方法であるでああり、さらに、課税の面から粉飾決算を防止し真実の経理公開を実現することを目的とした法人税法 129 条 2 項の解釈において、結果の同一のみを重視することもできないのであって、原告の主張は採用できない。

(3) 問題点 3：企業再生支援のための特例

架空循環取引の破綻によって、会社更生、民事再生等の法的処理を行わなければならない法人にとっては、本規定により、還付される税額に制限を設けられていたのでは、思うように再生が進まないことが考えられる。

そこで、企業再生の支援措置として、この制度の適用を受けている法人について、会社更生手続、民事再生手続等の開始決定があった場合には、当該法人は、その事実の発生日以後 1 年以内に、所轄税務署長に仮装経理法人税額のうち未控除部分について還付を請求することができることとされている（法法 129 ④）。

(4) 問題点4：更正の請求の期間を徒過した場合の救済措置

　平成23年12月における国税通則法の改正前まで、最大の問題点は、「更正の請求期間を徒過した場合にいかに納税者は救済されるか」であった。その理由は、法人税においては、申告納税方式の税について、その減額を求めるためには、専ら更正の請求によらなければならないとする更正の請求の原則的排他性が認められているため、納税者が更正の請求期間（改正前は、法定申告期限から1年以内）を徒過した後に、納税申告書に記載した課税標準等の減額を求めることができるかどうかが問題となってきたからである。とくに、架空循環取引破綻後の損失負担については、その解明に時日を要し、また、関係者間で損失負担をめぐって訴訟の提起なども多いことから、更正の請求期間内に、税務署長に対して更正の請求を行うことは困難である場合も多かったからである。

　こうした更正の請求期間の制限については、いったん確定した税額を増加させる手続である修正申告が申告期限後5年間できること、税務署長による決定が最大で7年間遡って行われることに比し、納税者に不利であったことから、国税通則法の改正が行われたものである。その結果、本問題点については、多くの事案で更正の請求が認められることとなったと言えよう。納税者からの嘆願を税務署長の裁量に対する陳情として、税務署長が、納税者間の負担の公平という観点から、嘆願内容に関する調査を実施したうえで、申告書に記載された所得金額・納付すべき税額に客観的な誤りがあると認められた場合に、それが更正の除斥期間内である限りにおいて、減額更正を行ってきた、いわば前近代的な課税実務が改正されたことは、納税者救済の観点からは大きな改正であったと評価したい。

4.【設例】

　A社は、N事業年度からN+3事業年度の途中まで、営業部門主導による架空循環取引を行い、水増しされた売上高／仕入高により利益を計上して、法人税額を納付していた。N+3事業年度の途中になって、社内調査の結果、架空

310 —第3編　循環取引の会計と税務

売上の計上が発覚し、修正を行うこととなった。この場合の、税務上の手続にはどのようになるか。

① 決算・申告データ

A社の決算・申告データは次の通りである。

事業年度	架空売上高	架空仕入高	架空利益	法人税額
N	2,000	1,500	500	200
N+1	5,000	3,500	1,500	600
N+2	10,000	7,000	3,000	1,200
N+3	50,000	30,000	—	—

なお、設例上、A社は架空売上の計上をしない場合には、赤字決算となっていたものとする。つまり、上記の設例では、納付する必要のない法人税額を3年間で2,000納税していることから、この還付を求める手続を行うことになる。

② N+3事業年度における「修正の経理」——その1

A社が、自ら架空売上を演出し、取引先を巻き込まずに粉飾決算を行っているという前提で、まず、N+3事業年度（当期）に既に計上された架空売上／架空仕入については、反対仕訳を行うことにより、粉飾された売上高及び仕入高について戻し処理を行う。

　　　（借）売　　上　　　50,000　　（貸）売 掛 金　　　50,000
　　　（借）買 掛 金　　　35,000　　（貸）仕　　入　　　35,000

次いで、過年度であるN事業年度からN+2事業年度までの3年間の架空売上・架空仕入の計上について「修正の経理」を行う。前述のように、法人税は、循環取引のような不正な経理処理については、発覚した年度における確定した決算において、「前期損益修正損」のような特別損益科目を使用して、修正の経理を行うことを予定しているため、仕訳は以下のようになる。売掛金の回収と買掛金の支払いを仮装している場合には、勘定科目の変更が必要となるが、「前期損益修正損」については金額は変わらない。

　　　（借）前期損益修正損　5,000　　（貸）売 掛 金　　　17,000
　　　（借）買 掛 金　　　12,000

N+3事業年度の決算を株主総会で承認したうえで、法人税の確定申告を行い、

N事業年度からN+2事業年度における法人税の申告について、所轄の税務署長に対して、更正の請求を行うというのが、法人税法が予定している粉飾決算を修正する場合における還付手続である。

③ N+3事業年度における「修正の経理」——その2

次に、A社が他社の演出する架空循環取引に巻き込まれていた場合について、粉飾決算の修正方法を検討したい。N+3事業年度（当期）に既に計上された架空売上／架空仕入については、反対仕訳を行うことにより、粉飾された売上高及び仕入高について戻し処理を行うところは同じであるが、勘定科目を変更する必要が生じる。

（借）	売　　上	50,000	（貸）	売 掛 金	50,000
（借）	未収入金	35,000	（貸）	仕　　入	35,000
（借）	貸倒引当金繰入額	35,000	（貸）	貸倒引当金	35,000

上記の仕訳例は、A社が既に仕入代金を支払っているにもかかわらず、売掛金が一切回収されていない状況で、架空循環取引が発覚した場合のものである。売掛金の回収が見込めないことから、これは全額取り消すこととし、一方、支払った仕入代金の回収に懸念がある、または回収が見込めないことから貸倒引当金を設定するものである。仕入先の経営破綻を理由として、架空循環取引が発覚したような場合では、貸倒引当金の設定ではなく、全額を貸倒損失として処理することも考えられる。

次いで、過年度決算の修正仕訳である。売掛金・買掛金ともには既に決済手続が終わっているという前提で、修正を行う。

（借）	前期損益修正損	5,000	（貸）	未 払 金	17,000
（借）	未収入金	12,000			
（借）	貸倒引当金繰入額	12,000	（貸）	貸倒引当金	12,000

「前期損益修正損」の相手勘定科目である「未払金」は、売上代金を回収した者（販売先）がA社に対して有する売買代金返還請求権を、「未収入金」は、A社が仕入先に対して有する売買代金返還請求権をそれぞれ意味するが、当期における修正と同じく、既に支払った仕入代金の返還が見込めない状況では、貸倒引当金の設定または貸倒損失の計上が必要となろう。

312 —第3編　循環取引の会計と税務

④ N+3 事業年度における法人税の確定申告について

　A 社は、法人税法 129 条 2 項の規定にしたがって、「前期損益修正損」を計上して、修正の経理を行ったものであるが、この「前期損益修正損」に関しては、A 社の N+3 事業年度の損金の額には算入できない。これは、N+3 事業年度の損益計算書上特別損失として計上されたものであっても、その損失の帰属時期は、粉飾決算を行ってきた N 事業年度、N+1 事業年度及び N+2 事業年度であり、N+3 事業年度ではないという考えに基づくものである[19]。

　つまり、A 社は、N+3 事業年度の法人税の確定申告にあたっては、「前期損益修正損」を法人税別表 4 において所得金額に加算して、法人税額を計算して確定申告を行ったうえで、N 事業年度、N+1 事業年度及び N+2 事業年度については、事業年度ごとに、所轄の税務署長に対し、更正の請求書を提出して、減額更正を求めることとなる。

　なお、「③　N+3 事業年度における「修正の経理」──その 2」で修正仕訳の例として挙げた「貸倒引当金繰入額」または「貸倒損失」について、N+3 事業年度の法人税の確定申告における所得の金額の計算上、損金の額への算入が認められるかどうかは、仕入先の経営状態によるものと考えられる。法人税基本通達 9-6-2（回収不能の金銭債権の貸倒れ）は、以下のように損金経理の要件を示している（該当部分のみ抜粋）。

　法人の有する金銭債権につき、その債務者の資産状況、支払能力等からみてその全額が回収できないことが明らかになった場合には、その明らかになった事業年度において貸倒れとして損金経理をすることができる。

---

⑤　税務署長による減額更正と還付手続

　A 社は、N+3 事業年度の法人税の確定申告書の提出と同時かそれ以後において、N 事業年度、N+1 事業年度及び N+2 事業年度についても、所轄の税務署長に対し、更正の請求書を提出して、更正の決定を待つこととなる。

19　仮装経理による棚卸資産過大計上に係る修正損失の帰属時期が争点になった訴訟の判決として、東京高等裁判所平成 23 年 3 月 24 日判決（原審は東京地方裁判所平成 22 年 9 月 10 日判決）がある。

税務署長により減額更正が認められた場合の還付手続については、既に本節「2. 還付の期間制限」の項で説明した通り、N+3事業年度の確定法人税額に達するまでの金額について、還付が行われ、還付金の額に残額がある場合については、N+4事業年度以降の各事業年度の法人税から順次税額控除を行うこととなる。

第3節
損害賠償請求権と税務

循環取引が破綻した場合における訴訟については、第1編第5章（取締役の法的責任）及び第6章（循環取引をめぐる訴訟）で詳述した通りであるが、ここでは、過年度損益の修正と訴訟により主張している損害賠償請求権の収益計上時期について、考察を深める。

1. 一般的な損害賠償請求権の収益計上時期

たとえば、循環取引の破綻によって売掛債権が回収できない事態が生じた場合でも、その仕入先に対して売買代金の返還請求権または不法行為に基づく損害賠償請求権が発生している場合には、循環取引破綻に伴う損失計上時期とこれらの請求権の収益計上時期によっては、損金と益金が相殺されてしまうことが考えられる。損害賠償請求権の収益計上時期についての主な学説としては、同時両建説と異時両建説がある[20]。

- 同時両建説：損失の額を損金に計上するとともに、その見返りとして同時に取得した損害賠償請求権を益金の額に算入して損益の相殺処理を行い、後日、損害賠償請求権が行使できなくなったときに損害賠償請求権相当額を損金の額に算入しようという見解である。

- 異時両建説：被害法人（者）の損失と損害賠償請求権は、両方の相互関連性を切り離し、それぞれ（損失と損害賠償請求権）が各個独立に確定した時点で損失または収益の額に計上すべきであるという見解である。

なお、法人税法基本通達2-1-43（損害賠償金等の帰属の時期）は、「他の者から支払いを受ける損害賠償金の額は、その支払いを受けるべきことが確定し

20　山本守之『横領金に対する損害賠償請求権の益金算入時期』月刊税務事例 2009 年 7 月号「法人税事例の検討」62 頁参照

た日の属する事業年度の益金の額に算入するのであるが、法人がその損害賠償金の額について実際に支払いを受けた日の属する事業年度の益金の額に算入している場合には、これを認める」としており、収益の計上時期については、確定した日、支払いを受けた日のいずれかの日の属する事業年度に計上すべきとし、一方、注書きで、その「損害賠償金の請求の基因となった損害に係る損失の額は、その損害の発生した日の属する事業年度の損金の額に算入することができる」としているところから、異時両建説に基づいていると考えることができる。

　すなわち、循環取引の破綻に伴い発生した損失については、その発生の日の属する事業年度で損失を認識し、この損失を回復するための売買代金返還請求権等の収益については、その支払いを受けるべきことが確定した（和解の成立、勝訴判決の確定などが考えられる）日の属する事業年度に計上することが認められると考えるべきであろう。

2. 損害賠償請求権と貸倒引当金

　学説や通達とは無関係に、実際の訴訟に当たっては、売買代金返還請求権や損害賠償請求権は、訴えを提起した日の属する事業年度の確定した決算において収益認識をすることが多い。つまり、循環取引の破綻に伴い損失が発生したのと同じ事業年度に、これらの権利を収益として計上し、当期の損益に与える影響をなくす経理処理が採られるのである。これには、

① 当期の損益がそれまでの公表値と大きく乖離することに対する懸念
② 貸借対照表上に明示することによって株主への説明責任を果たす
③ 訴訟において、権利を会計上認識していることをアピールする狙い

などの経営者の思惑もあるのだろうが、会計上は、その収益の実在性や回収可能性を検討の上、貸倒引当金を個別に設定することが求められよう。

　具体的な設例に基づき、検討する。

当社は、X年度において、巻き込まれた循環取引が破綻し、当社の販売先であるA社が破綻して売買代金100の回収が困難となったため、当該取引に係る仕入代金95の返金を仕入先であるB社に求める訴訟を提起した。

X年度末における当社の仕訳は、

|（借）| 売 上 | 100 |（貸）| 売 掛 金 | 100 |
|（借）| 仕入代金返還請求権
（未収入金）| 95 |（貸）| 売上原価 | 95 |

として、まず、（架空）循環取引の戻し処理を行い、仕入代金返還請求権を認識する。同時に、裁判における勝訴の見込み、仕入先（B社）との取引状況や支払能力を勘案して、本請求権の回収可能性を検討することになる。

　この時点では、当社利益は売買差額の5だけ減少することになるが、これは利益が実現しなかったものであるところから、実質的には損失は発生していない。しかし、仕入先B社が当該返還請求に応じなければ、支払額の95がそのまま損失となることから、貸倒引当金を設定するものである。

　B社が直ちに仕入代金の返還に応じず、訴訟を提起するしか解決の方法がなかったことから、返還請求権の全額が回収できるかどうかは不明である——会計監査では、こう指摘がなされ、当社とB社の過失相殺なども含めて、とりあえず2分の1だけ、引当金を設定するということで、監査人と合意できるかもしれない。

　しかし、当然のことではあるが、この貸倒引当金は、法人税の計算上は、別表4で、課税所得に加算することが求められる。

【本章のまとめ】

① 　架空循環取引を過年度に遡って決算修正を行う場合、法人税においては、修正の経理を行う事業年度に「一括修正方式」を念頭に、所轄の税務署長に対し、更正の請求を行うことで、過大に納付している法人税の還付手続を行う。

② 　架空循環取引は、法人税法上「事実の隠蔽または仮装」に該当することから、過年度の法人税の還付には制限が設けられており、修正の経理を行った事業年度以降の法人税額を上限に、還付及び税額控除の手続がとられる。

③ 　平成 23 年 12 月の国税通則法の改正により、更正の請求期間は、確定申告書の法定提出期限から 1 年間という従来の規定が 5 年に変更となり、税務署長に職権で更正を行うことを促す「嘆願」手続を採る必要性はほぼなくなった。

④ 　損害賠償請求権については、税務上は、その支払いを受けることが確定した事業年度の収益として計上することが認められるが、実務的には、訴えを提起した段階で収益計上することも考えられる。

第4編

企業内における
不正の防止・
早期発見のために

第1章
社内環境の整備

第1節
取締役及び執行役員の意識

　経営者は、組織全体に経営トップの意向を示すことが必要である。経営者は不正を絶対に許さない、そのような行為には迅速に断固として対処する、通報者は報復を受けないという明確な言動を通じて組織文化を醸成する必要がある。

　言うまでもなく、不正防止にとって最も大切なものは経営者の意識である。自社で不祥事が発覚した場合はもちろん、同業他社の事件についても、社内の不正を防止するための従業員教育の必要性を強く認識し、自ら率先して、「不正根絶」に向けた経営者としての意思 tone at the top(s) を、広く従業員に示すことが肝心である。従業員教育の実施に当たって、経営者が「やらされ感」を持っているようでは、教育・研修を受ける従業員もやる気になれず、そこでも教育・研修はただ外部に報告するためだけのおざなりなものとなってしまいかねない。

第2節
従業員教育の手法

効果的な教育の方法としては、以下のようなものが挙げられることが多い[1]。

① 規程の作成時における現場の関与

② イントラネットによる周知徹底

③ 各規則を記載した小冊子の配布

④ e－ラーニング

⑤ 研修等（社内、管理職）によるコンプライアンス教育の充実

⑥ 他の不祥事例（社内及び社外）の検討

⑦ 専門家による研修

⑧ トップと従業員との直接の対話

⑨ 企業行動憲章遵守に関する宣誓書への署名等

企業はこれらの中から複数の方法を採用して、従業員教育を進めていくわけだが、当然のことながら、教育は手段でしかない。教育の目標は、あくまで、社員個々人が自分の身近で起こっている（あるいは起ころうとしている）問題に気づくこと、そして、潜在的なの問題を顕在化させることによって、不正を未然に防止し、または早期に不正を発見することにある。

(1) まずは架空循環取引を理解させる

本書では、第1編において、架空循環取引の発生メカニズムや事例分析について、紙幅を割いて説明してきた。架空循環取引は、2007年に発覚したIXI事件を契機として、営業担当者にも浸透した不正であるが、2017年8月に、本書第1編第3章第6節でも触れたATT事件に複数の商社が巻き込まれたことが発覚したように、依然として、根絶されたとは言えない会計不正の態様で

---

1 第一東京弁護士会総合法律研究所会社法研究会編著『企業不祥事と対応（事例検証）』（平成21年 清文社）101頁以下

ある。彼らは、こうした取引が「帳合取引」であり、自社が全くリスクを負わずに売上高、利益を計上できるという思いから、取引に参加したものであるが、実際には、多額の損害を出すに至っている。

このように「帳合取引」や「信用を供与してほしい」という誘いを、親密な取引先から受けた場合に、これを毅然とした態度で断るためには、かなりの理論武装が必要である。

そのためには、架空循環取引（とくに架空循環の環が途切れたときの損害の大きさ）に関する理解が不可欠であり、架空循環取引や帳合取引をやってはいけないなど、きちんとした社内ルールを定めてこれを理解させることを徹底したい。

また、経営者が従業員に対する教育の一環として、自分の言葉で「帳合取引に関与しない」「発覚した場合には毅然とした処分を行う」といった意思表示を行うことが何よりも大事である。

(2) 自社の取引に即して考えさせる

架空循環取引に関する教育においても、「不正のトライアングル」をはじめとした不正に関する一般的な知識を拡充することはもちろんであるが、公認不正検査士が、不正検査に際して常に意識している「不正を行う者の立場に立って考える think like a fraudster」姿勢が求められる。

教育の方法としては、一人のファシリテイターを中心にして、実際の事例に基づいて、架空循環取引の発生から発覚までのメカニズム、発覚後の企業の対応、企業に対する処罰、従業員等に対する懲戒などを概説した上で、各参加者に自由に討論させる方法が効果的であると考える。マスコミ等で取り上げられた事件であれば、参加者は自分の社内における立場に即した意見をもっているため、これをファシリテイターが引き出し、討論を通じて考えさせたい。会計不正が発覚した場合には、第三者委員会などによる調査結果が適時開示されており、そうした事例のなかから、自社と同じ業界で発生した不正を取り上げることにより、「自社の取引に即して」考えさせるには恰好のテキストとなるであろう。

ファシリテイターによる討議の場には、営業部門社員だけでなく、管理部門社員（とくに財務部門・法務部門・内部監査部門）も参加せることによって、多様な意見の交換が行われることが期待できる。

第3節
実効性のある内部通報制度の構築と運用[2]

日本取引所自主規制法人が、2018年3月30日に公表した「上場会社における不祥事予防のプリンシプル」における原則1「実を伴った実態把握」の解説では、内部通報について、以下のように記述がある。

> 本来機能すべきレポーティング・ラインが目詰まりした場合にも備え、内部通報や外部からのクレーム、株主・投資者の声等を適切に分析・処理し、経営陣に正確な情報が届けられる仕組みが実効性を伴って機能することが重要である。

消費者庁の調査[3]では、従業員数が1,000人を超える事業者のうち「内部通報制度」を導入している事業者は90%を超えている。実効性のある内部通報制度を構築することが不正の抑止策となることの異を唱える者はいないはずであるにもかかわらず、実際には、内部通報制度が機能せず、内部告発によって不祥事が露見するという事例が後を絶たない。内部通報制度が機能しない大きな理由は、

> 従業員の不信感 ＝ 報復人事の懸念・通報しても仕方ないという諦め

に尽きる。たとえば、

- 通報内容が上司に筒抜けではないか？
- 通報者の匿名性は本当に守られるのか？
- 通報しても意味がないのではないか？
- 経営者の不正はどこに通報すればいいのか？

---

2 本節全般の参考文献として、山口利昭『企業の価値を向上させる実効的な内部通報制度』（平成29年 経済産業調査会）
3 「平成28年度民間事業者における内部通報制度の実態調査報告書」
http://www.caa.go.jp/policies/policy/consumer_system/whisleblower_protection_system/research/investigation/pdf/chosa_kenkyu_chosa_170104_0002.pdf

- 通報すると、不平不満を持った従業員というレッテルを貼られてしまうのではないか？

など、通報をためらう従業員から、いかにして通報を引き出すか、通報により、自浄能力を発揮して不祥事を社内で解決するか、そして、通報をためらった従業員が内部告発に至らないためにはどうすればいいか、検討したい。

(1) 日本企業における「内部通報」の件数

それでは、日本の上場企業では、年間どのくらいの件数の内部通報を受理しているのかを見てみたい。東洋経済オンラインが、2017年9月18日に公開した『最新版！「内部通報が多い」100社ランキング[4]』によれば、内部通報件数が2015年度に最も多かったのは、3年連続してセブン＆アイ・ホールディングスの844件であった。その制度の特徴として、以下の施策により、幅広い層から多くの情報を集めている様子が説明されている。

- 持株会社の企業行動指針に加えて、各事業会社でも「行動指針ガイドライン」を整備
- グループ横断の会議体「セブン＆アイ企業行動部会」の設置
- 各事業会社の内部通報窓口とは別にグループ共通の社外窓口を設置

また、特徴的なのが、6位にランクされているIHIの取組みで、内部通報窓口を社外の専門機関に一本化し、関係会社や派遣従業員を含む幅広い従業員に設置趣旨や利用方法を広く周知したことが、通報件数の増加につながったと分析している。ランキング上位100社で社内窓口がないのはIHIだけで、記事では、「社内の窓口に通報することに、どうしても不安を持つ社員がいる」ことから、むしろ、「信頼がおける専門機関に委託するのは、公平性を高めるという意味では効果的だ」と評価している。

それでは、内部通報件数がどれくらいであれば、適切に運用できていると評価できるのか。記事では、「上位100社の通報1件当たりの従業員数は100人未満が58社、200人未満が81社」であることから、「従業員100人のうち1

---

4 https://toyokeizai.net/articles/-/188974

人が通報する」程度が一つの目安となると結んでいる。

　自社の内部通報件数と比較することによって、内部通報制度の認知度を測る目安にはなるのではないか。

【図表4－1－1】内部通報件数が多い会社上位10社

順位	会社名	2015年度	2014年度
1	セブン＆アイ・ホールディングス	844	705
2	ドウシシャ	604	554
3	明治安田生命保険	584	357
4	イオン	553	516
5	ファーストリテイリング	394	346
6	IHI	333	238
7	カルソニックカンセイ	309	234
8	日本電信電話	304	322
9	TDK	300	284
10	SOMPOホールディングス	270	243

出典：東洋経済オンライン
『最新版「内部通報の多い」100社ランキング』

（2）実効性のある内部通報制度

　それでは、実効性のある内部通報制度とするためには、どのように制度を整備することが必要なのか。ここでは、消費者庁が平成28年12月に公表した「公益通報者保護法を踏まえた内部通報制度の整備・運用に関する民間事業者向けガイドライン[5]（以下「民間事業者向けガイドライン」）を参考に、いくつかのポイントを検討したい。

　民間事業者向けガイドラインは、内部通報制度の整備・運用に先立って、「経営トップの責務」について、説明している。内部通報制度のみならず、不正防

5　http://www.caa.go.jp/policies/policy/consumer_system/whisleblower_protection_system/private/system/pdf/minkan_shikumi_161213_0002.pdf

止にとって最も大切なものは経営者の意識であることは論を俟たないので、この項目について、全文を引用しておきたい。

---

2. 経営トップの責務

　公正で透明性の高い組織文化を育み、組織の自浄作用を健全に発揮させるためには、単に仕組みを整備するだけではなく、経営トップ自らが、経営幹部及び全ての従業員に向け、例えば、以下のような事項について、明確なメッセージを継続的に発信することが必要である。

- コンプライアンス経営推進における内部通報制度の意義・重要性
- 内部通報制度を活用した適切な通報は、リスクの早期発見や企業価値の向上に資する正当な職務行為であること
- 内部規程や公益通報者保護法の要件を満たす適切な通報を行った者に対する不利益な取扱いは決して許されないこと
- 通報に関する秘密保持を徹底するべきこと
- 利益追求と企業倫理が衝突した場合には企業倫理を優先するべきこと
- 上記の事項は企業の発展・存亡をも左右し得ること

次いで、「内部通報制度の整備」に関しては、以下のような項目が列挙されている。

---

1. 内部通報制度の整備

(1)　通報対応の仕組みの整備
- 仕組みの整備
- 通報窓口の整備
- 通報窓口の拡充
- 関係事業者全体における実効性の向上
- 通報窓口の利用者等の範囲の拡充
- 内部規程の整備

(2)　経営幹部から独立性を有する通報ルート

(3)　利益相反関係の排除

(4)　安心して通報ができる環境の整備
- 従業員の意見の反映等
- 環境整備
- 仕組みの周知等
- 透明性の高い職場環境の形成

第1章　社内環境の整備— 327

「通報窓口の拡充」では、法律事務所や民間の専門機関への委託、グループ企業の一元的な窓口の設置などの措置を講じることによって、経営上のリスクに係る情報を把握する機会の拡充に努めることが適当であるとされている。「通報窓口の利用者等の範囲の拡充」としては、通報できる対象者を拡大して、退職した従業員、従業員の家族、取引先担当者などにも、通報の機会を与える必要があろう。「経営幹部から独立性を有する通報ルート」として社外取締役・監査役への通報ルートを整備することが求められている。また、「利益相反関係の排除」では、中立性・公正性に疑義が生じる恐れまたは利益相反が生じる恐れがある法律事務所の起用を避けることが必要であるとされ、具体的には書かれていないものの、会社の顧問弁護士については、会社及び経営者の利益を優先する立場であり、通報に対する中立性に疑義を生じるとともに、通報者との間で利益相反が生じる可能性があることから、内部通報の受付窓口としては適格でないことが示されている。

さらに、「通報者の保護」の項目を見ておきたい。

内部通報制度の整備のうえでは必ず問題になる「匿名通報の取扱い」について、民間事業者向けガイドラインは、以下のように規定している。

（匿名通報の受付と実効性の確保）
○　個人情報保護の徹底を図るとともに通報対応の実効性を確保するため、匿名の通報も受け付けることが必要である。その際、匿名の通報であっても、通報者と通報窓口担当者が双方向で情報伝達を行い得る仕組みを導入することが望ましい。

パワーハラスメントなどの各種ハラスメントでは、個人が特定されてしまうことを恐れて、匿名でなければ、通報がされない可能性が高いことを考えれば、匿名通報を受け付けるという姿勢を示すことには意義があると考える。また、後段の「双方向で情報伝達を行い得る仕組み」については、Gmailなどのフリーメールアドレスを利用して通報させることで、個人を特定することなく、情報伝達は可能となろう。「内部通報制度の整備」の中でも挙げられていた「安心して通報ができる環境の整備」のためにも、匿名通報を認めることを内部通報規定に明記するとともに、経営トップからのメッセージとしても発信したい。

328 —第4編　企業内における不正の防止・早期発見のために

(3) 内部告発をさせないための内部通報制度

　内部通報制度の整備と運用の必要性は、内部通報により正確な情報を収集して、不祥事の芽を早期に摘むことにあることに異論はないであろう。そして、実効性のある内部通報制度を運用することは、内部告発により、不祥事が社外へ拡散することを避けるためにも必要であることを確認しておきたい。

　2015 年に発覚した東芝の不正会計事件が、証券取引等監視委員会への内部告発が契機であったことは、記憶に新しい。内部告発した者は、経営トップの不正を内部通報しても自己の不利益になるだけだと判断したのかもしれないし、自浄能力に期待ができず、外部の力を借りなければならないと考えたのかもしれない。いずれにせよ、内部告発がなされてしまうと、企業側では一切コントロールできない状況に追い込まれ、いったんマスコミやインターネットで告発内容が明らかになった場合には、風評被害も含め、多大な影響が出ることは、これまでの複数の事件で明らかになっているところである。しかも、証券取引等監視委員会や証券取引所は、積極的に、告発を受理する姿勢を示しており、もちろん、匿名通報でも受け付けている。

　こうした状況の中で、経営トップは、社内の不祥事については、内部通報制度を利用することにより、会社が自浄能力を発揮して不祥事を是正し、よりよい組織へと進化していくことを強く訴え続ける必要がある。

第 1 章　社内環境の整備— 329

第4節
営業幹部社員による統制

　具体的に、従業員教育の結果として、架空循環取引に巻き込まれないために、営業幹部社員の行うべきマネジメントについて、詳述したい。なお、個々の組織により、意思決定者、使用されている書類等、契約から代金回収までの一連の業務フローに異同はあると思うが、第2節でも検討したように、自社の取引の即して考えることで応用していただければ幸いである。

　目指す到達点は、部下または自身の所属する組織が、架空循環取引をはじめとする「会社が行ってはならない」と考える取引に巻き込まれないために、いかに商談内容を把握し、潜在的なリスクを読み取るか、である。

(1) まずは印章（職制印）の管理から

　たとえば、営業部であれば、「〇〇株式会社営業部長印」という職制印を保管しており、これを必要に応じて書類に捺印をする場合の手続規程（「印章管理規程」など）が定められており、内部監査では、職制印の押印手続が規定や業務フローにしたがって行われているかが、監査対象となっているはずである。

　ところが、実務では、この社用印押印申請手続が蔑ろにされているケースが少なくない。もちろん、緊急で書類を作成する必要があるときに営業部長が不在であったため、後づけで申請手続書類を整えることがあるかもしれない。あるいは、重要度に応じて、営業部長の承認は後回しにして、事務処理を急ぐ場合もあるかもしれない。

　しかし、「営業部長印は、部下からの押印申請に基づいて、営業部長自身が捺印するものである」という原則は堅持しなければならない。それは、幹部社員としての役割と責任の根幹にかかわることだからである。

　とくに、架空循環取引に巻き込まれないためには、部下が作成した見積書に押印する段階でどれだけの情報を引き出せるかがポイントとなる。この段階で取引内容を精緻に検証して、不正の気配を察知することが営業幹部社員に求め

330 —第4編　企業内における不正の防止・早期発見のために

られる重要な資質である。部下から、「見積書ひとつにこまごまとしたことを聞く細かい上司」として嫌われても構わない。その評価を「見積段階から商談についていろいろアドバイスをしてくれる上司」へと変化させることが、幹部社員としての力量の発揮どころではないか。

(2) 顧客情報をつかむ

架空循環取引を自ら構築する場合は論外として、いつの間にか、循環取引の輪の中に入っていたという事態に陥らないためには、まず、顧客情報をつかむことが必要である。循環取引の多くは、これまでに取引のなかった会社との取引を、循環取引参加者から斡旋されることにより開始される（販売先である場合もあれば、仕入先を指定されることもある）。

営業幹部社員としては、新たな取引先について、単に信用調査を行うだけでなく、どうして自社との取引を希望しているのかを知らなくてはならない。特に汎用製品、他社製品（他社の開発したソフトウェア）など、他に購入先、販売先が複数存在している場合に、どうして取引先として自社が選定されたのか、取引開始の経緯を納得いくまで部下に問い詰めることが必要である。

取引先の名称、規模だけで、商談を問題ないものと判断してしまうことのリスクは、過去に循環取引で名前が取りざたされた企業のリストを見れば、明らかであろう。

(3) 商談情報をつかむ

取引先の次は商談内容の把握である。

ここでは、まず「エンドユーザー（最終顧客）」の確認が可能かどうかに的を絞りたい。エンドユーザーが明らかにできないような商談は、架空循環取引のリスクが高く、また、架空循環取引でないとしても、いわゆる商社的取引・帳合取引として、売上高総額を計上するのではなく、粗利益相当額である純額による売上計上が不可避であろう。かかる売上計上が、自社の業績貢献に役に立たないことを、営業幹部社員は、知るべきである。

納入すべき製品、納期、エンドユーザー、取引条件、自社が取引に参加する

第1章　社内環境の整備— 331

理由など、部下の説明に十分耳を傾け、不合理な点がないかを吟味したい。

その上で、取引先の担当者の上司のところへ挨拶に出向くことを推奨したい。受注のお礼（取引先が仕入先の場合は納期確認）など、名目はともかく、取引先の担当者が独断で商談を進めていないことを確認するためだけでも、取引先の幹部社員を訪ねるメリットは十分にある。幸い、架空取引や循環取引でないとの確証が得られた場合も、取引先の幹部社員からしてみれば、わざわざ挨拶に来てもらったことを喜びこそすれ、不審に思われることはないはずである。

(4) 部下が入手した書類を検証する

契約書、注文書等を確認する。ポイントは、原紙かファクスや PDF による受領か、正式な契約を証するに値するものか否か、会社印が捺されているか否か、記載内容が具体的か否か、である。ファクスや PDF により、注文書を受領している場合は、必ず原紙を取り寄せるよう、指示したい。

注文内容が「一式」となっている場合には、当然、注文内容の明細が存在しており、しかも発注者と合意がとれていることを確認する必要がある。支払期日や納期、検収条件といった契約の根本部分が「別途ご相談」であったり、初取引なのに「従前通り」であったりするのは、架空循環取引であるか否かにかかわらず、要注意である。

また、書類に「仮」という文字が入っていない注文書（一見すると正式注文書）であっても、特約条項の中で、注文主による発注取消が容認される条項があったり、あるいは、エンドユーザーが発注を取り消した場合に、自社に対する注文も取り消し可能とするような文言が入ったりした特約のある注文書については、その趣旨を部下だけではなく、取引先の幹部社員にも確認する必要がある。

会社印に関しては、実務上、会社印を押さない商慣行がみられるが、新規の取引先であれば、一度は確認したいものである。

(5) 物品受領書、検収書の入手を確認する

顧客が納品された商品を受領したことを示す書類についても、原紙が入手で

きているか否か、社印の押印はあるか否かなど、書類が正式なものであるかどうかを検討する。

物品受領日、検収日は「売上を計上すべき日」を示す日づけであるから、これらが空白のままの書類については、顧客に記入してもらうよう指導すべきであるし、記入しないことが商慣習である顧客（たとえば官公庁）については、顧客に実際に納品した日、顧客から物品受領書、検収書を入手した日を残しておく必要がある。

(6) 請求書の発行を依頼する

請求書の発行及び発送に関しては、営業部門の手を介在せずに、管理部門から顧客担当者へ直接送付できるシステムを採択すべきである。請求書の管理部門における発行は、営業部門における不正の機会を減らすとともに、営業部門の事務作業の合理化にもつながることが期待できる。

営業部門による請求書の発行、あるいは、営業担当者による請求書の取引先への持参といった商慣行が隠れ蓑になって、請求書が偽造・変造されてしまい、結果として、架空循環取引の発覚が遅れたケースは枚挙に暇がない。

(7) 売掛金の回収が終わるまで、営業の仕事は終わらない

たとえば、社外における営業社員研修を受講しているときはさも当然と考えていながら、実務に社に戻ると頭から抜け落ちるのが、この項目である。期末の繁忙期に計上した売上の回収時期は、翌事業年度第1四半期の予算達成を目指している時期と重なる。そこへ人事異動があって担当が変わったりすると、どうしても前期の売掛金の回収状況のフォローが遅れることになる。これは、架空循環取引に限ったことではないが、回収遅延債権への対処はなるべく早期に行うことは、売上計上に関連した不正の早期発見の第一歩である。

この項目がお題目に終わるかどうかは、営業幹部社員の姿勢にかかっている。

(8) 管理部門からの問い合わせには真摯に対応する

営業部門には、売上計上の是非（根拠・証憑書類）、売掛金の回収予定の確認、

回収が滞った売掛金の回収遅延理由と新たな回収予定日の確認など、様々な問い合わせが経理部門をはじめとする管理部門から寄せられる。こうした照会を面倒だから担当者任せにするようでは、営業幹部社員としては失格である。

　なぜ、問い合わせがあったのか。事実はどうなっているのか。幹部社員自ら調査にあたり、担当者へのヒアリング、取引先への照会などを行うとともに、自分自身で、管理部門へ回答することが必要である。

　回答を聞いた管理部門の社員は、その回答に対してさらなる質問をする場合もあろうし、回答自体の誤りを指摘することもあろう。そうしたコミュニケーションを通して、管理部門とのパイプを作っておくことも、営業幹部社員に求められるマネジメントの一つである。

第5節
管理部門による統制

　一方、管理部門の社員が果たすべき役割とは、どのようなものであろうか。営業部門教育によって、架空循環取引のリスク低減は図られているものの、万が一の場合、それを早期に発見するのは管理部門の役割である。

　管理部門においては、少数の担当者が、適正な財務諸表作成のために、多くの営業社員を対象にした様々な確認、問い合わせを行う必要がある。監査において強調される「職業的懐疑心」は、管理部門における日常業務でも必要とされていると考えたい。

1. 与信管理部門の役割

　架空循環取引は、その性格上、これまでに取引関係になかった社との新規取引や同一の顧客に対する多額の売上計上とそれに伴う売掛金残高の増加といった現象を引き起こす。与信管理部門は、こうした現象が発生したときに、営業部門へのヒアリングを中心に情報を集め、それが不正に基づくものであるか、通常の商取引によるものかを判断する責務を負う。

(1) 新規顧客についての信用調査

　架空循環取引に巻き込まれる場合、その販売先とは新規取引であることが多いため、まずは信用調査を行う必要がある。新規取引に際して信用調査を行うことが社内規程により定められていない場合は、早急に規程により明示すべきである。

　信用調査のポイントについては、個々の企業により判断すべき項目は異なるであろうが、与信管理部門という組織として、信用調査報告書の見方・評価に統一感を持たせることが大事である。担当によって、あるいは幹部社員と担当によって評価が分かれるようでは、営業部門の信用は得られない。また、上場

第1章　社内環境の整備— 335

企業だから信用調査を行わないというのが、いかにリスクの大きな選択（賭け）であるかは、昨今の上場企業の有価証券報告書虚偽記載事件を思い起こせば、理解できよう。

なお、新規取引発生時だけではなく、重要な顧客については、年に一度は信用情報を収集するよう、これもできれば規定化したい。同時に、次項に述べるような与信限度額の増額に際しても、信用調査を行うことを明確に規定すべきである。

(2) 与信限度額の設定・限度額の変更

顧客ごとの与信限度額について社内規程がない場合は、早急に規定化を検討したい。そこでは、与信限度額の増額時における申請と承認権限について、明確に定めておく必要がある。

露見した架空循環取引の多くは、期末（半期または四半期を含む）に取引を成立させ、一時的に売掛金残高が膨らむ傾向にある。これを、売上計上前（システムが許すなら受注計上前）に、与信限度額オーバーで売上（または受注）が計上できないようにしておき、与信限度額を超える取引のつど、その取引内容について、営業部門に説明させることにより、取引内容、架空循環取引や帳合取引ではないかといった審査を行い、不正な売上計上を未然に防ぐシステムを構築する必要がある。

なお、いったん与信限度額を増額した後、その増額の原因となった売掛金が回収されていないのに、さらに与信限度額の引き上げ申請が出された場合には、その判断は相当慎重に行われなければならない。一方、与信限度額を増額する原因となった売掛金が回収された後は、原則として、限度額を当初の額まで引き下げる運用とすべきである。

(3) 商談内容の把握

新規取引先の登録、与信限度額の変更に際しては、商談内容の把握が不可欠である。営業部門によってエンドユーザーが明示できないような不透明な取引はもちろん、通常と取引条件の異なる商談であるとの情報を得た場合には、「性

336 —第4編　企業内における不正の防止・早期発見のために

悪説」に立って、商談内容を検討したい。

　また、与信管理部門だけで判断できない場合には、財務（債権管理）部門、法務部門にも検討に加わらせ、多角的な視野からリスクを把握し、営業部門トップ、経営者の判断に資する情報を集めるよう、意識したい。

(4) 与信管理委員会の設置

　本書第1編第3章第6節でとりあげた昭光通商㈱が、東京証券取引所に提出した改善報告書・改善状況報告書には、リスク管理委員会の下部組織として位置づけられていた「債権審議委員会」が実質的に機能しなかったことへの反省から、名称を「グループ与信管理委員会」と改めるとともに社長直轄の会議体とし、開催頻度を年2回から、当面は月次で開催しているとの報告があった。

　とくに与信管理が重要な商社などの業種では、こうした与信管理委員会を設置して、与信に関する判断をひとつのセクションに委ねるのではなく、グループ会社を含む全社横断的な意思決定機関を設け、そこに、必要に応じて外部の専門家を招聘することも考えられよう。

2. 財務（債権管理）部門の役割

　財務部門とくに債権管理部門の役割はさらに重要である。日本システム技術事件の第一審判決で、東京地方裁判所は、財務部門を機能させなかった責任は代表取締役にあると断じたものだが、その一部を引用したい。

> 財務部としては、同事業部が一見合理的な回収遅延理由を説明したり、売掛金残高確認書が存在したとしても、財務部が独自に直接売掛金の存在や遅延理由を確認したり、被告に対する入金額がどの売掛金債権に対するものなのかを確認したりすべきものであった（中略）。
> にもかかわらず、財務部はこれらの措置を採ることを怠り、その結果、本件不正行為の発覚が遅れたことが認められる。

　いかに早期に不正の兆候を読み取るか、ここでも、財務・債権管理担当者の業務内容に即した形で、検討してみたい。

また、企業における内部統制システムの構築・運用においても、「売上」「売掛金」プロセスにおけるリスクに対するもっとも重要な統制も、財務部門における「入金された金額と売掛債権の照合」「売掛金の残高確認」に置かれていることが多いと考えられるため、以下、財務部門債権管理担当者が要求されるスキルと、組織としてあるべき姿について考察する。

(1) 売上計上の適正性確認

もちろん、すべての売上計上についてその適正性のチェックを行うことは物理的に不可能であるため、金額や取引先によって基準を設けることになろうが、期末だけでなく、月次で確認することをルール化したい。具体的には、営業幹部社員の確認すべきポイントでも触れた「物品受領書または検収書」を適正に取得しているかどうかを確認することになるが、その記載内容も含め、管理部門でもチェックする仕組みが必要である。

なお、この適正性確認は、必ずしも財務（債権管理）部門の専決事項とする必要はなく、営業部門から独立したセクション（たとえば業務部）や請求書発行部門が請求書発行に際して確認する仕組みを構築することも考えられる。

(2) 日ごろの取引との整合性に注意

架空循環取引をはじめとする不正な売上計上は、日付にズレを生じることが少なくない。たとえば、通常は毎月20日検収の顧客が、特定の商談においてのみ月末検収であったり、通常の支払日が月末である顧客にもかかわらず、特定の商談の支払いが25日に行われたりするなど、日付のズレは何らかのサインである可能性がある。

また、入金日は同じであっても、特定の商談の売掛金が独立して支払われたり、先方の振込元の銀行が異なったりするケースもある。

あるいは、請求書のあて先や送付のタイミングが通常と異なって指定される場合がある。架空循環取引では、請求書が早い段階で顧客の購買部に送られてしまうと、その時点では、先方における社内処理が完了していないことから、架空循環取引が発覚する恐れがあるため、請求書の発行時期を遅らせたり、あ

338 —第4編　企業内における不正の防止・早期発見のために

て先を購買部ではなく営業部門としたりする場合がある。

さらには、顧客が代金を支払ってくる金融機関、支店名、振込人の名称にも注意を払いたい（代金を回収すればいいというものではない）。架空循環取引では、循環取引ではないように見せかけるため、別の会社が取引介在したように仮装する手口を用い、他社名義での支払いを偽装することも考えられる。こうした場合に齟齬を生じるのが、普段とは異なる金融機関からの支払いであったり、本来は銀行預金の口座名義としては使用できない会社の略称を使用しての振込であったりする。

こうした通常取引との不整合を発見するためには、顧客ごとに債権管理の担当者を決め、毎月の日常業務を通してノウハウを蓄積していく必要があるが、後から不正が発覚したときに、「ああ、そういえば」と後悔しないように、こうした不整合に関してはセンシティブに対応したい。

また、顧客からの入金を「自動照合システム」により処理することも行われているが、そのロジックの中では、ぜひ、こうした入金情報の不整合はアンマッチ・データとして抽出し、担当者がその経験とノウハウをもとに判断する余地を残しておくべきである。

(3) 財務部門の体制

財務部門をはじめ、管理部門のスリム化は、多くの企業にとって当然の要求である。しかし、債権管理業務において欠かすことのできない体制が「ダブルチェック」である。上記の「不整合」についても、担当者一人に任せていると、彼（または彼女）が忙しさのあまり、気づいているのに対応しない（できない）という事態に陥りがちである。そうすると、潜在的リスクは月を追って大きくなり、顕在化したときには取り返しのつかない事態を出来させかねない（架空循環取引も最初のうちに露見していれば、大きな傷にはならないことを想起してほしい）。

債権管理業務を顧客ごとの専任制とした場合に生じる新たなリスクとして、債権管理担当者による、情報の隠蔽リスクがある。自己が担当する顧客について、売掛金回収状況に異変があったときに営業部門に対する問い合わせや上長

第1章　社内環境の整備— 339

への報告を怠ってしまい、あたかも問題がないかのように会計システムのデータ改竄を行うことでその場を取り繕うとするうちに、被害が拡大してしまうケースである。

入金予定の確認業務と実際の入金後の売掛金との突合処理を別の担当者に行わせることは、人員の関係上難しいかもしれないが、ダブルチェックにより、営業部門の売上計上処理の適正性だけでなく、債権管理部門担当者による入金照合や回収確認を相互に牽制することによって、ミスを撲滅するだけでなく、乱れた整合性の発見の機会を増やすとともに、その確認を促すことが可能となる。

(4) 入金内容の確認

架空循環取引が発覚したときに、「今にして思えば」という印象を持つことになりがちなのが、取引先から入金があった際の売掛金との照合手続である。本来入金されるべき売掛債権の一部しか支払いがない場合、あるいは、売上計上の遅い売掛債権の方が先に入金された場合には何らかの不正の予兆を感じられるようでなければならない。

入金金額と売上明細との照合ができない場合は、営業担当者を通じて取引先に照会することになるが、財務部門としては、重要な取引先の支払担当部門（購買部または経理部）に独自のパイプを有しておきたい。事前に支払予定金額と対象となる請求書番号などを情報として得られるよう、取引先と交渉するのは、財務部門幹部社員の重要な役目である。

外部に公表された架空循環取引事件の多くは、財務部門が、営業部門からの報告を鵜呑みにして、その結果、発覚が遅れ、損失も拡大していることを、財務部門の債権管理担当者個々人が十分に理解し、不正の兆候を感じとり、幹部社員を含む組織内で共有して、次の対策につなげることのできる組織を目指したい。

(5) 売掛金残高確認

　会計監査を受けている会社で、売掛金の残高確認を行っていないところはないはずであるが、最近の架空循環取引では、残高確認書の偽造が行われていて、発覚に時間がかかったケースも少なくない。

　残高確認書については、取引先からきちんと回答を回収することが第一であることは言うまでもないが、その差異分析がポイントとなる。当然、会計監査人が納得できるだけの根拠が必要であるが、取引先の担当者との差異分析を営業担当者に任せていたのでは、作業の進捗も思わしくなく、また、差異内容についての吟味という点でも問題がある。先方の買掛金（未払金）残高の明細を、財務部門で直接入手できるような関係を構築して、未計上になっている自社の売掛債権について、その計上根拠を営業部門に問い合わせるという仕組みがないと、会計監査人の指定した納期に作業を終えることすら難しいのではないか。

3. 経理部門 (連結決算担当) の役割

　第三者委員会ドットコム[6] が公開している情報をもとに、各社の適時開示情報を参照しながら、2017 年において設置が公表された調査委員会について、調査の対象となった不祥事を分類したところ、調査委員会の設置を公表した41 社のうち、海外子会社を含む子会社不正（子会社従業員による不正を含む）は、18 件であった[7]。

　内部統制システムが整備された親会社に比して、どうしても管理部門が脆弱な子会社における不正をどのように防止し、早期に発見するかという点については、グループ経営を統括する部門、内部監査部門、法務・審査部門それぞれに役割があるが、ここでは、経理部門、とくに連結決算担当者が、いかに子会

6　http://www.daisanshaiinkai.com/
7　詳細については、Profession Journal:No.252（2018 年 1 月 18 日公開）米澤勝「〔会計不正調査報告書を読む〕【第 68 回】「2017 年における調査委員会設置状況」」を参照されたい。
　https://profession-net.com/professionjournal/financial-statements-article-87/

社における架空売上計上などの会計不正を早期に発見するかという視点から、その役割を検討したい。

ポイントは、子会社のキャッシュ・フロー計算書である。

(1) 子会社のキャッシュ・フロー計算書は作成されていない？

一般に、連結決算におけるキャッシュ・フロー計算書は以下の要領で作成される。

① 親会社主計部門（連結決算担当）は、毎月の期日までに、各子会社から、損益計算書・貸借対照表データを収集する

② 各子会社のデータを親会社のものと合算し、連結消去を行って、連結損益計算書・貸借対照表を作成する

③ 連結損益計算書・貸借対照表をもとに、連結キャッシュ・フロー計算書を作成する

このプロセスでは、連結子会社単体のキャッシュ・フロー計算書は作成されないか、作成されていたとしても、その内容の妥当性が検証されていないことがほとんどであろう。逆に言えば、子会社における粉飾決算（架空売上・在庫の水増しの計上など）については、子会社の月次のキャッシュ・フロー計算書を分析することで、不正の端緒を把握できる可能性があるということであり、月次決算で異常値を把握し、分析を行うことは同時に不正に対する抑止力にもなると言えよう。

(2) キャッシュ・フロー計算書を見れば、架空売上などの不正の兆候は把握できる

以下に示すデータは、いずれも架空循環取引による巨額の架空売上を計上して破綻した会社の損益計算書とキャッシュ・フローの推移をまとめたものである[8]。社名を見ただけで、どのような粉飾が行われていたかを思い出す読者も多いだろう。いずれの会社も、「売上高は大幅に増加」「当期純利益は黒字」という基調を続けながら、「営業キャッシュ・フロー」で巨額のマイナスを計上し

---

8 前川修満『会計士は見た！』（平成27年　文芸春秋）の記載をもとに、作成。

342 —第4編　企業内における不正の防止・早期発見のために

ているという類似点がある。

子会社のキャッシュ・フロー計算書に同じような兆候は現れていないだろうか。それを探るのも、連結決算担当者の重要な役割である。

メディア・リンクス訂正前決算書データ

（単位：百万円）

	2000 年度	2001 年度	2002 年度	
売上高	2,047	6,551	16,863	大幅増
経常利益	29	275	342	
当期純利益	11	123	66	黒字
営業キャッシュ・フロー	▲ 400	▲ 218	▲ 4,474	赤字
投資キャッシュ・フロー	▲ 593	▲ 479	109	
財務キャッシュ・フロー	1,618	254	5,126	

2003 年 11 月、2 回目の不渡手形により倒産。

IXI 訂正前決算書データ

（単位：百万円）

	2003 年度	2004 年度	2005 年度	
売上高	11,346	17,629	40,335	大幅増
経常利益	878	1,389	3,275	
当期純利益	499	784	1,785	黒字
営業キャッシュ・フロー	412	784	▲ 1,370	赤字
投資キャッシュ・フロー	▲ 664	▲ 1,186	▲ 1,547	
財務キャッシュ・フロー	2,370	816	4,592	

2007 年 1 月、民事再生法適用申請。

プロデュース訂正前決算書データ

（単位：百万円）

	2004 年度	2005 年度	2006 年度	
売上高	3,109	5,885	9,704	大幅増
経常利益	212	594	1,205	
当期純利益	107	410	780	黒字
営業キャッシュ・フロー	▲ 142	▲ 681	▲ 967	赤字
投資キャッシュ・フロー	▲ 196	▲ 681	▲ 1,413	
財務キャッシュ・フロー	401	1,885	2,466	

2008 年 9 月、民事再生法適用申請。

第 1 章　社内環境の整備― 343

江守 GHD 訂正前決算書データ

（単位：百万円）

	2011 年度	2012 年度	2013 年度	
売上高	11,5923	140,036	208,926	大幅増
経常利益	2,532	3,005	5,410	
当期純利益	1,689	1,919	3,323	黒字
営業キャッシュ・フロー	▲6,915	▲2,670	▲5,197	赤字
投資キャッシュ・フロー	▲631	▲975	▲330	
財務キャッシュ・フロー	8,875	3,511	12,038	

2015 年 4 月、民事再生法適用申請。

　なお、江守 GHD の事例について、補足説明をしておきたい。2015 年 4 月 30 日、東京地方裁判所に民事再生手続の開始申立てを行い、経営破綻した同社であったが、表向きは、中国子会社の売掛債権の回収可能性及び取引の妥当性に疑義を生じたため、2015 年 3 月期第 3 四半期決算において貸倒引当金約 462 億円を繰り入れて、特別損失に計上したことにより、それまでの好業績が一変、約 234 億円の債務超過に転落したことを理由とするものであった。

　なお、同年 3 月 16 日の記者会見において、会社側は架空売上であったことを否定しており、福井新聞電子版では、記者会見における江守 GHD の説明を以下のように報じていた。

　中国子会社の売り上げの実在性については、仕入れ先と販売先が異なるのが通常の取引だが、実際は最終販売先が仕入先となる「売り戻し取引」があったと説明。子会社の経営トップだった取締役の前総経理（社長）が内部規則に違反し、江守 GHD の承認を得ずに親族会社と取引を行い、本来は仲介手数料のみを純額として計上すべきところを、商品売買のように売り上げなどを計上していたという。ただ、中国との会計制度の違いなどで影響は軽微として「組織ぐるみではなく、調査を通して架空取引や粉飾決算の疑義は晴れた」と結論付けた。

　このように会社側は否定をし続けたわけであるが、決算書データを見る限り、他の架空循環取引による粉飾決算を行ってきた会社との類似性は明らかであろう。

(3) 異常値が現れた場合の手続

　子会社のキャッシュ・フロー計算書に異常値を発見した場合、連結決算担当者は、速やかに上長である経理部門責任者に事情を説明し、対応を協議すべきである。子会社の経理部門の従業員が、親会社から派遣されているような場合であれば、経理部門中心に、当該子会社の財務諸表を検証したうえで、必要に応じて実査を行うということもできるだろうし、海外子会社であれば、現地の監査法人担当者に調査を依頼することとなろう。

　調査の結果、異常値の原因が判明し、不正とは無関係の一時的な変動であれば、とくに問題はないが、何らかの不正が疑われるようであれば、社内調査委員会を設置して、疑惑の解明にあたるべきである。また、子会社のキャッシュ・フロー計算書から不正の兆候を見つけた場合に考えなくてはならないのは、その異常値が特定の子会社に限ったものであるか、他に同様の異常値を示している子会社がないかどうかを、必ず確認することである。

　子会社のキャッシュ・フロー計算書の異常値分析により、不正が見つかった場合であっても、不正ではない一時的な事象であった場合であっても、こうした情報がグループ会社連絡会などの場で公表して、「子会社の決算内容は、損益や予算達成度以外にも細かくチェックしている」ことを子会社の経営陣や経理部門に示すことが、不正の抑止力になることは言うまでもない。

4. 購買部門の役割

　発注をどこの仕入先にするか、発注額はいくらに決定するかといったことは、言うまでもなく、購買部門の専権事項である。しかし、架空循環取引においては、当然のことながら、販売先、仕入先ともに既に決まった商流が出来上がっているため、購買部門に対しては、仕入先を指定し、かつ、仕入金額までも根回しが済んだ状態で、営業部門から発注依頼が行われる。購買部門としては、通常、こうした発注依頼は受け付けるべきではないのであるが、営業部門が仕入先を選定することを一律に禁止するのもまた、実務上は難しいかもしれない。

第1章　社内環境の整備— 345

そこで、営業部門が仕入先を指定して発注依頼を行う場合について、購買部門として確認すべき事項を内規として取り決め、その場合の承認者（通常は購買部長）に対して、詳細を報告して指示を仰ぐよう、業務フローを策定すべきである。

　架空循環取引においては、実際には物は移動しない（または存在しない）ため、注文から納期までが極端に短いことがある。また、本来は取扱いが難しい製品やソフトウェアが発注されるなど、不自然な点を含んだ発注依頼書が出されることもある。希望仕入価格と販売予定価格を試算すると、1%とか3%というように端数なく割り切れるようだと、少なくとも帳合取引を疑ってかかるべきだろう。

5. 内部監査部門の役割と位置づけ

　2017年7月、日本銀行金融情報局金融高度化センターが公表した「金融機関のガバナンス改革：論点整理[9]（以下「論点整理」）」は、日本企業のガバナンスを国際標準のガバナンスと比較して、示唆に富む資料となっている。いくつかの論点があるが、ここでは、内部監査部門の位置づけとその役割について、論点整理の主張を紹介するとともに、既に、その主張を先取りしているいくつかの会社の取組みを検証したい。

(1) 日本独自のガバナンスは監査機能に限界がある

　論点整理は、過去に生じた、山一証券、オリンパス、東芝における不祥事を例に挙げ、監査機能に限界がある「日本独自のガバナンス」を批判している。

- 社内の常勤監査役や社内の監査委員長は、不正会計に関与した元財務責任者であったこと
- 彼らは、社外監査役、社外監査委員に対し不正会計の情報を隠蔽していたこと

9　http://www.boj.or.jp/announcements/release_2017/data/rel170724b1.pdf

● 社長の直属機関である内部監査部門は、不正の事実を知りながら、監査報告書に記載せず、隠蔽に加担していたこと

こうした事例から、社外監査役、社外監査委員は、不正の兆候に気づいたとしても、一人で調査をするか、調査費用を立て替えて外部機関に調査を依頼するしかなく、事実上、調査ができない状況に置かれている。

その結果、「監査役監査は違法性監査など「守り」に重点が置かれ、内部監査も準拠性検査が主体。「攻め」の観点からの経営監査は行われない」というのが、論点整理の主張する、日本独自のガバナンスにおける監査機能の限界である。

こうした論点整理の主張は、オリンパスや東芝における不正会計事件で、社外の目線から経営陣を監視・監督すべき役割を期待されてきた社外取締役などが全く機能せず（経営者によって機能させない仕組みが作り上げられ）、内部告発によってようやく不正会計が白日のもとに曝され、誤った過年度決算書が修正されるという事態に至ったことを想起すれば、首肯せざるを得ないところであろう。

(2) 日本独自ガバナンスの特徴・問題点

次いで、論点整理は、日本独自のガバナンスについて、その特徴と問題点を8項目にまとめている。

---

① 取締役会が、社内取締役を中心に構成されている。
② 取締役会の議長を社長（代表取締役）が務めている。
③ 現社長が、次期社長を実質的に指名している。
④ 常勤・社内監査役が、実質的に監査役会を取り仕切っている。
⑤ 監査役は内部監査部門への指揮権を有していない。
⑥ 監査役には十分なスタッフが与えられていない。
⑦ 内部監査部門が経営者の指揮命令下に置かれている。
⑧ 内部監査部門に専門職（プロフェッショナル）がいない。

本項との関連で取り上げておきたいのは、⑤から⑧の指摘である。多くの上場会社では、内部監査部門は、社長または取締役会の直轄組織となっており、監査役と内部監査部門の連携は十分とは言えない。そのため、監査役には社内

の情報を収集し、監査役監査業務を支えるスタッフが不足している。

また、内部監査部門の人員も、専門職というよりは、人事ローテーションにしたがって配属される社員が多く、監査スキルが十分でないことから、不正の存在に気づかないことも考えられる。

(3) 誤った3線モデル、正しい3線モデル

論点整理では、3線モデルとして紹介されているガバナンス体制は、スリー・ライン・ディフェンスと呼ばれることも多いリスクコントロールの仕組みであり、業務執行部門、リスク管理部門及び内部監査部門のそれぞれが個別に不祥事を防止する体制を言い、、これに基づき組織体制を整備するのが一般的である。

しかし、論点整理は、この点でも日本の3線モデルには誤りがあると指摘している。

まず、日本独自のガバナンス：誤った3線モデルとは、以下の体制である。

【図表4－1－2】日本独自のガバナンス：誤った3線モデル

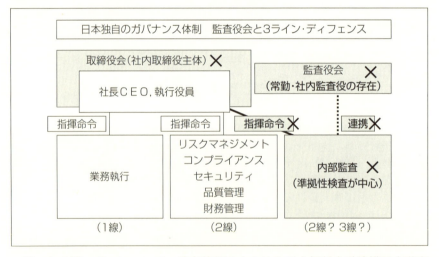

誤った3線モデルについて、論点整理をまとめた日本銀行金融機構局金融高度化センターの企画役である碓井茂樹氏は、次のように説明している。

- 日本は、監査役制度を採用し続けたため、独立社外取締役の選任が遅れ、国際標準の「3線」モデルを正しく構築できなかった。
- このため、「攻め」、「守り」の両面で、経営者・執行サイドに対するチェック・アンド・バランスが十分に機能していない。
- それが、①経営者の不作為によるビジネスモデルの再構築の遅れや、②不十分なリスクマネジメントによる多額の損失発生に繋がり、③損失や不祥事の隠ぺいなどを抑止することができていない構造的な要因となっている。

それでは、論点整理が主張する国際標準のガバナンスとはどのような体制を意味するのか。論点整理から引用したい。

【図表4－1－3】 国際標準のガバナンス：正しい3線モデル

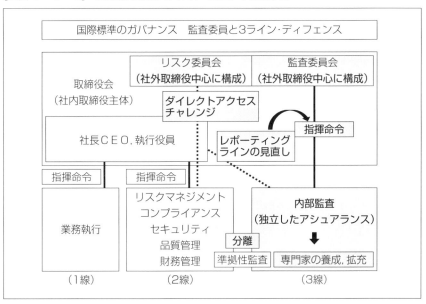

(4) 内部監査部門の位置づけの変化

　論点整理の対象はあくまで金融機関であるが、こうした批判を先取りする形で組織を改編していたのが、東芝である。もともと委員会設置会社であり、コーポレート・ガバナンスのお手本とも評された同社であったが、2015 年に発覚した不正会計問題では、同社の監査委員会委員長に前 CFO が就任していたことをはじめ、社外取締役を機能させない運用がされていたことが問題として指摘されていた。

　2016 年 3 月 15 日、東芝が公表した「改善計画・状況報告書[10]」では、不正会計により既存したコーポレート・ガバナンスを再構築するための取組みが詳細に説明されているが、その中に、論点整理の主張を先取りした項目があるので、引用しておきたい。

　(a)　**内部監査部の独立性の担保**（改善計画・状況報告書 40 頁）
　　内部監査機能を執行側から切り離し、監査委員会の直轄組織として内部監査部を新設しました。
　　また、内部監査部の独立性強化の一環として、これまで監査委員会は、経営監査部長の人事について事前説明を受けるのみでしたが、今後は、監査委員会が内部監査部の部長の移動に関する請求権及び同意権を有することとします。

　その後、同様の動きも徐々に広がっている。

　大阪に本社を置くゲームソフトメーカーである㈱カプコンの有価証券報告書には、同社のコーポレート・ガバナンス体制図に続いて、監査等委員会と内部監査部門との関係について、次のような記述が見られる（下線は引用者による。カプコン平成 29 年 3 月期有価証券報告書 36 頁）。

10　https://www.toshiba.co.jp/about/ir/jp/news/20160315_3.pdf

350 —第 4 編　企業内における不正の防止・早期発見のために

> キ　監査等委員会の職務を補助すべき従業員に関する体制、当該従業員
> 　の取締役からの独立性に関する体制および当該従業員に対する指示の
> 　実効性の確保に関する体制
> 　　監査等委員会は、監査方針に基づき取締役や従業員の業務執行の監査
> を行い、必要に応じて監査指摘事項の提出や是正勧告、助言を行うなど、
> 内部統制が有効に機能するよう努めております。このため、監査等委員
> 会の職務が円滑かつ適正に遂行できるよう、監査等委員会直轄組織の内
> 部監査本部等を設置しており、19 名の専従スタッフが監査等委員である
> 取締役の指示による補助業務の任に当たっているほか、当該従業員の異
> 動については、監査等委員会の同意を得るようにしております。

　もうひとつ、同じく大阪市に本店を置く化学製品メーカーであるステラケミ
ファ㈱の有価証券報告書から、同社の内部管理部門の位置づけを見ておきたい
（下線は引用者による。ステラケミファ平成 29 年 3 月期有価証券報告書 44 頁）。

> (2)　内部監査および監査等委員会監査の状況
> 　　（中略）内部監査を担当する部門として、当社に内部監査部（2 名）お
> よび主たる子会社であるブルーエキスプレス株式会社に内部統制室を設
> 置しています。当社内部監査部は、組織上独立した監査等委員会直属の
> 機関とし、当社ならびに関係会社の制度、組織、業務および経営活動に
> 対する監査、監査等委員会事務局等の業務を担っています。
> 　　監査等委員会、内部監査部および会計監査人である監査法人は、三者
> もしくは二者で定期的に会合を持ち、積極的な意見および情報交換を行
> うことで連携を図り、内部監査機能が十分に希望するよう努めています。

　12 名で構成される取締役会の半数である 6 名の社外取締役を置き、内部監
査部門の専任スタッフも 19 人と充実しているカプコン。かたや、ステラケミ
ファは監査等委員である社外取締役を 2 名、内部監査部門の人員も 2 名と、い
わば必要最小限の監査体制である。業種も異なり、監査にあたる人的リソース
も異なる両社が、それぞれ、監査等委員会の直属組織として内部監査部門を再
編したことは非常に興味深い。

第 1 章　社内環境の整備― 351

6. 会計監査人のローテーション制度

　東芝の不正会計事件が発覚したときに問題視された事態の一つが、同社が長年にわたって有限責任法人新日本監査法人（以下「新日本監査法人」）を会計監査人として選任してきたことにより、被監査会社と監査法人の間でもたれ合いや癒着を生じ、会計監査が甘くなっていたのではないかというものがあった。会計監査人が変わっていれば、会計不正につながるような経理処理は許されず、不正は早期に発見されて、自浄能力により修正され、正しい財務諸表が開示されていたのではないかという問題的である。

　それを一歩進めたのは、会計監査人を定期的に変える「ローテーション制度」の導入論議である。本項では、「会計監査の在り方に関する懇談会」による提言とそれを受けて金融庁が公表した「監査法人のローテーション制度に関する第一次調査報告」の内容を検討したうえで、日本企業が会計監査人を変更することが非常に少ない現状について分析するとともに、架空循環取引などの不正会計を防止し、早期に発見するための会計監査人のローテーション制度について、検討したい。

（1）会計監査の在り方に関する懇談会による提言

　金融庁は、2016年3月8日、「会計監査の在り方に関する懇談会（以下「懇談会」）」による提言[11]を公表した。序文では、これまで会計監査の充実に向けて累次の取組みを行ってきたにもかかわらず、「最近の不正会計事案などを契機として、あらためて会計監査の信頼性が問われている」と現状を分析したうえで、「会計監査をとりまく環境の変化や最近の不正会計事案の要因等を踏まえ、会計監査の信頼性を確保するために必要な取組みについて」提言をまとめたものであることが説明されている。では、会計監査人のローテーション制度について、懇談会はどのような提言をまとめているのか、その内容を見ておきたい。

11　https://www.fsa.go.jp/news/27/singi/20160308-1/01.pdf

352 —第4編　企業内における不正の防止・早期発見のために

まず、問題点として、東芝の不正会計事件を念頭に次のような指摘を紹介している。

> 最近の不正会計事案においても、長期間にわたって同じ企業やその子会社の監査を担当した者が監査チームの中心となっていたことにより、企業側の説明や提出資料に対して職業的懐疑心に基づく検証が十分に実施できなかったことが、不正会計を見逃した一因として指摘されている。

そのうえで、「監査法人の独立性の確保」という観点から、EUでは、平成28年6月から、上場企業等に対する同一の監査法人等による監査期間は最長10年で強制的に交代させるローテーション制度が導入されることを挙げ、「我が国においても有力な選択肢の一つであると考えられる」としている。

一方、監査法人のローテーション制度に対する否定的な見解として、

● 監査人の知識・経験の蓄積が中断されることにより監査品質が低下する恐れがあること
● 大手監査法人の数が限られている監査市場の現状を踏まえると、当該制度の円滑な導入・実施は現時点では困難である

といった指摘が紹介された後、「監査法人のローテーション制度の導入に伴うメリット・デメリットや、制度を導入した際に実効性を確保するための方策等について、金融庁において、深度ある調査・分析がなされるべきである」と懇談会では結論を出さずに、金融庁に検討を委ねて、提言としている。

(2) 監査法人のローテーション制度に関する第一次調査報告

懇談会による提言を受けて、2017年7月20日、金融庁は、「監査法人のローテーション制度に関する調査報告（第一次報告）」を公表[12]する。第一次報告のまとめでは、東芝の不正会計事件を分析した結果として、2006年以降、監査法人の強制ローテーション制度に代わって強化・推進がなされてきたパートナーローテーション制度（業務執行社員（パートナー）が継続的に同じ被監査企業の会計監査に従事できる期間に上限を設け、これを強制的に交代させる制

---

12 https://www.fsa.go.jp/news/29/sonota/20170712_auditfirmrotation.html

度をいう）について、次のように総括がなされている。

　特に、東芝事案では、同一監査法人（前身の監査法人を含む。）が約47年間、個人事務所の時期を含めると約63年間にわたり同社の会計監査を実施しており、同社のガバナンスへの過信や、監査手続の前例踏襲、過去の監査従事者の判断への過信などから職業的懐疑心を鈍らせることとなり、結果として、監査チームは不正を見抜くために有効な会計監査を実施することができなかった。
　東芝事案においては、制度強化後のパートナーローテーションが実施されていたが、事案の発生原因・要因を踏まえると、パートナーローテーションは制度導入時に期待された「新たな視点での会計監査」という観点からは、結果として十分にその効果を発揮するものとしては機能しなかったと考えられる。

　監査法人が変更されていない上場会社は何も東芝に限ったことではない。第一次報告でも引用されている青山学院大学大学院の町田祥弘教授の論文「監査規制をめぐる新たな動向と課題——監査事務所の強制的交代の問題を中心として[13]」によれば、監査契約の固定化として、2010年度の上場企業のうち、1980年に存在した784社のうち62.50%（中央青山監査法人のデータを除くと78.7%）が30年間にわたり、同じ監査法人によって監査を受けているという。そして、日本の上場企業における監査法人の交代の特徴として、監査法人の交代によって、監査報酬はむしろ下がる傾向にあること、つまり、監査法人の交代に伴うコストは、監査法人間の価格競争の激化を理由に、監査報酬に反映されていないことを挙げている。

　第一次報告は結びにおいて、今後の進め方を次のようにまとめている。

　欧州における監査法人の強制ローテーション制度導入の効果等を注視するとともに、我が国において、監査法人、企業、機関投資家、関係団体、有識者など会計監査関係者からのヒアリング等の調査を行い、監査法人の強制ローテーション制度の導入に関する論点についての分析・検討を進めていくことが考えられる。

13　会計・監査ジャーナル№.725（2015年12月号）86頁以下

(3) 進む4大監査法人による寡占化

　懇談会で指摘された、監査法人の強制ローテーション制度の導入が難しい理由の一つである大手監査法人による寡占化について、現状を分析したい。参考にするのは、金融ジャーナリストの伊藤歩氏が、2017年4月に東洋経済オンラインに寄稿した『独自集計!「監査法人売上高」ランキング』[14] である。

　売上高ランキングを見てわかるのは、4大監査法人と言いながら、3位のあずさ監査法人と4位のPwCあらた監査法人では、売上だけで倍以上の格差があること、さらに5位以下のいわゆる準大手監査法人になると、Pwcあらた監査法人の6分の1から10分の1の規模でしかないことである。

　そして、記事によれば、4大監査法人の市場占有率は88%、これに準大手を含めた上位10事務所の市場占有率は93%に達しているということである。

　準大手監査法人では再編が盛んであり、明治監査法人、アーク監査法人に聖橋監査法人が合併して明治アーク監査法人となり、この記事が出された後の10月には、売上高ランキング5位の太陽監査法人と8位の優成監査法人が2018年7月を目途に合併することが公表されている。

14　https://toyokeizai.net/articles/-/169545

【図表 4 － 1 － 4】監査法人売上高ランキング

監査法人売上高ランキング

(単位：百万円)

	法人名称	売上高	提携ファーム
1	新日本	106,482	Ernst &Young
2	トーマツ	96,478	Deloitte
3	あずさ	89,895	KPMG
4	PwC あらた	37,032	PwC
5	太陽	6,090	Grand Thorntoin
6	PwC 京都	3,942	PwC
7	東陽	3,901	BDO International
8	優成	2,397	Crowe Horwath
9	三優	2,227	BDO International
10	仰星	2,191	Nexia International

出所：前掲記事より筆者作成

　言うまでもなく、大規模な上場会社の会計監査人に就任できるのは、大手監査法人に限られる。これは、「人的リソースの問題」と「海外大手ファームとの提携の問題」を同時に解決できるのは大手監査法人だからである。その一方、大企業になればなるほど、会計監査人とは異なる監査法人の傘下にあるコンサルティング会社と契約をしている可能性も高く（東芝がトーマツの系列のコンサルティング会社からアドバイスを受けていたことを想起されたい）、こうした監査市場の現状を見れば、全く利益相反のない大手監査法人が存在しない場合も考えられ、確かに、4大監査法人による市場の独占状態が、監査法人の強制ローテーション制度の導入にあたって、最も高いハードルになりそうである。

(4) 2016 年中における会計監査人の交代企業

　2016（平成 28）は、東芝の不正会計事件に伴い、新日本監査法人が行政処分を受けたことから、どのくらいの数の上場企業が、新日本監査法人との監査契約を更新せずに、他の会計監査人を選任するかに注目が集まった年度でもあった。

実際に新日本監査法人から別の監査法人へと契約を変更した上場会社は 42 社であった。以下では、T&A master 編集部による「平成 28 年中における会計監査人の交代企業一覧」[15] をもとに、筆者が集計を行った会計監査人の交代実績について分析を試みたい。

　まず、新たに就任した被監査会社が増加した監査法人のトップは、明治アーク監査法人である。これは前項でも述べた通り、明治監査法人とアーク監査法人が合併して、そこに聖橋監査法人も加わったという特殊事情によるものであり、実際には、新日本監査法人を除く大手監査法人への契約変更が多くされていることがわかる。

就任監査法人上位 5 法人

監査法人名	社数
明治アーク監査法人	23
あずさ監査法人	17
PwC あらた監査法人	17
監査法人トーマツ	9
清陽監査法人	6
東陽監査法人	6

退任監査法人上位 5 法人

監査法人名	社数
新日本監査法人	42
監査法人トーマツ	15
アーク監査法人	14
あずさ監査法人	10
聖橋監査法人	8

　一方、42 社の被監査会社を失った新日本監査法人であるが、その契約変更先の監査法人はと言えば、やはり大手監査法人が 28 社と 3 分の 2 を占めており、やはり大手監査法人の受け皿は別の大手監査法人であることがわかる。

15　T&A master №676、2017 年 1 月 30 日号

新日本監査法人から交代

監査法人名	社数
あずさ監査法人	13
PwC あらた監査法人	11
監査法人トーマツ	4
準大手監査法人	6
その他	8
合　計	42

　次いで、開示された「交代理由」を集計してみたところ、以下の通りとなった。

異動理由	社数	構成比（%）
契約任期満了	85	59.4%
監査法人の合併	28	19.6%
監査契約の解除	22	15.4%
会計監査人のローテーション	3	2.1%
上場会社監査事務所名簿登録取消等	3	2.1%
その他	2	1.4%
合　計	143	100.0%

　筆者が注目したのは、「会計監査人のローテーション」を理由に監査法人を変更した上場会社が3社あったことで、さっそく、それぞれの会社の適時開示から、詳細な会計監査人の交代理由を見ておきたい（なお、以下の記載は会計監査人交代のリリースを公表した順である）。

① ㈱サンゲツ（東証・名証1部）2016年3月11日 [16]

　リリースでは、交代理由として次のように説明したうえで、監査法人トーマツから PwC あらた監査法人への変更を表明している。

> 　当社は監査等委員会が「会計監査人の選解任及び不再任等の議案決定権行使に関する方針」において会計監査人の在任期間を原則最大10年とすることを定めたことに伴い、会計監査人を見直すことといたしました。

16　http://pdf.irpocket.com/C8130/DZbR/z911/e0xG.pdf

② 日本通信㈱（東証 1 部）2016 年 5 月 13 日 [17]

リリースにある「異動に至った理由及び経緯」について引用する。

> 当社は、企業と監査法人とは一定の緊張関係を持ち続けることが重要であるという観点から、本来であればグローバルスタンダードである 5 年から 7 年を目処に監査法人の交代を行うことが適切であると考えています。しかしながら、適格な監査法人及び公認会計士の数が不足している日本においては、その通りに実践することは難しいのが現状です。しかし、どんなに長くても 9 年を超えることは異常な状況であると考えており、従って、当社は、過年度においても 9 年を上限に監査法人の交代を行ってきました。

③ マニー㈱（東証 1 部）2016 年 10 月 20 日 [18]

リリースでは、交代理由として次のように説明したうえで、新日本監査法人からあずさ監査法人への異動を公表している。

> 当社は、会計監査人との間で適切な緊張関係を維持しつつ、財務報告において客観性を担保するため、原則 5 年（ただし、特別な事情がある場合は 7 年）を超えて同一の会計監査人を再任しないこととしております。現会計監査人の監査継続年数が 5 年を経過したため、他の複数の監査法人を対象に選考し、相互評価を行った結果、会計監査人としての規模、経験等の職務遂行能力及び独立性、専門性等を総合的に勘案し、適任であると判断したためであります。

(5) 会計監査人のローテーション制度の導入は可能か

会計監査人の強制ローテーション制度の導入については、2006 年、オリンパス事件を契機に検討されたことがあったが、このときには、「日本が諸外国に率先して導入する」ことに対する強い抵抗があったため、金融庁は、パートナーローテーション制度を強化して、推進してきた経緯があった。

今回は、既に EU において強制ローテーション制度が導入され、日本の上場

---

17 http://www.j-com.co.jp/ir/pdf/press_160513b.pdf
18 http://v4.eir-parts.net/v4Contents/View.aspx?cat=tdnet&sid=1407834

会社においても、数は少ないながらも、会計監査人の在任期間に自主的に制限を設ける動きも出てきたことから、導入の機運は高まってきているのではないかと思われる。問題は、強制ローテーション制度導入によって、上場会社がその負担増（会計監査人の変更に伴うコストアップと経理部門における作業の増加）を勘案しても、ローテーションを行うべきだというインセンティブをどのように与えるかであろう。

　会計監査人の強制ローテーション制度の導入については、金融庁による検討結果を待たざるを得ないところであるが、不正会計の予防、早期発見という見地からは、ローテーション制度の導入が望ましいことは言うまでもない。

【本章のまとめ】

① 　従業員教育はともすれば観念的なものになりがちであるが、実効性のある従業員教育のためには、具体的な事例に基づき、従業員個々人が自分の周囲の問題に気づくことができるようなプログラムが必要である。

② 　架空循環取引の抑止、早期発見においては、営業幹部社員及び債権管理担当者の役割が大きいため、「どういった事象を発見した場合に不正の予兆を疑うか」について、具体的なイメージを持たせることが肝要である。

③ 　与信限度額管理については、社内規程を整備し、これを遵守することにより、架空循環取引を発生させない仕組みを作ることにつなげる。

④ 　架空循環取引が長期間発見されなかった場合には、取引加担者の個人的資質の問題というよりは、組織の風土に原因があると考えられるため、経営者、組織のトップが率先垂範して意識改革を行い、それを浸透させることが求められる。

⑤ 　不正防止、早期発見といった観点から、内部監査部門を社長直轄の組織としておくのがいいのか、監査委員会（監査等委員会）の直轄組織とすべきなのか、会計監査人の強制ローテーション制度の導入の是非など、新たな論点について、自社でも検討する必要があろう。

---

360 —第4編　企業内における不正の防止・早期発見のために

第2章
循環取引の発見

　本章では、会計監査において、果たして架空循環取引を発見することができるかどうかがテーマとなる。ここでいう会計監査を実施する主体は、公認会計士や監査法人が選任される外部監査人であるか、会社内部の内部監査人であるか、あるいは監査役であるかを問わない。第1編で述べたように、架空循環取引は不正会計の応用問題であり、粉飾の完全犯罪が成り立つ可能性がある以上、伝統的な会計監査手続を駆使したとしても、架空循環取引を網羅的に発見することができるかどうかは保証の限りではない。しかしながら、第1編第3章で見た多くの事例において現れるように、架空循環取引といえども、何らかの兆候を示していることがある。したがって監査人は、その職業的懐疑心を発揮して、監査計画策定段階で循環取引発生リスクを評価し、その評価結果を前提としながら、循環取引発生の兆候を見逃さない態度・姿勢を貫き、監査を実施することが求められるのである。

第1節
循環取引発見のための監査人のアプローチ

1. 会計監査の固有の限界と監査人の責任

　監査人は、会計監査の目的達成のため、自ら監査証拠を入手する。監査証拠の多くは文書の形をとるが、文書そのものが偽造、故意に記録、意図的な不実表示をされた場合、監査人がそれを信じ、結果的に架空循環取引等の重要な虚偽表示を発見できない恐れがある。不正行為者はその不正をより巧妙に隠蔽しようとするため、不正による虚偽表示を発見できないリスクは、誤謬による虚偽表示を発見できないリスクよりも当然高くなる。さらに、不正行為の隠蔽が共謀を伴っている場合、発見がより困難となる。なぜなら、共謀関係の存在は、監査証拠が実際には虚偽であるのに、説得力があると監査人が考えてしまう要因となるからである。共謀相手先が作成した証憑書類等は、その内容が仮に実態のない架空のものであってもそれが虚偽のものであることを判断するのは事実上不可能である。日本公認会計士協会は平成 18 年 10 月 24 日、監査基準委員会報告書第 35 号「財務諸表の監査における不正への対応」（以下「35 号報告書」）を公表しているが、その中で、監査人が重要な虚偽表示を発見できない恐れを監査の固有の限界と呼んでいる。

　そもそも監査人の責任は、不正によるか誤謬によるかを問わず、全体としての財務諸表に重大な虚偽表示がないことについて合理的な保証を得ることにある。しかしながら、上述したように、監査には固有の限界があり、すべての取引を精査するわけではなく、また会計処理自体が様々な判断に基づくものであるし、監査人が入手する監査証拠はすべてが絶対的なものではなく、相当程度の心証を得るものに過ぎない。それゆえ 35 号報告書では、監査人が重要な虚偽表示を発見することについて絶対的な保証を得ることは不可能である点を強調している。

362 —第4編　企業内における不正の防止・早期発見のために

2. 職業的懐疑心

35号報告書は、その第23項で、監査人の職業的懐疑心について、「監査人は、職業的懐疑心を保持し、財務諸表に重要な虚偽の表示を生じさせる状況が存在する可能性があることを認識して、監査計画を策定し監査を実施する。(中略)職業的懐疑心を保持することは、監査証拠を鵜呑みにせず批判的に評価する姿勢を伴う。また、入手した情報と監査証拠が、不正による重要な虚偽の表示が存在する可能性を示唆していないかどうか継続的に疑問をもつことを求める。」と述べている。従って監査人は、経営者、取締役及び監査役等の信頼性もしくは誠実性に関する監査人の過去の知見や経験にとらわれることなく、またマンネリ監査に陥ることなく、不正による重要な虚偽表示が行われる可能性を常に意識し、監査の全工程を通じて、このような職業的懐疑心を堅持することが求められているのである。

3. 監査チーム内の検討

外部監査人による財務諸表監査は通常、対象会社ごとの監査チームによって実施される。35号報告書は、監査開始前に、監査チームが、財務諸表に不正による重要な虚偽の表示が行われる可能性があるかどうかについて討議しなければならないとしている[19]。監査チームは、対象事業年度の監査のキックオフ・ミーティングなどで、監査法人の関与社員や主任公認会計士が、会社の置かれている状況等からどのような分野で不正が起こりやすいと考えられるのか、発生しやすい不正の手口は何か、それは循環取引か等の見解を示し、それに沿っていろいろな角度から具体的にディスカッションすることになる。循環取引の発生可能性を念頭に入れ、35号報告書第30項に列挙された監査チーム内の討

19　35号報告書第27項

議内容を具体的に示すと以下の通りとなる[20]。

監査チーム内の検討内容

- 循環取引の結果、財務諸表のどこにどのように不正による重要な虚偽表示が行われる可能性があるのか、どのように経営者が循環取引を行いこれを隠蔽することが可能かどうかについての意見交換
- 循環取引によって利益調整を示唆する状況及び利益調整のために経営者が採用する手法の検討
- 循環取引に繋がる可能性のある動機・プレッシャー、機会、姿勢・正当化に関する企業の外部及び内部要因の検討
- 棚卸資産の保全手続についての経営者の姿勢の検討
- 経営者または従業員の不自然な、または説明のつかない行動または生活様式の変化の検討
- 循環取引による重要な虚偽の表示が行われる可能性に対し、監査の全過程を通じて、職業的懐疑心を保持することの重要性の強調
- 循環取引による重要な虚偽の表示の兆候を示す状況に遭遇した場合は、その状況の検討
- 実施する監査手続、その実施の時期及び範囲に、企業が想定していない要素をどのように組み込むかの検討
- 循環取引による重要な虚偽の表示が行われる可能性に対応して実施する監査手続が他の監査手続よりも有効であるかどうかの検討
- 監査人が知りえた循環取引の通報ないし告発の検討
- 経営者による内部統制無視のリスクの検討

　なお、監査チームのメンバーが多い場合にはコミュニケーション不足が問題となりがちであるが、上記のようなディスカッションにより情報が共有化され、効率的・効果的な不正への対応を行うことができる。

20　35号報告書第30項

364 —第4編　企業内における不正の防止・早期発見のために

第2節
循環取引発生リスク

1. 監査対象会社に対する理解の向上

　監査人は、企業及び企業環境を理解するため、リスク評価手続を実施する必要がある[21]。監査人は、リスク評価手続の一環として不正による重要な虚偽表示のリスクの識別のための情報を入手するため、経営者等に質問を行う[22]。もちろん、経営者不正について経営者に直接質問しても意味はないが、社内の各方面へ幅広く質問することにより、経営者がどういう倫理観を持っているのか、不正の動機やプレッシャーがありそうか、不正に対してどのような対応をしているかなどを把握することができるので、その結果を経営者との質疑で得られた情報と照らし合わせ、総合的にリスクを評価していくことが可能となる。同じ監査相手先企業でも、本社と工場、あるいは営業部門と経理部門では、同じ質問に対する回答でも異なる視点を提供したり、回答内容自体に大きな隔たりを感じさせる場合がある。通常監査人が接触しないような部署で不正リスクに関する質問をすると、思いがけない興味深い結果が得られることもあるかも知れない。特に、不正リスクについて内部監査担当者の見解を聴取することは極めて有益である。

2. 不正リスク要因の検討

　循環取引は、通常隠蔽されるためその発見は困難であるが、監査人は、企業及び企業環境を理解し、経営者及び従業員を循環取引へと導く不正リスク要因

21　35号報告書第33項
22　35号報告書第34項

の存在を識別する必要がある。ここでいう不正リスク要因[23]とは、不正に関与しようとする動機やプレッシャーの存在、あるいは不正を実行する機会を与えたりする事象や状況の存在をいう。もちろん、不正リスク要因の存在、即、不正の発生を示す訳ではないが、不正が起きているときには不正リスク要因が存在していることが多いのも事実である。

以下では35号の付録1を参考に、循環取引発生のリスク要因について、不正のトライアングル（第1編第2章参照）でいう3つの要素に分類し例示してみる（循環取引のリスク要因の一部は、会計不正一般に見られるものも当てはまるので、当該要因については、35号の付録1の記述をそのまま引用している）。

循環取引による虚偽の財務報告に発展する可能性のある要因の例示

（1）動機・プレッシャー

① 財務的安定性または収益性が、企業の属する産業または企業の事業環境により脅かされている。
- 利益の減少を招くような過度の競争がある。または市場が飽和状態にある。
- 利益が計上されている、または利益が増加しているにもかかわらず、営業活動によるキャッシュ・フローが経常的にマイナスとなっていたり、営業活動からキャッシュ・フローを生み出すことができない。
- 同業他社と比較した場合、急激な成長または異常な高収益が見られる。

② 経営者が、次のような第三者からの期待または要求に応えなければならない過大なプレッシャーを受けている。
- 経営者の非常に楽観的なプレス・リリースなどにより、証券アナリスト、投資家、大口債券者またはその他外部者が企業の収益力や継続的な成長について過度のまたは非現実的な期待を持っている。
- 主要な研究開発や資本的支出のために行う資金調達など、競争力を維持するために追加借入やエクイティ・ファイナンスを必要としている。

23　35号報告書第48項

366 —第4編　企業内における不正の防止・早期発見のために

●取引所の上場基準、債務の返済またはその他借入に係る制限条項に十分対応できない（基準等を達成できない恐れあり）。

③　企業の業績が、次のような関係や取引によって、経営者または監査役等の個人財産に悪影響を及ぼす可能性がある。
●経営者の報酬の大部分が、株価、経営成績、財政状態またはキャッシュ・フローに関する目標の達成に左右される賞与やストック・オプションなどで構成されている
●企業の債務を個人的に保証している。

④　経営者や営業担当者が、取締役会などが掲げた売上や収益などの財務目標を達成するために、過大なプレッシャーを受けている。
●対売上予算比 200％ 超達成等、経営者や営業担当者による財務目標の達成割合が異常に高い。
●事業の失敗を許容しない風土がある。

（2）機会

①　企業が属する産業や企業の特殊事情が、次のような要因により循環取引に関わる機会をもたらしている。
●業界内に仲介取引（介入取引）、例えば帳合取引（水産業等）あるいは業者間転売取引（石油業）等の慣行がある。
●通常の取引過程から外れた重要な関連当事者との取引、または監査を受けていない、もしくは他の監査人が監査する重要な関連当事者との取引が存在する。
●仕入先や得意先等に不適切な条件を強制できるような財務上・取引慣行上の強力な影響力を有している。
●競合関係にある同業他社との取引が多い。
●仕入先と得意先が入れ替わることがある。
●明確な事業上の合理性があるとは考えられない取引の仲介者を利用している。

②　経営者の監視が、次のような状況により不十分となっている。
●取締役ないし経営者の担当範囲が縦割りで、他部門の事業に全く関心がない。
●本業とは異なるノンコア事業部門あるいは子会社が存在し、一種治外法権を有し、全社の管理体制から見てブラックボックスとなっている。
●特定部門における人事が固定化し、同一人物が当該部門の長として君

臨している体制が長期間継続している。
- 内部監査部門と監査役会及び監査役の連携が不十分である。

③　組織構造が、次のような状況により複雑または不安定となっている。
- 企業を支配している組織等の識別が困難である。
- 異例な法的実体または権限系統となっているなど、極めて複雑な組織構造である。
- 経営者または監査役等が頻繁に交代している。

④　内部統制が、次のような要因により不備を有している。
- 内部統制に対して十分な監視活動が行われていない。
- 売上債権の与信限度枠が遵守されていない。
- 組織内に、収益認識基準の無視ないし軽視が見られる。
- 営業部門に比べ、管理部門の権限が制限されている。

(3) 姿勢・正当化
- 経営者が、経営理念や企業倫理の伝達・実践を効果的に行っていない。または不適切な経営理念や企業倫理が伝達されている。
- 過去において法令等に関する違反があった。または不正や法令等に関する違反により企業、経営者もしくは監査役会等が損害賠償請求を受けた事実がある。
- 経営者が株価や利益傾向を維持したり、増大させることに過剰な関心を示している。
- 経営者が投資家、債権者その他の第三者に積極的または非現実的な業績の達成を確約している。
- 経営者が内部統制における重大な欠陥を発見しても適時に是正しない。
- 経営者・営業担当者のモラルが低い。

　上述した循環取引の不正リスク要因のリストについて、数多くの項目が該当する場合は監査上循環取引のリスクの発生可能性が相当程度高いものとして、十分注意しなければならない。

368 —第4編　企業内における不正の防止・早期発見のために

第3節
不正リスクの識別・評価

1. リスク評価の単位及び主体

　不正リスクの評価は、経営組織の階層ごとに実施されるが、循環取引のリスクは特に、販売取引といった業務プロセスのレベル、あるいは収益という重要な勘定科目レベルのリスクであり、さらに事業所単位または事業単位、あるいは個別の業務プロセスごとに評価されなければならない。

　循環取引に代表される不正リスク評価の第一義的責任を負うのは経営者であるが、その評価者には業務プロセスの責任者または当該業務プロセスやその管理活動に関する十分な知見を有する者、もしくは影響力を有する者を含める必要がある。経営者は、社内のあらゆるリソースから適材適所の人材を集め、評価チームを組成しなければならない。リスク評価チームのメンバー（社内及び社外を問わない）に求められる知識・経験には以下のようなものがある[24]。

- 経理・財務をはじめとする財務報告プロセスや内部統制
- 販売プロセスや購買プロセスにおける日常業務、業界の慣行
- リスク管理
- 法務及びコンプライアンス
- 内部監査

他方、監査役及び監査役会は、経営者による循環取引リスクの評価プロセスをレビューし、取締役の行動を監視することで、循環取引の予防に向け、積極的な役割を果たすことが期待される。内部監査部門も当然、リスク評価そのものをサポートし、日常的なモニタリング活動を通じ、必要な牽制を行うととも

24　不正リスク管理実務ガイド検討委員会編『企業不正防止対策ガイド』（平成21年　日本公認会計士協会出版局）129頁参照

第2章　循環取引の発見— 369

に、その発見について重要な機能を果たすことになる。

2. 内部統制評価制度における評価範囲決定の留意点

(1) 全社的な内部統制／決算・財務報告プロセスの評価範囲

　わが国の内部統制評価制度では、経営者の内部統制の有効性の評価に当たり、財務報告に対する金額的及び質的影響の重要性を考慮する（「財務報告に係る内部統制の評価及び監査に関する実施基準」。以下「実施基準」）必要がある。実施基準では、全社的な内部統制については、例えば売上高で全体の95%に入らないような連結子会社は僅少なものとして評価範囲から除外するという取扱いが示されている。また、決算・財務報告プロセスのうち、全社的な観点で評価することが適切と考えられるものの評価範囲は、上記の全社的な内部統制の範囲と基本的に一致することとなる。

(2) その他の業務プロセスの評価範囲

　その他の業務プロセスは、事業目的に大きく関わる勘定科目と、個別に評価対象に追加すべき重要性の大きいプロセスで、評価範囲の選定方法が異なることになる。

① 事業目的に大きく関わる勘定科目の評価範囲

a. 重要な事業拠点の選定プロセス

　実施基準では、事業目的に大きく関わる勘定科目を評価するため重要な事業拠点を選定する場合、売上高等の重要性により決定するとしており、例えば、本社を含む各事業拠点の売上高等の金額の高いものから合算していき、連結ベースの売上高等の一定割合に達するまでの事業拠点を評価対象と定めている。ここでいう一定割合とは、全社的な内部統制の評価が良好であれば、連結ベースの売上高等の概ね3分の2程度とされている。

　2011年3月の実施基準改定前は、当該3分の2基準により、循環取引を引き起こしてしまうような事業拠点が、結果的に内部統制評価の範囲から除外さ

れてしまうリスクが指摘されていた。すなわち、循環取引は、連結企業グループの中で本業とは異なる比較的ニッチな部門、子会社等で起きている事例が少なくないからである。改定前は、いったん評価範囲に含めないと決定された部門、子会社の不正発生リスクは、内部統制評価制度では永久に蚊帳の外となってしまい、統制のブラックボックスが生じることとなっていた。

　これに関し、改定後の実施基準では、ある事業拠点の統制のブラックボックス化を回避し、かつ評価手続の簡素化を図る観点より、以下の要件を充足した場合には、過去の内部統制報告制度の整備運用の実績に従い、特定の事業拠点をその事業年度の評価範囲としないことができるとした。

- 当該事業拠点が前年度に重要な事業拠点として評価範囲に入っていること
- 前年度の当該拠点に係る内部統制の評価結果が有効であること
- 当該拠点の内部統制の整備状況に重要な変更がないこと
- 重要な事業拠点の中でも、グループ内での中核会社でないことなど特に重要な事業拠点でないことを確認できること

　上記要件の設定により、実施基準で例示されている一定割合である「連結ベースの売上高等の概ね3分の2」という比率を相当程度下回ることもあり得るとされた。なお、実施基準の解釈により、評価対象とされなかった重要な拠点は、翌事業年度は評価範囲に含まれることになので、一定の要件を充足した重要事業拠点でも2年に1度は評価範囲に含めることに留意が必要である。このように、現行の実施基準では、統制のブラックボックス化の回避と統制の評価手続の簡素化が図られている。

b.　評価対象とする業務プロセスの識別

　選定された重要な事業拠点における、企業の事業目的に大きく関わる勘定科目に至る業務プロセスは、原則として、すべてを評価対象とする必要がある。一般的には売上、売掛金及び棚卸資産は不可欠なものとして例示されているが、循環取引のリスクを考慮した場合、この3つの勘定科目を除外することができないのはいうまでもない。

　なお、実施基準では、重要な事業拠点が行う重要な事業または業務との関連性が低く、財務報告に対する影響の重要性も低い業務プロセスについては、対

象としないことができるとしている。その判断基準として、例えば、売上を「企業の事業目的に大きく関わる勘定科目」としている場合、売上に至る業務プロセスの金額を合計しても連結売上高の概ね5%程度以下となる業務プロセスを対象から外す取扱いが認められている。また、当該5%の取扱いについては、実質的に判断して機械的に適用すべきでないことが述べられている。

② 個別に評価対象に追加すべき重要性の高いプロセス

実施基準によれば、財務報告への影響を勘案して個別に評価対象に追加すべき重要性の高いプロセスについては、以下のような視点で選定することが定められている。

- リスクが大きい取引を行っている事業または業務に係る業務プロセス
- 見積りや経営者による予測を伴う重要な勘定科目に係る業務プロセス
- 非定型・不規則な取引など虚偽記載が発生するリスクが高いものとして、特に留意すべき業務プロセス

なお、追加的に評価対象に含める場合、財務報告への影響を勘案して事業または業務の全体でなく、特定の取引または事象（あるいは、その中の特定の主要な業務プロセス）のみを評価対象に含めれば足りるとされている。

3. 不正リスク要因の有無

以下では第1編第3章での実例を基に、循環取引を示す何らかの兆候の存在が指摘されている場合、それを循環取引発生のリスクがある状態、ないし発生の恐れのある状況として例示する。

- 社内（あるいは連結グループ内）で本業とは異なる異業種部門（あるいは子会社）において、通常考えられる以上に収益が拡大し、それが相当期間継続しているような場合。
- 収益目標の達成が、特定部門の責任者・管理者にとって、高額な給与やボーナス獲得の相当のインセンティブとなっている場合。
- 社内の異業種部門（あるいは異業種のグループ会社）は、社内（あるいは連結グループ内）の管理面のブラックボックスとなってしまっているか、

さらに、同部門あるいは子会社が社内（グループ内）で聖域化、治外法権化し、外部が口を挟めないような状態になっている場合。

● 当該事業部門の責任者・管理者は、個性が強く、やり手で、外部の干渉に対し聞く耳を持たないような人物である場合。

● 当該事業部門の責任者・管理者について人事の滞留が起きている場合。

4. 不正リスクの優先順付け

　本編第1章の冒頭で述べたように、循環取引のリスクも他の不正スキームのリスク同様、リスクの発生可能性と、リスクが顕在化した場合の重大性の2つの指標で評価され、リスクへの社内対応の優先順位付けが行われる。既に述べたように、循環取引は、発生可能性は相対的に低い（業種によっては必ずしもそうではない）が、リスクが顕在化したときの重大性は、不正リスクの中でも最大級である。ここで注意すべきは、発生可能性は評価者の過去の経験に基づく主観的評価の域を出ないということであり、過去の経験通りにリスクが発生するという「独りよがりの思い込み」が評価者の目を暗くし、社内で秘密裏に進行している重大な変化を捉えられないという事態もありうるので注意が必要である。

　以下の【図表4－2－1】は、循環取引の事例ではないが、従業員の資産横領等の不正リスクについて、影響度及び発生可能性の2つの指標でリスクを定量化した例である。

【図表4−2−1】不正リスクマップの例

No.	識別された不正の類型	不正発生部門	過去における発生の有無	影響度（10段階）	発生可能性（5段階）	識別された統制活動	内部統制の参照番号
1	架空の仕入先への支払い	購買部門	あり	7	4	① 適切な職務分掌 ② 仕入先マスターファイルのレビューと注文書の照合。 ③ 購買システムが、最近取引のない仕入先を識別し、仕入先マスターから除外する。 ④ 購買要求部門において適切に承認された取引かつ正確なデータであるかを確認する。	×××
2	仕入先への二重払い	購買部門	あり	7	4	① 適切な職務分掌 ② 未払計上額は、証憑書類によってサポートされ、支払い前に適切に承認される。 ③ 潜在的な二重払いを毎日観察報告する制度がある。 ④ 購買システム上、単一の請求書から二重の仕訳計上が拒絶される。	×××
3	仕入先への過払い	購買部門	あり	6	4	① 注文書、請求書及び領収書の瑕疵について日ごとに調査される。 ② （社内の）出荷指示の瑕疵について、承認される。 ③ 仕入先からの請求明細が、買掛金元帳と照合される。 ④ 購買要求部門において適切に承認された取引かつ正確なデータであるかを確認する。	×××

【出典】Kmart Holdings;Audit Director Roundtable Research を参考に筆者が作成

5. 不正リスクへの対応戦略

　会社経営を脅かすリスクへの対応には、リスクの評価に基づき、一般に以下【図表4−2−2】のようなリスク対応戦略が求められる。そこで、循環取引によるリスクについて、発生可能性と影響度の2つの指標で評価し、以下のマトリックスにマッピングし、検討する。

【図表4－2－2】不正リスクマップ

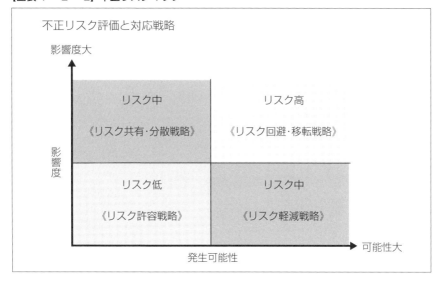

(1) リスク回避・移転戦略

　影響が重大であり、発生可能性が相対的に高い場合は、兎に角会社からリスクを取り除くことが戦略上求められることになる。したがって、例えばリスク部門からの完全な撤退であり、これには同部門の廃業や、第三者への売却等がある。あるいは、部門のグループからの切り離しまで至らなくても、循環取引に繋がる可能性のある取引を社内から徹底的に排除する措置、例えば仲介取引（介入取引）の絶対的な禁止や、疑念のある相手先との契約の解除が採りうる選択肢となる。

(2) リスク軽減戦略

　循環取引の発生を発見・防止するための統制活動であり、具体的には下記第3節参照。

(3) リスク共有・分散戦略

　ここでいう、リスク共有・分散戦略とは、最初のリスク回避・移転オプショ

ンのようにリスクを社外（連結グループ外）に押し出す、といったようなことをせず、社内（グループ内）に止めリスクを共有するものの、例えば損失発生に備え保険を掛けるといった他の手段によりリスク・ヘッジを図るものをいう。しかしながら、循環取引のリスクは実際問題として分散化できるような性質のものではない。

(4) リスク許容戦略

これはリスクをそのまま受容して何もしないという戦略であるが、循環取引は発生した場合のインパクトが大きいので、到底採りうる戦略ではない。

したがって、循環取引発生リスクには、リスク回避・移転戦略及びリスク軽減のための統制手続導入以外ありえないことが分かる。

6. 不正に関するモニタリング

(1) モニタリングの主体

「第1節　統制環境の整備」で述べたように、モニタリング活動の主体は内部監査部門であることは論を待たないが、その活動は、循環取引を予防する仕組みに対する独立した評価の手続と、通常の反復的な業務活動に組み込まれた日常のモニタリング活動から構成される。経営者は、業務プロセスの責任者とともに、モニタリング活動に積極的に関与する必要がある。監査役及び監査役会も取締役の監視活動を通じ、モニタリング活動を監督する義務を負う。

(2) 循環取引に関するモニタリング項目

① 収益認識基準の遵守

既に述べたように、循環取引に関しては特に収益認識基準の厳格な遵守にコントロールの中心が置かれることとなる。したがってそのモニタリング活動の具体的中身は、「第3説　統制活動」と同じであるため、ここでは記載を省略する。

376 —第4編　企業内における不正の防止・早期発見のために

② 対価の妥当性

　循環取引に関するモニタリングのもう一つの柱は対価の妥当性の問題である。循環取引は必ず外部の第三者との間で共謀関係が認められる不正であり、そこで用いられる取引価格には恣意性が入り込み、経済合理性が乏しく、客観的な価値とはかけ離れたものとなっている可能性が高い。

　また、循環取引の対象として無形資産が対象となる場合があるが、ソフトウエアやライセンスなどの無形資産は、概念的に把握できてもその価値の測定は、「有形」資産に比べ困難が伴う。例えば、ソフトウェアの開発コストが問題となっている場合であれば、当該コストは開発作業の積上げ原価から構成されるのが一般的であり、そこでの開発作業は、得意先からの受注に基づくシステム開発計画や作業スケジュールに従って実施されるのが通常であるから、結果としての積上げ原価方式による評価額の合理性を判定するのは比較的容易である。他方、パッケージソフト化された販売用ソフトウェアやパテントの使用許諾に代表されるライセンス使用料については、あらかじめ不特定多数に供与することを前提としているため、一般に、その取引価額の合理性を判定することが難しい。これは例えば、事業上のノウハウやコンサルティング契約の場合も同様である。

　したがって、販売対象物品及びサービスの内容の確認と併せ、取引価額の合理性について多面的に検証することが必要となろう。

a. 分析的な検証

　社内のモニタリング活動では、一般に、対象取引の価額の合理性をすべて検証するのは不可能であり、網羅性・効率性の観点から、まず始めに分析的手法を用いるのが有用である。分析的手続の実施により、異常取引の兆候を発見する可能性があるからである。

　それでは、分析的手続とはどのように行われるのか？　ここでまず考えられる分析的手続には、個々の商品や製品ごと、あるいはサービスの形態ごとの比較がある。比較対象には、取引価額や取引単価の時系列的な推移比較や計画値・予算値との比較、もしくは取引先ごとの取引価額や取引単価の比較が挙げられる。比較の結果簡単には説明のできない著しい増減が認められた場合、その原

因についてさらに詳細な検証を行うことになる。

　また、分析の過程において、計上時期の連続性がなく、かつ取引金額の大きい取引には注意が必要である。さらに、決算日の直前・直後の金額的に重要な取引は特に注意しなければならない。決算期末に目標未達の営業担当者が押し込み販売をする可能性もあり、翌期首に当該押し込み対象物を買い戻し（返品処理）することもあるからである。なお、押し込み販売の場合、対象物が物品の場合は実際に出荷されない場合があるので、期末の実地棚卸において預り在庫、未出荷在庫として問題がクローズアップされる場合もある。

　さて、各取引のマージンの水準を比較することも、取引価額の検証には欠かせない。他の類似取引に比べ、著しく異なるマージンを計上している取引については、当該取引の内容を十分検証する必要がある。

　なお、取引の代理人として仲介を目的とする取引については、特に注意を払う必要がある。仲介取引は、そもそも在庫リスクを抱える通常の購買取引とは異なり、調達金利及び保管料などの諸経費等の取引コストが少なくて済み、その結果販売マージンで回収しなければならない割合が小さいことから、粗利率は非常に低い水準となりやすいが、ここでは当該仲介取引における自社の役割を十分検証する必要がある。取引の全体における自社の役割が相対的に低い場合、取引高全体を売上と認識するのは不合理であり、取引の代理人としての役割に終始する以上、あくまでマージン部分のみを売上として表示すべきであろう。

b.　無形資産の評価アプローチ

　無形資産価値の妥当性を評価するに当たり、企業価値評価等で一般的に用いられている下記の３つの方法が考えられる。ただし、不正取引の特定作業において、下記のような評価アプローチを形式的に適用することは、かえって取引実態と乖離してしまう可能性があるため、採用する方法が、取引実態と整合しているか否かを慎重に見極めた上で３つの手法を選択適用すべきであり、さらに、安易に単一の手法に全面的に依拠するのではなく、取引価額の合理性を多面的に検討すべきとしている。

●インカムアプローチ

　インカムアプローチとは、資産や企業の価値を、将来の一連の予想経済利益

を適切な割引率または資本還元率によって現在価値に割り引いて算定する方法である。無形資産の場合、当該資産を活用して得られた収益の現在価値をもって評価する方法であり、最も代表的なものとしてディスカウント・キャッシュ・フロー法があり、その他、超過収益力法やバランスシート法などがある。

● コストアプローチ

コストアプローチは、現時点で資産等を再調達する場合に必要なコストの総額である。無形資産の場合、その開発に要するコストを別途支出すると仮定し、同コストを支出することにより同じ経済的寄与をもたらす資産が複製できると考えられる場合に、当該支出見込みコストを資産の価値とする考え方である。例えば、再現性の高いソフトウェア等の評価には比較的適しているといわれている。

● マーケットアプローチ

マーケットアプローチは評価対象の資産に類似した資産の取引実勢価格を市場調査し、当該実勢価格で評価する方法である。この方法は、類似の取引事例が存在することが絶対の条件となる。

③ モニタリングチェックリスト

以下では、循環取引のリスクが識別される場合の一般的なモニタリング項目を列挙する。

a. 統制環境について

● 対象部門は、連結グループの他部門との関連性・同質性はあるか？
● 対象部門の最近の業績は急激に拡大していないか？
● 対象部門の責任者・営業担当者の報酬は業績連動型になっているか？
● 対象部門の責任者・営業担当者の人事は固定化されていないか？

b. リスク評価について

● 対象部門の不正発生リスクは適正に識別され・評価されているか？
● 上記で識別・評価されたリスクの対応策は適切かつ必要十分か？

c. 業務プロセスについて

個別の業務プロセスは、取引実態の有無、収益認識基準の遵守及び対価の妥当性という観点からモニターすることになるが、具体的には以下のような内容

となろう。

- 販売取引相手先の与信審査は適切に実施されているか？
- 取引内容は、会社や取引相手先（仕入先・得意先）の事業との関連性が認められるか？
- 販売取引相手先からの注文書・発注書の存在が合理的に推定できる場合、当該書類はあるか？
- 販売取引相手先に交付する見積書・注文請書の存在が合理的に推定できる場合、当該書類の控えはあるか？
- 注文書・発注書、及び見積書・注文請書の記載が「○○一式」「△月分」等あいまいな表現となっていないか？
- 書面による契約書締結が商習慣上不可欠で、当該契約書がない場合、その理由について合理性はあるか？
- 書面による契約書がある場合、その取引条件等について、社会通念上著しく有利または不利となっていないか？
- ソフトウェアに関する取引について、対象となるライセンスまたはソフトウェアは存在するか？
- 商社的に販売取引に介入する場合、当該取引への介入の目的には合理性があるか？　そこでの仲介者の果たす機能は明確か？
- 販売取引のエンドユーザーは特定されているか？エンドユーザーが特定できない理由は合理的か？
- エンドユーザーが特定されている場合、当該エンドユーザーへの販売取引対象物の引渡しの事実を表す検収書・物品受領書等の証憑は入手しているか？
- 上記エンドユーザーの検収書・物品受領書等の証憑書類の記載内容は適切か？
- エンドユーザーでなく、直接の販売相手先発行の検収書・物品受領書をもって、販売対象物等のエンドユーザーへの引渡しの事実を表す証拠としていないか？
- 取引内容と比較して対価に合理性はあるか？　また、スルー取引の場合、

取引仲介者として、粗利（マージン）に合理性はあるか？

●スルー取引でない場合、販売対象物に何らかの付加価値を付与する活動を示す、その他の証拠書類は存在するか？

第4節
循環取引に見るリスク対応手続

1. 全般的な対応

　監査人は、まず第一に、財務諸表全体のレベルの不正による重要な虚偽表示のリスクに応じた全般的な対応の決定を行い、次に財務諸表項目レベルの不正による重要な虚偽表示のリスクに応じたリスク対応手続を立案し、実施することになる[25]。ここでいうリスク対応手続には、経営者による内部統制無視のリスクへの対応も含まれる。

　最初の、財務諸表全体のレベルにおける、循環取引等の不正による重要な虚偽表示のリスクへの対応について監査人は、以下の3つの事項を考慮しなければならない[26]。

- 監査チームのメンバーの配置と指導方針
- 企業が採用している会計方針
- 実施する監査手続、その実施の時期及び範囲への企業が想定しない要素の取り込み

　すなわち監査人は、全般的な対応の決定において、まずリスクがありそうな状況であればそれに対応するチーム編成を行うことが要求され、また（表示方法も含めた）会計方針の選択・適用に不審な点がないかどうかについて留意しなければならない。ここでいう「企業が想定しない要素の取り込み」とは、あくまで全般的な対応を決定する際に考慮しなければならない項目ということであり、監査人の決定如何では、対象会社の状況から見ても必ずしもそこまで手続を行う必要はないという結論になる場合もありうることを意味する。35号

25　35号報告書第61項
26　35号報告書第66項

報告書第69項は、監査手続の選択適用の具体例として、重要性やリスクの観点から通常は選択しない勘定残高や経営者の主張（アサーション）について実証手続を実施すること、想定される監査手続の実施時期を変更すること、異なるサンプリング手法を使用すること、異なる事業所または予告しない事業所で監査手続を実施する等を列挙している。監査人は、要は、状況に応じて弾力的に手続を選択適用することが求められるのであり、そこにあるのはマンネリ監査に対する戒めであって、不正行為者が監査の盲点をつくことに対する警鐘を鳴らしているのである。

　このような定型化されていない監査手法の採用は、その判断が難しいだけでなく、監査時間の増加に結びつくため、被監査会社からの抵抗や関係悪化も十分予想される。しかしながら、不正による重要な虚偽表示のリスクが高いケースにおいては、たとえ監査実施上の様々な問題が想定される場合であっても、被監査会社の理解を求めつつ、強い信念に基づきある種変則的な監査手法を実行せざるを得ないこともある。この場合予想される問題点を最小限に食い止めるため、監査チームの責任者自身がこれらの問題の対処に深くかかわることが不可欠であろう。

　なお、第69項の例示列挙の最後に示されている「異なる事業所又は予告しない事業所で監査手続を実施する」は注意が必要である。確かにこのような抜き打ち監査は、監査人が対象部門に対し相当高い監査リスクを認識している場合であって、通常通り往査場所や監査手続を事前告知してしまうと不正実行者による証拠捏造、隠滅、改竄等の行為が予想されるため、そのような自体を回避する目的で行われると解される。しかしながら、会社外部の監査人が実務上そこまで行うことが可能なのか、仮に真実は不正が全くない場合であっても、抜き打ち監査による企業活動へのマイナスの影響が予想されれば、当然対象部門は、抜き打ち監査への抵抗、非協力、忌避等の行動を採ることも考えられる。したがってこの場合、外部監査人による単独の抜き打ち監査は適切ではなく、例えば、監査役や内部監査部門と協力し、共同で抜き打ち監査を実施する等の工夫が不可欠であろう（後述）。

第2章　循環取引の発見— 383

2. 経営者による内部統制無視のリスクと対応監査手続

　経営者は、直接的または間接的に会計記録を改竄し、不正な財務諸表を作成できる立場にある場合が多く、また一定の地位にある経営者は、例えば取引を仮装または隠蔽することを部下に指示することによって、本来従業員による不正を防止するように設計された統制手続を簡単に無視することができる。循環取引の場合でいえば、経営者による与信限度額の無視、社内規定に反する介入取引の実行、社内審査を経ない購入販売取引の相手先の指定等が考えられる。このような経営者不正は、地道に会計帳簿や証憑書類をチェックするといった、伝統的なボトムアップ型の監査アプローチだけではその発見は困難である。むしろ、監査人が経営者に直接面談して接触を深め、経営者の考え方等の感触を得ることによって不正の兆候を嗅ぎ取るような、いわばトップダウン・アプローチのほうが有効である。さらに、このようなアプローチは、経営者の人となりを見る十分な鑑識眼を持ち、監査経験が豊富で被監査会社に対する見識の深い監査責任者が直接関与することが望ましいといえる。

　35号報告書第76項は、経営者による内部統制無視のリスクに対処するため、以下の3つの監査手続を立案すべきとしている。

　① 　総勘定元帳に記録された仕訳や決算プロセスにおける修正についての適切性の検証

　② 　会計上の見積りに関し、不正による重要な虚偽の表示に繋がる偏った傾向があるかどうかの検討

　③ 　企業の通常の事業活動の範囲を超えた重要な取引、または企業及び企業環境に関する監査人の理解に基づけば通例でないと判断される重要な取引に係る事業上の合理性の理解

第5節
循環取引の兆候とその対応

繰返しとなるが、架空循環取引の発生事例において実際に見られた兆候には以下のものがあった（第1編第3章参照）。

1. 与信枠への抵触

循環取引は循環の環に参加する各社のマージンが次々と上乗せされていくため、取引価格は必ず上昇していく。したがって、循環対象物が循環取引の結果社内に戻ってきた場合、以前は与信枠内であった売上金額が、今回はそれを越えてしまうこともありうる。ここでの循環取引首謀者の対応は2種類に分かれると考えられる。

(1) 与信枠の無視

まず最初は、第1編第3章で取り上げたKJ社の事例のように、与信枠に抵触してもそれを社内でゴリ押しして通してしまうという方法である。KJ社の事例では、循環取引首謀者は、社内の追及を巧妙な説明でかわし、与信枠抵触を認めさせてしまっている。この背景としては、循環取引首謀者が、社内での発言権が強く、他部門の介入を許さない絶対的な体制を構築していたという事情があった。これを管理部門の立場から見れば、折角架空循環取引の尻尾を捕まえていたのに、社内の権威を楯に逃げられてしまったということになるだろうか？　おそらく管理部門の担当者としては、事件発覚後、社内の力学に挑む勇気が足りなかったと自責の念に囚われたのではなかろうか？

他方監査人はどのような対応を採るべきであろうか？　最初に理解することは、与信枠がどのように設定されたかであろう。当然相手先の信用力を調査・測定し、それに見合った合理的な限度額を設けているであろうから、それに抵触しても取引を実行しているということは、よほどの事情が背後にあるはずと

第2章　循環取引の発見— 385

考えるのが通常である。その特殊事情とは何なのか、担当者に質問し、その回答が合理的かどうか慎重に判断すべきである。

(2) 取引の分割

循環取引首謀者が、与信枠への抵触という問題に直面した場合のもう一つの対応には、取引の分割という妙手がある。架空循環取引はそもそも実態がないので、取引の分割は容易であるし、そうなると与信枠の問題はクリアされるので、架空循環取引という不適切取引を判別するということは困難となってしまう。

この場合監査人の対応としては、例えば営業担当者別に見た場合に与信枠スレスレの金額の売上が異常に多いとか、（取引分割の結果）取扱件数がある時期に異常に膨らんでいる等の現象等を観察し、そこから詳細に検討すべき取引を絞り込み、与信枠の問題以外の例えば現物が会社を経由しない介入取引[27] が他の担当者より突出しているなどといった様々な現象を捉え、監査人の職業的懐疑心を発揮して総合的に検証するというようなアプローチが考えられる。

2. 異常な収益の拡大

ここでいう「異常な」収益の拡大とは、経済情勢や景気の動向、あるいは特定製品の流行や業界のトレンドといった外部環境と全く符合しない、特定部門ないし特定製品・サービスの不合理な収益拡大をいい、例えば売上の伸び率が対前年比200％以上であるとか、売上目標達成率が対予算比で同じく200％以上というような極めて非現実的なものをいう。特に売上予算達成比が100％を大きく上回るというのは、そもそも売上予算はどのように策定・編成されるのかを考えれば、その異常性は当然目に付くはずである。

この場合の監査人の対応も、上記1.（2）同様、営業担当者別に売上の伸び

27　介入取引かどうかは、(i) 販売対象物が物理的に社内を経由しない。(ii) 仕入と売上の計上がほぼ同時、(iii) 売り先と買い先が転換することがある、(IV) 販売マージンが限りなく低い等の条件から容易に推定できる。

386 —第4編　企業内における不正の防止・早期発見のために

率を比較し、他の営業担当と比較して突出していないか、予算達成率はどのくらいか？　値引・返品率はどうか？　また、介入取引に関与しているか？　等々の様々な現象を捉え（後述）、職業的懐疑心を持ち総合的に検証する必要がある。

3.　在庫の急激な拡大

　そもそも循環取引は販売対象物品が架空の場合が多く、したがって仮に期末の帳簿在庫に残高があっても現物が存在しないため、実地棚卸によって架空在庫が発覚する可能性がある。架空循環取引首謀者は当然、そのような事態を避けるため、期末日、あるいは期末日に実地棚卸を行わない場合の当該実地棚卸日に循環取引対象物が帳簿在庫として計上されないように画策するはずである。特に循環取引参加企業の決算日が異なる場合、どの循環取引参加企業の決算日にも引っ掛からないように販売対象物品を循環させることは可能であるし、第1編第1章で取り上げたようなかつての繊維業界では、「決算対策」と称してメーカー、商社及び小売の間で在庫品を循環させていた。

　このように架空在庫の存在を「決算対策」によって隠蔽されてしまうと、その発見は困難を極めるが、第1編第3章で取り上げた事例のように、循環取引の共謀先との関係が一枚岩ではないような場合、循環取引以外の様々な過去の不適切な在庫処理の累積により、相当の架空在庫が滞留してしまったケースもある。この会社の事例では帳簿上転々と在庫を移動させて、実地棚卸外しともいえる隠蔽工作を行っており、監査役及び内部監査室長が、後一歩の追及で不正の事実を突き止めることができた事例であった（後述）。ここでの教訓は、「相当程度の確率で疑わしい」場合、監査担当者は、妥協することなく徹底して調査する姿勢であり、担当者のその場限りの曖昧な説明に納得せず、粘り強く矛盾点を追求していく態度が必要ということであろう。

第6節
財務諸表項目の監査手続と事例分析

　そもそも会計監査は、一般に公正妥当と認められる監査基準において勘定科目ごとに詳細な手続が定められているため、以下では、循環取引に関連する3つの勘定科目、すなわち売上高、売上債権及び棚卸資産それぞれについて監査上の留意点について検討する。しかしながら、個々の議論に入る前に留意すべきは、（上述したように）循環取引首謀者は、なるべく循環取引の「足跡」を社内に残さないようにするため、決算期末日に循環取引に係る売掛金残高や棚卸資産残高が存在する様な状況にはしないだろうし、また後述するような売掛金の残高確認の基準日や棚卸資産の実地棚卸日が決算日と異なる場合においてもそのような日に循環取引に関する勘定残高を残さないように画策するであろうということである。残高がない以上、確認手続や実地棚卸をいくら厳格に実施してもそこからは何ら異常が見つからないのは自明である。その場合は、唯一売上に関する監査手続のみが循環取引発見の手段となる。以下では、循環取引の監査手続として最初に実施すべき売上高からスタートし、その後、実証的に確かめるべき、売上債権及び棚卸資産の監査手続について述べる。

1. 売上高の監査手続

　売上高は、後述する売掛金や棚卸資産とは異なり分析的手続が中心となる。このことは、売上高の監査手続を実施することで直接的に循環取引を発見することは期待できないが、売上高に循環取引が含まれる可能性及び架空取引の兆候を識別することに主眼が置かれていることを意味する。本稿では、事業別セグメント別、地域別、あるいは製品別、得意先別といった、ある程度細分化された一定期間の売上高及び売上総利益率の傾向（トレンド）分析と、介入取引として識別された個別取引のサンプルの詳細な検討に分けて実施される。

(1) 売上高の傾向（トレンド）分析

　循環取引の兆候の第一には、何といっても予想を超えた急激な収益の拡大が挙げられる。したがって、上記第2節2. で検討した不正リスク要因で列挙した項目に該当する場合、循環取引発生のリスクが高いと考え、一定期間の全体としての売上高及び売上総利益率を事業別セグメント別、地域別、あるいは製品別、得意先別等の様々な切り口で出来る限り細かく分類し、それぞれについて、以下の比較を行う。

① 対前期比較・対前年同月比比較

② 月次推移比較

③ 予算実績比較

④ 同業他社との比較

　それぞれの指標において著しい変化が見られた場合には、その理由について会社に質問し、その合理性について検討する。ここでの留意点はあくまでその異常性の識別に主眼があり、その意味で循環取引の監査手続の入り口といえるものである。

(2) 個別サンプル取引の監査手続

　最初に検討すべきは、いわゆる介入取引の有無であり、以下の特徴から典型的な介入取引のサンプルを抽出し、その正当性について個別に検討する。

> ＜循環取引抽出のためのキー＞
> ●仕入と売上高の計上のタイミングが同時か、あるいは異常に短い
> ●物品等の物理的な移動がないか、得意先への引渡行為なし
> ●シンボリックで利幅の薄い売上総利益率
> ●売上計上金額が比較的丸い数字
> ●販売対象物が「○○一式」等のあいまいな表記

　これらに該当する介入取引が識別された場合の次のステップは極めてシンプルである。すなわち、当該介入取引は実在性があるか、エンドユーザーは存在するかの2点の確認である。この2点について問題ない場合であっても、収益

第2章　循環取引の発見— 389

金額の測定の問題が残っている。すなわち、第1編で述べたように、当該介入取引があくまで主体取引に対する代理人としての機能を果たしているに過ぎないのかどうかの検討である。ここで代理人としての取引と判定される場合は、その収益金額として測定されるのはあくまで手数料部分の純額のみである。

2. 売掛金の監査手続とその限界

(1) 残高確認手続の有用性

仮に架空売上を計上しても、複式簿記の原理により売掛金が計上されることになり、架空である以上、現金による代金の回収がなされないため、売掛金が滞留化し、社内で問題となりやすい。したがって、滞留債権に至る時間的経過を無視すれば架空売上の発見は比較的容易であるといえるし、売掛金の回収期日到来前であっても、取引相手先に残高確認を行うことにより、先方が債務として認識していない売掛債権であれば、その判別は困難ではない。一般に、売掛金の残高確認は、売掛金計上会社の影響力の及ばない第三者から、最も証拠力の強い監査証拠(外部証拠)を入手することができる監査の実証的手続であって、残高確認なしには売掛金の監査手続はありえないとさえいえる。もちろんその有効性の前提には、販売取引相手先が自らの真正な情報を提供して始めて成り立つという他律性があるが、販売契約の完全な履行に向け、契約当事者が、信義則に基づき相互に協力するという暗黙の了解があると解される。

ところが、最近、売掛金の残高確認手続の有効性を揺るがすような事件が起きている。以下は、循環取引事例ではないが、監査法人による残高確認手続を全く無効にするような犯罪行為が行われていた事例である。

●㈱シニアコミュニケーション
外部調査委員会調査報告書(平成22年6月4日)

(不正首謀者である)U氏は、この監査法人の行う残高確認の手続において、

平成 17 年 3 月期決算においては、監査法人が残高確認状を取引先に直接郵送した後、架空売上計上が行われていた取引先に対して、W 氏（筆者注：不正取引に関与させられた社員）や営業担当者に、「監査法人から残高確認状が届くが、記入金額に誤謬があったため、開封せず直接 SC 社に返送して欲しい」旨の電話連絡することを依頼した。

U 氏は、取引先から返送されてきた残高確認状に、会計監査上問題とならないような回答記入を行い、偽造した取引先の担当者印又は代表印を捺印して、X 氏（筆者注：不正取引に関与させられた社員）に命じて、消印が取引先住所地管轄郵便局となるよう、取引先の住所地近くのポストまで出向かせ、監査法人宛残高確認状の返信郵便の投函を行わせた。

平成 18 年 3 月期以降は、U 氏は、監査法人の担当公認会計士が郵便ポストに投函した残高確認状を直接的に詐取する事を X 氏に命じていた。X 氏は、担当公認会計士が郵便ポストに残高確認状を投函する際これを尾行し、担当公認会計士が残高確認状を郵便ポストに投函後、その場から立ち去ったことを確認し、郵便局の集配係が来るのを近くで待ち伏せ、集配係が来たところで、「郵便物投函後に、内容に誤謬があることに気付いたので、この場で郵便物を回収して欲しい」旨伝え、投函されたすべての残高確認状を回収していた。

シニアコミュニケーションの外部調査委員会調査報告書では、同社によるこれら一連の信書隠匿及び開封という犯罪行為により、「強力な監査証拠となるべき残高確認状の証拠力が無力化され、その結果、監査法人の会計監査において、架空売上計上及び貸倒引当金計上の指摘が行われる機会が奪われた」と結論付けている。

本件における問題点は 2 つある。まず平成 17 年 3 月期の場合、取引相手方の担当者は残高確認が監査法人の主導で行われている点を理解していなかったことである。残高確認状の返信先は監査法人であって、売掛金を計上する取引相手先ではない。したがって、売掛金計上会社の担当者から残高確認状の返還要求があること自体あり得べからざることであることを理解すべきであった。この場合取引相手方の担当者は、残高確認状の返還要求に対し好意でこれに応

じていると思われるが、結果的に不正に加担してしまったことを自覚すべきであろう。

筆者は、本件同様、取引相手先が売掛金の残高確認状を売掛金計上会社に返却してしまい、その結果架空売上の隠蔽に利用された事例を複数見聞きしている。このような不正を回避する方法としては、債権者（売掛金計上会社）に対し残高確認状を返還してはならない旨、残高確認状に明記する[28]こと等が考えられる。

次に平成18年3月期の場合については、結果的に、郵便集配係も不正に加担してしまったことになる。ただし、確認状の発送者はあくまで監査法人であり、待ち伏せした担当者とは属性が明らかに異なるので、監査法人の人間であるかどうか、社員証や健康保険証等の提示を求める等の人物確認テスト[29]を行えば、少なくとも郵便物の発送者と異なる人物が、当該郵便物を収受しようとしていることは認識できたかもしれない。しかしながら、実際にそのようなことを郵便局の集配係に求めるのは酷であると言わざるをえない。このような事件を踏まえ、会計監査人は、確認状のポストへの投函も監査手続の一部であることを認識すべきであり、ポストへの投函という行為に潜むリスクを理解し、郵便局へ直接持ち込む等の対策を採るべきであろう。

（2）相手先と共謀している場合の確認手続の無効

架空循環取引参加者は、取引内容が架空であるか否かについて善意であるか悪意であるかは別にして、少なくとも書類上で示される取引の内容について取引当事者双方が合意しているため、残高確認状を発送しても、双方合意した内容についてのみ回答してくることが予想されるため、残高確認によって架空循環取引を発見することは全く不可能である。

28　もちろん確認状自体を債権者に直接返還することを禁止するのであって、債権者・債務者双方が確認内容についてお互いに照会する機会を妨げるものではない。
29　場合によっては、名刺3枚以上でも良いかもしれない。

●メルシャン㈱

社内調査報告書（平成22年8月12日）

2009年10月にC卸売へ5億9760万円の架空売上を計上したが、元事業部長甲が架空製造より資金をC卸売に回すこと（筆者注：循環取引を成立させるために資金決済すること）に反対したため（筆者注：反対の理由は報告書に述べられていない）、C卸売に資金が回されなかった。そのため、5億9760万円の売掛金の支払期限である2010年1月末を過ぎてもC卸売から支払いはなく、また、同年2月には同社から売掛金の存在を否認された。

（中略）当時、飼料の直接の販売が禁止されていたD養殖とE養殖（筆者注：禁止の理由は飼料販売を巡る過去の様々なトラブルの影響と思われる）へ飼料を販売するため、C卸売を帳合に入れることにしてC卸売へ売上を計上したが、C卸売内部ではこれらの取引の帳合に入ることについて了解が得られていなかった。（中略）

その後、当社監査部の社員らがD養殖とE養殖へ確認に赴いたところ、いずれも飼料が出荷され、売掛金が存在することを認め（中略）残高確認に応じた。そこで、当社はC卸売への売掛金を両社に対する売掛金とする訂正を行った。両社が残高確認に応じた理由は、前営業部長丁が、2009年10月にC卸売の帳合で飼料を販売したことにして売上を計上すること（筆者注：本引用の冒頭の事実をいう）を残高確認の前に両社へ各々依頼し、A製造から資金を回すこと（筆者注：本スキームにおいてA製造は架空製造に関与しており、メルシャンが資金を捻出し、A製造を経由してD養殖とE養殖に資金が供与される）を条件に同意を得ていたためであった。

本件メルシャンの循環取引では、D養殖及びE養殖はかなり以前より重要な役割を演じていたが、過去の虚実入り混じった様々な取引において、メルシャンとはたびたびトラブルを引き起こしており、循環取引の共謀者といっても、メルシャンとD養殖及びE養殖の関係は必ずしも強固ではなかったようである。上記引用例では、2009年10月に飼料が実際に出荷されていたようなので、架

空取引でないが、D養殖及びE養殖から見れば、その先の循環経路が不確実だったため、D養殖及びE養殖は、当初残高確認を渋ったものと推定される。ただし、その後メルシャンがA製造経由の資金の裏付けを確約したので、残高確認に応じたものと考えられる。

上記引用例では、不正取引の共謀者間といえども、利害・思惑が必ずしも一致していない（あるいは一致していなかった）場合、お互いが複雑な動きを見せる結果となっているため、必ずしも典型的かつ明白な事例とはいえないが、少なくとも取引相手先との間で共謀が成立する場合は、回答者が不利益を蒙らない限り、確認する側にとって都合の良い回答となりがちで、このような条件下では、残高確認は全く当てにならないことは疑いようがない。すなわち、会計監査の限界がここには歴然として存在するのである。

3. 棚卸資産の監査手続とその限界

既に述べたように、循環取引の首謀者は、決算期末や実地棚卸の実施日に循環取引の対象物品が社内の保有在庫として存在することを意図的に回避するだろうし、そもそも循環取引の条件として、対象物品は物理的に社内を経由しないこととなるはずである。その結果仕入・売上はほぼ同時に計上されるため、棚資産の実地棚卸の立会いという実証的監査手続によって循環取引が発覚するとは考えにくい。しかしながら、いくつかの事例においては、たまたまいずれかのタイミングで循環取引の対象物品(当然架空である)が帳簿在庫として残ってしまうことがある。以下では、循環取引の結果、公表財務諸表に明らかな異常が現れていた事例（メディア・リンクス）、及び、先にも取り上げたが、会社が循環取引発覚を回避するため、様々な隠ぺい工作をしていた事例(メルシャン）を紹介する。

(1) メディア・リンクスの事例

平成15年に発覚したメディア・リンクス社の循環取引事例では、以下【図表4－2－3】の財務数値が公表されている（修正前かつ単体ベース）。

【図表 4 － 2 － 3】メディア・リンクスの公表財務数値

(単位：百万円)

勘定科目	H13/3 月 金額	H14/3 月 金額	H14/3 月 増減率	H15/3 月 金額	H15/3 月 増減率
売上高	2,060	6,302	205.9%	16,511	162.0%
売上総利益率	14.9%	12.8%	－ 14.1%	7.3%	－ 43.0%
売上債権	1,519	1,990	31.0%	4,113	106.7%
棚卸資産	74	1,152	1,456.8%	5,096	342.4%
総資産	2,972	4,655	56.6%	11,559	148.3%
棚卸資産占有率	2.5%	24.7%	893.9%	44.1%	78.1%
仕入債務	370	1,440	289.2%	3,171	120.2%

出典：井端和男著『黒字倒産と循環取引』(税務経理協会　平成 21 年) を参考に作成。

　メディア・リンクス社は、情報処理システム開発を手懸けるシステム事業と、人材派遣を中心とするヒューマンサービス事業とで業容を拡大し、平成 14 年 10 月には旧ナスダック・ジャパンに店頭登録したが、株式を公開していたのはわずか 1 年半で、平成 15 年 11 月には銀行取引停止となり、翌平成 16 年 5 月に上場廃止となった。この間の業績の推移を示すのが上記【図表 4 － 2 － 3】である。すなわち同社は、上場前より猛烈な勢いで売上高を伸ばしていったことが分かる。ここで目に付くのは、棚卸資産の異常な拡大であろう。平成 13 年 3 月期には、棚卸資産の総資産に占める割合は 2.5% であったものが、平成 14 年 3 月期には約 25% となり、さらに破綻した平成 15 年 3 月期には、実に 44% に膨らんでいる。さらにこの棚卸資産のほとんどが未着品ということである。そもそもメディア・リンク社の事業内容を見た場合多額の棚卸資産が積み上がること自体不自然であるし、また、平成 15 年 3 月期には、約 51 億円の未着品残高が仕入債務残高約 32 億を上回っており、この差額は既に現金で決済していたことになる。

　後で分かったことだが、この売上高急拡大のカラクリは架空循環取引そのもので、架空在庫を循環させた結果の引取義務が未着品残高として表に出てきたといえる。

　メディア・リンクスの事例は、会社ぐるみで遮二無二売上拡大を企図したものであり、行き当たりばったりで計画性がなく、その意味で、会計監査人を含

め、簡単な財務分析で発見が極めて容易な事例であった。平成15年3月期の決算において当初の会計監査人（新日本監査法人）は棚卸資産の一部に毀損部分が生じているとして会社と意見が対立し、その結果会計監査人を辞任するという事態となった。会社は最初、会計監査人の主張を受け入れいったんは個別ベースで当期純損失9.4億円かつ1.4億円の債務超過としたが、その後新任監査人（公認会計士みのり共同事務所）と協議の上、当期純利益を1.1億円の黒字として、債務超過[30]を解消させるという迷走振りを見せた。その後同社は暴力行為の疑いによる社長の逮捕、手形の紛失・不渡り発生という異常事態を経て上場廃止となった。

（2）架空在庫の実地棚卸の回避の事例

循環取引は決算日には架空在庫が存在しないように意図的に操作するのが通常であるが、それでも帳簿上の在庫が残ってしまうことがある。以下はその事例である。

●メルシャン㈱
社内調査報告書（平成22年8月12日）

> A製造（外注先）による架空製造によりA倉庫に架空の飼料在庫が拡大している状態が続いていたところ、2009年8月末から9月初めにかけ、当社の会計監査人であるTによるA倉庫の棚卸監査が行われることになった。そこで、架空の飼料在庫の存在が発覚することを免れるため、前営業部長丁は、a氏らの要請に基づき、大量の架空の在庫をD倉庫やG倉庫へ帳簿上異動する処理を行うとともに、架空の飼料在庫をD養殖へ販売するなどした。さらに、A製造では、（中略）偽装在庫品を用い、帳簿上の架空の飼料在庫がA倉庫に実際に存在するかのように偽装したり、架空の飼料在庫の一部を他倉庫に移動させたと回答するなどして、上記実地棚卸において発覚を免れた。

30　債務超過の状態が1年以上継続した場合は上場廃止となる（上場廃止基準）。

実地棚卸の立会いは重要かつ基本的な実証的監査手続の一つであるが、監査資源は有限であるため、監査人がすべての実地棚卸に立ち会うことは事実上不可能である。そこで会計監査人は、監査リスクや重要性の見地から総合的に勘案し、立会いの範囲、棚卸対象物品や立会場所を選定することになる。ここで問題となるのは、会計監査人による棚卸立会い範囲及び場所は、事前に会社に通告されることであろう。会社内部の内部監査部門や監査役でさえ、会社の製造や物流といった通常業務を停止させ、抜き打ちで棚卸を実施するのは困難であるし、ましてや会社外部の会計監査人が通常業務をストップさせてまで棚卸を強制するのは事実上不可能だからである。会計監査人はあくまで会社が設定した棚卸実施日に、自分たちの監査資源から振り分けられる範囲内で、合理的と考えられる立会場所に赴くのである。これを不正行為者の立場から見れば、仮に帳簿上架空在庫があり、これが会計監査人の実地棚卸の対象とされた場合、架空在庫発覚を回避するための隠蔽工作を行う時間的余裕が与えられるということを意味する。すなわち、会計監査人による棚卸立会日までに、架空在庫を帳簿上、実地棚卸の対象外の倉庫等に移動させておけば良いのである。上記事例は正に不正実行者による隠蔽工作そのものを示している。

　このように、会計監査人の実地棚卸対象から除外されてしまえば、監査人は架空在庫発見の千載一遇のチャンスを逃してしまうことになる。ただし、棚卸立会場所の選定はあくまで会計監査人のイニシアティブによって決定されるべきであり、仮に会計監査人が選定した棚卸立会場所について、会社が難色や拒絶の意を示した場合には要注意であるかもしれない。このような会社の反応の背景には、架空在庫の発覚の恐れを回避するためという動機が潜んでいる可能性は否定できないので、監査人は職業的懐疑心をもって、立会い不都合の理由を確かめなければならない。

　なお、上記メルシャンの事例では、常勤監査役及び内部監査室長が過去の経緯から架空在庫の強い疑いを持ち、下記のようにかなり真相に迫っている。

●メルシャン㈱

第三者委員会報告書（平成 22 年 8 月 27 日）

09 年 9 月 4 日付監査立会報告書に係る監査の機会における I 常勤監査役・H 監査部長による H 倉庫関連の実地棚卸の状況等

・ 09 年 9 月 1 日には（中略）A 製造の A 工場を対象とした会計監査人監査が行われ、同監査には I 常勤監査役・H 監査部長両名も立ち会った。

同監査においては原材料等の在庫の保管委託先である A 製造の A 工場及びその近傍の各倉庫の実地棚卸が行われたが、在庫の受払表によると、原料のミール（筆者注：商品名）4,300 トン余りもの在庫が同工場から 65 キロも離れた倉吉市所在の A 製造の H 倉庫に保管されていることになっていた。

・ それに対して（中略）一部在庫の存在自体を疑っていた I 常勤監査役・H 監査部長の両名は、上記の会計監査人監査とは別途に A 製造の A 工場長の a 氏に対し、上記ミールについて確認したところ、「そのミールについては、7 月末時点では H 倉庫にあったが、製品製造のために 8 月中に全部を一旦境港に運んだ上、同所から鹿児島県内 D 倉庫に送った」旨の説明があった。

しかるところ、同両名は、敢えて上記の H 倉庫に赴き、同倉庫の状況を実地監査したところ、同倉庫には最近までの大量のミール保管により臭気がするはずであるのにその臭気がないなど、倉庫については最近まで使用されていたことを窺わせる形跡が認められないこと、10 トントラック 1 台しか保有していない A 製造において 4,300 トン余りものミールを相当に距離のある境港まで短期間に運んだとの説明が不自然・不合理であること、本事業部の製造部からの製造計画には H 倉庫のミールを原料として製品を製造することが記されていないことから、H 倉庫に保管されていることとなっていた原料は元来なかったのではないかという疑いを深めた。（中略）

・ I 常勤監査役・H 監査部長両名は、（中略）当該ミールが境港から運ばれたとされた鹿児島県内垂水の保管委託先の D 倉庫について抜き打ちの実地監査を行うこととした。

・ ついては、同両名は、09 年 9 月 8 日から翌 9 日にかけての時期に予告な

しにまず八代工場内の本事業部に赴き、D倉庫を見せることを求めたところ、当時、本事業部に在籍したものから、「丁営業部長でなければ、その関係は分からないが、同部長は出張中で不在である」などといわれたことから、丁に連絡を取って、その後、同人と垂水で落ち合った。

その上で、I常勤監査役・H監査部長の両名は、丁に対し、同両名においてD倉庫内を調べるための手配を指示したところ、丁は、「鍵は倉庫の管理をしている会社の社長が持っているが、その社長が鍵を持ったまま遠くに出掛けているので、今日は鍵がなく、倉庫をあけることができない」と言い、そのため同両名はその日にD倉庫内の見分をすることができなかった。

また、丁は、D倉庫の在庫については、一部を既に他の倉庫に移したかのような説明も行った。

それに対し、同両名は、丁の説明が不自然であることから、D倉庫に上記ミールが元来存在しない可能性をさらに深く疑ったが、<u>仮にその翌日を待って同倉庫内を見分し、同ミールがないことが確認できても、一日置くことによって、その間に同倉庫の受払表に他の倉庫へ移動した旨の記載をされ、同ミールが同倉庫内にない理由とされるなどして、架空在庫の確証を掴めないままで終わる可能性がある</u>（下線筆者）ことを考え、相談の上、翌日を待たずに帰京した。

　上記事例では、I常勤監査役・H監査部長は、架空在庫の尻尾をほぼ掴みかけていながら、最後の最後の段階で詰めを誤ったのではないかといえる。2009年のカレンダーを見れば9月8日は火曜日、同9日は水曜日で週末でも祝祭日でもない通常営業日であるのに、倉庫の管理会社の社長が倉庫の鍵を持ったまま不在にしていること自体きわめて不自然であるし、当日の受払表も八代工場内の本事業部からFAX等で取り寄せることは可能であったのではないかと考えられる。同両名は、また、このような不確かな状況を放置してまで何も帰京を急ぐ事情もなかったのではないか？　このあたりの経緯は、第三者委員会報告書を読んだだけでは素直に納得し難いところがあり、報告書に記載されない他の事情もあったのではないかという疑念も残る。

いずれにせよ、メルシャンの循環取引の事例では、常勤監査役及び内部監査部長は、自らの判断によって独自に行動し、発覚の一歩手前まで辿り着いたことは大いに評価できるが、最後の詰めを誤り、その発覚を半年以上遅らせてしまった（メルシャンの循環取引発覚は、翌2010年5月）ということができる[31]。

メルシャンの事例のように抜き打ちで実地見分ができるのはあくまで会社内部者であったという要素が大きい。会計監査人がメルシャンの事例のような疑念を持った場合はどうか？ やはり単独で調査を進めるには一定の限界があると考えられる。この場合は、監査役及び内部監査部門と問題点を共有し、抜き打ち等による具体的な調査は会社内部者がイニシアティブを採るか、あるいは内部者主導の混成チームで対応する方法が現実的であるといえよう。

---

31 I常勤監査役及びH監査部長はその後自分たちの疑念を新旧担当取締役2名に伝えているが、旧担当取締役はそもそも水産飼料事業部における循環取引についてある程度了承しており（グルだったということ）、また新担当取締役は同事業部に対する知見が元々なく、旧担当取締役からの指示待ちだったため、I常勤監査役及びH監査部長からの両取締役への報告は、結果的に、循環取引の発見には何ら効果がなかった。さらに、I常勤監査役及びH監査部長は、最近メルシャンへ資本参加した筆頭株主から派遣されてきた社長には、（特にH部長の所属する監査部は社長直属の組織であったにもかかわらず）自らの疑念を一切報告していなかった。これら、最後の詰めを誤った常勤監査役は、循環取引発覚後、その責任を追及されている。第三者委員会報告書（平成22年8月27日）は、両名の責任について、以下のように記載している。
　・H監査部長
　「（問題について）社長に報告すべきであったことは明らかであり、同報告を欠いたことは重大な任務懈怠といわなければならない。」
　・I常勤監査役
　「経営会議や取締役会はおろか社長に対してすら説明を行わなかったことは、監査役としての任務を果たしたとは到底いえないものであったことは明らかであろう。」

第7節
経営者及び監査役とのコミュニケーション

1．経営者による確認書

　財務諸表監査制度は本来、財務諸表の作成者である経営者と監査人が協力して、真実かつ公正な財務諸表を利害関係者に提供することを目的とし、このような協力関係を示し、監査制度に対する社会的信頼性を高めるため、監査人は経営者確認書を入手しなければならないとされている[32]。前述した35号報告書第90項は、経営者確認書について、不正に関連し、以下の4項目について一歩踏み込んだ内容の記載を要求している。

① 不正を防止し発見する内部統制を構築し維持する責任は、経営者にあることを承知している旨

② 不正による財務諸表の重要な虚偽の表示の可能性に対する経営者の評価を監査人に示した旨

③ 次の者が関与する、企業に影響を与える不正または不正の疑いのある事項に関する情報が存在する場合、当該情報を監査人に示した旨
- 経営者
- 内部統制において重要な役割を担っている従業員
- 財務諸表に重要な影響を及ぼすような不正に関与している者

④ 従業員、元従業員、投資家、規制当局またはその他の者から入手した財務諸表に影響する不正の申し立てまたは不正の疑いに関する情報を監査人に示した旨

32　監査基準委員会報告書第3号「経営者による確認書」（日本公認会計士協会）

第2章　循環取引の発見— 401

2. 経営者・監査役への報告

　財務諸表監査はそもそも不正の摘発を主たる目的とするものではないが、不正が発覚したり、不正が存在する可能性があることを示す証拠が入手された場合、監査人は速やかに適切なレベルの役職者に報告しなければならない[33]。この報告には、循環取引のような重大な不正は言うに及ばず、従業員の小額な横領等も含まれる[34]。

　なお、どのレベルの役職者に報告するのが適切かの判定は、監査人の職業的専門家としての判断であり、共謀の可能性、不正の内容や影響の度合い等を考慮して決定される。さらに、経営者不正については、監査役等に報告することが求められる[35]。35号報告書は、監査役等と討議すべき事項について、以下の6項目を列挙している[36]。

①　不正を防止し発見するために構築された内部統制、並びに財務諸表の虚偽の表示の可能性に対する経営者の評価の手続、その範囲及び頻度についての懸念事項

②　識別した内部統制の重大な欠陥に対する経営者の不適切な対応

③　識別した不正に対する経営者の不適切な対応

④　経営者の能力と誠実性に関する問題を含む、企業の統制環境に関する監査人の評価

⑤　不正な財務報告を示唆する経営者の行動(例えば、企業の業績や収益力について財務諸表の利用者を欺くための利益調整が行われたことを示唆する会計方針の選択及び適用)

⑥　企業の通常の事業活動の範囲を超えるような取引の承認に関する適切性または網羅性に関する懸念事項

33　35号報告書第93項
34　35号報告書第94項
35　35号報告書第95項
36　35号報告書第101項

また、不正そのものではないが、内部統制の重大な欠陥に気付いた場合も、監査人は適切な相手方に伝えなければならない[37]。

【本章のまとめ】

① 循環取引をはじめとする不正リスクに対応するため、不正リスク管理プログラムの導入が期待される。

② 不正リスク管理プログラムは、不正リスクを識別・評価し、リスク対応戦略に従い、リスクを軽減するための統制手続の十分性を評価する。

③ 統制手続の十分性評価の結果、不正リスクの統制ギャップが特定された場合、改善策を策定・導入する。

④ 改善策を含め、現行の統制手続の運用状況をモニタリングし、再度統制レベル向上に向けたフィードバックを行う。

⑤ このように、不正リスク管理プログラムとは、不正リスク管理のための不断の管理プロセスであり、業務管理の PDCA サイクルと同義である。

⑥ 循環取引は、第三者との共謀があり、証憑書類等が整備され、債権債務の滞留しないため、会計監査で発見するのは極めて困難である。

⑦ しかしながら、多くの事例では、循環取引といえども、その兆候を示すことが報告されている。

⑧ したがって、監査人は、その職業的懐疑心を発揮し、監査計画策定段階から循環取引発生リスクを評価し、その評価結果を前提としながら、循環取引の兆候を見逃さない態度・姿勢が求められる。

37　35 号報告書第 99 項

参考文献一覧

【書籍】

「過年度決算修正の法務」弥永真生編著　布施伸章・藤津康彦・鈴木克昌著　中央経済社　2009年

「会計不祥事対応の実務─過年度決算修正事例を踏まえて」長島・大野・常松法律事務所　あずさ監査法人編　商事法務　2010年

「黒字倒産と循環取引─および粉飾企業の追跡調査─」井端和男著　税務経理協会　2009年

「適時開示ハンドブック（第2版）」久保幸年著　中央経済社　2007年

「粉飾の論理」高橋篤史著　東洋経済新報社　2006年

「企業不正防止対策ガイド」不正リスク管理実務ガイド検討委員会編　日本公認会計士協会出版局　2009年

「不正検査士マニュアル」日本公認不正検査士協会　2005年

「租税法（第22版）」金子宏著　弘文堂　2017年

「企業の価値を向上させる実効的な内部通報制度」山口利昭　経済産業調査会　2017年

「Q&A「更正の請求」徹底活用ハンドブック」ひかり税理士法人　ぎょうせい　2012年

「会計士は見た！」前川修満　文芸春秋　2015年

「企業不祥事と対応（事例検証）」第一東京弁護士会総合法律研究所会社法研究会編著　清文社　2009年

【雑誌】

「もはや対岸の火事ではない！？企業不祥事発生時の『調査委員会』の設立・運営」森・濱田松本法律事務所　弁護士　山崎良太　経理情報／2009. 2.10（No.1206）中央経済社

「最近の企業不祥事事例に見るコーポレート・ガバナンスのあり方」CIAフォーラム研究会No.31　月刊監査研究／2010年10月号　㈳日本内部監査研究会

【調査報告書等一覧】（　）内は引用ページ

・兼松㈱「独立調査委員会報告書」平成19年9月25日（10）

・トラスティックスホールディングス㈱「調査報告書」平成20年11月20日（13）

・㈱東芝「第三者委員会調査報告書」平成27年5月20日（15,16,71）

・㈱東芝「役員責任調査委員会報告書」平成27年11月9日（16,71）

・㈱東芝「改善計画・状況報告書」平成28年3月15日（350）

・ニイウス　コー㈱「調査委員会の調査結果概要」平成20年4月30日（12,22,54,78）

・㈱ジーエス・ユアサ　コーポレーション「外部調査委員会調査報告書」平成20年10月28日（22,57,64,65,68,140,144,146,148）

・鹿島建設㈱「社内調査委員会報告書」平成20年10月15日（23,56,60,66,138,140,141,145,148）

・広島ガス㈱「外部調査委員会調査報告書」平成21年4月23日（24,141,143,149）

・㈱加ト吉「改善報告書」平成19年7月11日（25,58,64,77,139,143）

・㈱大水「不適切な取引に対する調査概要報告」平成21年2月17日（26,58,62,65,77,142,147）

・㈱アイ・ビー・イーホールディングス「外部調査委員会調査報告書」平成21年2月12日（54）

・ジャパン・デジタル・コンテンツ信託㈱「外部調査委員会調査報告書」平成21年3月23日（55）

・フクビ化学工業㈱「調査委員会報告書」平成18年7月13日（55,63,75）

・㈱ネットマークス「改善報告書」平成19年10月2日（55,59,63,76）

・メルシャン㈱「社内調査報告書」平成22年8月12日（56,58,61,393,396）

・メルシャン㈱「第三者委員会報告書」平成22年8月27日（60,66,73,142,150,398）

・三井物産㈱「不適切な取引の調査報告」平成20年9月3日（62,64）

・KISCO㈱「特別調査委員会報告書」平成29年8月14日（86,87）

・藤倉化成㈱「架空取引に関する調査報告書」平成29年11月10日（89）

・昭光通商㈱「特別調査委員会調査結果概要」平成27年5月8日（92）

・昭光通商㈱「特別調査委員会報告書」平成29年4月17日（93）

・昭光通商㈱「改善報告書」平成29年6月26日（96,337）

・キリンホールディングス㈱「第三者委員会報告書」平成22年11月5日（191）

・㈱シニアコミュニケーション「外部調査委員会調査報告書」平成22年6月4日（390）

【政府ＨＰ等】

［金融庁］

・課徴金制度

http://www.fsa.go.jp/policy/kachoukin/index.html

・金融商品取引法における課徴金事例集

http://www.fsa.go.jp/sesc/actions/jirei_20080624.pdf

［証券取引等監視委員会］

（以下の一覧に掲載された記事）

・告発の現場から

http://www.fsa.go.jp/sesc/actions/actions_menu02.htm

・告発事件の概要一覧表

http://www.fsa.go.jp/sesc/actions/koku_gaiyou.pdf

・年次公表

http://www.fsa.go.jp/sesc/reports/reports.htm

・報道発表資料一覧

http://www.fsa.go.jp/sesc/news/news.htm

［日本取引所グループ］

・改善報告書一覧

https://www.jpx.co.jp/listing/market-alerts/improvement-reports/

・注意喚起情報（不明確な情報等に関する注意喚起）

https://www.jpx.co.jp/markets/equities/alerts/index.html

・公表措置

https://www.jpx.co.jp/listing/market-alerts/public-announce/

・特設注意市場銘柄一覧

https://www.jpx.co.jp/listing/market-alerts/alert/index.html

・上場契約違約金徴求銘柄

https://www.jpx.co.jp/listing/market-alerts/listing-agreement-violation/index.html

・上場廃止基準

https://www.jpx.co.jp/equities/listing/delisting/

［その他］

・「財務制限条項の研究」岡東務

http://jairo.nii.ac.jp/0337/00000197

索　引

【ア行】

㈱アイ・エックス・アイ（IXI）
　69, 70, 188, 220, 259, 274, 277, 321, 343

㈱アイ・ビー・イーホールディン
　グス……………………………………54

㈱アクセス………………………………163

㈱アーバンコーポレイション
　……………………………257, 268, 271

インサイダー取引………83, 104, 105, 106,
　166, 167, 174

㈱エフオーアイ（FOI）………163, 187,
　254, 260, 266

江守グループホールディングス㈱
　……………………………………80, 344

ＡＴＴ㈱…………………85, 86, 87, 321

オリンパス㈱…………………164, 180, 221

【カ行】

会計監査の在り方に関する懇談会
　……………………………………………352

会計監査人…………81, 133, 134, 272, 281,
　282, 283, 341, 352, 356, 359, 396, 397

会社法………………226, 229, 232, 235, 247,
　248, 253, 281

回収サイト………………………………67

改善報告書……………155, 161, 193, 337

改善状況報告書…………………157, 337

介入取引…………21, 24, 26, 33, 66, 302, 303

貸倒引当金…………80, 83, 86, 92, 93, 94,
　97, 312, 316

鹿島建設㈱……………23, 56, 60, 66, 138,
　140, 141, 145, 148

仮装経理………………………305, 306, 313

課徴金…………165, 215, 216, 222, 233, 252

㈱加ト吉…………25, 58, 64, 77, 139, 143,
　190, 221

（コーポレート）ガバナンス………138

㈱カプコン………………………………350

株主代表訴訟………………229, 234, 239

監査法人のローテーション制度に
　関する第一次調査報告………353

監視・監督義務違反……………………236

監理銘柄………………………………153, 201

企業会計原則…………19, 20, 280, 283, 309

企業不祥事における第三者委員会
　ガイドライン（日弁連ガイドラ
　イン）………………113, 130, 133, 136

期限の利益喪失……………202, 203, 204

KISCO ㈱………………………86, 87

銀行取引約定…………………………202

金融機関のガバナンス改革：論点

　　整理……………………………346

金融商品取引法（金商法）……160, 162,

　　165, 196, 201, 215, 216, 218, 229, 230,

　　232, 234, 248, 252, 254, 284

クロス取引………………………………27

工事進行基準…………………15, 178

KDDI ㈱…………………………84

刑法…………………………162, 218

原告適格…………………………239

経営者確認書……………………401

公益通報者保護法………………326, 327

更正の請求………………………302, 303

公表措置…………………………161, 194

誤謬………281, 284, 285, 287, 288, 362

【サ行】

財務制限条項……………………202, 203

債務超過………………………80, 396

財務報告に係る内部統制の評価及

　　び監査に関する実施基準……370

詐欺（罪）………………………218, 221

㈱サンゲツ………………………358

３線モデル（スリー・ライン・ディ

　　フェンス）…………………348

㈱ジーエス・ユアサ　コーポレー

　　ション…………22, 57, 64, 65, 68, 140,

　　144, 146, 148

実地棚卸……………18, 50, 73, 394, 397

㈱シニアコミュニケーション……187,

　　224, 390

借用概念…………………………308

ジャパン・デジタル・コンテンツ

　　信託㈱…………………………55

ジャパンベストレスキューシステ

　　ム㈱…………………………176

収益認識基準……………19, 21, 23, 24, 26,

　　143, 376

収益認識に関する会計基準…………29

収益認識に関する会計基準の適用

　　指針……………………………29

出荷基準……………6, 7, 11, 19, 20, 21, 26,

　　34, 35, 36, 37

証券取引等監視委員会（SESC）

　　…………………83, 172, 175, 201, 329

昭光通商㈱………………85, 92, 94

商社取引…………………21, 27, 33

上場会社における不祥事対応のプ

　　リンシプル（不祥事対応プリン

　　シプル）…………………109, 114, 324

上場契約違約金…………161, 194, 235

索　引— 409

上場廃止⋯⋯⋯⋯161, 183, 201, 256, 395

職業的（な）懐疑心⋯⋯68, 363, 403

ステラケミファ㈱⋯⋯⋯⋯⋯⋯351

スルー取引⋯⋯⋯⋯27, 57, 380, 381

聖域化⋯⋯⋯⋯⋯⋯⋯⋯⋯⋯⋯50

請求済未出荷契約⋯⋯⋯⋯⋯⋯33

㈱セイクレスト⋯⋯⋯⋯⋯257, 262

税法基準⋯⋯⋯⋯⋯⋯⋯⋯⋯⋯20

税務調査⋯⋯⋯⋯⋯⋯⋯⋯78, 101

整理銘柄⋯⋯⋯⋯⋯⋯⋯153, 201

セール・アンド・リースバック

⋯⋯⋯⋯⋯⋯⋯⋯⋯12, 13, 273

善管注意義務（違反）⋯⋯232, 233, 234,

　　237, 239, 248, 250, 274, 275, 276

相当因果関係⋯⋯⋯⋯⋯⋯227, 228

【タ行】

第三者委員会⋯⋯113, 114, 128, 132, 136

㈱大水⋯⋯⋯⋯26, 58, 62, 65, 77, 142, 147

棚卸資産⋯⋯⋯⋯⋯20, 50, 51, 73, 394

チャイナリスク⋯⋯⋯⋯⋯⋯79, 94

忠実義務⋯⋯⋯⋯⋯⋯⋯⋯232, 248

帳合取引⋯⋯⋯24, 25, 26, 49, 58, 143, 322

適時（情報）開示⋯⋯⋯106, 107, 108,

　　109, 110, 111, 117, 128

適正意見⋯⋯⋯⋯⋯⋯⋯⋯⋯⋯82

デジタル・フォレンジック⋯⋯⋯126

藤光樹脂㈱⋯⋯⋯⋯⋯⋯⋯86, 89

㈱東芝⋯⋯⋯⋯14, 37, 71, 178, 350

特設注意市場銘柄⋯⋯154, 161, 192, 201

特別背任（罪）⋯⋯⋯218, 221, 236

トラスティックホールディングス㈱

⋯⋯⋯⋯⋯⋯⋯⋯⋯⋯⋯⋯13

【ナ行】

内部告発⋯⋯⋯⋯⋯⋯⋯⋯⋯329

内部通報（制度）⋯⋯⋯146, 147, 324

ニイウス　コー㈱⋯⋯12, 22, 54, 78, 188,

　　259, 263, 267, 271, 272

日本システム技術㈱⋯⋯⋯⋯244, 337

日本通信㈱⋯⋯⋯⋯⋯⋯⋯⋯359

日本取引所自主規制法人⋯⋯⋯⋯109

任務懈怠⋯⋯⋯⋯⋯227, 228, 250

㈱ネットマークス⋯⋯⋯55, 59, 63, 76

【ハ行】

パートナーローテーション制度⋯353

㈱ビックカメラ⋯⋯⋯⋯⋯⋯224

広島ガス㈱⋯⋯⋯24, 78, 141, 143, 149

フクビ化学工業㈱⋯⋯⋯55, 63, 75

不作為⋯⋯⋯⋯⋯⋯⋯⋯⋯⋯236

藤倉化成㈱⋯⋯⋯⋯⋯⋯⋯86, 89

不正のトライアングル………44, 47, 322, 366

㈱フード・プラネット………………176

不法行為（責任）………198, 247, 248, 250

㈱プロデュース………………189, 220, 343

【マ行】

マスキング価格………………15, 71, 72

マニー㈱……………………………359

未実現利益………………………………16

三井物産㈱………………………62, 64

民法………………198, 199, 232, 235, 247

㈱メディア・リンクス………10, 24, 27, 68, 69, 70, 74, 81, 163, 220, 343, 394

㈱メルシャン………56, 58, 60, 61, 66, 73, 142, 150, 191, 393, 396, 398

【ヤ行】

有印私文書偽造……………………251

有価証券上場規程………181, 193, 201, 217, 232

有償支給………………14, 16, 36, 37, 71

Uターン取引………………………27

与信枠（与信限度額）………66, 336, 385

【ラ行】

利益相反………………134, 327, 328, 356

㈱LIXIL グループ……………………85

霞　晴久（かすみ　はるひさ）
公認会計士
【略歴】

1983年10月	公認会計士第2次試験合格。等松青木監査法人（現有限責任監査法人トーマツ）入社。監査部門に配属
1987年3月	公認会計士登録
1998年9月	監査法人トーマツ社員（パートナー）就任とともに、提携先であるDeloitte & Touche ブリュッセル事務所赴任
2004年11月	監査法人トーマツ・フィナンシャルアドバイザリーサービス部門に復帰。フォレンジック部門担当社員
2015年10月	霞晴久公認会計士事務所所長　現在に至る

【外部委員等】
公認不正検査士協会アドバイザリーコミティー・メンバー（2005年）
日本公認会計士協会経営委員会紛争処理会計専門部会専門委員（2006年）
トラステックスホールディングス㈱特別調査委員会委員（2008年）
㈱ジーエス・ユアサ　コーポレーション　外部調査委員会委員（2008年）
㈱フォーバル　外部調査委員会委員（2009年）
西松建設㈱　コンプライアンス委員会委員（2009年-2010年）
国際協力機構（JICA）契約監視委員会委員（2010年）

【執筆担当】
・第1編　第1章～第3章第5節
・第2編　第1章
・第3編　第1章
・第4編　第2章

中西　和幸（なかにし　かずゆき）
田辺総合法律事務所
弁護士・公認不正検査士
【略歴】

1992年4月	住友海上火災保険株式会社に就職（1993年3月まで）
1995年4月	弁護士登録（第一東京弁護士会会員となる）田辺総合法律事務所入所（現在に至る）
2007年4月	第一東京弁護士会総合法律研究所会社法研究部会部会長就任（2011年4月まで）
2010年5月	株式会社レナウンの社外取締役（独立役員）に就任（2010年7月まで）
2012年4月	国分寺市オンブズパーソンに就任（2016年3月まで）
2012年6月	オーデリック株式会社社外監査役（独立役員）に就任（2016年6月まで）

2017年6月	株式会社VAZの社外監査役に就任（現在に至る）
2017年10月	金融庁企業会計審議会監査部会臨時委員に就任（2018年7月まで）
2018年3月	株式会社グローバル・リンク・マネジメントの社外取締役監査等委員（独立役員）に就任（現在に至る）

【著書等】
・「Q＆A 新会社法の要点―条数対照表付―」（新日本法規・編集）
・「Q＆A 金融商品取引法制の要点―開示・公開買付と市場規制・業者規制―」（新日本法規・編集委員）
・「［担当部門別］会社役員の法務必携」（清文社・編集）
・「セミナー『ケーススタディ 企業不祥事対応（上下）』」（NBL No.896、897）
・「企業不祥事と対応【事例検証】」（清文社・編共著）
・「企業法務のFirst Aid Kit 問題発生時の初動対応」（レクシスネクシスジャパン・共著）
・「企業不祥事インデックス」（商事法務・共著） 他

【関与案件】
・㈱コネクトホールディングス 第三者委員会（委員長）
・HOYA㈱ 第三者委員会（調査担当者） 他

【執筆担当】
・第2編第2章～第3章

米澤 勝（よねざわ まさる）

米澤勝税理士事務所
税理士、公認不正検査士

【略歴】
1997年12月	税理士試験合格
1998年2月	富士通サポート＆サービス株式会社（現社名：株式会社富士通エフサス）入社。経理部配属（債権管理、税務担当）
1998年6月	税理士登録
2007年4月	経理部からビジネスマネジメント本部へ異動.（内部統制担当）
2010年1月	株式会社富士通エフサス退職、税理士として独立開業

【所属団体等】
・東京税理士会芝支部所属
・租税訴訟学会会員、一般社団法人日本公認不正検査士協会会員

【著書】
・「企業はなぜ、会計不正に手を染めたのか――『会計不正調査報告書』を読む」（清文社）

【寄稿】
・「事例で見る不正リスクの許容ライン」旬刊経理情報2018年6月10日号（中央経済社）
・（インタビュー）「会計監査クライシス file.4 不正は指摘できない」企業会計2016年4月

号（中央経済社）
・Web 情報誌　Profession Journal に寄稿中
　連載記事：「不正会計調査報告書を読む」「租税争訟レポート」
　https://profession-net.com/professionjournal/

【セミナー等】
・一般社団法人日本公認不正検査士協会主催「調査報告書から読む不正発生原因と再発防止策」2018年6月
・株式会社プロフェッションネットワーク主催「企業の会計不正を斬る！──最新事例から学ぶ、その手口と防止策」2015年11月

【執筆担当】
・第1編　第3章第6節
・第2編　第4章
・第3編　第2章
・第4編　第1章

【新版】架空循環取引　法務・会計・税務の実務対応

2019年2月5日　発行

著　者　　霞　晴久／中西　和幸／米澤　勝　Ⓒ

発行者　　小泉　定裕

発行所　　株式会社　清文社

東京都千代田区内神田1-6-6　（MIFビル）
〒101-0047　電話03（6273）7946　FAX03（3518）0299
大阪市北区天神橋2丁目北2-6　（大和南森町ビル）
〒530-0041　電話06（6135）4050　FAX06（6135）4059
URL http://www.skattsei.co.jp/

印刷：大村印刷㈱

■著作権法により無断複写複製は禁止されています。落丁本・乱丁本はお取り替えします。
■本書の内容に関するお問い合わせは編集部までFAX（03-3518-8864）でお願いします。
■本書の追録情報等は、当社ホームページ（http://www.skattsei.co.jp/）をご覧ください。

ISBN978-4-433-64548-9